UN LIVRE *branché* SUR VOTRE RÉUSSITE !

ÉDITION
EN LIGNE

 Consultez le manuel dans sa version intégrale depuis n'importe quel accès internet sans téléchargement !

 Recherchez des notions efficacement grâce au puissant moteur de recherche intégré.

 Personnalisez votre manuel avec les outils de surlignement, d'annotations ou des marqueurs de favoris.

 Accédez à du matériel pédagogique complémentaire.

CODE D'ACCÈS DE L'ÉTUDIANT

ÉDITION
EN LIGNE

❶ Rendez-vous à l'adresse de connexion de l'Édition en ligne : **mabiblio.pearsonerpi.com**

❷ Cliquez sur « Pas eencore d'accès ? » et suivez les instructions à l'écran.

❸ Vous pouvez retourner en tout temps à l'adresse de connexion pour consulter l'Édition en ligne.

Afin d'éviter une désactivation de votre code d'accès causée par une inscription incomplète ou erronée, consultez la capsule vidéo d'information sur le site **http://assistance.pearsonerpi.com**

L'accès est valide pendant 12 MOIS à compter de la date de votre inscription.

Code d'accès étudiant
ÉDITION EN LIGNE ▶

AVERTISSEMENT : Ce livre NE PEUT ÊTRE RETOURNÉ si la case ci-dessus est découverte.

Besoin d'aide ? : http://assistance.pearsonerpi.com

CODE D'ACCÈS DE L'ENSEIGNANT

Du matériel complémentaire à l'usage exclusif de l'enseignant est offert sur adoption de l'ouvrage. Certaines conditions s'appliquent. **Demandez votre code d'accès à information@pearsonerpi.com**

20619W (A46290)

COMPLÉMENT DE

méthodes quantitatives

Applications à la recherche en sciences humaines

ERPI SCIENCES HUMAINES

COMPLÉMENT DE
méthodes quantitatives
Applications à la recherche en sciences humaines

LUC AMYOTTE

Cégep de Drummondville

PEARSON

Montréal Toronto Boston Columbus Indianapolis New York San Francisco Upper Saddle River
Amsterdam Le Cap Dubaï Londres Madrid Milan Munich Paris
Delhi México São Paulo Sydney Hong-Kong Séoul Singapour Taipei Tōkyō

Développement de produits
Philippe Dubé

Supervision éditoriale
Jacqueline Leroux

Révision linguistique
Emmanuel Dalmenesche

Correction d'épreuves
Odile Dallaserra

Recherche iconographique
Marilou Potvin-Lajoie

Direction artistique
Hélène Cousineau

Coordination de la production
Muriel Normand

Conception graphique de l'intérieur et de la couverture
Frédérique Bouvier

Édition électronique
Info GL

L'information de Statistique Canada est utilisée avec la permission de Statistique Canada. Il est interdit aux utilisateurs de reproduire les données et de les rediffuser, telles quelles ou modifiées, à des fins commerciales sans le consentement de Statistique Canada. On peut se renseigner sur l'éventail des données de Statistique Canada en s'adressant aux bureaux régionaux de Statistique Canada, en se rendant sur le site Web de l'organisme à http://www.statcan.gc.ca ou en composant sans frais le 1 800 263-1136.

© ÉDITIONS DU RENOUVEAU PÉDAGOGIQUE INC. (ERPI), 2012
Membre du groupe Pearson Education depuis 1989

1611, boul, Crémazie Est, 10ᵉ étage
Montréal (Québec) H2M 2P2
Canada
Téléphone : 514 334-2690
Télécopieur : 514 334-4720
information@pearsonerpi.com
pearsonerpi.com

Dépôt légal – Bibliothèque et Archives nationales du Québec, 2012
Dépôt légal – Bibliothèque et Archives Canada, 2012

Imprimé au Canada   34567890   II   1615
ISBN 978-2-7613-4164-6   20619 ABCD   SM9

Complément de méthodes quantitatives – *Applications à la recherche en sciences humaines* s'adresse aux étudiants qui, avant d'entreprendre des études universitaires en sciences humaines, notamment en psychologie, en orientation, en sciences de l'éducation ou en sociologie, s'inscrivent dans un deuxième cours de méthodes quantitatives.

L'auteur de science-fiction H. G. Wells a écrit que la capacité de comprendre la statistique serait un jour aussi nécessaire que celle de lire et d'écrire. En dépit de ces propos, certains étudiants doutent de la pertinence des mathématiques. Pour contrer cette perception, j'ai illustré plusieurs concepts avec des mises en contexte : lors de l'étude de la loi binomiale, je fais référence aux expériences sur la perception extrasensorielle effectuées avec les cartes de Zéner ; lors de l'étude de la loi normale, je présente les tests de quotient intellectuel et la méthode de normalisation des résultats à des tests ; je justifie l'approximation de la loi binomiale par la loi normale au moyen de la planche de Galton, etc. De plus, j'ai choisi avec un soin méticuleux le sujet des exemples et des exercices. Bon nombre d'entre eux sont tirés de situations concrètes : le concept d'indépendance est illustré à l'aide du cas d'un automobiliste qui conteste une contravention ; le principe de multiplication, à l'aide de *Cent mille milliards de poèmes* de Raymond Queneau ; les probabilités conditionnelles, à l'aide des concepts de la sensibilité et de la spécificité des tests médicaux, etc. En procédant de cette façon, j'espère avoir rendu la matière moins difficile et plus agréable pour les rebelles aux mathématiques.

Caractéristiques pédagogiques

- La présentation en couleurs rend la lecture agréable et efficace.
- La version papier est renforcée par une Édition en ligne aux nombreux atouts (voir page suivante).
- La structure est bien établie, chaque chapitre commençant par une introduction, un sommaire et une liste d'objectifs d'apprentissage.
- Les mots clés sont définis en marge du texte et dans un glossaire à la fin du manuel.
- Chaque sujet est abordé selon la même logique : une mise en situation, suivie d'un bref exposé théorique, puis d'un exemple et d'un exercice à faire en classe.
- L'accent est mis sur l'analyse et l'interprétation de données numériques.
- Les explications des principaux concepts s'appuient sur des exemples et sont accompagnées de nombreux exercices ; ceux-ci sont issus des différentes disciplines des sciences humaines et leur niveau de difficulté est bien calibré.
- Plusieurs concepts sont illustrés à l'aide de thèmes d'actualité (exploitation des gaz de schiste, téléphonie cellulaire, réseaux sociaux, évaluation des enseignants, changements dans la famille, désaffection politique des jeunes, travail rémunéré des étudiants, commerce en ligne, persévérance scolaire, discrimination en emploi, etc.).

- Les exercices récapitulatifs que les étudiants peuvent effectuer après chaque section sont clairement signalés aux endroits opportuns ; leurs réponses sont fournies à la fin du livre.
- La théorie des probabilités et l'analyse combinatoire font l'objet d'un seul et même chapitre.
- Des arbres de probabilité donnent une représentation visuelle de certains concepts particulièrement ardus.
- La théorie des ensembles est expliquée dans le détail.
- Le chapitre sur les tests d'hypothèses est particulièrement fouillé ; on y aborde notamment les tests sur la différence de deux moyennes (échantillons de petite ou de grande taille, indépendants ou appariés) et sur la différence de deux proportions.
- Chaque chapitre se termine par des outils de révision : un résumé, une liste de mots clés et un réseau de concepts.

Matériel offert dans l'Édition en ligne

L'Édition en ligne propose du matériel complémentaire aux utilisateurs de ***Complément de méthodes quantitatives*** – *Applications à la recherche en sciences humaines.*

Pour l'étudiant
- Cahier d'exercices
- Aide-mémoire
- Réseaux de concepts en format JPEG

Pour l'enseignant
- Plan de cours
- Banque d'examens avec solutions
- Solutions détaillées des exercices récapitulatifs
- Solutions détaillées du cahier d'exercices
- Figures et tableaux du manuel en format JPEG
- Tous les documents offerts aux étudiants

Remerciements

Un ouvrage de cette envergure est le fruit de la collaboration de nombreuses personnes. Je tiens à souligner tout particulièrement l'aide précieuse de Carole Côté et de Ginette Villiard, deux collègues retraitées du Département de mathématiques du Cégep de Drummondville. Elles ont lu le manuscrit, vérifié les réponses et fait de nombreuses suggestions qui ont grandement contribué à la qualité de l'ouvrage.

Autre collaboratrice hors pair, Julie Drouin, du Cégep de Drummondville, a lu le manuscrit, vérifié les corrigés de tous les exercices, revu les documents offerts dans l'Édition en ligne et fait des recommandations des plus pertinentes. Grâce à son efficacité et à sa sagacité, ***Complément de méthodes quantitatives*** – *Applications à la recherche en sciences humaines* est vraisemblablement exempt d'erreurs. J'ai en outre grandement apprécié la diligence dont elle a fait preuve dans l'exécution de ce travail.

J'aimerais également signaler l'excellent travail de révision linguistique d'Emmanuel Dalmenesche, dont les suggestions, toujours à propos, ont contribué à rendre l'ouvrage beaucoup plus agréable à lire ; la minutie d'Odile Dallaserra à la correction d'épreuves ; et la coordination éditoriale attentive de Jacqueline Leroux, qui a su m'épauler tout au long de la production de ce livre.

Le mot de la fin est pour ma conjointe, Carole. Je veux lui dire encore une fois combien sa patience et ses nombreux encouragements me sont précieux.

Luc Amyotte

L'auteur

Luc Amyotte est professeur à la retraite. Il a enseigné les mathématiques au Cégep de Drummondville de 1977 à 2010. Il est titulaire d'un brevet d'enseignement, d'un certificat en sciences sociales, d'un baccalauréat en mathématiques, d'un baccalauréat en administration des affaires, d'un baccalauréat en sciences économiques, d'une maîtrise en mathématiques et d'une maîtrise en didactique des mathématiques. Il est l'auteur de plusieurs ouvrages couronnés par de nombreux prix :

• *Introduction à l'algèbre linéaire et à ses applications* (3e édition, ERPI, 2009). Prix du ministre de l'Éducation – Notes de cours (1999).

• *Introduction au calcul avancé et à ses applications en sciences* (ERPI, 2004). Prix Frère-Robert de l'AMQ (2002) et prix du ministre de l'Éducation (2003).

• *Calcul différentiel* (avec Josée Hamel, ERPI, 2007). Prix Adrien-Pouliot de l'AMQ (2007) et prix de la ministre de l'Éducation, du Loisir et du Sport (2007).

• *Calcul intégral* (ERPI, 2008). Mention (notes de cours) au concours des prix du ministre de l'Éducation, du Loisir et du Sport (2005), et prix Frère-Robert de l'AMQ (2006).

En 2004, le Cégep de Drummondville l'honorait en lui décernant le prix Roch-Nappert pour la qualité de son enseignement. En 2005, l'Association québécoise de pédagogie collégiale lui décernait une mention d'honneur pour souligner l'excellence et le professionnalisme de son travail dans l'enseignement collégial. En 2010, le Cégep de Drummondville l'honorait à nouveau en lui décernant le prix de la réussite en enseignement en raison de ses méthodes pédagogiques novatrices, de son engagement auprès de ses étudiants et de ses actions axées sur les valeurs éducatives. Il a été le premier lauréat de ce prix.

À l'instar de Stendhal, beaucoup de gens considèrent que les mathématiques sont «la patrie du bâillement et du raisonnement triste». À l'encontre de cette opinion très répandue, ***Complément de méthodes quantitatives** – Applications à la recherche en sciences humaines* comporte des caractéristiques qui facilitent l'étude des méthodes quantitatives et la rendent plus agréable.

TOUTE DÉMARCHE SCIENTIFIQUE exige de vérifier l'hypothèse de recherche. Pour atteindre ce but, on effectue généralement un test d'hypothèse, qui constitue le deuxième volet de l'inférence statistique.

Il existe plusieurs tests d'hypothèses: test sur une moyenne, test sur la différence de deux moyennes, test sur une proportion, test sur la différence de deux proportions, test d'ajustement du khi carré, etc. Par exemple, pour vérifier si une nouvelle thérapie est plus efficace que la thérapie classique, on peut comparer leurs proportions de succès. On peut également comparer les temps moyens nécessaires pour obtenir un résultat satisfaisant avec l'une et l'autre. On peut donc effectuer un test d'hypothèse sur une proportion (ou un test sur la différence de proportions) ou un test d'hypothèse sur une moyenne (ou un test sur la différence de deux moyennes).

Les tests reposent sur des données provenant d'échantillons aléatoires. Quel que soit le test, il suit toujours les mêmes étapes. Le choix de l'hypothèse à retenir une fois le test d'hypothèse effectué repose sur la vraisemblance ou l'invraisemblance du résultat obtenu à partir de l'échantillon ou des échantillons.

Les tests permettent donc de généraliser à l'ensemble de la population le résultat fourni par l'échantillon ou les échantillons. À l'instar de l'estimation par intervalle de confiance, les tests d'hypothèses s'appuient sur des lois de probabilité telles que la loi normale, la loi de Student ou la loi du khi carré.

Les chapitres commencent par une **introduction** qui établit un lien avec les chapitres précédents.

5 Tests d'hypothèses

Une probabilité raisonnable est la seu...

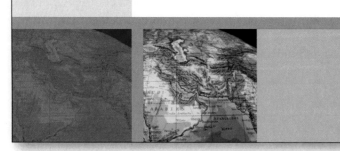

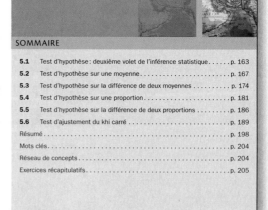

Tests d'hypothèses

SOMMAIRE

OBJECTIFS

→ Expliquer le principe fondamental qui régit les tests d'hypothèses (5.1).

→ Énoncer les étapes d'un test d'hypothèse (5.1).

→ Formuler les hypothèses nulle (H_0) et alternative (H_1) d'un test d'hypothèse (5.1).

→ Différencier un test unilatéral d'un test bilatéral (5.2).

→ Effectuer un test d'hypothèse sur une moyenne (5.2).

→ Effectuer un test d'hypothèse sur la différence de deux moyennes (5.3).

→ Effectuer un test d'hypothèse sur une proportion (5.4).

→ Effectuer un test d'hypothèse sur la différence de deux proportions (5.5).

→ Effectuer un test d'ajustement du khi carré (5.6).

Chaque chapitre comporte un **sommaire** et une **liste d'objectifs** d'apprentissage mis en relation avec les sections correspondantes du chapitre.

Les **exemples** illustrant un concept sont généralement suivis d'**exercices** qui permettent à l'étudiant de vérifier son degré de compréhension et d'établir un lien durable entre une nouvelle notion et ses connaissances antérieures.

EXEMPLE 1.6

Lorsqu'on lance un dé, l'espace échantillonnal est donné par $S = \{1, 2, 3, 4, 5, 6\}$ (figure 1.4), de sorte que $n(S) = 6$.

FIGURE | **1.4**

RÉSULTATS POSSIBLES DU LANCER D'UN DÉ À JOUER

L'événement C: «Obtenir une face présentant un nombre de points qui soit un multiple de 3» peut être représenté par l'ensemble $C = \{3, 6\}$, de sorte que cet événement est composé et que $n(C) = 2$.

Comme tous les cas sont équiprobables, la probabilité d'obtenir une face présentant un nombre de points qui soit un multiple de 3 est donnée par:

$$P(C) = \frac{n(C)}{n(S)}$$
$$= \frac{2}{6}$$
$$= \frac{1}{3}$$

On aurait également pu écrire $P(C) = 0,\overline{3}$ ou $P(C) = 33,\overline{3}\,\%$.

EXERCICES 1.2

1. Vous lancez deux dés de couleurs différentes (figure 1.5).

FIGURE | **1.5**

RÉSULTATS POSSIBLES DU LANCER DE DEUX DÉS À JOUER

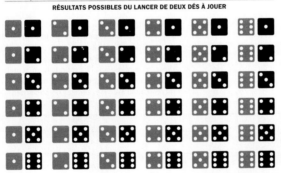

a) Tracez le diagramme en arbre représentant l'ensemble des résultats possibles.

b) Énumérez tous les résultats composant l'espace échantillonnal.

c) Combien d'éléments comporte cet ensemble?

d) Indiquez dans le diagramme en arbre les événements A: «La somme des points vaut 12» et B: «La somme des points vaut 7».

e) L'événement A est-il simple ou composé?

f) Quelle est la probabilité d'obtenir une somme de points valant 12?

g) L'événement B est-il simple ou composé?

h) De combien de façons peut-on obtenir l'événement B?

i) Quelle est la probabilité d'obtenir une somme de points valant 7?

2. Vous lancez une pièce de monnaie et un dé.

a) Tracez le diagramme en arbre.

b) Énumérez tous les résultats composant l'espace échantillonnal.

c) Combien d'éléments comporte cet ensemble?

EXERCICE 3.5

■ **Vous pouvez maintenant faire les exercices récapitulatifs 30 à 37.**

Un institut de sondage estime que 60 % des personnes qu'il joint au téléphone acceptent de participer à une enquête. S'il joint 1 200 personnes au téléphone, quelle est la probabilité qu'au moins 700 d'entre elles acceptent de participer à l'enquête ?

Les **exercices récapitulatifs** que les étudiants peuvent faire après chaque section sont clairement signalés aux endroits opportuns.

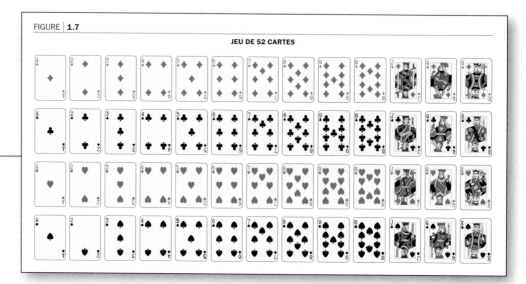

FIGURE | **1.7**

JEU DE 52 CARTES

De nombreuses **illustrations** dynamisent l'exposé et le rendent visuellement attrayant.

Les **définitions des mots clés** (en gras dans le texte) sont mises en évidence dans les marges et sont reprises dans un **glossaire** à la fin du livre.

Hypothèse alternative

Dans un test d'hypothèse, c'est l'hypothèse qu'on retient lorsqu'on rejette l'hypothèse nulle. Le chercheur la propose pour remplacer la norme établie dans l'hypothèse nulle ; c'est pourquoi on l'appelle aussi *contre-hypothèse* ou *hypothèse du chercheur*. Elle est notée H_1. ■

Le **test d'hypothèse** est un procédé inférentiel visant à choisir entre deux hypothèses, appelées **hypothèse nulle** (H_0) et **hypothèse alternative** (H_1), sur la base d'un ou de plusieurs échantillons aléatoires. L'hypothèse nulle est la norme acceptée, le *statu quo* par rapport au passé ou à un critère de référence. Dans un test d'hypothèse, on suppose qu'elle est vraie jusqu'à preuve du contraire. Le chercheur remet en question l'hypothèse nulle en tentant de montrer qu'elle est statistiquement incompatible avec les données obtenues dans l'échantillon (ou les échantillons).

Glossaire

Analyse combinatoire (p. 23)

Branche des mathématiques qui s'intéresse aux problèmes de dénombrement et d'énumération de situations.

Arbre de probabilité (p. 39)

Diagramme en arbre qui permet d'illustrer l'évaluation d'une probabilité. On associe à chaque branche de l'arbre la probabilité conditionnelle qu'un événement se produise, sachant que les événements associés aux branches inférieures se sont produits. La probabilité de l'intersection d'événements successifs obtenus lorsqu'on parcourt un trajet sur les branches de l'arbre correspond au produit des probabilités associées aux branches situées sur ce trajet.

Arrangement (p. 29)

Un arrangement est une sélection ***ordonnée*** de r éléments différents choisis parmi n éléments différents. Le nombre d'arrangements, noté A_r^n, est égal à $\dfrac{n!}{(n-r)!}$.

Diagramme en arbre (p. 13)

Schéma constitué de chemins et de bifurcations servant à dénombrer une suite d'événements présentés selon leur ordre d'apparition.

Distribution de probabilité (p. 70)

Tableau ou fonction qui exprime les différentes probabilités associées à toutes les valeurs d'une variable aléatoire discrète. On l'appelle également *loi de probabilité* ou *fonction de probabilité*.

Élément (p. 7)

Un élément d'un ensemble A est une des composantes de cet ensemble. Pour indiquer qu'un élément x appartient à un ensemble A, on écrit $x \in A$, et pour indiquer qu'il n'appartient pas à A, $x \notin A$.

Ensemble (p. 7)

Un ensemble est une collection d'éléments qui possèdent généralement une caractéristique commune. Il est habituellement noté par une lettre majuscule.

RÉSUMÉ

L'objet de l'**inférence statistique** est de généraliser les résultats obtenus à partir d'un échantillon aléatoire à l'ensemble de la population d'où il a été tiré. L'estimation d'un paramètre, l'un des deux volets de l'inférence statistique, consiste à évaluer un **paramètre** d'une population, tel qu'une moyenne ou une proportion, à partir de la **statistique** correspondante calculée dans un échantillon. On peut effectuer une **estimation ponctuelle**, c'est-à-dire estimer le paramètre par une seule valeur, ou une **estimation par intervalle de confiance**, c'est-à-dire associer une **marge d'erreur** et un **niveau de confiance** à l'estimation. Dans ce dernier cas, on construit un intervalle autour de l'estimation ponctuelle. La largeur de l'intervalle est fonction de la taille de l'échantillon prélevé, de la façon dont on l'a prélevé et du degré de confiance dans le fait que l'intervalle recouvre la véritable vale

MOTS CLÉS

Estimation par intervalle de confiance, p. 129
Estimation ponctuelle, p. 129
Facteur de correction de population finie, p. 138

Inférence statistique, p. 129
Loi de Student, p. 140
Marge d'erreur, p. 129

Niveau de confiance, p. 129
Nombre de degrés de liberté, p. 140

Paramètre, p. 129
Statistique, p. 129
Taux de sondage, p. 138

RÉSEAU DE CONCEPTS

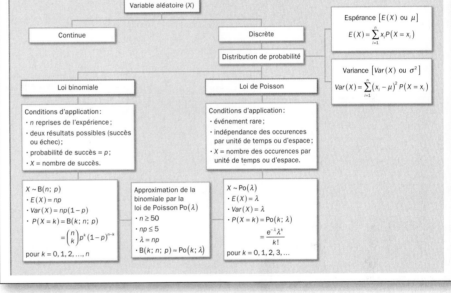

La partie théorique de chaque chapitre se termine par des rubriques favorisant la révision : un **résumé**, une **liste des mots clés** et un **réseau de concepts**.

Exercices récapitulatifs

Sections 2.1 et 2.2

1. Soit X la variable aléatoire discrète qui peut prendre les valeurs 1, 2, 3 et 4 et qui, pour ces valeurs, est telle que $P(X = k) = \dfrac{k}{10}$.

   a) Complétez le tableau 2.5 donnant la distribution de probabilité de la variable aléatoire X.

   TABLEAU | **2.5**

DISTRIBUTION DE PROBABILITÉ DE LA VARIABLE ALÉATOIRE X	
X	P(X = k)
1	
2	
3	
4	
Total	

   b) Que vaut $E(X)$?

   c) Que vaut $Var(X)$?

Les nombreux **exercices récapitulatifs** à la fin de chaque chapitre illustrent l'utilisation des méthodes quantitatives en sciences humaines.

Les 15 **tableaux synthèses** devraient faciliter l'accès des étudiants à l'essentiel de l'information du livre.

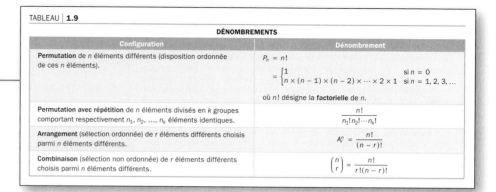

TABLEAU | **1.9**

DÉNOMBREMENTS

Configuration	Dénombrement
Permutation de n éléments différents (disposition ordonnée de ces n éléments).	$P_n = n!$ $= \begin{cases} 1 & \text{si } n = 0 \\ n \times (n-1) \times (n-2) \times \cdots \times 2 \times 1 & \text{si } n = 1, 2, 3, \ldots \end{cases}$ où $n!$ désigne la **factorielle** de n.
Permutation avec répétition de n éléments divisés en k groupes comportant respectivement $n_1, n_2, \ldots, n_k$ éléments identiques.	$\dfrac{n!}{n_1! n_2! \cdots n_k!}$
Arrangement (sélection ordonnée) de r éléments différents choisis parmi n éléments différents.	$A_r^n = \dfrac{n!}{(n-r)!}$
Combinaison (sélection non ordonnée) de r éléments différents choisis parmi n éléments différents.	$\dbinom{n}{r} = \dfrac{n!}{r!(n-r)!}$

TABLEAU | **5.20**

DESCRIPTION DES ÉTAPES DU TEST D'HYPOTHÈSE SUR LA DIFFÉRENCE DE DEUX MOYENNES (ÉCHANTILLONS ALÉATOIRES APPARIÉS)

Hypothèse nulle	$H_0 : \mu_1 - \mu_2 = 0$		
Hypothèse alternative	Test unilatéral à gauche $H_1 : \mu_1 - \mu_2 < 0$	Test unilatéral à droite $H_1 : \mu_1 - \mu_2 > 0$	Test bilatéral $H_1 : \mu_1 - \mu_2 \neq 0$
Seuil de signification	α		
Conditions d'application	Les échantillons sont aléatoires et appariés. La variable donnant la différence des valeurs observées dans les échantillons se distribue selon la loi normale ou presque.		
Valeurs critiques	Test unilatéral à gauche $-t_{\alpha;\, n-1}$	Test unilatéral à droite $t_{\alpha;\, n-1}$	Test bilatéral $-t_{\alpha/2;\, n-1}$ et $t_{\alpha/2;\, n-1}$
Règles de décision	Test unilatéral à gauche Rejeter H_0 lorsque $t < -t_{\alpha;\, n-1}$.	Test unilatéral à droite Rejeter H_0 lorsque $t > t_{\alpha;\, n-1}$.	Test bilatéral Rejeter H_0 lorsque $t \notin \left[-t_{\alpha/2;\, n-1};\, t_{\alpha/2;\, n-1} \right]$.
Statistique appropriée au test	$t = \dfrac{\bar{d}}{s_d / \sqrt{n}}$		
Décision	Rejeter ou ne pas rejeter H_0.		

On a noté d la différence entre les valeurs des données appariées.

Réponses aux exercices récapitulatifs

Les **réponses** de tous les exercices récapitulatifs se trouvent à la fin du manuel.

CHAPITRE 1

1. a) $A \cap B \cap C = \{3\}$, $(A \cup B)' = \{0, 6, 8\}$, $A' \cap C = \{0, 2, 3, 4, 6, 8, 9\}$ et $C \setminus B = \{9\}$.

   b) $n(A \cap B \cap C) = 1$, $n\big[(A \cup B)'\big] = 3$, $n(A' \cap C) = 7$ et $n(C \setminus B) = 1$.

   c)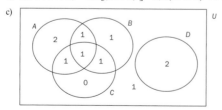

   d) Les ensembles A et D sont disjoints.

2. a) C représente l'ensemble universel.

   b) $F \cap M = \{$Cégépiens de sexe masculin qui sont fumeurs$\}$

   $F' = \{$Cégépiens non fumeurs$\}$

   $M \cup T = \{$Cégépiens de sexe masculin ou inscrits dans un programme technique$\}$

   $T \setminus F = \{$Cégépiens inscrits dans un programme technique qui sont non fumeurs$\}$

L'**aide-mémoire** est fourni dans le matériel complémentaire de l'Édition en ligne. C'est un précieux outil de référence pour l'exécution des exercices et la préparation aux examens.

Table des matières

DE NOMBREUX PHÉNOMÈNES NATURELS ou résultant de l'activité humaine relèvent du hasard. Ainsi, le numéro gagnant à la loterie, le rendement d'un investissement en Bourse, le volume des ventes d'un nouveau produit, la réaction d'un sujet soumis à une thérapie sont autant d'événements qu'on ne peut prédire avec certitude.

Parce qu'elle sert à quantifier l'incertain, la théorie des probabilités permet de mettre de l'ordre dans ces situations apparemment chaotiques. Cette théorie, dont l'origine remonte à l'étude des jeux de hasard, occupe maintenant une place importante dans de nombreux domaines tels que l'ingénierie, la psychologie, la sociologie, la science politique, la science économique, le marketing et les assurances.

L'inférence statistique effectuée à partir de données tirées d'échantillons prélevés lors de sondages est également fondée sur la théorie des probabilités. Comme l'inférence constitue un des objets du présent livre, il est tout naturel d'aborder dans un premier temps l'étude des probabilités.

Le calcul de certaines probabilités s'appuyant sur des dénombrements, il nous faut également étudier l'analyse combinatoire, soit la science du dénombrement.

Analyse combinatoire et probabilités

En comptant 45 secondes pour lire un sonnet et 15 secondes pour changer les volets, à 8 heures par jour, 200 jours par an, on a pour plus d'un million de siècles de lecture...

Raymond Queneau

C'est une science [les probabilités] qui est née avec le jeu, mais qui de par son évolution est devenue l'objet le plus important de la connaissance humaine.

Pierre Simon, marquis de Laplace

SOMMAIRE

OBJECTIFS

→   Évaluer la probabilité d'un événement en recourant à la définition classique (1.3 à 1.10).

→   Définir des ensembles en extension ou en compréhension et les représenter dans un diagramme de Venn (1.4).

→   Recourir à un diagramme de Venn pour évaluer une probabilité (1.4).

→   Définir et différencier les expressions suivantes : *expérience aléatoire, espace échantillonnal, événement* (1.5).

→   Caractériser et reconnaître les types d'événements suivants : impossible, certain, contraire, incompatibles (1.5).

→   Résoudre des problèmes de dénombrement à l'aide des techniques de l'analyse combinatoire (1.6 à 1.8).

→   Décrire ou dénombrer un espace échantillonnal ou un événement (1.6 à 1.8).

→   Évaluer la probabilité de l'union ou de l'intersection de deux événements (1.6 à 1.8).

→   Différencier les termes *arrangement, permutation, combinaison* (1.8).

→   Évaluer une probabilité conditionnelle (1.9).

→   Déterminer si des événements sont indépendants (1.9).

→   Évaluer une probabilité à l'aide de la formule de Bayes (1.10).

Analyse combinatoire et probabilités

1

1.1 | MESURE DE L'INCERTAIN

En ce monde où, comme l'écrivait Benjamin Franklin, rien n'est certain sinon la mort et les taxes, nous cherchons tous à mesurer l'incertain. Les médecins tentent d'évaluer les chances de survie de leurs malades. Les météorologues essaient de prévoir s'il fera beau ou s'il pleuvra. Les analystes politiques supputent les chances de victoire d'un gouvernement aux élections. Les compagnies d'assurances cherchent à mesurer les risques d'accidents de leurs assurés à partir de l'histoire de l'ensemble des assurés. De même, quand nous lançons une pièce de monnaie, nous aimerions pouvoir déterminer avec certitude de quel côté elle tombera, mais, l'espace d'un instant, rien n'est certain. Pile ou face ? Nul ne saurait le dire. Néanmoins, lorsque nous lançons une pièce à de nombreuses reprises, nous avons tous la conviction qu'une certaine égalité tendra à s'établir entre le nombre de « pile » et le nombre de « face », même s'il nous est impossible de prédire avec certitude le résultat de chaque lancer. Malgré tout, nous sommes en mesure d'évaluer les chances d'obtenir chacune des deux possibilités : une chance sur deux pour « face » et une chance sur deux pour « pile ». C'est là l'essence même des probabilités, la branche des mathématiques qui traite des lois du hasard et de la mesure de l'incertain.

1.2 | ORIGINE DE LA THÉORIE DES PROBABILITÉS : LES JEUX DE HASARD

La théorie moderne des probabilités date du XVIIe siècle[1]. Ses fondements découlent d'une question touchant le jeu de dés. Comme l'a si bien dit le mathématicien Siméon Denis Poisson : « Un problème relatif aux jeux de hasard, proposé à un austère janséniste par un homme du monde, a été à l'origine du calcul des probabilités[2]. » Tout a commencé lorsqu'un écrivain et joueur, Antoine Gombaud, Chevalier de Méré (l'homme du monde) a présenté au philosophe, écrivain et mathématicien Blaise Pascal (l'austère janséniste) un problème concernant le jeu de dés. Dans une lettre au mathématicien et juriste Pierre Fermat, Pascal écrivait :

Pierre Fermat

> Je n'ai pas le temps de vous envoyer la démonstration d'une difficulté qui étonnoit fort M. de Méré, car il a très bon esprit, mais il n'est pas géomètre (c'est, comme vous savez, un grand défaut) et même il ne comprend pas qu'une ligne mathématique soit divisible à l'infini et croit fort bien entendre qu'elle est composée de points en nombre fini, et jamais je n'ai pu l'en tirer. Si vous le pouviez faire, on le rendroit parfait.
>
> Il me disoit donc qu'il avoit trouvé fausseté dans les nombres par cette raison :
>
> Si on entreprend de faire un six avec un dé, il y a avantage de l'entreprendre en 4, comme de 671 à 625 [*soit une probabilité de 671/(671 + 625) = 671/1 296 pour obtenir au moins un six en quatre lancers*].
>
> Si on entreprend de faire sonnés [*un double six*] avec deux dés, il y a désavantage de l'entreprendre en 24.
>
> Et néanmoins 24 est à 36 [*le nombre de résultats possibles lorsqu'on lance deux dés*] comme de 4 à 6 [*le nombre de résultats possibles lorsqu'on lance un dé*].

1. Certains la font remonter au XVIe siècle avec la publication du *Liber de ludo aleae* (Livre sur les jeux de hasard) de Gerolamo Cardano. Ce livre est le premier de l'histoire à traiter de questions de probabilités. L'auteur, un joueur invétéré, y présente notamment quelques façons de tricher au jeu.
2. S. D. Poisson, « Recherche sur la probabilité des jugements », dans D. J. Struick, *A Concise History of Mathematics*, New York, Dover Publications, 1967, p. 108.

Blaise Pascal

Voilà qui étoit son grand scandale qui lui faisoit dire hautement que les propositions n'étoient pas constantes et que l'Arithmétique se démentoit, mais vous en verrez bien aisément la raison par les principes où vous êtes[3].

Comme l'écrit Pascal, le Chevalier de Méré savait par expérience qu'il était moins vraisemblable (« il y a désavantage ») de faire un double six en 24 lancers que d'obtenir un six en 4 lancers, mais il n'y trouvait pas d'explication logique. En fait, Méré pensait même pouvoir montrer que les deux événements étaient également vraisemblables. Le raisonnement qu'il tenait à Pascal pour lui montrer la contradiction qu'il croyait avoir découverte ressemblait probablement à ceci :

En lançant un dé, il y a 1 chance sur 6 d'obtenir la face à six points (un six). En lançant un dé 4 fois, il devrait y avoir 4 chances sur 6 d'obtenir un six. En lançant deux dés, il y a 1 chance sur 36 d'obtenir un double six. Il devrait donc y avoir 24 chances sur 36 d'obtenir un double six en lançant deux dés 24 fois. Comme $\frac{24}{36} = \frac{4}{6}$, les deux événements (un six en 4 lancers et un double six en 24 lancers) devraient être également vraisemblables.

Pourtant, ce raisonnement est faux. Nous verrons à la section 1.8.1 comment résoudre le paradoxe apparent proposé à Pascal par le Chevalier de Méré.

Vos **vraies chances de gagner au jeu**[*]

Casino de Montréal, vendredi soir, minuit. Un joueur à la table de roulette dispose des piles de jetons bleus sur quelques-uns des 37 numéros inscrits sur le tableau des mises. Le croupier fait pivoter le tourniquet, lance la bille blanche qui rebondit, ralentit, puis s'immobilise dans la case numéro 11. Le joueur vient de gagner 3 500 dollars.

Heureux hasard. Mais les possibilités qu'il obtienne le même résultat une autre fois sont minces. D'abord, au casino, on fait tout pour que le hasard reste le fruit du hasard ! À chaque jeu, le mouvement du tourniquet est inversé. En plus, de petits obstacles disposés sur le plateau mobile font rebondir la bille, ce qui rend sa trajectoire encore plus imprévisible. Et pour s'assurer que la roulette n'est pas truquée, tous les résultats sont compilés puis analysés. «Tout est étudié pour que la position finale de la bille soit due au hasard, explique Jean-François Gagné, jusqu'à récemment chef de produit "table et keno" de la Société des casinos du Québec. Et si certains numéros sortaient trop souvent, on ferait enquête.»

[...]

En fait, seul le calcul des probabilités permet de décrire la position finale de la bille avec réalisme. Et, dans l'univers des probabilistes, le sens du mot chance est beaucoup plus circonscrit que chez les joueurs. Il signifie la possibilité qu'un événement se produise par hasard. Et comme

il y a 37 numéros sur la roulette, il n'y a donc qu'une chance sur 37 que la bille tombe sur le 11.

Lorsqu'un joueur a misé sur le numéro gagnant, le casino lui paie 35 fois sa mise. Le jeu est à l'avantage du casino, car il y a 37 numéros et on ne paie que 35 fois la mise. Voici comment on calcule l'espérance de gain d'un joueur qui miserait 1 $: (probabilité de gagner × montant du gain) − (probabilité de perdre × montant de la perte). L'espérance de gain vaut donc

$$\frac{1}{37}(35 \times 1\ \$) - \frac{36}{37}(1\ \$) = \frac{35}{37} - \frac{36}{37}$$
$$= -0,027\ \$$$

une espérance de gain négative.

Cela signifie que pour chaque dollar misé à la roulette, le casino conserve en moyenne 2,7 cents, explique Jean-François Gagné.

[...]

«Je ne vais jamais au casino, dit le mathématicien Martin Goldstein, de l'Université de Montréal. Ma religion de probabiliste m'interdit de jouer à un jeu où l'espérance de gain est négative!» Selon lui, pour qu'un jeu soit équitable, l'espérance de gain doit être égale à zéro.

---

[*] I. Montpetit, «Vos vraies chances de gagner au jeu», *Québec science*, vol. 35, n° 2, octobre 1996, p. 13-14.

---

3. P. Dedron et J. Itard, *Mathématiques et mathématiciens*, Paris, Magnard, 1959, p. 224-225.

1.3

DIFFÉRENTES CONCEPTIONS DES PROBABILITÉS

Dans cette section : probabilité.

Il existe plusieurs façons d'envisager le concept de probabilité. On peut parler de probabilité subjective, de probabilité objective (ou *a priori*) et de probabilité empirique.

Probabilité subjective

La mesure d'une probabilité est subjective lorsqu'elle se fonde uniquement sur une intuition ou un pressentiment, sans être appuyée par des données historiques ou autres. Ainsi, un élève qui affirme avoir 70 % des chances de réussir un examen émet une opinion subjective de nature probabiliste sur ses chances de réussite. On comprendra aisément qu'il est impossible de construire une théorie scientifique des probabilités sur cette base.

Probabilité objective (ou *a priori*)

L'approche objective ou *a priori* a été proposée par Pierre Simon de Laplace au début du xixe siècle. Elle repose sur le principe d'indifférence, selon lequel on doit supposer que deux événements sont également probables s'il n'y a pas de raison de penser qu'on peut obtenir l'un plus fréquemment que l'autre. On dit alors que les événements sont équiprobables. Dans ce contexte, la probabilité d'un événement est définie comme « [...] le rapport du nombre de cas favorables à celui de tous les cas possibles[4] ». En vertu de cette définition classique, la probabilité d'obtenir « pile » en lançant une pièce de monnaie serait de ½ : il y a deux résultats possibles également vraisemblables (nous dirons équiprobables), et un seul de ces résultats consiste à obtenir « pile ». Il y a deux cas possibles et un seul cas favorable ; la probabilité vaut donc ½.

De manière similaire, la probabilité d'obtenir un six avec un dé non pipé (un dé honnête dont toutes les faces ont les mêmes chances de se produire) est de ⅙.

Probabilité

Mesure de la fréquence relative ou de la vraisemblance de l'occurrence d'un événement dont la réalisation dépend du hasard. Lorsque tous les cas sont équiprobables, la probabilité d'un événement *A*, notée $P(A)$, est donnée par l'expression :

$$P(A) = \frac{\text{Nombre de cas favorables à } A}{\text{Nombre de cas possibles}}$$

Selon la définition classique de la **probabilité** telle qu'énoncée par Laplace, si tous les cas sont équiprobables, alors la probabilité d'un événement *A*, notée $P(A)$, sera :

$$P(A) = \frac{\text{Nombre de cas favorables à } A}{\text{Nombre de cas possibles}}$$

Ainsi, lorsqu'on lance deux dés, la probabilité que la somme des points donne 3 vaut ²⁄₃₆ (ou ¹⁄₁₈), puisque, comme nous le verrons au tableau 1.2 (p. 18), il y a 36 résultats possibles et 2 résultats favorables.

> Cela signifie – non pas, comme tout joueur ne le sait que trop, que le coup se reproduira automatiquement tous les 18 essais – mais que, à la longue, c'est-à-dire au bout d'un très grand nombre d'essais, le coup cherché se sera produit approximativement une fois sur 18, l'approximation étant d'autant meilleure que le nombre total d'essais sera plus grand[5].

Selon la définition classique de Laplace, on parle de probabilité *a priori*, parce que la probabilité d'un événement peut être évaluée sans qu'on en fasse l'expérience ;

---

4. P. S. de Laplace, *Essai philosophique sur les probabilités*, texte de la 5e édition de 1825, Paris, Christian Bourgois éditeur, 1986, p. 38.
5. E. T. Bell, *La mathématique, reine et servante des sciences*, Paris, Payot, 1953, p. 327. Cette interprétation nous mène au concept de probabilité empirique.

on n'a pas besoin de lancer un seul dé ni aucune pièce de monnaie. La probabilité ainsi obtenue est conçue à partir d'un monde idéal dans lequel les événements sont effectivement équiprobables. On sait toutefois que le monde idéal n'existe pas. Qui a jamais vu un dé parfaitement symétrique ou une pièce de monnaie sans imperfection aucune ?

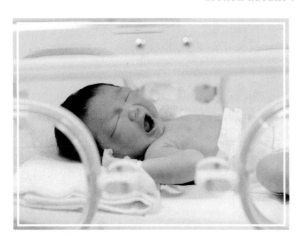

L'hypothèse d'équiprobabilité et le principe d'indifférence ne se vérifieront pas nécessairement dans le monde réel. Ainsi, on pourrait considérer que la probabilité qu'un nouveau-né soit un garçon est de ½, puisqu'il y a deux résultats possibles (un garçon ou une fille) et un seul événement favorable (un garçon). *A priori*, il n'y a pas de raison de penser que les garçons sont plus nombreux que les filles à la naissance. Pourtant, toutes les données le montrent, il naît plus de garçons que de filles : environ 105 garçons pour 100 filles. Dans les faits, la probabilité qu'un nouveau-né soit un garçon n'est pas de ½ ; le principe d'indifférence ne se vérifie donc pas.

Comme le montre cet exemple, la définition classique de la probabilité n'est pas toujours adéquate parce qu'elle suppose une symétrie parfaite. De plus, elle comporte une forme d'argument circulaire. En effet, elle part de l'hypothèse que les événements sont équiprobables, c'est-à-dire qu'ils ont la même probabilité. Cela revient donc à définir la probabilité comme... une probabilité !

Probabilité empirique

Pour contourner les problèmes posés par cette définition classique, on peut adopter une approche fréquentiste ou statistique. On définira alors la probabilité d'un événement comme la fréquence de son occurrence dans une expérience répétée indéfiniment, et ce, par rapport au nombre de reprises de l'expérience. En vertu de cette définition, on évaluera, par exemple, la probabilité d'obtenir « pile » (l'événement A) lorsqu'on lance sans cesse une pièce de monnaie en mesurant la fréquence du nombre de « pile » observé, $n(A)$, par rapport au nombre de lancers, N. L'expression mathématique de cette définition est la suivante :

$$P(A) = \lim_{N \to \infty} \frac{n(A)}{N}$$

On suppose ici que, à long terme ($N \to \infty$), la fréquence relative se fixera autour d'une valeur qu'on appellera la probabilité de l'événement A. En effet, même si la fréquence relative du nombre de « pile » varie beaucoup pour 2, 5, 10 ou même 20 lancers, elle aura tendance à se stabiliser à mesure que le nombre de lancers augmentera. À titre d'exemple, voici les résultats de longues séries de « pile ou face » menées à différentes époques par trois mathématiciens.

• Le comte de Buffon lança une pièce de monnaie 4 040 fois et obtint 2 048 « face », pour une fréquence relative de 50,69 %.

• Pendant qu'il était incarcéré durant la Deuxième Guerre mondiale, le mathématicien John Kerrich obtint 5 067 « face » après 10 000 lancers, soit une proportion de 50,67 %.

• Le statisticien Karl Pearson observa 12 012 « face » après 24 000 lancers, pour une fréquence relative de 50,05 %[6].

---

6. David S. Moore et George P. McCabe, *Introduction to the Practice of Statistics*, 3e éd., New York, W. H. Freeman and company, 1999, p. 291.

Comme le montrent ces expériences, le concept de probabilité empirique ne permet pas d'évaluer une probabilité avec certitude, puisqu'il est impossible en pratique d'effectuer un nombre infini d'expériences. La définition fréquentiste est néanmoins employée pour mesurer les risques, entre autres dans le domaine des assurances et dans les travaux de recherche médicale. Dans ces contextes, la définition objective n'est pas applicable ; on ne peut pas dénombrer les cas favorables et les cas possibles sous l'hypothèse d'équiprobabilité.

Dans le présent ouvrage, nous nous limiterons à étudier les probabilités objectives. Nous considérerons donc la probabilité d'un événement A comme la mesure de la vraisemblance qu'un tel événement se produise.

1.4 | THÉORIE DES ENSEMBLES

Dans cette section : ensemble • élément • cardinal • ensemble vide • ensembles disjoints • ensemble universel • complément d'un ensemble • diagramme de Venn.

Avant de poursuivre l'étude de la théorie des probabilités, faisons un détour par la théorie des ensembles.

De manière intuitive, on dira qu'un **ensemble** est une collection d'**éléments** qui possèdent généralement une caractéristique commune. Un ensemble est habituellement noté par une lettre majuscule, de préférence signifiante. Il peut être défini en extension, c'est-à-dire par la liste de ses éléments, ou en compréhension, c'est-à-dire par la caractéristique qui lie ses éléments. Lorsqu'on définit un ensemble, on place généralement ses éléments entre accolades.

On emploie le symbole $\in$ pour indiquer qu'un élément appartient à un ensemble et le symbole $\notin$ pour indiquer qu'il ne lui appartient pas.

Le **cardinal** d'un ensemble fini A, noté $n(A)$, désigne le nombre d'éléments de cet ensemble.

On écrit $A \subseteq B$ pour indiquer que A est un sous-ensemble de B, c'est-à-dire que tous les éléments de A sont aussi des éléments de B.

Les symboles suivants sont employés en théorie des ensembles :

- $\cup$ désigne l'union de deux ensembles, soit le regroupement de tous les éléments de ces deux ensembles ;

- $\cap$ désigne l'intersection de deux ensembles, soit le regroupement de tous les éléments communs aux deux ensembles ;

- \ désigne la différence de deux ensembles, soit le regroupement de tous les éléments qui appartiennent au premier sans être dans le second ;

- $\varnothing$ ou { } désigne l'**ensemble vide**, soit l'ensemble qui ne compte aucun élément.

Deux **ensembles** A et B sont dits **disjoints** lorsque $A \cap B = \varnothing$, c'est-à-dire lorsqu'ils n'ont aucun élément en commun.

L'ensemble de tous les éléments pertinents à un contexte porte le nom d'**ensemble universel**. Il est généralement noté U (ou S en théorie des probabilités).

Le **complément d'un ensemble** A est noté A'. Il correspond à $U \backslash A$. Il s'agit de l'ensemble formé des éléments qui n'appartiennent pas à A.

Ensemble

Un ensemble est une collection d'éléments qui possèdent généralement une caractéristique commune. Il est habituellement noté par une lettre majuscule. ∎

Élément

Un élément d'un ensemble A est une des composantes de cet ensemble. Pour indiquer qu'un élément x appartient à un ensemble A, on écrit $x \in A$, et pour indiquer qu'il n'appartient pas à A, $x \notin A$. ∎

Cardinal

Nombre d'éléments dans un ensemble A, noté $n(A)$. ∎

Ensemble vide

Ensemble, noté $\varnothing$ ou { }, qui ne compte aucun élément. ∎

Ensembles disjoints

Deux ensembles A et B sont disjoints si leur intersection donne l'ensemble vide, c'est-à-dire si $A \cap B = \varnothing$. Les ensembles A et B sont disjoints s'ils n'ont pas d'éléments communs. ∎

Ensemble universel

Ensemble, généralement noté U (ou S en théorie des probabilités), duquel on peut prélever les éléments pour former un ensemble particulier. Intuitivement, on dira que l'ensemble universel contient tous les éléments pertinents à un contexte. ∎

Complément d'un ensemble

Si U est l'ensemble universel, le complément de l'ensemble A, noté A', correspond à $U \backslash A$. Le complément de A est l'ensemble de tous les éléments qui n'appartiennent pas à A. ∎

EXEMPLE 1.1

L'ensemble V des voyelles de la langue française peut s'écrire en extension de la façon suivante :

$$V = \{a, e, i, o, u, y\}$$

On a alors $n(V) = 6$.

De la même façon, l'ensemble C des consonnes de la langue française s'écrit :

$$C = \{b, c, d, f, g, h, j, k, l, m, n, p, q, r, s, t, v, w, x, z\}$$

On a alors $n(C) = 20$.

Dans le contexte, on peut considérer que l'ensemble U des lettres de l'alphabet de la langue française constitue l'ensemble universel.

On a donc :

- $V \subseteq U$,
- $V' = C$ (l'ensemble C est le complément de V),
- $V \cup C = U$,
- $V \cap C = \varnothing$ (les ensembles V et C sont disjoints).

EXEMPLE 1.2

L'ensemble A des nombres premiers inférieurs à 10 peut s'écrire :

$A = \{2, 3, 5, 7\}$ (définition en extension)

$A = \{x \in \mathbb{N} | x$ est un nombre premier inférieur à $10\}$ (définition en compréhension)

On lit cette dernière définition comme suit : « A est l'ensemble des x appartenant aux entiers non négatifs tels que x est un nombre premier inférieur à 10. »

L'ensemble B des nombres pairs non négatifs inférieurs à 10 peut s'écrire :

$B = \{0, 2, 4, 6, 8\}$ (définition en extension)

$B = \{x \in \mathbb{N} | x$ est un nombre pair inférieur à $10\}$ (définition en compréhension)

L'ensemble C des multiples positifs de 9 inférieurs à 10 peut s'écrire :

$C = \{9\}$ (définition en extension)

$C = \{x \in \mathbb{N} | x$ est un multiple de 9 inférieur à $10\}$ (définition en compréhension)

En vertu des définitions en compréhension employées, l'ensemble universel[7] associé aux ensembles A, B et C pourrait être l'ensemble U des entiers non négatifs inférieurs à 10, soit :

$U = \{0, 1, 2, 3, 4, 5, 6, 7, 8, 9\}$ (définition en extension)

$U = \{x \in \mathbb{N} | x$ est un nombre inférieur à $10\}$ (définition en compréhension)

Pour indiquer que le nombre 3 appartient à l'ensemble A, on écrit $3 \in A$. Pour indiquer que le nombre 6 n'appartient pas à l'ensemble A, on écrit $6 \notin A$.

---

7. On aurait également pu utiliser $\mathbb{N}$ comme ensemble universel.

En considérant U comme ensemble universel:
- $A' = \{0, 1, 4, 6, 8, 9\}$,
- $A \cup B = \{0, 2, 3, 4, 5, 6, 7, 8\}$,
- $A \cap B = \{2\}$,
- $A \cap C = \varnothing$ (les ensembles A et C sont disjoints).

Outre le langage de la théorie des ensembles, nous recourrons à une forme de représentation graphique tirée de cette théorie : le **diagramme de Venn**. Dans un diagramme de Venn, les ensembles sont représentés par des régions dont la position relative indique les relations qui existent entre les différents ensembles que ces régions représentent. Lorsque c'est pertinent, nous inscrivons le nombre d'éléments à l'intérieur de chacune des régions associées aux différents ensembles consignés dans le diagramme de Venn.

Diagramme de Venn

Diagramme servant à la représentation d'ensembles, des relations entre ces ensembles et des opérations sur des ensembles. ■

La figure 1.1 décrit les différentes opérations effectuées sur les ensembles A, B et C:

> **Lois régissant les opérations sur les ensembles**
>
> Soit A, B, C des ensembles et U l'ensemble universel. Alors,
>
> 1. $A \cap U = A$
> 2. $A \cup U = U$
> 3. $A \cap \varnothing = \varnothing$
> 4. $A \cup \varnothing = A$
> 5. $A \cap B = B \cap A$
> 6. $A \cup B = B \cup A$
> 7. $A \cap (B \cap C) = (A \cap B) \cap C$
> 8. $A \cup (B \cup C) = (A \cup B) \cup C$
> 9. $A \cap (B \cup C) = (A \cap B) \cup (A \cap C)$
> 10. $A \cup (B \cap C) = (A \cup B) \cap (A \cup C)$
> 11. $(A \cap B)' = A' \cup B'$
> 12. $(A \cup B)' = A' \cap B'$
> 13. $(A')' = A$
> 14. $A \cap A' = \varnothing$
> 15. $A \cup A' = U$

- L'union des ensembles A et B, qu'on écrit $A \cup B$, correspond à la région ombrée de la figure 1.1*a*.
- L'intersection des ensembles A et B, qu'on écrit $A \cap B$, correspond à la région ombrée de la figure 1.1*b*. Elle représente la région commune aux ensembles A et B.
- Puisque A et C n'ont pas de surface commune dans la figure 1.1*b*, on conclut que ces ensembles sont disjoints, c'est-à-dire que $A \cap C = \varnothing$.
- L'ensemble $A \backslash B$ correspond à la région ombrée de la figure 1.1*c*. Il s'agit de la région de A qui n'appartient pas à B.
- Le complément de A, noté A', correspond à la région ombrée de la figure 1.1*d*. Il représente l'espace non occupé par A.

FIGURE | **1.1**

DIAGRAMMES DE VENN

a) Union des ensembles A et B:
$A \cup B$

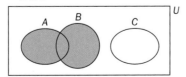

b) Intersection des ensembles A et B:
$A \cap B$

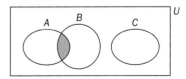

c) Différence entre l'ensemble A et l'ensemble B: $A \backslash B$

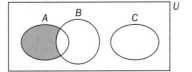

d) Complément de l'ensemble A: A'

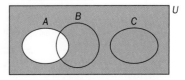

EXEMPLE 1.3

Soit les ensembles A, B, C et U définis dans l'exemple 1.2 (p. 8) :

$A = \{2, 3, 5, 7\}$

$B = \{0, 2, 4, 6, 8\}$

$C = \{9\}$

$U = \{0, 1, 2, 3, 4, 5, 6, 7, 8, 9\}$

On a $n(A) = 4$, $n(B) = 5$, $n(C) = 1$ et $n(U) = 10$. On peut représenter les ensembles A, B, C et U dans un diagramme de Venn (figure 1.2).

FIGURE | **1.2**

REPRÉSENTATION DES ENSEMBLES *A*, *B*, *C* ET *U* DANS UN DIAGRAMME DE VENN

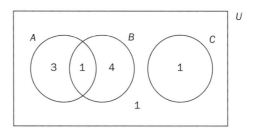

Dans la figure 1.2, on a indiqué, à l'intérieur de chaque région, le nombre d'éléments qu'on y trouve. Ainsi, comme $A \cap B = \{2\}$, alors $n(A \cap B) = 1$; comme $A \backslash B = \{3, 5, 7\}$, alors $n(A \backslash B) = 3$, etc. De plus, $n(A) = 3 + 1 = 4$ et $n(B) = 4 + 1 = 5$. On constate également que $n(A \cup B) = 3 + 1 + 4 = 8$, de sorte que $n\left[(A \cup B)'\right] = 10 - 8 = 2$.

Comme le montre la figure 1.2, les ensembles A et C sont disjoints, puisque $A \cap C = \varnothing$, de sorte que $n(A \cap C) = 0$.

EXERCICE 1.1

Un cégep offre trois programmes préuniversitaires (sciences de la nature, sciences humaines et arts) et des programmes techniques. Au secteur préuniversitaire, certains étudiants sont inscrits dans un seul programme, d'autres dans deux programmes, et aucun n'est inscrit dans plus de deux programmes. En outre, aucun étudiant n'est inscrit simultanément dans un programme technique et dans un programme préuniversitaire. Le cégep compte 1 500 étudiants, dont 1 000 sont inscrits au secteur préuniversitaire et les autres, dans un programme technique. La répartition des étudiants dans les différents programmes préuniversitaires est la suivante :

- 400 étudiants sont inscrits en sciences de la nature, dont 150 le sont également en sciences humaines et 50 autres, en arts ;
- 600 étudiants sont inscrits en sciences humaines, dont 150 le sont également en sciences de la nature et 100 autres, en arts ;
- 300 étudiants sont inscrits en arts, dont 50 le sont également en sciences de la nature et 100 autres, en sciences humaines.

Soit les ensembles suivants :

- $N = \{$Étudiants inscrits en sciences de la nature$\}$,
- $H = \{$Étudiants inscrits en sciences humaines$\}$,
- $A = \{$Étudiants inscrits en arts$\}$,
- $U = \{$Étudiants inscrits dans au moins un programme$\}$.

a) Comment qualifie-t-on l'ensemble U par rapport aux autres ensembles ?

b) Que vaut $n(U)$?

c) Décrivez $N \cap H$ en compréhension.

d) Que vaut $n(N \cap H)$?

e) Décrivez A' en compréhension.

f) Que vaut $n(A')$?

g) Que vaut $n(A \cap N \cap H)$?

h) Représentez dans un diagramme de Venn l'information donnée dans le texte de présentation. (Indice : Commencez par inscrire les nombres des éléments qui se trouvent aux intersections des ensembles.)

i) Décrivez $N \cup H$ en compréhension.

j) Que vaut $n(N \cup H)$?

k) Si T représente l'ensemble des étudiants inscrits dans un programme technique, que vaut $n(T)$?

l) Que vaut $n(A \cap T)$?

m) Que peut-on dire des ensembles A et T ?

1.5 | VOCABULAIRE DE BASE DE LA THÉORIE DES PROBABILITÉS

Dans cette section : expérience aléatoire • espace échantillonnal • événement • diagramme en arbre • événement certain • événement contraire • événement impossible • événements incompatibles.

Incapables de contrôler le hasard, nous cherchons, faute de mieux, à mesurer les probabilités d'événements soumis au hasard. Avant d'aborder cette mesure, définissons le vocabulaire de base de la théorie des probabilités.

L'étude d'une probabilité débute généralement par la description d'un phénomène relevant du hasard, qu'on appelle **expérience aléatoire**. Une expérience aléatoire est une action qu'on peut théoriquement répéter à volonté et dont on connaît tous les résultats possibles, sans pour autant être capable de prévoir avec certitude lequel se produira : c'est le hasard qui détermine l'issue de l'expérience.

Lancer une pièce de monnaie constitue donc une expérience aléatoire, puisque :

1. On peut répéter cette action à volonté.

2. On connaît à l'avance tous les résultats possibles (« pile » ou « face »).

3. Le hasard détermine l'issue de l'expérience, c'est-à-dire qu'on ne peut prédire avec certitude lequel des résultats se produira.

Expérience aléatoire

Action qu'on peut répéter à volonté et dont on connaît tous les résultats possibles, sans pour autant être capable de prévoir avec certitude lequel se produira lors de l'expérience.

Il existe bien d'autres exemples d'expériences aléatoires: tirer 6 boules dans un boulier qui compte 49 boules numérotées, choisir aléatoirement un échantillon de 1 000 personnes dans une population donnée, lancer 1 dé, tirer 5 cartes d'un jeu de 52 cartes bien brassées, etc.

L'ensemble de tous les résultats possibles d'une expérience aléatoire s'appelle **espace échantillonnal**, qu'on désigne généralement par la lettre S[8]. Un **événement** est un sous-ensemble de l'espace échantillonnal; on le dit simple s'il ne comporte qu'un seul élément de l'espace échantillonnal, et composé s'il en comporte plus d'un. On notera en général un événement par une lettre majuscule, de préférence signifiante.

Espace échantillonnal

Ensemble de tous les résultats possibles d'une expérience aléatoire, généralement noté S. ■

Événement

Sous-ensemble de l'espace échantillonnal. On le dit simple s'il ne comporte qu'un seul élément de l'espace échantillonnal, et composé s'il en comporte plus d'un. On emploie généralement une lettre majuscule, de préférence signifiante, pour désigner un événement. ■

Si tous les cas sont équiprobables, en vertu de la définition classique, la probabilité d'un événement A, notée $P(A)$, est donnée par:

$$P(A) = \frac{\text{Nombre de cas favorables à } A}{\text{Nombre de cas possibles}}$$

$$= \frac{\text{Taille de l'ensemble } A}{\text{Taille de l'espace échantillonnal } S}$$

$$= \frac{n(A)}{n(S)}$$

EXEMPLE 1.4

L'espace échantillonnal de l'expérience qui consiste à lancer une pièce de monnaie est donné par $S = \{p, f\}$, où p représente «pile» et f, «face». Dans ce contexte, l'événement qui consiste à obtenir «pile» pourrait être représenté par l'ensemble $A = \{p\}$. Cet événement est un événement simple.

En vertu de la définition classique, la probabilité d'obtenir «pile» est donc:

$$P(A) = \frac{n(A)}{n(S)}$$

$$= \frac{1}{2}$$

Cette probabilité peut également s'exprimer sous la forme d'une fraction décimale (nombre à virgule) ou en pourcentage. Ainsi, on aurait pu écrire $P(A) = 0,5$ ou $P(A) = 50\%$.

EXEMPLE 1.5

On lance deux pièces (une de 10 ¢ et une de 5 ¢). L'espace échantillonnal est l'ensemble des couples où la première coordonnée correspond au côté observé sur la pièce de 10 ¢ et la deuxième coordonnée, au côté observé sur la pièce de 5 ¢. L'espace échantillonnal s'écrit $S = \{(p, p), (p, f), (f, p), (f, f)\}$, de sorte que $n(S) = 4$. Dans ce contexte, l'événement correspondant à ce qu'au moins une des deux pièces présente le côté «face» pourrait s'écrire $B = \{(p, f), (f, p), (f, f)\}$, de sorte que $n(B) = 3$. Puisqu'il comporte trois éléments, cet événement est composé.

8. La lettre S est la première lettre de l'expression anglaise *sample space* (espace échantillonnal). C'est la lettre généralement retenue pour désigner un espace échantillonnal dans la plupart des livres, y compris ceux de langue française, bien qu'on trouve également les lettres U et Ω dans certains ouvrages.

De plus, comme tous ses éléments constituants sont équiprobables, la probabilité d'obtenir l'événement B est donnée par :

$$P(B) = \frac{n(B)}{n(S)}$$

$$= \frac{3}{4}$$

On aurait également pu écrire $P(B) = 0,75$ ou $P(B) = 75\,\%$.

Diagramme en arbre

Schéma constitué de chemins et de bifurcations servant à dénombrer une suite d'événements présentés selon leur ordre d'apparition. ∎

On peut représenter un espace échantillonnal à l'aide d'un **diagramme en arbre**. Ce genre de schéma est constitué des chemins et des bifurcations qui servent à dénombrer une suite d'événements présentés selon leur ordre d'apparition.

La figure 1.3 montre le diagramme en arbre pour le lancer de deux pièces de monnaie (exemple 1.5, p. 12).

FIGURE | **1.3**

DIAGRAMME EN ARBRE DU LANCER DE DEUX PIÈCES DE MONNAIE

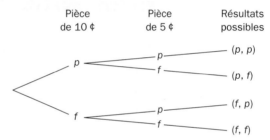

EXEMPLE 1.6

Lorsqu'on lance un dé, l'espace échantillonnal est donné par $S = \{1, 2, 3, 4, 5, 6\}$ (figure 1.4), de sorte que $n(S) = 6$.

FIGURE | **1.4**

RÉSULTATS POSSIBLES DU LANCER D'UN DÉ À JOUER

L'événement C : « Obtenir une face présentant un nombre de points qui soit un multiple de 3 » peut être représenté par l'ensemble $C = \{3, 6\}$, de sorte que cet événement est composé et que $n(C) = 2$.

Comme tous les cas sont équiprobables, la probabilité d'obtenir une face présentant un nombre de points qui soit un multiple de 3 est donnée par :

$$P(C) = \frac{n(C)}{n(S)}$$

$$= \frac{2}{6}$$

$$= \frac{1}{3}$$

On aurait également pu écrire $P(C) = 0,\overline{3}$ ou $P(C) = 33,\overline{3}\,\%$.

EXERCICES 1.2

1. Vous lancez deux dés de couleurs différentes (figure 1.5).

FIGURE | **1.5**

RÉSULTATS POSSIBLES DU LANCER DE DEUX DÉS À JOUER

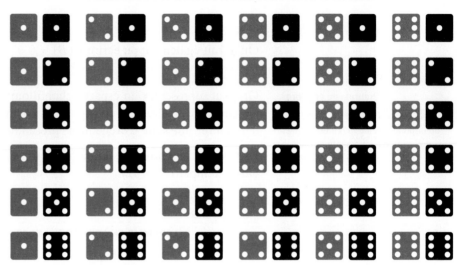

a) Tracez le diagramme en arbre représentant l'ensemble des résultats possibles.

b) Énumérez tous les résultats composant l'espace échantillonnal.

c) Combien d'éléments comporte cet ensemble ?

d) Indiquez dans le diagramme en arbre les événements A : « La somme des points vaut 12 » et B : « La somme des points vaut 7 ».

e) L'événement A est-il simple ou composé ?

f) Quelle est la probabilité d'obtenir une somme de points valant 12 ?

g) L'événement B est-il simple ou composé ?

h) De combien de façons peut-on obtenir l'événement B ?

i) Quelle est la probabilité d'obtenir une somme de points valant 7 ?

2. Vous lancez une pièce de monnaie et un dé.

a) Tracez le diagramme en arbre.

b) Énumérez tous les résultats composant l'espace échantillonnal.

c) Combien d'éléments comporte cet ensemble ?

Nous avons défini un espace échantillonnal comme un ensemble, et les événements comme des sous-ensembles de cet espace. Il est donc tout à fait naturel d'employer le système de notation et le langage de la théorie des ensembles, ainsi que les diagrammes de Venn, pour décrire des événements et l'espace échantillonnal. Il ne faut toutefois pas oublier que la théorie des ensembles n'est employée en théorie des probabilités que pour alléger l'écriture : derrière chaque ensemble se cache un événement. Ainsi, on écrira $A \cap B$ pour signifier le fait que les événements A et B se produisent en même temps.

EXEMPLE 1.7

Considérons l'expérience aléatoire consistant à lancer deux dés. Soit les événements A : «La somme des points est paire» et B : « La somme des points est un multiple de 3». Alors $A \cap B$ désigne : «La somme des points est un multiple de 6».

Le tableau 1.1 présente le parallèle entre le langage des ensembles et celui des événements. Vous pourrez ainsi comparer ces deux langages, que nous utiliserons indifféremment dans le calcul des probabilités.

Événement certain

Événement dont la probabilité correspond à 1. Si A est un événement certain, alors $P(A) = 1$. ∎

Événement contraire

L'événement contraire d'un événement A, noté A', représente le fait que l'événement A ne se produit pas. ∎

Événement impossible

Événement de probabilité nulle. Si A est un événement impossible, alors $P(A) = 0$. L'événement A est alors associé à l'ensemble vide, soit $\varnothing$. ∎

Événements incompatibles

Événements qui ne peuvent pas se produire simultanément. L'intersection des ensembles qui représentent ces événements donne l'ensemble vide. Deux événements sont incompatibles lorsque $A \cap B = \varnothing$. ∎

TABLEAU | **1.1**

ÉNONCÉS SYMBOLIQUES : CORRESPONDANCE DANS LE LANGAGE DES ENSEMBLES ET CELUI DES ÉVÉNEMENTS

Énoncé symbolique	Énoncé relatif aux ensembles	Énoncé relatif aux événements
$A \cap B$	Ensemble des éléments qui appartiennent à A et à B.	Les événements A et B se produisent.
$A \cup B$	Ensemble des éléments qui appartiennent à A ou à B.	L'événement A ou l'événement B se produisent.
$A \backslash B$	Ensemble des éléments qui appartiennent à A mais non à B.	L'événement A se produit sans que l'événement B se produise.
S (ou U)	Ensemble de tous les éléments, appelé ensemble universel.	Espace échantillonnal ; **événement certain**.
A'	Ensemble des éléments qui n'appartiennent pas à A, appelé complément de A, soit $S \backslash A$.	L'événement A ne se produit pas. A' est l'**événement contraire** de A.
$\varnothing$	Ensemble qui ne comporte aucun élément, appelé ensemble vide.	**Événement impossible**.
$A \cap B = \varnothing$	Les ensembles A et B sont disjoints.	Les **événements** A et B sont **incompatibles**; ils ne peuvent pas se produire en même temps.

1.6 PRINCIPE D'ADDITION

Dans cette section : principe d'addition.

Principe d'addition

Principe de dénombrement appliqué lors d'une expérience aléatoire en vertu duquel, s'il existe $n(A)$ façons d'obtenir un événement A et $n(B)$ façons d'obtenir un événement B, alors il existe $n(A) + n(B) - n(A \cap B)$ façons d'obtenir l'événement A ou l'événement B, c'est-à-dire que $n(A \cup B) = n(A) + n(B) - n(A \cap B)$. Aussi appelé *principe d'inclusion-exclusion*. ∎

Le **principe d'addition** (ou *principe d'inclusion-exclusion*) est fort utile dans le dénombrement de cas, une opération généralement nécessaire lorsqu'on évalue une probabilité.

Si, lors d'une expérience aléatoire, il existe $n(A)$ façons d'obtenir un événement A et $n(B)$ façons d'obtenir un événement B, alors il existe $n(A) + n(B) - n(A \cap B)$ façons d'obtenir l'événement A ou l'événement B, c'est-à-dire que $n(A \cup B) = n(A) + n(B) - n(A \cap B)$.

Dans le cas particulier où les événements A et B sont incompatibles, $n(A \cap B) = 0$, de sorte que $n(A \cup B) = n(A) + n(B)$.

La figure 1.6 illustre bien ce principe. Lorsqu'on veut dénombrer les éléments de l'événement A ou B, on doit additionner le nombre d'éléments de l'ensemble A et de l'ensemble B, et retrancher le nombre d'éléments de l'intersection de ces deux ensembles, car il a été compté en double.

FIGURE | **1.6**

ILLUSTRATION DU PRINCIPE D'ADDITION

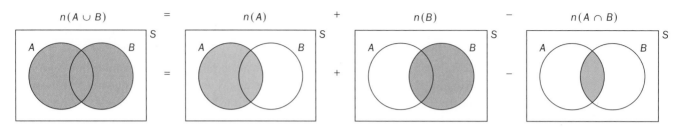

On peut bien sûr généraliser ce principe lorsqu'il y a plus de deux événements.

EXEMPLE 1.8

Dans un jeu de 52 cartes (figure 1.7), chacune est représentée par une valeur (as, 2, 3, 4, 5, 6, 7, 8, 9 ou 10) ou une figure (roi, dame ou valet). Il y a donc quatre as, quatre 2, quatre rois, etc. On différencie les cartes de même valeur ou de même figure à l'aide de pictogrammes (cœur [♥], carreau [♦], pique [♠] ou trèfle [♣]). Il y a donc 13 cartes de cœur, 13 cartes de carreau, etc. De plus, les cartes de cœur et de carreau sont rouges, tandis que les cartes de pique et de trèfle sont noires.

FIGURE | **1.7**

JEU DE 52 CARTES

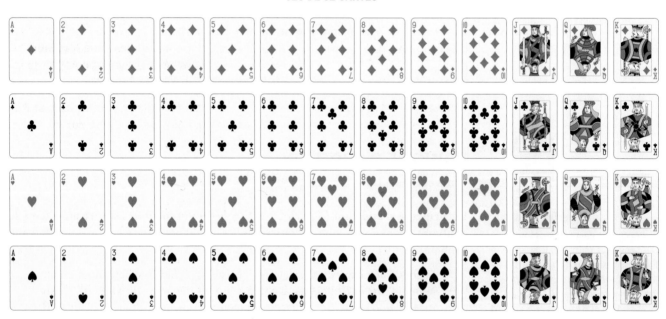

Si on note R l'événement «Tirer un roi du jeu de cartes», et D l'événement «Tirer une dame du jeu de cartes», alors, en vertu du principe d'addition, le nombre de façons d'obtenir un roi ou une dame lorsqu'on tire une carte est donné par :

$$n(R \cup D) = n(R) + n(D) - n(R \cap D)$$
$$= 4 + 4 - 0$$
$$= 8$$

Il existe donc 8 façons d'obtenir un roi ou une dame. Notez que les événements R et D sont ici incompatibles, puisque la carte tirée ne peut pas être à la fois un roi et une dame.

Puisqu'il existe 52 résultats possibles lorsqu'on tire une carte, le cardinal de l'espace échantillonnal est 52 : $n(S) = 52$. Comme tous les éléments sont équiprobables, la probabilité de tirer un roi ou une dame est de :

$$P(R \cup D) = \frac{n(R \cup D)}{n(S)}$$

$$= \frac{8}{52}$$

$$= \frac{2}{13}$$

On pourrait également écrire que $P(R \cup D) = 0,154$ ou $P(R \cup D) = 15,4\%$.

EXEMPLE 1.9

On veut tirer une carte qui soit un cœur ou un roi. On note C l'événement « Tirer un cœur », et R l'événement « Tirer un roi ». En vertu du principe d'addition, le nombre de façons d'obtenir le résultat souhaité est donné par :

$$n(C \cup R) = n(C) + n(R) - n(C \cap R)$$

$$= 13 + 4 - 1$$

$$= 16$$

Il existe donc 16 façons d'obtenir un cœur ou un roi. Notez que les événements C et R sont ici compatibles, puisqu'on peut tirer une carte qui soit à la fois un cœur et un roi (soit le roi de cœur). Il faut donc soustraire 1 pour ne pas compter le roi de cœur deux fois.

Comme il existe 52 résultats possibles lorsqu'on tire une carte, le cardinal de l'espace échantillonnal est 52 : $n(S) = 52$. La probabilité de tirer un cœur ou un roi est donc de :

$$P(C \cup R) = \frac{n(C \cup R)}{n(S)}$$

$$= \frac{16}{52}$$

$$= \frac{4}{13}$$

On pourrait également écrire $P(C \cup R) = 0,308$ ou $P(C \cup R) = 30,8\%$.

EXERCICE 1.3

■ **Vous pouvez maintenant faire les exercices récapitulatifs 1 à 6.**

Vous tirez une carte dans un jeu de 52 cartes.

a) Combien de résultats différents pouvez-vous observer ?

b) Combien de résultats correspondent à une carte rouge ou à une figure ?

c) Quelle est la probabilité qu'une carte choisie aléatoirement soit une carte rouge ou une figure ?

1.7 | PREMIÈRES RÈGLES DE CALCUL EN THÉORIE DES PROBABILITÉS

Le calcul des probabilités, ou mesure de l'incertain, est soumis à quelques règles. Pour illustrer certaines de ces règles, nous recourrons à une expérience aléatoire simple et nous utiliserons des diagrammes de Venn.

EXEMPLE 1.10

Lorsqu'on lance deux dés de couleurs différentes, l'espace échantillonnal (S) compte 36 résultats différents (et équiprobables), comme vous l'avez constaté dans l'exercice 1.2 (p. 14). Le tableau 1.2 présente les différentes sommes de points possibles, de même que la fréquence associée à chacune de ces sommes.

TABLEAU | **1.2**

SOMMES POSSIBLES DES POINTS LORSQU'ON LANCE DEUX DÉS

Somme	Fréquence
2	1
3	2
4	3
5	4
6	5
7	6
8	5
9	4
10	3
11	2
12	1
Total	36

Il y a six façons d'obtenir une somme des points égale à 7, et seulement deux façons d'obtenir une somme des points égale à 3.

Considérons maintenant les événements suivants:

- A: «La somme des points est un nombre pair»,
- B: «La somme des points est un multiple de 3»,
- C: «La somme des points est un nombre premier supérieur à 5».

Il est facile de déterminer le nombre de résultats qui constituent l'événement A, c'est-à-dire le nombre d'éléments de l'ensemble A: l'ensemble associé à cet événement comporte 18 éléments. En effet,

$$n(A) = 1 + 3 + 5 + 5 + 3 + 1$$
$$= 18$$

De manière similaire, l'ensemble B compte 12 éléments: $n(B) = 12$. Enfin, l'ensemble C compte 8 éléments: $n(C) = 8$. L'ensemble $A \cap B$, qui représente l'événement «La somme des points est paire et est un multiple de 3 (donc un multiple de six)», compte 6 éléments: $n(A \cap B) = 6$. Les ensembles A et C sont disjoints, puisque tous les nombres premiers supérieurs à 5 sont impairs. Il en est de même pour les ensembles B et C, puisque les nombres premiers supérieurs à 5 ne peuvent pas être des multiples de 3. Enfin, l'espace échantillonnal S compte 36 éléments: $n(S) = 36$.

La figure 1.8 reprend ces données dans un diagramme de Venn où les trois événements (*A*, *B* et *C*) sont représentés par des ensembles, où figurent également l'espace échantillonnal *S* ainsi que le cardinal de chaque ensemble, c'est-à-dire le nombre d'éléments que compte l'ensemble. Le cardinal constitue donc le nombre de résultats différents qui assurent la réalisation d'un événement représenté par un ensemble.

FIGURE | **1.8**

DIAGRAMME DE VENN DES ÉVÉNEMENTS *A*, *B* ET *C*
LORSQU'ON LANCE DEUX DÉS

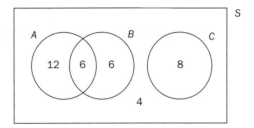

Si tous les éléments de *S* sont équiprobables, la probabilité d'obtenir une somme de points paire lorsqu'on lance deux dés correspond à :

$$P(A) = \frac{\text{Nombre de cas favorables à } A}{\text{Nombre de cas possibles}}$$

$$= \frac{n(A)}{n(S)}$$

$$= \frac{18}{36}$$

$$= \frac{1}{2}$$

$$= 0,5$$

$$= 50\,\%$$

Cela signifie que la probabilité d'obtenir une somme de points paire vaut ½, 0,5 ou 50 %. Toutes les probabilités peuvent en effet s'écrire sous la forme d'une fraction, d'un nombre décimal ou encore d'un pourcentage.

De façon similaire, la probabilité d'obtenir une somme qui soit un nombre pair et un multiple de 3 correspond à :

$$P(A \cap B) = \frac{\text{Nombre de cas favorables à } A \cap B}{\text{Nombre de cas possibles}}$$

$$= \frac{n(A \cap B)}{n(S)}$$

$$= \frac{6}{36}$$

$$= \frac{1}{6}$$

$$= 0,1\overline{6}$$

$$= 16,\overline{6}\,\%$$

On peut également évaluer les probabilités suivantes:

$$P(A \cup B) = \frac{\text{Nombre de cas favorables à } A \cup B}{\text{Nombre de cas possibles}}$$

$$= \frac{n(A \cup B)}{n(S)}$$

$$= \frac{24}{36}$$

$$= \frac{2}{3}$$

$$= 0,\overline{6}$$

$$= 66,\overline{6}\,\%$$

$$P(S) = \frac{\text{Nombre de cas favorables à } S}{\text{Nombre de cas possibles}}$$

$$= \frac{n(S)}{n(S)}$$

$$= \frac{36}{36}$$

$$= 1$$

$$= 100\,\%$$

$$P(A \cap C) = \frac{\text{Nombre de cas favorables à } A \cap C}{\text{Nombre de cas possibles}}$$

$$= \frac{n(A \cap C)}{n(S)}$$

$$= \frac{0}{36}$$

$$= 0$$

$$= 0\,\%$$

Parce que sa probabilité vaut 100 %, l'événement S est un événement certain. Parce que $P(A \cap C) = 0\,\%$, les événements A et C sont incompatibles. Il est donc impossible d'obtenir simultanément les événements A et C.

EXERCICE 1.4

Décrivez par une courte phrase les événements associés aux ensembles tirés de l'exemple 1.10 qui précède.

a) $A \cup B$

b) $A \backslash B$

c) S

L'exemple 1.10 permet de déduire les principales règles qui régissent le calcul des probabilités.

Règle 1

La probabilité d'un événement est toujours comprise entre 0 et 1 : si A est un événement, alors $0 \leq P(A) \leq 1$. Lorsque la probabilité d'un événement est nulle, on dit qu'il est impossible ; lorsqu'elle vaut 1, on dit qu'il est certain. Ainsi,

$$P(\varnothing) = 0 \quad \text{et} \quad P(S) = 1$$

Règle 2

Si A et B sont des événements quelconques, alors :

$$P(A \cup B) = P(A) + P(B) - P(A \cap B)$$

Cette règle découle du principe d'addition. En effet,

$$P(A \cup B) = \frac{n(A \cup B)}{n(S)}$$
$$= \frac{n(A) + n(B) - n(A \cap B)}{n(S)}$$
$$= \frac{n(A)}{n(S)} + \frac{n(B)}{n(S)} - \frac{n(A \cap B)}{n(S)}$$
$$= P(A) + P(B) - P(A \cap B)$$

EXEMPLE 1.11

Dans la figure 1.8 (p. 19), il existe 18 cas favorables à A et 12 cas favorables à B. Additionner ces deux nombres revient à compter deux fois l'intersection ($A \cap B$). Pour dénombrer les cas favorables à l'union des deux ensembles ($A \cup B$), il faut donc retrancher le nombre d'éléments que compte l'intersection des deux ensembles, d'où la règle 2. Ainsi,

$$P(A \cup B) = P(A) + P(B) - P(A \cap B)$$
$$= \frac{18}{36} + \frac{12}{36} - \frac{6}{36}$$
$$= \frac{24}{36}$$
$$= \frac{2}{3}$$
$$= 0,\overline{6}$$
$$= 66,\overline{6}\ \%$$

Cela correspond exactement à la probabilité obtenue précédemment.

Règle 3

Si A et B sont des événements incompatibles, alors $P(A \cup B) = P(A) + P(B)$.

Cette règle est un cas particulier de la règle 2. En effet, si A et B sont des événements incompatibles, on peut les représenter par des ensembles disjoints ($A \cap B = \varnothing$), et alors $P(A \cap B) = 0$, de sorte que :

$$P(A \cup B) = P(A) + P(B) - P(A \cap B)$$
$$= P(A) + P(B) - P(\varnothing)$$
$$= P(A) + P(B) - 0$$
$$= P(A) + P(B)$$

Règle 4

Si A est un événement quelconque, alors $P(A') = 1 - P(A)$.

Cette règle découle de la règle 3. En effet, $A \cap A' = \varnothing$ et $A \cup A' = S$, de sorte que :

$$1 = P(S)$$
$$= P(A \cup A')$$
$$= P(A) + P(A')$$

Par conséquent, $P(A') = 1 - P(A)$.

On emploiera cette règle lorsqu'il est plus facile d'évaluer la probabilité du contraire d'un événement que la probabilité de l'événement lui-même.

EXEMPLE 1.12

Dans l'exemple 1.10 (p. 18), la probabilité d'obtenir une somme de points qui ne soit pas un multiple de 3 est donnée par l'expression suivante :

$$P(B') = 1 - P(B)$$
$$= 1 - \frac{12}{36}$$
$$= \frac{24}{36}$$
$$= \frac{2}{3}$$

On peut également écrire $P(B') = 0,\overline{6}$ ou $P(B') = 66,\overline{6}\ \%$.

EXERCICE 1.5

Complétez la règle.

a) $P(A \cup B \cup C) = P(A) + P(B) + P(C) - P(A \cap B) - \underline{\hspace{1cm}} - \underline{\hspace{1cm}} + \underline{\hspace{1cm}}$

b) $P(A \backslash B) = P(A) - \underline{\hspace{1cm}}$

À partir des exemples et des exercices précédents, on peut tirer une marche à suivre pour résoudre des problèmes de probabilité :

1. Nommer les différents événements au moyen de symboles signifiants.

2. Consigner les événements connus (union, intersection, différence, etc.) et, dans la mesure où c'est possible, les représenter dans un diagramme de Venn ou un diagramme en arbre.

3. Indiquer les éléments connus du problème. Il peut s'agir d'un nombre d'éléments constituant un événement, ou des probabilités.

4. Utiliser la définition de la probabilité, les propriétés, les règles ou les principes pour évaluer la probabilité cherchée.

1.8

ANALYSE COMBINATOIRE

Dans cette section : analyse combinatoire • principe de multiplication • permutation • factorielle • permutation avec répétition • arrangement • combinaison.

Pour calculer des probabilités, il faut dénombrer les cas favorables et les cas possibles. L'**analyse combinatoire** est la branche des mathématiques qui s'intéresse à ces problèmes de dénombrement et d'énumération de situations. Deux principes d'analyse combinatoire permettent de dénombrer rapidement des événements : le principe d'addition et le principe de multiplication. Nous avons déjà énoncé le principe d'addition ; formulons maintenant le principe de multiplication.

Analyse combinatoire

Branche des mathématiques qui s'intéresse aux problèmes de dénombrement et d'énumération de situations. ■

1.8.1 Principe de multiplication

Principe de multiplication

Le **principe de multiplication** est sûrement le principe le plus couramment employé en analyse combinatoire. Il s'énonce de la façon suivante :

Principe de dénombrement appliqué lors d'une expérience aléatoire en vertu duquel, s'il existe m façons d'obtenir un événement A et, par la suite, n façons d'obtenir un événement B, alors il existe $m \times n$ façons d'obtenir les événements A et B l'un après l'autre. On peut évidemment généraliser ce principe lorsqu'il y a plus de deux événements. ■

> Si, lors d'une expérience aléatoire, il existe m façons d'obtenir un événement A et, par la suite, n façons d'obtenir un événement B, alors il existe $m \times n$ façons d'obtenir les événements A et B l'un après l'autre.

On peut évidemment généraliser ce principe aux situations où il y a plus de deux événements.

EXEMPLE 1.13

La préposée à l'inventaire d'un magasin où l'on vend 30 000 produits différents propose d'utiliser un code alphabétique pour différencier les produits. À l'évidence, les codes ne peuvent être composés d'une seule lettre : cela permettrait seulement de différencier 26 produits, car on ne disposerait que de 26 codes (les 26 lettres de l'alphabet).

Avec deux lettres, on peut former 676 codes différents. En effet, il y a 26 façons de choisir la première lettre du code, puis 26 façons de choisir la deuxième. En vertu du principe de multiplication, il y a donc 676 codes différents (soit 26×26) :

aa	ab	ac	$\cdots$	az
ba	bb	bc	$\cdots$	bz
ca	cb	cc	$\cdots$	cz
$\cdots$	$\cdots$	$\cdots$	$\cdots$	$\cdots$
$\cdots$	$\cdots$	$\cdots$	$\cdots$	$\cdots$
$\cdots$	$\cdots$	$\cdots$	$\cdots$	$\cdots$
za	zb	zc	$\cdots$	zz

Avec trois lettres, on peut former 17 576 codes différents (soit $26 \times 26 \times 26$). Avec quatre lettres, ce nombre passe à 456 976. Pour différencier 30 000 produits, le code alphabétique doit donc comporter au moins quatre positions, c'est-à-dire avoir quatre lettres (un code de longueur quatre).

Si on accepte d'employer plus d'une fois un même symbole, on peut appliquer le principe de multiplication pour déterminer le nombre de codes de longueur r qu'il est possible de former à partir de n symboles différents.

Il est souvent utile d'employer des cases lorsqu'on effectue un dénombrement à l'aide du principe de multiplication. S'il y a r cases à remplir, et n façons de remplir chacune de ces cases, soit :

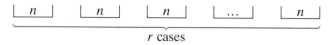

$$\underbrace{\boxed{n} \quad \boxed{n} \quad \boxed{n} \quad \boxed{\ldots} \quad \boxed{n}}_{r \text{ cases}}$$

alors, en vertu du principe de multiplication, il y a n^r possibilités, soit

$$\underbrace{n \times n \times n \times \cdots \times n}_{r \text{ facteurs}}$$

EXEMPLE 1.14

On veut former des mots[9] d'au plus trois lettres différentes sélectionnées à partir des six voyelles. Ces mots peuvent donc être composés d'une seule lettre, de deux lettres ou de trois lettres.

Si on note A l'ensemble des mots d'une seule lettre, B l'ensemble des mots de deux lettres différentes, et C l'ensemble des mots de trois lettres différentes, alors ces trois ensembles sont disjoints. En vertu du principe de multiplication, on dénombre 6 mots d'une seule lettre, 6×5 mots de deux lettres différentes et $6 \times 5 \times 4$ mots de trois lettres différentes, de sorte que $n(A) = 6$, $n(B) = 30$ et $n(C) = 120$. Puisque les ensembles A, B et C sont disjoints, alors, en vertu du principe d'addition :

$$n(A \cup B \cup C) = n(A) + n(B) + n(C)$$
$$= 6 + 30 + 120$$
$$= 156$$

On peut donc former 156 mots d'au plus trois lettres différentes sélectionnées à partir des six voyelles.

EXERCICES 1.6

1. Si on utilise un code alphanumérique (constitué de chiffres ou de lettres) pour différencier les 30 000 produits de l'exemple 1.13 (p. 23), de quelle longueur doivent être les codes ?

2. Chaque fois qu'on effectue une transaction au comptoir d'une caisse populaire, le caissier ou la caissière appose ses initiales (deux lettres) sur le bordereau. Une municipalité compte 20 caisses populaires qui emploient chacune 35 caissiers. Montrez qu'au moins deux d'entre eux ont les mêmes initiales.

Puisque le principe de multiplication est utile pour dénombrer des événements, on peut l'employer dans le calcul des probabilités.

---

9. Il ne s'agit pas ici de mots au sens strict, mais plutôt d'une simple concaténation de symboles.

EXEMPLE 1.15

La probabilité qu'un code formé de trois lettres choisies au hasard se termine par *a* ou *b* se calcule de la manière suivante :

$$\text{Probabilité} = \frac{\text{Nombre de codes se terminant par } a \text{ ou } b}{\text{Nombre de codes possibles}}$$

Comme nous l'avons vu (exemple 1.13, p. 23), il existe 17 576 codes possibles de trois lettres. Dénombrons maintenant les codes qui se terminent par *a* ou *b*. Il y a 26 façons de choisir la première lettre, puis 26 façons de choisir la deuxième. Enfin, comme le code doit se terminer par *a* ou *b*, il n'y a que 2 façons de choisir la troisième lettre. On peut illustrer ce raisonnement à l'aide de cases :

| 26 | | 26 | | 2 |

En vertu du principe de multiplication, il y a donc 1 352 codes (soit $26 \times 26 \times 2$) qui se terminent par *a* ou *b*. La probabilité cherchée vaut donc :

$$\begin{aligned}
\text{Probabilité} &= \frac{\text{Nombre de codes se terminant par } a \text{ ou } b}{\text{Nombre de codes possibles}} \\
&= \frac{26 \times 26 \times 2}{26 \times 26 \times 26} \\
&= \frac{1\,352}{17\,576} \\
&= \frac{1}{13} \\
&= 0,077 \\
&= 7,7\,\%
\end{aligned}$$

EXEMPLE 1.16

Si nous voulons former aléatoirement un mot de quatre lettres différentes, la probabilité qu'il se termine par *a*, *b* ou *c* est donnée par l'expression suivante :

$$\text{Probabilité} = \frac{\text{Nombre de mots se terminant par } a, b \text{ ou } c}{\text{Nombre de mots possibles}}$$

Il faut d'abord dénombrer les mots possibles. En procédant à l'aide de cases, on obtient :

| 26 | | 25 | | 24 | | 23 |

Il existe 26 façons de choisir la première lettre. Le mot devant comporter quatre lettres différentes, il n'y a que 25 possibilités pour la deuxième lettre, 24 pour la troisième et 23 pour la quatrième. En vertu du principe de multiplication, on dénombre donc 358 800 mots (soit $26 \times 25 \times 24 \times 23$) de quatre lettres différentes.

Pour évaluer le nombre de cas favorables, nous devons d'abord tenir compte de la restriction imposée, soit que le mot se termine par *a*, *b* ou *c*. Il n'y a donc que 3 façons de choisir la dernière lettre. Comme le mot ne doit pas compter plus d'une fois la même lettre, il reste 25 façons de choisir la première, 24 façons de choisir la deuxième et 23 façons de choisir la troisième. En vertu du principe de multiplication, il y a donc 41 400 mots (soit $25 \times 24 \times 23 \times 3$) de quatre lettres différentes qui se terminent par *a*, *b* ou *c*.

Ainsi, la probabilité qu'un mot de quatre lettres différentes se termine par a, b ou c vaut :

$$\frac{25 \times 24 \times 23 \times 3}{26 \times 25 \times 24 \times 23} = \frac{3}{26}$$
$$= 0,115$$
$$= 11,5\ \%$$

EXERCICES 1.7

1. Combien de codes alphanumériques de longueur quatre se terminent par un chiffre pair ?
2. Quelle est la probabilité qu'un code alphanumérique de longueur quatre choisi au hasard se termine par un chiffre pair ?

Le principe de multiplication va nous permettre de résoudre le problème présenté à Pascal par le Chevalier de Méré. Ce dernier ne comprenait pas pourquoi il était plus probable d'obtenir au moins un six en lançant 4 fois un dé que d'obtenir au moins un double six en lançant deux dés 24 fois (section 1.2, p. 3). Définissons les événements suivants :

A : « Obtenir au moins un six lorsqu'on lance un dé 4 fois »

B : « Obtenir au moins un double six lorsqu'on lance deux dés 24 fois »

On cherche à montrer que $P(A) > P(B)$. La meilleure façon de procéder consiste à évaluer ces deux probabilités de façon indirecte, c'est-à-dire à évaluer la probabilité des événements contraires.

A' représente l'événement qui consiste à n'obtenir aucun six en 4 lancers. On peut évaluer l'expression $P(A')$ en calculant le rapport du nombre de cas favorables au nombre de cas possibles. Comme à chaque lancer du dé, il y a 5 façons différentes d'obtenir un résultat autre qu'un six, et comme on effectue 4 lancers, on aura 5^4 cas où les 4 lancers ne donneront aucun six. Par un raisonnement similaire, on détermine qu'il existe 6^4 cas possibles. Par conséquent,

$$P(A') = \frac{5^4}{6^4}$$
$$= 0,482$$

d'où :

$$P(A) = 1 - P(A')$$
$$= 1 - 0,482$$
$$= 0,518$$

Lorsqu'on lance deux dés de couleurs différentes, il y a 36 résultats équiprobables (exercice 1.2.1, p. 14). Parmi ceux-ci, 35 donnent une somme de points différente de 12 (c'est-à-dire autre chose qu'un double six). En vertu du principe de multiplication et de la définition de la probabilité d'un événement, si on lance deux dés 24 fois, la probabilité de n'obtenir aucun double six est donnée par :

$$P(B') = \frac{\underbrace{35 \times 35 \times \cdots \times 35}{}}{\underbrace{36 \times 36 \times \cdots \times 36}_{24\ \text{facteurs}}}$$

$$= \left(\frac{35}{36}\right)^{24}$$
$$= 0,509$$

En vertu de la règle concernant les événements contraires, la probabilité d'obtenir au moins un double 6 en 24 lancers est donc donnée par :

$$P(B) = 1 - P(B')$$
$$= 1 - \left(\frac{35}{36}\right)^{24}$$
$$= 1 - 0,509$$
$$= 0,491$$

Ainsi, nous avons montré que :

$$P(A) = 0,518 > 0,491 = P(B)$$

c'est-à-dire qu'il est plus probable d'obtenir au moins un 6 en lançant 4 fois un dé que d'obtenir au moins un double 6 en lançant 24 fois deux dés.

1.8.2 Permutations

Permutation

Une permutation est une disposition **ordonnée** de n éléments différents. Le nombre de permutations de n éléments différents, noté P_n, est égal à $n!$. ∎

Le principe de multiplication permet de dénombrer des permutations. Une **permutation** de n éléments différents représente une disposition **ordonnée** de ces éléments. Ainsi, les permutations possibles des lettres a, b et c sont :

$$abc \qquad acb \qquad bac \qquad bca \qquad cab \qquad cba$$

Il y a six permutations différentes de ces trois lettres. On aurait pu trouver ce nombre en ayant recours à des cases :

| 3 | | 2 | | 1 |

Il y a trois façons de remplir la première case, puis deux façons de remplir la seconde et, enfin, une seule façon de remplir la dernière après avoir rempli les deux premières. On dénombre donc six permutations possibles des trois lettres. Avec 4 lettres, le nombre de permutations aurait été de 24 (soit $4 \times 3 \times 2 \times 1$) et avec 5 lettres, de 120 (soit $5 \times 4 \times 3 \times 2 \times 1$).

On peut évidemment généraliser ce résultat : avec n éléments différents, on aurait $n \times (n-1) \times (n-2) \times \cdots \times 2 \times 1$ permutations. Pour simplifier l'écriture de cette expression, on définit la fonction **factorielle**, notée $n!$ (qui se lit « factorielle de n ») :

Factorielle

La factorielle de n, notée $n!$, où n est un entier positif, représente le produit de tous les entiers positifs inférieurs ou égaux à n. De plus, $0! = 1$. ∎

$$n! = \begin{cases} 1 & \text{si } n = 0 \\ n \times (n-1) \times (n-2) \times \cdots \times 2 \times 1 & \text{si } n = 1, 2, 3, \ldots \end{cases}$$

Cette fonction est donc définie pour les valeurs entières non négatives seulement. Ainsi, $0! = 1$ et lorsque n est un entier positif, la factorielle de n représente le produit de tous les entiers positifs inférieurs ou égaux à n.

EXEMPLE 1.17

$$0! = 1$$
$$6! = 6 \times 5 \times 4 \times 3 \times 2 \times 1 = 720$$
$$12! = 12 \times 11 \times \cdots \times 3 \times 2 \times 1 = 479\ 001\ 600$$

Nous noterons P_n le nombre de permutations de n éléments différents, de sorte que $P_n = n!$.

EXEMPLE 1.18

Permutation avec répétition

Permutation de n éléments qui ne sont pas tous différents. Le nombre de permutations de n éléments parmi lesquels on trouve k groupes comportant respectivement $n_1, n_2, ..., n_k$ éléments identiques est donné par l'expression $\dfrac{n!}{n_1!n_2!\cdots n_k!}$. ∎

On veut déterminer le nombre d'anagrammes différentes du mot PARCHEMIN, soit le nombre de codes alphabétiques différents qu'on peut former en employant toutes les lettres de ce mot. Comme ce mot compte 9 lettres différentes, il y a 9! permutations (soit 362 880 permutations). Il existe donc 362 880 anagrammes du mot PARCHEMIN.

Il arrive que les éléments que nous voulons permuter ne soient pas tous différents. On parle alors de **permutation avec répétition**.

EXEMPLE 1.19

Déterminons le nombre d'anagrammes du mot ERRER. Ce mot compte cinq lettres qui ne sont pas toutes différentes : il y a trois R et deux E.

Trouvons d'abord le nombre d'anagrammes que nous obtiendrions si toutes les lettres du mot étaient différentes. Pour cela, il suffit d'ajouter aux lettres identiques un indice qui permettra de les différencier : $E_1R_1R_2E_2R_3$. Comme tous les éléments sont maintenant différents, nous pourrions obtenir 5! permutations, soit 120 permutations. Regroupons maintenant ces permutations indicées de manière que toutes les permutations d'un groupe donnent la même anagramme lorsqu'on fait disparaître les indices. Ainsi, nous classerons les 12 permutations suivantes sous l'anagramme RERRE.

$$R_1E_1R_2R_3E_2 \quad R_1E_1R_3R_2E_2 \quad R_2E_1R_1R_3E_2 \quad R_2E_1R_3R_1E_2 \quad R_3E_1R_1R_2E_2 \quad R_3E_1R_2R_1E_2$$
$$R_1E_2R_2R_3E_1 \quad R_1E_2R_3R_2E_1 \quad R_2E_2R_1R_3E_1 \quad R_2E_2R_3R_1E_1 \quad R_3E_2R_1R_2E_1 \quad R_3E_2R_2R_1E_1$$

$$\text{RERRE}$$

Comme il y a 3! façons de permuter les R et 2! façons de permuter les E, il y aurait, pour chaque anagramme, 12 permutations indicées possibles (soit $3! \times 2!$). On en déduit donc que le nombre de permutations indicées est 12 fois plus élevé que le nombre d'anagrammes cherché. Le nombre d'anagrammes du mot ERRER est donc 12 fois moins grand que le nombre de permutations indicées. Il est donné par l'expression :

$$\frac{5!}{3! \times 2!} = \frac{120}{12}$$
$$= 10$$

On généralise ce raisonnement pour évaluer le nombre de permutations différentes de n éléments parmi lesquels on trouve k groupes comportant respectivement $n_1, n_2, ..., n_k$ éléments identiques. Dans ce cas plus général, le nombre de permutations avec répétition est donné par l'expression :

$$\frac{n!}{n_1!n_2!\cdots n_k!}$$

EXERCICE 1.8

On veut placer 25 livres de mathématiques sur un rayon de bibliothèque.

a) Sachant qu'il y a 4 exemplaires du même manuel de méthodes quantitatives, 3 exemplaires du même manuel de calcul différentiel et intégral, 5 exemplaires du même manuel d'algèbre, et que tous les autres livres sont différents les uns des autres, de combien de façons peut-on placer ces 25 livres ?

b) Quelle est la probabilité que ces livres soient disposés de telle façon que tous les manuels de méthodes quantitatives soient regroupés ? (Faites comme si tous les livres de méthodes quantitatives étaient dans un coffret scellé.)

1.8.3 Arrangements

Lorsque nous disposons de n éléments différents, nous pouvons les sélectionner un à la fois, sans remise, pour former une permutation. Toutefois, il n'est pas toujours nécessaire de sélectionner tous les éléments présents ; on peut se contenter d'en choisir une partie. Par exemple, on peut utiliser les six voyelles de l'alphabet pour former des mots de quatre lettres plutôt que des mots de six lettres différentes.

EXERCICE 1.9

Combien de mots de quatre lettres différentes peut-on former avec les six voyelles de l'alphabet ? (Appliquez le principe de multiplication.)

Arrangement

Un arrangement est une sélection **ordonnée** de r éléments différents choisis parmi n éléments différents. Le nombre d'arrangements, noté A_r^n, est égal à $\dfrac{n!}{(n-r)!}$.

Un **arrangement** est une sélection **ordonnée** de r éléments différents choisis parmi n éléments différents. Le nombre d'arrangements de r parmi n, noté A_r^n (ou $_nP_r$ sur certaines calculatrices et dans certains ouvrages), est donné par l'expression :

$$A_r^n = \frac{n!}{(n-r)!}$$

Comme on ne peut pas utiliser le même élément plus d'une fois, on obtiendra le nombre d'arrangements en remplissant les cases de la façon suivante :

$$\underbrace{\boxed{\;n\;}\quad \boxed{\;n-1\;}\quad \boxed{\;n-2\;}\quad \boxed{\;\cdots\;}\quad \boxed{\;n-(r-1)\;}}_{r \text{ cases}}$$

En vertu du principe de multiplication, le nombre d'arrangements correspond donc à :

$$A_r^n = \underbrace{n \times (n-1) \times \cdots \times [n-(r-1)]}_{r \text{ facteurs}}$$

$$= n \times (n-1) \times \cdots \times [n-(r-1)] \times \frac{(n-r) \times \cdots \times 1}{(n-r) \times \cdots \times 1}$$

$$= \frac{n!}{(n-r)!}$$

de sorte que $A_r^n = \dfrac{n!}{(n-r)!}$.

EXEMPLE 1.20

Si on peut employer la même lettre plus d'une fois, il est possible de former 26^6 codes alphabétiques de 6 lettres.

Si chaque lettre doit être différente, le nombre de codes sera de :

$$A_r^n = A_6^{26}$$

$$= \frac{26!}{(26-6)!}$$

$$= \frac{26!}{20!}$$

Comme les valeurs numériques de ces expressions sont considérables (308 915 776 et 165 765 600, respectivement), nous préférons employer les exposants et la notation factorielle.

---

1. Évaluez l'expression.

   a) A_1^{12} b) A_{12}^{12} c) A_3^{12}

2. Combien de codes alphanumériques de longueur inférieure à cinq peut-on former ? Tenez compte du cas où l'on peut répéter le même symbole (lettre ou chiffre) et de celui où les symboles doivent être tous différents.

3. On tire au sort trois prix différents. Trente personnes, dont Martine et Josée, prennent part au tirage. On suppose qu'une même personne ne peut pas gagner plus d'un prix.

   a) De combien de façons différentes peut-on attribuer les prix ?

   b) Quelle est la probabilité que Martine gagne plus d'un prix ?

   c) Quelle est la probabilité que Josée ne gagne aucun prix ?

1.8.4 Combinaisons

Nous avons vu qu'un arrangement est une sélection ordonnée. Toutefois, il arrive que l'ordre dans lequel les éléments sont choisis soit sans importance. Ainsi, peu importe l'ordre dans lequel apparaissent les six premiers numéros sélectionnés à la Lotto 6/49. Il en est de même dans la plupart des jeux de cartes : l'ordre dans lequel un joueur reçoit ses cartes n'a aucune importance, puisqu'il peut les placer dans sa main comme il l'entend.

Combinaison

Une combinaison est une sélection ***non ordonnée*** de r éléments différents, pris r à la fois, parmi n éléments différents. Le nombre de combinaisons, noté $\binom{n}{r}$, est égal à $\dfrac{n!}{r!(n-r)!}$. ∎

Une sélection de r éléments différents choisis parmi n éléments différents porte le nom de **combinaison** lorsque l'ordre dans lequel les éléments apparaissent n'a pas d'importance. Une combinaison est donc une sélection ***non ordonnée*** de r éléments différents, pris r à la fois, parmi n éléments différents, alors qu'un arrangement est une sélection de r éléments pris un à la fois.

Nous voici de nouveau aux prises avec un problème de dénombrement : « Combien y a-t-il de combinaisons de r éléments différents choisis parmi n éléments différents ? » Un simple exemple suffira pour montrer qu'il existe un lien entre le nombre d'arrangements et le nombre de combinaisons.

En simplifiant un peu, on peut dire que la combinaison est une sélection de lettres à partir desquelles on pourra former des mots, alors que les arrangements sont les mots qu'on peut former à partir de ces lettres. Lorsque nous choisissons r lettres différentes, nous pouvons former $r!$ mots différents avec ces lettres si nous utilisons chaque lettre une seule fois. En effet, le nombre de permutations de r éléments différents vaut $r!$. Chaque combinaison peut donc engendrer $r!$ arrangements. Si on note le nombre de combinaisons de r éléments différents choisis parmi n éléments différents par $\binom{n}{r}$, alors on obtient $\binom{n}{r} \times r! = A_r^n$. Par conséquent, le nombre de combinaisons de r éléments choisis parmi n éléments différents est donné par :

$$\binom{n}{r} = \frac{A_r^n}{r!}$$

$$= \frac{n!}{r!(n-r)!}$$

Les expressions symboliques C_r^n et $_nC_r$ sont également employées pour noter le nombre de combinaisons de r éléments choisis parmi n éléments différents.

EXEMPLE 1.21

Il y a 4 060 façons d'attribuer 3 prix identiques à 3 personnes différentes choisies parmi un groupe de 30 personnes :

$$\binom{30}{3} = \frac{30!}{3!(30-3)!}$$

$$= \frac{30!}{3!27!}$$

$$= 4\,060$$

En effet, il s'agit de sélectionner trois personnes dans un ordre qui n'a pas d'importance, puisque les prix sont identiques. Il faut donc déterminer un nombre de combinaisons.

EXEMPLE 1.22

Dans une cause criminelle, on forme un jury de 12 personnes sélectionnées à partir d'une liste de 14 hommes et de 18 femmes. On veut déterminer la probabilité que ce jury soit composé de 5 hommes et de 7 femmes. Évaluons d'abord le nombre de cas possibles. Comme la sélection des jurés est non ordonnée, le nombre de jurys possibles correspond au nombre de combinaisons de 12 personnes choisies parmi les 32 de la liste. Il y a donc $\binom{32}{12}$ façons de sélectionner le jury.

Pour former un jury de 5 hommes et de 7 femmes, il faut sélectionner 5 hommes parmi les 14 de la liste et 7 femmes parmi les 18 de la liste, ce qu'on peut faire respectivement de $\binom{14}{5}$ et de $\binom{18}{7}$ façons. En vertu du principe de multiplication, il y a donc $\binom{14}{5}\binom{18}{7}$ façons de former un jury de 5 hommes et de 7 femmes.

Par conséquent, la probabilité que le jury soit formé de 5 hommes et de 7 femmes est de :

$$\frac{\binom{14}{5}\binom{18}{7}}{\binom{32}{12}} = \frac{\frac{14!}{5!9!} \times \frac{18!}{7!11!}}{\frac{32!}{12!20!}}$$

$$= 0{,}282$$

EXERCICES 1.11

1. Évaluez l'expression.

   a) $\begin{pmatrix} 12 \\ 3 \end{pmatrix}$ b) $\begin{pmatrix} 12 \\ 9 \end{pmatrix}$ c) $\begin{pmatrix} 12 \\ 1 \end{pmatrix}$

2. Un professeur possède une banque de 30 questions d'examen. Il veut composer un examen de 5 questions choisies à partir de cette banque. Combien d'examens différents peut-il construire ?

3. Quatre municipalités (notées A, B, C et D) décident d'attribuer 9 bourses de 1 000 $ à des cégépiens qui résident dans l'une ou l'autre d'entre elles. Le tableau 1.3 donne la répartition des candidats par municipalité.

TABLEAU | **1.3**

RÉPARTITION DES CANDIDATS AUX BOURSES, SELON LA MUNICIPALITÉ DE RÉSIDENCE	
Municipalité	**Nombre de candidats**
A	12
B	13
C	14
D	11
Total	**50**

Les bourses sont tirées (sans remise) au hasard parmi les 50 cégépiens. Quelle est la probabilité que 2 cégépiens de la municipalité A et 3 cégépiens de la municipalité B reçoivent une bourse ?

Les jeux de cartes comme le poker ou le bridge fournissent également de bons exemples de l'application des combinaisons. En effet, une main (5 cartes au poker et 13 au bridge) est une combinaison de cartes choisies parmi les 52 cartes d'un jeu.

EXEMPLE 1.23

Une main de poker est une sélection non ordonnée de 5 cartes tirées d'un jeu de 52 cartes. Il existe donc $\begin{pmatrix} 52 \\ 5 \end{pmatrix}$ mains différentes au poker. Certaines mains portent un nom : une paire, deux paires, un brelan, une main pleine, un carré, etc. Évaluons la probabilité d'obtenir une paire.

Une paire comporte deux cartes ayant la même valeur ou portant la même figure et trois autres cartes de valeurs ou de figures différentes, par exemple deux as, un valet, un trois et un quatre. Il y a $\begin{pmatrix} 13 \\ 1 \end{pmatrix}\begin{pmatrix} 4 \\ 2 \end{pmatrix}\begin{pmatrix} 12 \\ 3 \end{pmatrix}\begin{pmatrix} 4 \\ 1 \end{pmatrix}\begin{pmatrix} 4 \\ 1 \end{pmatrix}\begin{pmatrix} 4 \\ 1 \end{pmatrix}$ mains qui comptent exactement une paire. En effet, on sait qu'il existe $\begin{pmatrix} 13 \\ 1 \end{pmatrix}$ façons de choisir la valeur ou la figure de la carte qui constituera la paire, $\begin{pmatrix} 4 \\ 2 \end{pmatrix}$ façons de choisir le pictogramme (♥, ♦, ♠ ou ♣) des cartes qui formeront la paire, $\begin{pmatrix} 12 \\ 3 \end{pmatrix}$ façons de choisir les trois valeurs ou figures différentes des trois autres cartes et $\begin{pmatrix} 4 \\ 1 \end{pmatrix}$ façons de choisir le pictogramme de chacune de ces trois cartes. La probabilité d'obtenir une main qui ne contient qu'une paire vaut donc :

$$\frac{\binom{13}{1}\binom{4}{2}\binom{12}{3}\binom{4}{1}\binom{4}{1}\binom{4}{1}}{\binom{52}{5}} = 0,423$$

EXEMPLE 1.24

Une main de poker qui compte trois cartes de même valeur ou portant la même figure et deux autres cartes de valeurs ou de figures différentes s'appelle brelan. Un raisonnement similaire à celui de l'exemple 1.23 nous permet d'affirmer qu'il y a $\binom{13}{1}\binom{4}{3}\binom{12}{2}\binom{4}{1}\binom{4}{1}$ façons d'obtenir un brelan dans une main de poker. La probabilité d'obtenir une main qui ne contient qu'un brelan vaut donc :

$$\frac{\binom{13}{1}\binom{4}{3}\binom{12}{2}\binom{4}{1}\binom{4}{1}}{\binom{52}{5}} = 0,021$$

EXERCICE 1.12

■ **Vous pouvez maintenant faire les exercices récapitulatifs 7 à 38.**

Une main de poker qui compte trois cartes de même valeur ou portant la même figure et deux autres cartes de même valeur ou portant la même figure s'appelle main pleine.

a) De combien de façons différentes peut-on obtenir une main pleine ?

b) Quelle est la probabilité d'obtenir une main pleine ?

1.9 | PROBABILITÉ CONDITIONNELLE ET ÉVÉNEMENTS INDÉPENDANTS

Dans cette section : probabilité conditionnelle • événements indépendants • arbre de probabilité.

On est parfois amené à réévaluer la probabilité d'un événement parce qu'une information réduit l'espace échantillonnal.

EXEMPLE 1.25

Considérons les données du tableau 1.4.

TABLEAU | **1.4**

RÉPARTITION DES ENSEIGNANTS D'UN CÉGEP, SELON LA SCOLARITÉ ET L'EXPÉRIENCE

Expérience (années)	Scolarité (années)			Total
	Moins de 17	17-19	19 et plus	
Moins de 5	5	8	15	28
5-10	8	13	25	46
10-15	12	19	20	51
15 et plus	25	20	30	75
Total	50	60	90	200

Notons les événements de la façon suivante :

   A : « Sélectionner un enseignant ayant 19 ans et plus de scolarité »,

   B : « Sélectionner un enseignant ayant 15 ans et plus d'expérience ».

Lorsque nous sélectionnons un enseignant de façon aléatoire (hypothèse d'équiprobabilité), la probabilité qu'il ait 19 ans et plus de scolarité est donnée par l'expression :

$$P(A) = \frac{\text{Nombre de cas favorables à } A}{\text{Nombre de cas possibles}}$$

$$= \frac{n(A)}{n(S)}$$

$$= \frac{90}{200}$$

$$= 0,45$$

$$= 45\,\%$$

Toutefois, si nous apprenons que cet enseignant a 15 ans et plus d'expérience (B), nous devons revoir notre évaluation de la probabilité. Tout d'abord, le nombre de cas possibles passe à 75, c'est-à-dire le nombre d'enseignants possédant 15 ans et plus d'expérience ; l'espace échantillonnal s'en trouve en quelque sorte réduit. Ensuite, le nombre de cas favorables passe à 30, puisque l'enseignant doit avoir 19 ans et plus de scolarité et 15 ans et plus d'expérience. Par conséquent, il doit se trouver dans l'intersection des deux ensembles qui représentent ces deux événements, soit $A \cap B$.

La probabilité de sélectionner un enseignant ayant 19 ans et plus de scolarité parmi ceux qui ont 15 ans et plus d'expérience (que nous noterons $P(A|B)$) est donc donnée par l'expression :

$$P(A|B) = \frac{\text{Nombre de cas favorables}}{\text{Nombre de cas possibles}}$$

$$= \frac{n(A \cap B)}{n(B)}$$

$$= \frac{30}{75}$$

$$= \frac{2}{5}$$

On peut également écrire $P(A|B) = 0,4$ ou $P(A|B) = 40\,\%$.

Nous avons dû réévaluer la probabilité que l'enseignant ait 19 ans et plus de scolarité, parce que nous connaissons le nombre d'années d'expérience de l'enseignant sélectionné.

Probabilité conditionnelle

Une probabilité conditionnelle représente la probabilité qu'un événement se produise sachant qu'un autre événement s'est déjà produit. On emploiera la notation $P(A|B)$ – on dit « probabilité de A attendu B » ou encore « probabilité de A sachant B » – pour désigner la probabilité qu'un événement A se produise sachant que l'événement B s'est produit. Pour évaluer une probabilité conditionnelle, on peut employer la formule suivante : si $P(B) \neq 0$, alors

$$P(A|B) = \frac{P(A \cap B)}{P(B)}$$

Probabilité conditionnelle

Une probabilité conditionnelle représente la probabilité qu'un événement se produise sachant qu'un autre événement s'est déjà produit. Lorsque $P(B) \neq 0$, la probabilité de A sachant B est donnée par l'expression :

$$P(A|B) = \frac{P(A \cap B)}{P(B)}$$

Ainsi, dans l'exemple 1.25, nous avons obtenu :

$$P(A|B) = \frac{n(A \cap B)}{n(B)}$$

$$= \frac{n(A \cap B)/n(S)}{n(B)/n(S)}$$

$$= \frac{P(A \cap B)}{P(B)}$$

$$= \frac{30/200}{75/200}$$

$$= \frac{2}{5}$$

$$= 0,4$$

$$= 40 \%$$

EXERCICE 1.13

Répondez aux questions à partir de l'information du tableau 1.5.

TABLEAU | **1.5**

RÉPARTITION EN POURCENTAGE DES SALARIÉS D'UN CÉGEP, SELON LE SEXE ET L'ANCIENNETÉ

Ancienneté (années)	Sexe		Total (%)
	Masculin (%)	Féminin (%)	
Moins de 5	9,5	9,5	19,0
5-10	9,5	4,8	14,3
10-15	11,9	7,1	19,0
15 et plus	35,8	11,9	47,7
Total	**66,7**	**33,3**	**100,0**

Lorsqu'on sélectionne un salarié au hasard dans ce groupe, quelle est la probabilité que ce soit :

a) un homme ayant moins de 5 ans d'ancienneté ?

b) une personne ayant 15 ans et plus d'ancienneté ou une femme ?

c) une personne ayant 5 ans et plus d'ancienneté ?

d) une personne ayant 15 ans et plus d'ancienneté sachant que c'est un homme ?

e) une personne ayant 10 ans ou plus d'ancienneté ou un homme ?

f) une personne ayant moins de 10 ans d'ancienneté sachant que c'est un homme ?

Note : Employez une notation appropriée pour désigner les différents événements.

On peut employer des probabilités conditionnelles pour évaluer la probabilité d'une intersection. En effet, puisque :

$$P(A|B) = \frac{P(A \cap B)}{P(B)}$$

alors :

$$P(A \cap B) = P(A|B) \times P(B)$$

De plus,

$$P(B|A) = \frac{P(B \cap A)}{P(A)} = \frac{P(A \cap B)}{P(A)}$$

de sorte que :

$$P(A \cap B) = P(B|A) \times P(A)$$

Ainsi, nous pouvons conclure que :

$$P(A \cap B) = P(B|A) \times P(A)$$

et que :

$$P(A \cap B) = P(A|B) \times P(B)$$

Événements indépendants

Événements tels que l'occurrence de l'un n'a pas d'effet sur l'occurrence de l'autre. Deux événements A et B sont indépendants si et seulement si $P(A \cap B) = P(A) \times P(B)$. On peut également dire que deux événements dont les probabilités sont différentes de zéro sont indépendants si et seulement si $P(A|B) = P(A)$ ou $P(B|A) = P(B)$. ■

Nous nous servirons de ces deux relations lorsque nous étudierons la formule de Bayes à la section 1.10 (p. 41).

Dans l'exemple 1.25 (p. 33), nous avons constaté que $P(A) = 0,45$, alors que $P(A|B) = 0,40$. Ainsi, le fait de savoir que l'enseignant possède 15 ans et plus d'expérience modifie la probabilité qu'il ait 19 ans et plus de scolarité. Pourtant, il arrive que l'occurrence de B n'ait aucun effet sur l'occurrence de A : $P(A|B) = P(A)$. On dira alors que A et B sont des **événements indépendants**.

EXERCICE 1.14

Vous lancez une pièce de monnaie trois fois ; vous obtenez « pile » à chacun des lancers. Quelle est la probabilité d'obtenir « pile » au quatrième lancer ? (Rappelez-vous qu'une pièce de monnaie n'a pas de mémoire !)

On peut également montrer que les événements A et B sont indépendants si et seulement si $P(A \cap B) = P(A) \times P(B)$. En effet, si A et B sont indépendants (c'est-à-dire que A n'exerce pas d'influence sur B et que B n'exerce pas d'influence sur A), nous pouvons écrire :

$$P(A|B) = P(A)$$

Par ailleurs, dans la mesure où $P(B) \neq 0$,

$$P(A|B) = \frac{P(A \cap B)}{P(B)}$$

En combinant ces deux équations, nous obtenons :

$$\frac{P(A \cap B)}{P(B)} = P(A)$$

de sorte que $P(A \cap B) = P(A) \times P(B)$.

EXERCICE 1.15

Montrez que si $P(A \cap B) = P(A) \times P(B)$ et $P(B) \neq 0$, alors A et B sont des événements indépendants, c'est-à-dire que $P(A|B) = P(A)$.

Pour s'assurer que deux événements A et B sont indépendants, il suffit donc de vérifier que la probabilité de leur intersection correspond au produit de leurs probabilités respectives, soit que $P(A \cap B) = P(A) \times P(B)$, ou encore que $P(A|B) = P(A)$ ou $P(B|A) = P(B)$.

EXEMPLE 1.26

Le tableau 1.6 donne la répartition de 30 individus selon le sexe et le niveau d'intérêt pour une activité de plein air.

TABLEAU | **1.6**

RÉPARTITION DE 30 INDIVIDUS, SELON LE SEXE ET LE NIVEAU D'INTÉRÊT POUR UNE ACTIVITÉ DE PLEIN AIR

Niveau d'intérêt	Sexe		Total
	Masculin	Féminin	
Faible	6	3	9
Moyen	8	5	13
Élevé	6	2	8
Total	**20**	**10**	**30**

Notons les événements de la façon suivante :

   M : « Sélectionner un homme »,

   F : « Sélectionner une femme »,

   A : « Sélectionner un individu dont le niveau d'intérêt est faible »,

   B : « Sélectionner un individu dont le niveau d'intérêt est moyen »,

   C : « Sélectionner un individu dont le niveau d'intérêt est élevé ».

Si on sélectionne un de ces individus au hasard, la probabilité qu'il ait un faible niveau d'intérêt vaut $P(A) = 9/30 = 3/10$, celle que ce soit un homme, $P(M) = 20/30 = 2/3$, et celle que ce soit un homme ayant un faible niveau d'intérêt, $P(M \cap A) = 6/30 = 1/5$. On constate que $P(A) \times P(M) = 3/10 \times 2/3 = 1/5 = P(M \cap A)$. Les événements M et A sont donc indépendants.

Tel n'est pas le cas pour les événements B et M, c'est-à-dire « Sélectionner un individu dont le niveau d'intérêt est moyen » et « Sélectionner un homme ». En effet, la probabilité qu'un individu choisi au hasard ait un niveau d'intérêt moyen vaut $P(B) = 13/30$, celle de choisir un homme, $P(M) = 20/30$, et celle de choisir un homme ayant un niveau d'intérêt moyen, $P(M \cap B) = 8/30$. On constate que :

$$P(M) \times P(B) = (20/30) \times (13/30) = 0,2\overline{8} \neq 0,2\overline{6} = 8/30 = P(M \cap B)$$

Par conséquent, $P(M) \times P(B) \neq P(M \cap B)$. Les événements M et B ne sont donc pas indépendants.

La confusion entre les concepts d'événements incompatibles et d'événements indépendants est une erreur courante : deux événements sont indépendants lorsque l'occurrence de l'un n'exerce pas d'influence sur l'occurrence de l'autre, alors que deux événements sont incompatibles lorsque l'occurrence de l'un rend impossible l'occurrence de l'autre. Ainsi, les événements A et B sont incompatibles si et seulement si $A \cap B = \varnothing$, alors qu'ils sont indépendants si et seulement si $P(A \cap B) = P(A) \times P(B)$.

En fait, si A et B sont tels que $P(A) \neq 0$ et $P(B) \neq 0$, et que A et B sont incompatibles ($A \cap B = \varnothing$), alors A et B ne sont pas indépendants, puisque $P(A \cap B) = 0 \neq P(A) \times P(B)$. En conclusion, pour que deux événements soient qualifiés d'indépendants, ils doivent satisfaire à la condition $P(A|B) = P(A)$ ou encore $P(A \cap B) = P(A) \times P(B)$.

Il faut également différencier $P(A \cap B)$ et $P(A|B)$. Ainsi, $P(A \cap B)$ représente la probabilité que les événements A et B se produisent simultanément, alors que $P(A|B)$ représente la probabilité que A se produise sachant que B s'est produit.

Le tableau 1.7 rappelle le sens de certaines expressions symboliques.

TABLEAU | **1.7**

SENS D'EXPRESSIONS SYMBOLIQUES EN THÉORIE DES PROBABILITÉS		
Expression symbolique	**Sens**	**Évaluation**
$P(A \cup B)$	Probabilité que les événements A **ou** B se produisent.	$P(A \cup B) = P(A) + P(B) - P(A \cap B)$
$P(A \cap B)$	Probabilité que les événements A **et** B se produisent.	$P(A \cap B) = P(A\|B) \times P(B)$ ou $P(A \cap B) = P(B\|A) \times P(A)$ **Si** A et B sont **indépendants**, alors $P(A \cap B) = P(A) \times P(B)$.
$P(A\|B)$	Probabilité que l'événement A se produise **sachant que** l'événement B s'est produit.	$P(A\|B) = \dfrac{P(A \cap B)}{P(B)}$ **Si** A et B sont **indépendants**, alors $P(A\|B) = P(A)$.

EXEMPLE 1.27

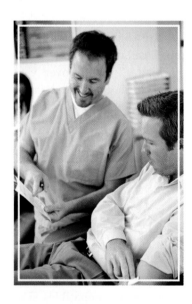

Voici trois statistiques :

- 42 % des Québécois sont du groupe sanguin A,
- 10 % des Québécois ont les yeux bleus,
- 47,8 % des Québécois ont les yeux bleus ou sont du groupe sanguin A.

Sélectionner un Québécois aux yeux bleus et sélectionner un Québécois dont le groupe sanguin est A sont-ils deux événements indépendants ?

Notons les événements comme suit :

A : « Sélectionner un Québécois dont le groupe sanguin est A »,
B : « Sélectionner un Québécois aux yeux bleus ».

$P(A) = 0,42$, $P(B) = 0,1$ et $P(A \cup B) = 0,478$. De plus,

$$P(A \cap B) = P(A) + P(B) - P(A \cup B)$$
$$= 0,42 + 0,1 - 0,478$$
$$= 0,042$$

Enfin,

$$P(A) \times P(B) = 0,42 \times 0,1$$
$$= 0,042$$

de sorte que $P(A \cap B) = P(A) \times P(B)$. Par conséquent, les événements A et B sont indépendants.

EXERCICE 1.16

On tire une carte d'un jeu de 52 cartes. Soit les événements suivants :

D : « Tirer une dame »,

T : « Tirer un trèfle »,

F : « Tirer une figure »,

R : « Tirer une carte rouge ».

a) Notez de manière appropriée la probabilité de tirer la dame de trèfle.

b) Notez de manière appropriée la probabilité de tirer une dame sachant que la carte tirée est un trèfle.

c) Que valent $P(D)$, $P(T)$, $P(F)$ et $P(R)$?

d) Que valent $P(D|T)$, $P(D|F)$ et $P(D|R)$?

e) Les événements D et T sont-ils indépendants ? Justifiez votre réponse.

f) Les événements D et F sont-ils indépendants ? Justifiez votre réponse.

g) Les événements T et R sont-ils indépendants ? Justifiez votre réponse.

h) Comment peut-on qualifier les événements T et R ?

i) Donnez le sens et la valeur de $P(F \cap T)$.

j) Donnez le sens et la valeur de $P(F \cup T)$.

Arbre de probabilité

Diagramme en arbre qui permet d'illustrer l'évaluation d'une probabilité. On associe à chaque branche de l'arbre la probabilité conditionnelle qu'un événement se produise, sachant que les événements associés aux branches inférieures se sont produits. La probabilité de l'intersection d'événements successifs obtenus lorsqu'on parcourt un trajet sur les branches de l'arbre correspond au produit des probabilités associées aux branches situées sur ce trajet. ■

Tout comme dans le cas des dénombrements, on peut utiliser une forme de diagramme en arbre, dit **arbre de probabilité**, pour illustrer l'évaluation d'une probabilité. On associe à chaque branche de l'arbre la probabilité conditionnelle qu'un événement se produise, sachant que les événements associés aux branches inférieures se sont produits. La probabilité de l'intersection d'événements successifs obtenus lorsqu'on parcourt un trajet sur les branches de l'arbre correspond au produit des probabilités associées aux branches situées sur ce trajet.

L'exemple 1.28 illustre l'utilisation d'un arbre de probabilité.

EXEMPLE 1.28

On tire deux cartes d'un jeu de 52 cartes et on veut déterminer la probabilité d'obtenir deux valets. Analysons deux situations :

1. on remet la première carte dans le paquet avant de tirer la deuxième ;

2. on ne remet pas la première carte dans le paquet avant de tirer la deuxième.

Les arbres de probabilité associés à ces deux cas sont présentés à la figure 1.9.

FIGURE | **1.9**

ARBRES DE PROBABILITÉ

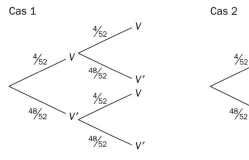

Si le tirage s'effectue avec remise (cas 1), la probabilité d'obtenir deux valets vaut :

$$\tfrac{4}{52} \times \tfrac{4}{52} = \tfrac{1}{169}$$
$$= 0,0059$$

Le même arbre de probabilité permet d'évaluer la probabilité qu'une des deux cartes soit un valet et l'autre pas, et ce, par l'application des principes de multiplication et d'addition :

$$\tfrac{4}{52} \times \tfrac{48}{52} + \tfrac{48}{52} \times \tfrac{4}{52} = \tfrac{24}{169}$$
$$= 0,1420$$

Si le tirage s'effectue sans remise (cas 2), la probabilité d'obtenir deux valets vaut :

$$\tfrac{4}{52} \times \tfrac{3}{51} = \tfrac{1}{221}$$
$$= 0,0045$$

et la probabilité qu'une des deux cartes soit un valet et l'autre pas vaut :

$$\tfrac{4}{52} \times \tfrac{48}{51} + \tfrac{48}{52} \times \tfrac{4}{51} = \tfrac{32}{221}$$
$$= 0,1448$$

Il est important de noter que, dans un arbre de probabilité, la somme des probabilités issues d'un même embranchement vaut toujours 1. Ainsi, dans le deuxième cas, $\tfrac{4}{52} + \tfrac{48}{52} = 1$. De même, au deuxième niveau, $\tfrac{3}{51} + \tfrac{48}{51} = 1$ et $\tfrac{4}{51} + \tfrac{47}{51} = 1$.

EXERCICE 1.17

Une urne contient 20 boules de même dimension : 6 vertes (V), 4 blanches (B) et 10 rouges (R). On tire deux boules sans remise.

a) Complétez l'arbre de probabilité décrivant cette expérience aléatoire (figure 1.10).

FIGURE | **1.10**

ARBRE DE PROBABILITÉ

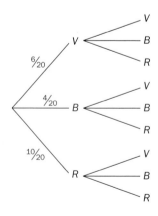

b) Quelle est la probabilité de tirer deux boules vertes ?

c) Quelle est la probabilité de tirer une boule rouge suivie d'une boule blanche ?

Vous pouvez maintenant faire les exercices récapitulatifs 39 à 58.

d) Quelle est la probabilité de tirer une boule rouge et une boule verte ?

e) Quelle est la probabilité que la deuxième boule tirée soit verte ?

1.10 | FORMULE DE BAYES

Dans cette section : partition • ensembles mutuellement exclusifs • événements mutuellement exclusifs • formule des probabilités totales • formule de Bayes.

On veut parfois évaluer la probabilité d'un événement A sachant qu'un événement B s'est produit, c'est-à-dire $P(A|B)$, à partir de la probabilité de B attendu A, soit $P(B|A)$. Pour faire cette évaluation, on doit calculer une probabilité *a posteriori* à l'aide de la formule de Bayes, que nous allons étudier dans cette section. Pour faciliter la compréhension de cette formule assez complexe, commençons par en dégager les principaux éléments à partir d'un exemple simple.

EXEMPLE 1.29

Au supermarché, vous vous arrêtez à un kiosque de dégustation pour goûter à une nouvelle variété de biscuits. Bien sûr, le fabricant espère ainsi vous en faire acheter un paquet. Supposons que 70 % des clients goûtent aux biscuits. Supposons aussi que 5 % des clients qui n'y ont pas goûté en achètent malgré tout, alors que 15 % de ceux qui y ont goûté en achètent. Quelle est la probabilité qu'une personne qui achète les biscuits y ait goûté au kiosque de dégustation ?

Pour répondre à cette question, procédons de façon systématique. Nommons d'abord les différents événements, représentés à la figure 1.11.

A : « Avoir acheté les biscuits »,

G : « Avoir goûté aux biscuits »,

G' : « Ne pas avoir goûté aux biscuits ».

FIGURE | **1.11**

REPRÉSENTATION DES ENSEMBLES A, G ET G'

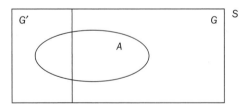

On connaît les probabilités suivantes :

- La probabilité d'avoir goûté aux biscuits au kiosque est $P(G) = 0,7$.
- La probabilité de ne pas y avoir goûté est $P(G') = 1 - P(G) = 1 - 0,7 = 0,3$.
- La probabilité qu'une personne achète les biscuits sachant qu'elle n'y a pas goûté est $P(A|G') = 0,05$.
- La probabilité qu'une personne achète les biscuits sachant qu'elle y a goûté est $P(A|G) = 0,15$.

Pour répondre à la question, nous devons évaluer la probabilité qu'une personne ait goûté aux biscuits sachant qu'elle en achète, soit $P(G|A)$. Nous savons que :

$$P(G|A) = \frac{P(G \cap A)}{P(A)}$$

Nous devons donc exprimer le numérateur et le dénominateur de cette expression en fonction des probabilités dont nous connaissons la valeur.

La probabilité d'acheter les biscuits sachant qu'on y a goûté est donnée par :

$$P(A|G) = \frac{P(A \cap G)}{P(G)}$$

$$= \frac{P(G \cap A)}{P(G)}$$

de sorte que :

$$P(G \cap A) = P(A|G) \times P(G)$$

$$= 0,15 \times 0,7$$

$$= 0,105$$

Nous avons donc trouvé la valeur du numérateur de la probabilité cherchée.

Par ailleurs, la figure 1.11 permet d'observer que :

$$A = A \cap S$$

$$= A \cap (G \cup G')$$

$$= (A \cap G) \cup (A \cap G')$$

Puisque les ensembles $(A \cap G)$ et $(A \cap G')$ sont disjoints, nous pouvons en déduire que :

$$P(A) = P[(A \cap G) \cup (A \cap G')]$$

$$= P(A \cap G) + P(A \cap G')$$

Nous avons déjà établi que $P(A \cap G) = P(G \cap A) = 0,105$. Il nous reste à évaluer $P(A \cap G')$. Or,

$$P(A \cap G') = P(A|G') \times P(G')$$

$$= 0,05 \times 0,3$$

$$= 0,015$$

de sorte que :

$$P(A) = P(A \cap G) + P(A \cap G')$$

$$= P(A|G) \times P(G) + P(A|G') \times P(G')$$

$$= 0,105 + 0,015$$

$$= 0,120$$

Nous pouvons maintenant évaluer la probabilité qu'une personne qui achète les biscuits y ait d'abord goûté, soit $P(G|A)$. En mettant ensemble les différentes composantes, nous obtenons :

$$P(G|A) = \frac{P(G \cap A)}{P(A)}$$

$$= \frac{P(A|G) \times P(G)}{P(A|G) \times P(G) + P(A|G') \times P(G')}$$

$$= \frac{0,15 \times 0,7}{(0,15 \times 0,7) + (0,05 \times 0,3)}$$

$$= \frac{0,105}{0,120}$$

$$= 0,875$$

Il y a donc 87,5 % de chances qu'une personne qui achète les biscuits dans ce super-marché y ait d'abord goûté au kiosque de dégustation.

On aurait également pu recourir à un arbre de probabilité pour évaluer bon nombre des probabilités calculées plus haut (figure 1.12).

FIGURE | **1.12**

ARBRE DE PROBABILITÉ

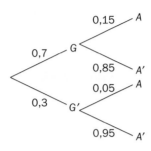

Partition

Partage d'un ensemble S en sous-ensembles non nuls mutuellement exclusifs. En langage symbolique, $\{A_1, A_2, ..., A_n\}$ forme une partition de l'ensemble S lorsque $A_i \neq \varnothing$ pour toute valeur entière de i comprise entre 1 et n, que $A_i \cap A_j = \varnothing$ pour tout $i \neq j$ et que l'union de tous les A_i donne l'ensemble S, soit que $\bigcup\limits_{i=1}^{n} A_i = S$. ∎

Ensembles mutuellement exclusifs

Ensembles tels que deux d'entre eux qui sont différents, peu importe lesquels, sont disjoints. En langage symbolique, les ensembles $A_1, A_2, ...$ et A_n sont mutuellement exclusifs si et seulement si $A_i \cap A_j = \varnothing$ pour tout $i \neq j$. ∎

Événements mutuellement exclusifs

Ensemble d'événements tels que deux d'entre eux qui sont différents, peu importe lesquels, sont incompatibles. ∎

Avant de développer l'expression générale de la formule de Bayes, nous devons définir le concept de partition d'un ensemble. Une **partition** d'un ensemble est le partage de cet ensemble en sous-ensembles non vides disjoints deux à deux (c'est-à-dire que l'intersection de n'importe quelle paire de sous-ensembles différents donne l'ensemble vide) tel que l'union de tous les sous-ensembles donne l'ensemble initial. On dira d'ensembles disjoints deux à deux qu'ils sont des **ensembles mutuellement exclusifs**. Et on dira aussi des **événements** représentés par ces ensembles qu'ils sont **mutuellement exclusifs**.

En langage symbolique, $\{A_1, A_2, ..., A_n\}$ forme une partition d'un ensemble S lorsque :

• $A_i \neq \varnothing$ \quad pour $i = 1, 2, 3, ..., n$

• $A_i \cap A_j = \varnothing$ \quad pour tout $i \neq j$

• $\bigcup\limits_{i=1}^{n} A_i = A_1 \cup A_2 \cup A_3 \cup \cdots \cup A_n = S$

La figure 1.13 montre une partition. En effet, l'intersection de deux sous-ensembles différents donne l'ensemble vide et l'union de tous les sous-ensembles donne l'ensemble S.

FIGURE | **1.13**

PARTITION DE L'ENSEMBLE S

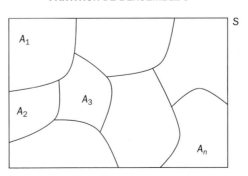

Dans la figure 1.14, nous avons ajouté un sous-ensemble B de l'ensemble S. Nous observons que :

$$B = (A_1 \cap B) \cup (A_2 \cap B) \cup \cdots \cup (A_n \cap B)$$
$$= \bigcup_{i=1}^{n} (A_i \cap B)$$

Tous les ensembles de cette union sont disjoints deux à deux, de sorte que :

$$P(B) = P\big[(A_1 \cap B) \cup (A_2 \cap B) \cup \cdots \cup (A_n \cap B)\big]$$
$$= P(A_1 \cap B) + P(A_2 \cap B) + \cdots + P(A_n \cap B)$$

FIGURE | **1.14**

ENSEMBLE *B* ET PARTITION DE L'ENSEMBLE *S*

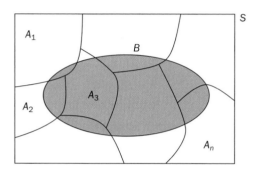

Nous savons (section 1.9, p. 33) que $P(A_i \cap B) = P(B|A_i) \times P(A_i)$. Nous pouvons donc en déduire que :

$$P(B) = P(A_1 \cap B) + P(A_2 \cap B) + \cdots + P(A_n \cap B)$$
$$= P(B|A_1) \times P(A_1) + P(B|A_2) \times P(A_2) + \cdots + P(B|A_n) \times P(A_n)$$
$$= \sum_{j=1}^{n} P(B|A_j) \times P(A_j)$$

Formule des probabilités totales

Si $\{A_1, A_2, \ldots, A_n\}$ forme une partition de l'ensemble S et si B est un sous-ensemble de S, alors

$$P(B) = \sum_{j=1}^{n} P(B|A_j) \times P(A_j).$$ ■

Cette dernière expression porte le nom de **formule des probabilités totales**.

Supposons maintenant que nous voulions évaluer $P(A_i|B)$, et que nous connaissions $P(A_1), P(A_2), \ldots, P(A_n)$ et $P(B|A_1), P(B|A_2), \ldots, P(B|A_n)$.

Nous savons que $P(A_i|B) = \dfrac{P(A_i \cap B)}{P(B)}$. En substituant au numérateur et au dénominateur les expressions que nous venons d'établir pour $P(A_i \cap B)$ et pour $P(B)$, nous obtenons :

Formule de Bayes

Formule des probabilités *a posteriori*. Elle est donnée par l'expression

$$P(A_i|B) = \frac{P(B|A_i) \times P(A_i)}{\sum_{j=1}^{n} P(B|A_j) \times P(A_j)},$$

où $\{A_1, A_2, \ldots, A_n\}$ forme une partition de l'espace échantillonnal. ■

$$P(A_i|B) = \frac{P(A_i \cap B)}{P(B)}$$
$$= \frac{P(B|A_i) \times P(A_i)}{P(B|A_1) \times P(A_1) + P(B|A_2) \times P(A_2) + \cdots + P(B|A_n) \times P(A_n)}$$
$$= \frac{P(B|A_i) \times P(A_i)}{\sum_{j=1}^{n} P(B|A_j) \times P(A_j)}$$

Cette expression constitue la **formule de Bayes**.

EXEMPLE 1.30

Andrée, Brigitte et Caroline travaillent dans une bijouterie. Après chaque vente, elles demandent toujours aux clients s'ils ont l'intention d'offrir le bijou. Dans l'affirmative, elles font un emballage-cadeau. La propriétaire de la bijouterie sait qu'Andrée fait 45 % des emballages, Brigitte 30 % et Caroline 25 %. Elle sait également qu'Andrée oublie d'enlever l'étiquette de prix dans 2 % des cas, Brigitte dans 1 % des cas et Caroline dans 3 % des cas. Elle décide d'évaluer la probabilité qu'une erreur soit commise lors de l'emballage, c'est-à-dire qu'on oublie d'enlever l'étiquette de prix. Elle décrit les événements de la manière suivante :

A : « Andrée a emballé le cadeau »,

B : « Brigitte a emballé le cadeau »,

C : « Caroline a emballé le cadeau »,

E : « Une erreur est commise : on a oublié d'enlever l'étiquette de prix »,

de sorte que $P(A) = 0,45$, $P(B) = 0,30$ et $P(C) = 0,25$. En outre, la propriétaire sait que la probabilité qu'une erreur ait été commise lors de l'emballage d'un cadeau sachant que c'est Andrée qui a emballé le cadeau vaut $P(E|A) = 0,02$. Pour les deux autres salariées, les probabilités conditionnelles de commettre une erreur valent respectivement $P(E|B) = 0,01$ et $P(E|C) = 0,03$.

Comme Andrée, Brigitte et Caroline sont les seules salariées de la bijouterie, elles sont responsables de toutes les erreurs d'emballage. Par conséquent, lorsqu'une erreur est commise lors de l'emballage, elle a été commise par Andrée, Brigitte ou Caroline, et par une seule d'entre elles. La figure 1.15 illustre les différentes situations possibles dans un diagramme de Venn. On constate que les événements A, B et C forment une partition de l'espace échantillonnal et que :

$$E = (A \cap E) \cup (B \cap E) \cup (C \cap E)$$

FIGURE | **1.15**

PARTITION DE L'ESPACE ÉCHANTILLONNAL

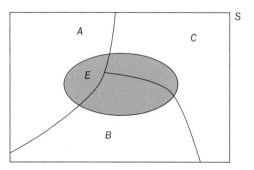

Comme tous les éléments de cette union sont disjoints, on en déduit que :

$$P(E) = P[(A \cap E) \cup (B \cap E) \cup (C \cap E)]$$
$$= P(A \cap E) + P(B \cap E) + P(C \cap E)$$

Par ailleurs, on sait que :

$$P(A \cap E) = P(E|A) \times P(A)$$
$$= 0,02 \times 0,45$$
$$= 0,009$$

$$P(B \cap E) = P(E|B) \times P(B)$$
$$= 0,01 \times 0,30$$
$$= 0,003$$

$$P(C \cap E) = P(E|C) \times P(C)$$
$$= 0,03 \times 0,25$$
$$= 0,0075$$

On aurait également pu recourir à un arbre de probabilité pour évaluer les probabilités calculées plus haut (figure 1.16).

FIGURE | **1.16**

ARBRE DE PROBABILITÉ

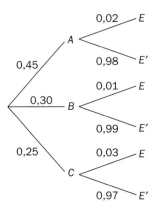

Par conséquent,

$$P(E) = P(A \cap E) + P(B \cap E) + P(C \cap E)$$
$$= P(E|A) \times P(A) + P(E|B) \times P(B) + P(E|C) \times P(C)$$
$$= 0,009 + 0,003 + 0,0075$$
$$= 0,0195$$

La probabilité qu'une erreur soit commise vaut donc 1,95 %.

Une cliente rapporte à la propriétaire de la bijouterie qu'on a oublié d'enlever l'étiquette de prix sur le bijou qu'elle a acheté, mais elle ne se rappelle pas quelle salariée a fait l'emballage-cadeau. La propriétaire veut évaluer la probabilité que Brigitte ait commis l'erreur, soit $P(B|E)$. Il lui suffit d'appliquer la formule de Bayes. Cette formule s'applique ici, car on a une partition de l'espace échantillonnal (les événements A, B et C) et on connaît les probabilités des événements qui constituent la partition de cet espace de même que les probabilités conditionnelles $P(E|A)$, $P(E|B)$ et $P(E|C)$. On a donc:

$$P(B|E) = \frac{P(B \cap E)}{P(E)}$$

$$= \frac{P(E|B) \times P(B)}{P(E|A) \times P(A) + P(E|B) \times P(B) + P(E|C) \times P(C)}$$

$$= \frac{0,01 \times 0,30}{(0,02 \times 0,45) + (0,01 \times 0,30) + (0,03 \times 0,25)}$$

$$= 0,1538$$

La probabilité que Brigitte ait commis l'erreur est donc de 15,38 %.

EXERCICE 1.18

■ **Vous pouvez maintenant faire les exercices récapitulatifs 58 à 62.**

Reprenez les données de l'exemple 1.30 et déterminez quelle personne est la plus susceptible d'avoir commis l'erreur.

Résumé

Les probabilités servent à mesurer l'incertain. En voulant répondre à des questions concernant les jeux de hasard, des mathématiciens français du XVIIe siècle ont établi les fondements de la théorie des probabilités.

L'étude d'une probabilité débute généralement par la description d'un phénomène relevant du hasard, qu'on appelle **expérience aléatoire**. Il s'agit d'une action qu'on peut théoriquement répéter à volonté et dont on connaît tous les résultats possibles sans pour autant être capable de prévoir avec certitude lequel des résultats se produira lors de l'expérience. Dans ce contexte, l'**espace échantillonnal** représente l'**ensemble (universel)** de tous les résultats possibles (les **éléments** de l'ensemble), alors qu'un **événement** en représente un sous-ensemble. Certains événements sont si particuliers qu'ils ont une appellation propre (tableau 1.8).

L'évaluation de la probabilité d'un événement repose sur le principe d'indifférence établi par le mathématicien Laplace au début du XIXe siècle. Sous l'hypothèse d'équiprobabilité des différents cas possibles, la **probabilité** d'un événement A est donnée par l'expression suivante:

$$P(A) = \frac{\text{Nombre de cas favorables à } A}{\text{Nombre de cas possibles}}$$

TABLEAU | **1.8**

TYPOLOGIE DES ÉVÉNEMENTS	
Type	**Sens**
Événement certain	Événement dont la probabilité vaut 1.
Événement contraire de A	Événement, noté A', qui indique que l'événement A ne se produit pas. Un tel événement est associé au **complément** de l'ensemble A.
Événement impossible	Événement dont la probabilité est nulle. Un tel événement est associé à l'**ensemble vide**.
Événements incompatibles	Événements qui ne peuvent pas se produire en même temps et qui sont donc associés à des **ensembles disjoints**.
Événements indépendants	Événements qui n'ont pas d'effet l'un sur l'autre.
Événements mutuellement exclusifs	Événements qui, pris deux à la fois, sont incompatibles. Ils sont donc associés à des **ensembles** également **mutuellement exclusifs** qui, pris deux à la fois, sont disjoints.

L'évaluation d'une probabilité consiste donc à effectuer le quotient de deux nombres, chacun étant associé au nombre d'éléments d'un ensemble, appelé **cardinal** d'un ensemble.

L'**analyse combinatoire** offre de nombreux outils permettant d'effectuer les dénombrements nécessaires à l'évaluation de probabilités. Ainsi, pour représenter des événements, on peut recourir à un **diagramme de Venn** ou à un **diagramme en arbre**. On peut également recourir au **principe d'addition** ou au **principe de multiplication**.

En vertu du principe d'addition, s'il existe $n(A)$ façons d'obtenir un événement A et $n(B)$ façons d'obtenir un événement B, alors il existe $n(A) + n(B) - n(A \cap B)$ façons d'obtenir l'événement A ou l'événement B, c'est-à-dire que :

$$n(A \cup B) = n(A) + n(B) - n(A \cap B)$$

de sorte que $P(A \cup B) = P(A) + P(B) - P(A \cap B)$.

En vertu du principe de multiplication, s'il existe m façons d'obtenir un événement A et, par la suite, n façons d'obtenir un événement B, alors il existe $m \times n$ façons d'obtenir les événements A et B l'un après l'autre. Le principe de multiplication permet notamment de calculer le nombre de permutations, le nombre de permutations avec répétition, le nombre d'arrangements et le nombre de combinaisons, dont les formules sont consignées au tableau 1.9.

La probabilité qu'un événement A se produise sachant qu'un événement B s'est produit, dite **probabilité conditionnelle**, est notée $P(A|B)$, et elle vaut :

$$P(A|B) = \frac{P(A \cap B)}{P(B)}$$

On en déduit que $P(A \cap B) = P(A|B) \times P(B)$ et que, de manière similaire, $P(A \cap B) = P(B|A) \times P(A)$. On peut notamment employer un **arbre de probabilité** pour illustrer l'évaluation d'une telle probabilité. Dans le cas particulier où les **événements A et B** sont **indépendants**, $P(A \cap B) = P(A) \times P(B)$.

En présence d'une **partition** $\{A_1, A_2, ..., A_n\}$ d'un espace échantillonnal, on peut employer les probabilités conditionnelles et la **formule des probabilités totales** $\left[P(B) = \sum_{j=1}^{n} P(B|A_j) \times P(A_j) \right]$ pour évaluer une probabilité *a posteriori* à l'aide de la **formule de Bayes**, qui s'énonce comme suit :

$$P(A_i|B) = \frac{P(B|A_i) \times P(A_i)}{\sum_{j=1}^{n} P(B|A_j) \times P(A_j)}$$

TABLEAU | **1.9**

DÉNOMBREMENTS	
Configuration	**Dénombrement**
Permutation de n éléments différents (disposition ordonnée de ces n éléments).	$P_n = n!$ $= \begin{cases} 1 & \text{si } n = 0 \\ n \times (n-1) \times (n-2) \times \cdots \times 2 \times 1 & \text{si } n = 1, 2, 3, ... \end{cases}$ où $n!$ désigne la **factorielle** de n.
Permutation avec répétition de n éléments divisés en k groupes comportant respectivement $n_1, n_2, ..., n_k$ éléments identiques.	$\dfrac{n!}{n_1! n_2! \cdots n_k!}$
Arrangement (sélection ordonnée) de r éléments différents choisis parmi n éléments différents.	$A_r^n = \dfrac{n!}{(n-r)!}$
Combinaison (sélection non ordonnée) de r éléments différents choisis parmi n éléments différents.	$\dbinom{n}{r} = \dfrac{n!}{r!(n-r)!}$

Mots clés

Réseau de concepts

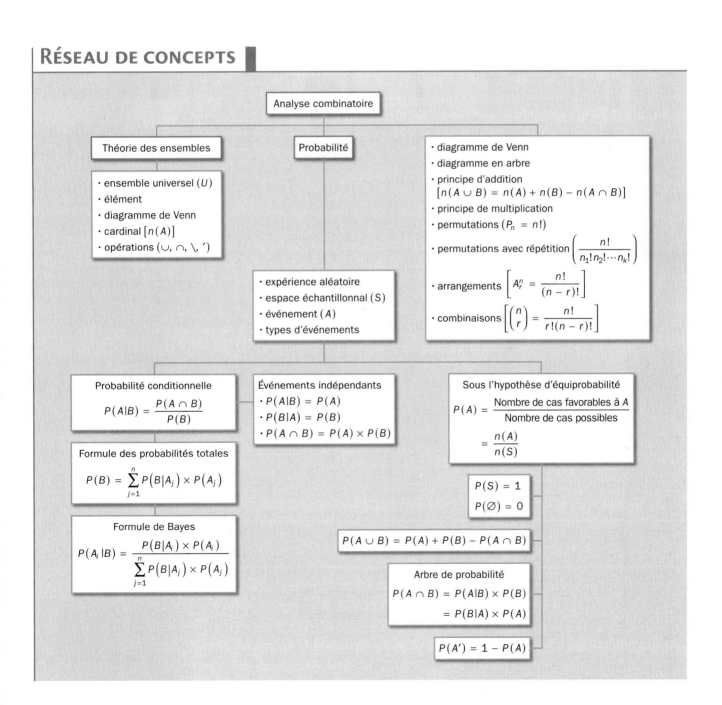

Exercices récapitulatifs

Sections 1.1 à 1.6

1. Soit les ensembles $A = \{1, 3, 5, 7, 9\}$, $B = \{2, 3, 4, 5\}$, $C = \{3, 4, 9\}$, $D = \{0, 8\}$ et l'ensemble universel $U = \{0, 1, 2, 3, 4, 5, 6, 7, 8, 9\}$.

   a) Définissez en extension les ensembles $A \cap B \cap C$, $(A \cup B)'$, $A' \cup C$ et $C\backslash B$.

   b) Que valent $n(A \cap B \cap C)$, $n\big[(A \cup B)'\big]$, $n(A' \cup C)$ et $n(C\backslash B)$?

   c) Représentez les ensembles A, B, C, D et U dans un diagramme de Venn. Indiquez à l'intérieur de chacune des régions le nombre d'éléments qui s'y trouvent.

   d) Que peut-on dire des ensembles A et D ?

2. Soit les ensembles

$$C = \{\text{Cégépiens}\},$$
$$F = \{\text{Cégépiens fumeurs}\},$$
$$M = \{\text{Cégépiens de sexe masculin}\},$$
$$T = \{\text{Cégépiens inscrits dans un programme technique}\}.$$

   a) Comment peut-on qualifier C par rapport aux autres ensembles ?

   b) Définissez en compréhension les ensembles $F \cap M$, F', $M \cup T$ et $T\backslash F$.

3. Dans leur cours de méthodologie, des étudiants d'un cégep de Montréal ont répondu à un questionnaire, notamment à la question suivante : « Quels quotidiens [*Le Devoir* (D), *La Presse* (P), *Le Journal de Montréal* (J)] avez-vous lu au cours de la dernière semaine ? » La compilation des réponses nous apprend que 60 étudiants n'ont lu aucun des trois quotidiens, 40 étudiants ont lu les trois, 90 ont lu *Le Devoir* et *La Presse*, 60 ont lu *La Presse* et *Le Journal de Montréal*, 45 ont lu *Le Devoir* et *Le Journal de Montréal*, 125 ont lu *Le Devoir*, 200 ont lu *La Presse* et 165 ont lu *Le Journal de Montréal*.

   a) Consignez ces données dans un diagramme de Venn. Indiquez à l'intérieur de chacune des régions le nombre d'éléments qui s'y trouvent.

   b) Combien d'étudiants ont répondu au questionnaire ?

   c) Que valent $n(P')$, $n(D \cup P)$ et $n(D\backslash J)$?

   d) Quelle catégorie de lecteurs représente l'ensemble $D\backslash(P \cup J)$?

4. On met une souris dans un labyrinthe en forme de T (figure 1.17).

Au bout du couloir, la souris peut aller vers la gauche (G) et trouver un morceau de fromage ou vers la droite (D) et recevoir une légère décharge électrique. La souris se déplace dans le labyrinthe à trois reprises et, chaque fois, choisit indifféremment la gauche ou la droite. Si la souris est allée d'abord à droite, puis à gauche et enfin à droite, on notera son parcours DGD.

Soit les événements suivants :

   A : « La souris est allée à gauche à au moins deux reprises consécutives. »

   B : « La souris est allée à droite lors de son premier déplacement. »

   C : « La souris est allée à gauche lors de son deuxième déplacement. »

   a) Énumérez tous les parcours possibles de la souris.

   b) Énumérez tous les parcours correspondant à l'événement A.

   c) Énumérez tous les parcours correspondant à l'événement B.

   d) Énumérez tous les parcours correspondant à l'événement C.

   e) Que vaut $P(A)$?

   f) Que vaut $P(B)$?

   g) Que vaut $P(C)$?

FIGURE | **1.17**

SOURIS DANS UN LABYRINTHE EN FORME DE T

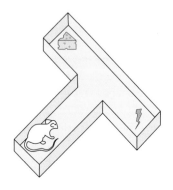

5. Un jeu de bingo compte 75 boules placées dans un boulier. Ces boules sont désignées par des lettres et des chiffres (de $B1$ à $B15$; de $I16$ à $I30$; de $N31$ à $N45$; de $G46$ à $G60$; de $O61$ à $O75$). Le meneur de jeu commence la partie en sélectionnant aléatoirement une boule.

Quelle est la probabilité que cette boule soit désignée :

a) par la lettre B?

b) par un multiple de 5?

c) par la lettre B et par un multiple de 5?

d) par la lettre B ou par un multiple de 5?

e) par une consonne?

6. On lance trois pièces de monnaie (une de 5 ¢, une de 10 ¢ et une de 25 ¢) et on note le côté apparent de la pièce (p pour «pile» et f pour «face»).

a) Représentez l'espace échantillonnal à l'aide d'un ensemble.

b) Combien d'éléments compte cet ensemble?

c) Si (p, f, p) représente l'événement «Avoir "pile" pour la pièce de 5 ¢, "face" pour la pièce de 10 ¢ et "pile" pour la pièce de 25 ¢», décrivez l'événement correspondant à l'ensemble $\{(p, p, p), (f, f, f)\}$.

d) Représentez l'événement A : «Obtenir deux "face"» par un ensemble.

e) Quelle est la probabilité d'obtenir l'événement A?

Sections 1.7 et 1.8

7. Le diagramme de Venn de la figure 1.18 représente les événements possibles lors d'une expérience aléatoire et le nombre de façons dont ces événements peuvent se produire.

FIGURE | **1.18**

DIAGRAMME DE VENN REPRÉSENTANT DES ÉVÉNEMENTS

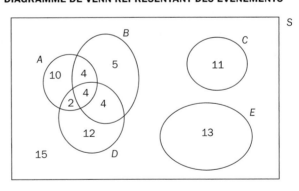

a) Déterminez deux événements incompatibles.

b) Que vaut $P(A)$?

c) Que vaut $P(A \cap B \cap D)$?

d) Que vaut $P(B')$?

e) Que vaut $P(A\backslash B)$?

f) Que vaut $P(A' \cap B' \cap D')$?

8. Dans son cours de divination, le professeur Trelawney a annoncé à Harry Potter qu'il aurait, au cours de la journée, une probabilité de 80 % de rencontrer Dumbledore, une probabilité de 40 % de rencontrer la professeure McGonagall et une probabilité de 30 % de rencontrer ces deux professeurs.

a) Quelle est la probabilité que Harry Potter ne rencontre pas Dumbledore au cours de la journée?

b) Quelle est la probabilité que Harry Potter rencontre Dumbledore ou McGonagall au cours de la journée?

9. Un cadenas à numéros s'ouvre lorsqu'on effectue, dans le bon ordre, une suite de trois nombres différents compris entre 0 et 59. À titre d'exemple, une suite possible serait 2 vers la gauche, 24 vers la droite et 18 vers la gauche.

   a) Combien de suites différentes existe-t-il ?

   b) Vous possédez un cadenas de ce genre. Vous connaissez les trois nombres permettant de l'ouvrir, mais vous avez oublié l'ordre dans lequel effectuer la suite. Quelle est la probabilité que vous ouvriez votre cadenas au premier essai ?

10. Un consommateur entre chez un concessionnaire d'automobiles et fait part au vendeur de son intention d'acheter un modèle particulier. Le vendeur lui dit que le véhicule est offert dans une gamme de cinq couleurs, en deux cylindrées et avec quatre ensembles d'équipements. Combien de choix différents s'offrent à ce consommateur ?

11. Vous organisez un voyage à Phoenix, en Arizona, pour jouer au golf. Malheureusement, il n'y a pas de vol direct entre Montréal et Phoenix. Vous devez faire une escale à Chicago, puis prendre un autre vol de Chicago à Phoenix. Votre agent de voyages vous propose cinq vols vers Chicago et, de là, trois vols vers Phoenix. De combien de façons pouvez-vous effectuer votre voyage ?

12. On vous demande de mener un sondage auprès des diplômés de 2011 du programme de sciences humaines pour préparer une activité de retrouvailles. Vous préparez un questionnaire dans lequel figurent des questions portant sur le sexe (masculin, féminin) du répondant, sur le profil dans lequel il était inscrit (individu, monde, société ou administration) et sur l'endroit (cégep, restaurant ou salle d'hôtel) où il souhaite que se tienne l'activité. Combien de réponses différentes à ces trois questions pouvez-vous recevoir ?

13. On a demandé à une concurrente d'un jeu télévisé de classer cinq événements historiques dans le bon ordre chronologique (du plus ancien au plus récent). Si elle donne une réponse au hasard, quelle est la probabilité que celle-ci soit correcte ?

14. Un examen se compose de 3 questions à choix multiple, chacune offrant un éventail de 4 réponses. De combien de façons différentes peut-on répondre à ces questions ?

15. On place une souris à l'entrée du labyrinthe illustré à la figure 1.19.

   FIGURE | **1.19**

   LABYRINTHE

   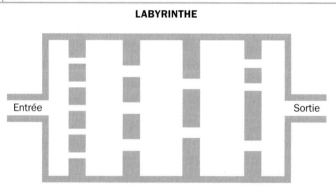

   Une fois que la souris a franchi une porte, elle ne peut pas reculer et doit poursuivre son chemin vers la sortie. Combien y a-t-il de trajets possibles pour sortir du labyrinthe ?

16. Dans une expérience en psychologie sur la perception extrasensorielle, l'expérimentateur tire, une à la fois et sans remise, trois cartes parmi quatre cartes différentes marquées *A*, *B*, *C* et *D*. Il les dispose, face cachée, devant le sujet de l'expérience dans l'ordre où les cartes ont été tirées. Il demande ensuite au sujet de lui indiquer la lettre inscrite sur chacune des cartes.

a) Tracez le diagramme en arbre de tous les résultats possibles de cette expérience.

b) Quelle est la taille de l'espace échantillonnal?

c) Quelle est la probabilité que la lettre *A* soit inscrite sur la première carte tirée?

d) Si le sujet répond au hasard, quelle est la probabilité qu'il nomme correctement et dans le bon ordre chacune des cartes sélectionnées?

17. Dans un cégep, chaque étudiant doit posséder un code d'utilisateur pour accéder au réseau informatique. Pour être valide, ce code doit être formé d'au moins quatre lettres (différentes ou non), mais de moins de huit lettres (différentes ou non). Combien de codes d'utilisateur est-il possible de former?

18. Voici un autre extrait du texte de I. Montpetit cité dans la section 1.2 (p. 4):

> Martin Goldstein ajoute que, selon la théorie des probabilités, «on est certain de gagner à la loterie si on joue un nombre suffisant de fois». Et c'est combien un nombre suffisant? «Une infinité», admet-il. Merci du conseil! À titre d'exemple, pour essayer toutes les combinaisons possibles de la Lotto 6/49, il faudrait que vous achetiez 1 billet par semaine (chaque billet compte deux combinaisons), 52 semaines par année, pendant 134 615 ans et, même dans ce cas, vous pourriez fort bien ne jamais gagner!

L'énoncé concernant le nombre d'années nécessaire pour épuiser toutes les combinaisons possibles à la Lotto 6/49 est erroné. Corrigez-le.

19. L'écrivain français Raymond Queneau (1903-1976) est surtout connu pour son roman *Zazie dans le métro* et pour un recueil intitulé *Cent mille milliards de poèmes* (Gallimard, 1961). Chaque page de ce recueil présente un sonnet de 14 vers. Seules les pages de droite (le recto des feuilles) sont imprimées, et toutes les pages sont découpées en languettes horizontales portant chacune un vers. Lorsqu'on ouvre le livre, on peut tourner les languettes qu'on désire pour former un sonnet à partir des languettes de plusieurs pages différentes. Les sonnets ainsi formés respectent la structure de cette forme poétique et ont tous du sens (du moins en théorie[10]). En voici un exemple. (Nous avons indiqué, à la fin de chaque vers, la page des *Œuvres complètes*[11] d'où il a été tiré.)

> Le roi de la pampa retourne sa chemise (335)
> snob un peu sur les bords des bords fondamentaux (339)
> sur l'antique bahut il choisit sa cerise (337)
> on espère toujours être de vrais normaux (341)
>
> Et pourtant c'était lui le frère de feintise (341)
> que n'a pas dévoré la horde des mulots (343)
> d'une étrusque inscription la pierre était incise (339)
> lorsque pour nous distraire y plantions nos tréteaux (335)
>
> Le loup est amateur de coq et de cocotte (343)
> on sale le requin on fume à l'échalotte (337)
> lorsqu'on boit du maté l'on devient argentin (335)
>
> Frère je te comprends si parfois tu débloques (341)
> on s'excuse il n'y a ni baleine ni phoque (337)
> le mammifère est roi nous sommes son cousin (337)

a) Combien de sonnets différents peut-on construire à partir des cinq premières pages imprimées du livre de Queneau?

b) Combien de pages imprimées contient le livre de Queneau pour qu'on puisse ainsi former cent mille milliards (10^{14}) de poèmes comme l'indique son titre?

---

10. Cela n'a évidemment pas été vérifié. Comme le disait lui-même Queneau: «En comptant 45 secondes pour lire un sonnet et 15 secondes pour changer les volets [languettes], à 8 heures par jour, 200 jours par an, on a pour plus d'un million de siècles de lecture, et en lisant toute la journée 365 jours par an, pour 190 258 751 années plus quelques plombes et broquilles (sans tenir compte des années bissextiles et autres détails).»

11. Raymond Queneau, *Œuvres complètes*, Paris, Gallimard (La Pléiade), 1989.

c) Dans les *Œuvres complètes* de Queneau (collection « La Pléiade »), l'éditeur a fait imprimer les poèmes sur les pages paires et impaires. Combien de sonnets est-il possible de construire ?

20. Vous voulez former des codes de longueur quatre à partir des lettres du mot *simulacre*.

a) Combien de codes pouvez-vous former si vous n'employez pas la même lettre plus d'une fois ?

b) Parmi les codes formés en *a*, combien commencent par une voyelle ?

c) Parmi les codes formés en *a*, combien se terminent par une consonne ?

21. Si on ne permet pas la répétition du même chiffre et qu'on emploie les chiffres 1, 2, 3, 5, 7, 9 pour former des nombres à quatre chiffres,

a) combien de nombres peut-on former ?

b) combien de nombres sont des multiples de 5 ?

c) combien de nombres sont inférieurs à 3 000 ?

d) combien de nombres sont pairs ?

22. Vous voulez former un code numérique de longueur trois, chaque chiffre pouvant être utilisé plus d'une fois.

a) Combien de codes est-il possible de former ?

b) De combien de façons est-il possible de former un code tel que le premier chiffre est impair et le dernier, un multiple de 3 ?

c) Quelle est la probabilité qu'un code formé au hasard possède les caractéristiques énoncées en *b* ?

23. Certains lecteurs de disques compacts ont une fonction RANDOM, qui fait jouer les plages de manière aléatoire. Vous faites jouer un disque qui comporte 12 plages.

a) De combien de façons différentes pourrez-vous entendre ces pièces si vous employez la fonction RANDOM ?

b) Quelle est la probabilité que la première plage jouée ne corresponde pas à la première plage du disque ?

24. Certaines machines à sous comportent 3 bandes pouvant s'arrêter sur 20 positions. Un symbole apparaît sur chacune de ces positions. La figure 1.20 donne la répartition de ces symboles pour chacune des bandes d'une machine à sous typique.

FIGURE | **1.20**

BANDES D'UNE MACHINE À SOUS TYPIQUE

Symbole	Bande 1	Bande 2	Bande 3
Cœur (♥)	2	1	1
Cadeau (🎁)	2	8	7
Trèfle (♣)	6	2	4
Ballons (🎈)	8	5	3
Étoile (★)	2	4	0
Cloche (🔔)	0	0	5
Total	20	20	20

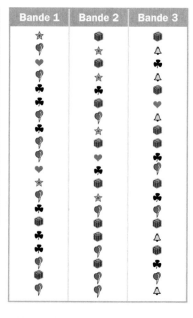

Chaque bande est montée sur un cylindre. Lorsqu'on insère une pièce de monnaie, les cylindres tournent de manière indépendante et s'arrêtent après quelques secondes sur une configuration. Chaque cylindre peut s'arrêter à n'importe laquelle des 20 positions.

a) Indiquez un résultat impossible.

b) Quelle est la probabilité que la troisième bande s'arrête sur «Ballons»?

c) Quelle est la probabilité d'obtenir trois «Trèfle»?

d) Quelle est la probabilité d'obtenir le résultat «Ballons-Étoile-Trèfle» dans cet ordre?

e) Déterminez le résultat le plus probable.

25. La famille Latendresse compte un père, une mère, trois triplets identiques, deux jumeaux identiques et quatre autres enfants. Combien de photos de famille différentes peut-on prendre en disposant les membres de cette famille sur une seule rangée?

26. Complétez les phrases suivantes.

a) Une disposition linéaire de n éléments différents porte le nom de _____ de ces éléments.

b) Un _____ est une sélection ordonnée de r éléments choisis parmi n éléments différents. On emploie la notation _____ pour désigner le nombre possible de telles sélections.

27. Évaluez l'expression.

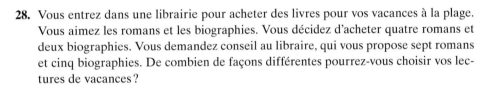

a) $8!$ b) $\dfrac{4!}{10!}$ c) $\dbinom{9}{4}$ d) A_2^7

28. Vous entrez dans une librairie pour acheter des livres pour vos vacances à la plage. Vous aimez les romans et les biographies. Vous décidez d'acheter quatre romans et deux biographies. Vous demandez conseil au libraire, qui vous propose sept romans et cinq biographies. De combien de façons différentes pourrez-vous choisir vos lectures de vacances?

29. Un étudiant veut disposer ses manuels scolaires sur une tablette de sa bibliothèque de sorte que les ouvrages portant sur une même matière soient regroupés. Il possède trois manuels de psychologie, cinq manuels de sociologie, quatre manuels d'histoire, deux manuels d'économie, un manuel d'anthropologie et un manuel de géographie. Tous les livres portant sur une même matière sont différents. De combien de façons différentes peut-il disposer les manuels s'il veut les classer par ordre alphabétique des matières?

30. Un étudiant doit répondre à 10 questions d'un examen qui en compte 15.

a) De combien de façons différentes peut-il choisir de répondre à cet examen?

b) De combien de façons différentes peut-il choisir de répondre à cet examen s'il doit répondre aux trois premières questions?

c) De combien de façons différentes peut-il choisir de répondre à cet examen s'il doit répondre à au moins 6 des 10 premières questions?

31. Une entreprise de marketing veut évaluer la capacité des consommateurs à reconnaître les différentes marques de bière. À cette fin, elle choisit 12 marques populaires et demande aux consommateurs sélectionnés pour l'expérience de goûter successivement à 4 marques de bière en nommant chacune.

a) Si un consommateur répond au hasard et que les marques de bière offertes sont toutes différentes, quelle est la probabilité qu'il les reconnaisse toutes?

b) Si un consommateur répond au hasard et que les marques de bière offertes ne sont pas nécessairement différentes, quelle est la probabilité qu'il les reconnaisse toutes?

32. Une entreprise de consultants en gestion des ressources humaines doit engager cinq psychologues pour son service de psychométrie. Sept hommes et neuf femmes ont réussi l'entrevue de sélection.

a) De combien de façons différentes l'entreprise peut-elle pourvoir aux postes ?

b) De combien de façons peut-elle pourvoir aux postes si elle souhaite retenir trois femmes et deux hommes ?

c) Si elle pourvoit aux postes au hasard, quelle est la probabilité qu'elle retienne trois femmes et deux hommes ?

d) De combien de façons peut-elle pourvoir aux postes si elle souhaite retenir au moins trois femmes ?

e) Si elle pourvoit aux postes au hasard, quelle est la probabilité qu'elle retienne au moins trois femmes ?

33. Lors du dernier « party de Noël » des salariés d'un cégep, on a fait tirer cinq prix parmi les 120 personnes présentes.

a) De combien de façons peut-on attribuer cinq prix différents si une même personne peut gagner plus d'un prix ?

b) De combien de façons peut-on attribuer cinq prix différents si une même personne ne peut gagner plus d'un prix ?

c) De combien de façons différentes peut-on attribuer cinq prix identiques si une même personne ne peut gagner plus d'un prix ?

34. À cause des dernières compressions budgétaires, la délégation du département de psychologie à un congrès de pédagogie doit être réduite à quatre membres. Dix membres de ce département, dont Luc et Carole, ont manifesté leur intérêt pour le congrès. On décide de former la délégation par tirage au sort.

a) Combien de délégations différentes peut-on former ?

b) Dans combien de celles-ci Carole est-elle présente ?

c) Quelle est la probabilité que Carole fasse partie de la délégation ?

d) De combien de délégations Luc et Carole font-ils partie ?

e) Quelle est la probabilité que Luc et Carole fassent partie de la délégation ?

f) De combien de délégations Luc et Carole sont-ils tous les deux absents ?

g) Quelle est la probabilité que Luc et Carole ne fassent pas partie de la délégation ?

35. Quelle est la probabilité que la main de poker (5 cartes d'un jeu de 52 cartes) que vous venez de recevoir soit un carré, c'est-à-dire qu'elle comporte 4 cartes de même valeur ou portant la même figure ?

36. Une main de bridge compte 13 cartes tirées d'un jeu de 52 cartes.

a) Combien de mains différentes y a-t-il au bridge ?

b) Combien de mains ne comptent aucun « honneur », c'est-à-dire ni as ni figure ?

c) Quelle est la probabilité qu'une main ne compte aucun « honneur » ?

37. Le conseil d'administration d'une coopérative est composé de 8 salariés et de 12 autres membres qui ne sont pas des salariés. Le conseil décide de former un comité de trois personnes pour choisir un nouveau directeur général.

a) De combien de façons différentes peut-on former ce comité ?

b) Combien de ces comités comptent au moins un membre qui n'est pas salarié ?

c) De combien de façons différentes peut-on former le comité s'il doit compter une personne de chaque catégorie ?

38. Un questionnaire d'examen comporte 20 questions du type « vrai ou faux ? ». De combien de façons un élève peut-il répondre à ces questions s'il veut obtenir au moins 17 bonnes réponses ?

Section 1.9

39. Soit deux événements A et B tels que $P(A) = 0,6$, $P(B) = 0,7$ et $P(A \cap B) = 0,5$. Évaluez l'expression.

a) $P(A \cup B)$ b) $P(A')$ c) $P(A|B)$ d) $P(B|A)$

40. Soit deux événements A et B tels que $P(A) = 0,6$, $P(A \cap B) = 0,3$ et $P(A|B) = 0,5$.

a) Dites pourquoi les événements A et B ne sont pas indépendants.

b) Que vaut $P(B)$?

c) Que vaut $P(B|A)$?

41. Un service gouvernemental a compilé des données sur certaines caractéristiques des conducteurs impliqués dans des accidents de voiture. On a découvert que :

- 5 % des conducteurs étaient en état d'ébriété et conduisaient sans permis ;

- 70 % des conducteurs étaient en état d'ébriété ou conduisaient sans permis ;

- 50 % des conducteurs étaient sobres.

Quelle est la probabilité qu'un conducteur impliqué dans un accident détienne un permis de conduire ? Veillez à noter de manière signifiante les différents événements afin de pouvoir écrire correctement les différentes probabilités en langage symbolique.

42. Une étude a été effectuée auprès des salariés d'une usine pour déterminer quels salariés présentent des symptômes de stress. Le tableau 1.10 en donne les résultats selon la catégorie professionnelle et le niveau de stress observé.

TABLEAU | **1.10**

Niveau de stress	Catégorie professionnelle			Total
	Cadres	Employés de bureau	Ouvriers	
Élevé	20	75	500	
Moyen	10	100	200	
Faible	20	25	50	
Total				

a) Complétez le tableau 1.10. (N'oubliez pas de lui donner un titre.)

On sélectionne un salarié au hasard. On note les différents événements comme suit :

     C : « Sélectionner un cadre »,

     B : « Sélectionner un employé de bureau »,

     O : « Sélectionner un ouvrier »,

     E : « Sélectionner un salarié dont le niveau de stress est élevé »,

     M : « Sélectionner un salarié dont le niveau de stress est moyen »,

     F : « Sélectionner un salarié dont le niveau de stress est faible ».

Utilisez une notation appropriée pour répondre aux questions suivantes.

b) Quelle est la probabilité que ce soit un cadre ?

c) Quelle est la probabilité que ce soit un employé de bureau présentant un niveau de stress moyen ?

d) Sachant que la personne sélectionnée est un ouvrier, quelle est la probabilité qu'elle présente un niveau de stress élevé?

e) Quelle est la probabilité que ce soit une personne présentant un niveau de stress faible ou moyen?

f) Quelle est la probabilité que ce soit un cadre ou une personne présentant un niveau de stress élevé?

g) Quelle catégorie professionnelle a la plus grande probabilité de présenter un niveau de stress élevé?

43. On a réparti un groupe de 1 085 travailleuses mariées ou vivant en union de fait, ayant au moins un enfant à la maison, selon l'âge du plus jeune enfant et le régime de travail (temps plein ou temps partiel) de la mère. On a utilisé trois catégories d'âge pour les enfants (moins de 6 ans, de 6 à 15 ans, 16 ans et plus). On a constaté que:

- 152 travailleuses occupaient un emploi à temps partiel et avaient un enfant de moins de 6 ans à la maison;
- 140 travailleuses occupaient un emploi à temps partiel, et leur plus jeune enfant à la maison avait de 6 à 15 ans;
- 82 travailleuses occupaient un emploi à temps plein, et leur plus jeune enfant à la maison était âgé de 16 ans et plus;
- 780 travailleuses occupaient un emploi à temps plein;
- 491 travailleuses avaient un enfant de moins de 6 ans à la maison.

a) Construisez un tableau à double entrée qui rende compte de ces observations. Appliquez les normes de présentation.

On note les différents événements comme suit:

A: «Sélectionner une femme dont le plus jeune enfant est âgé de moins de 6 ans»,

B: «Sélectionner une femme dont le plus jeune enfant a de 6 à 15 ans»,

C: «Sélectionner une femme dont le plus jeune enfant est âgé de 16 ans et plus»,

D: «Sélectionner une femme travaillant à temps partiel»,

E: «Sélectionner une femme travaillant à temps plein».

b) En sélectionnant au hasard une femme de ce groupe, quelle est la probabilité qu'elle ait un enfant de moins de 6 ans et travaille à temps plein?

c) Dans ce contexte, les événements A et E sont-ils indépendants? Justifiez votre réponse.

d) En sélectionnant de façon aléatoire une femme de ce groupe qui travaille à temps partiel, quelle est la probabilité que son plus jeune enfant soit âgé de 16 ans et plus?

e) Quelle est la probabilité que le plus jeune enfant d'une femme sélectionnée dans ce groupe soit âgé de 16 ans et plus?

f) Dans ce contexte, les événements C et D sont-ils indépendants? Justifiez votre réponse.

44. Les données d'une enquête auprès de 1 000 consommateurs de boissons gazeuses révèlent que 500 d'entre eux aiment la marque Alpha, 550 la marque Bêta et 150 les deux marques. On sélectionne au hasard un des 1 000 consommateurs. On utilise la notation suivante pour désigner les événements:

A: «Le consommateur aime la marque Alpha.»

B: «Le consommateur aime la marque Bêta.»

a) Représentez les événements dans un diagramme de Venn.

b) Donnez le sens et la valeur de $P(B')$.

c) Donnez le sens et la valeur de $P(A \cup B)$.

d) Comment note-t-on la probabilité qu'un consommateur aime la marque Alpha, mais pas la marque Bêta?

e) Quelle est la probabilité qu'un consommateur aime la marque Alpha, mais pas la marque Bêta?

f) Comment note-t-on la probabilité qu'un consommateur n'aime aucune des deux marques ?

g) Quelle est la probabilité qu'un consommateur n'aime aucune de ces deux marques ?

h) Comment note-t-on la probabilité qu'un consommateur aime la marque Alpha s'il aime la marque Bêta ?

i) Quelle est la probabilité qu'un consommateur aime la marque Alpha s'il aime la marque Bêta ?

45. Les candidats à un ordre professionnel doivent réussir un examen pour en devenir membres. En cas d'échec, ils peuvent reprendre l'examen. Les données sur la réussite à cet examen sont les suivantes : 60 % des candidats réussissent à leur première tentative et 80 % de ceux qui ont échoué à leur première tentative réussissent à la deuxième. Soit R_i l'événement qui consiste à « réussir l'examen à la $i^{\text{ième}}$ tentative ».

a) Que représente R_1' ?

b) Que vaut $P(R_1')$?

c) Que vaut $P(R_2 | R_1')$?

d) Quelle est la probabilité qu'un candidat échoue à l'examen à sa première tentative et le réussisse à la deuxième ? Utilisez les symboles appropriés pour désigner l'événement considéré.

e) Quelle est la probabilité qu'un candidat échoue à l'examen à ses deux tentatives ?

46. Un agent de voyages vous dit que 90 % des vols partent à l'heure prévue, 92 % arrivent à destination à l'heure prévue et 88 % partent et arrivent à destination à l'heure prévue. On emploie la notation suivante pour désigner les événements :

D : « Le départ a lieu à l'heure prévue. »

A : « L'arrivée a lieu à l'heure prévue. »

a) Donnez le sens et la valeur de $P(D')$.

b) Que vaut $P(D \cap A)$?

c) Donnez le sens et la valeur de $P(D \cup A)$.

d) Comment note-t-on la probabilité que le départ ait lieu à l'heure prévue, mais pas l'arrivée ?

e) Quelle est la probabilité que le départ ait lieu à l'heure prévue, mais pas l'arrivée ?

f) Quelle est la probabilité que ni le départ ni l'arrivée n'aient lieu à l'heure prévue ?

g) Comment note-t-on la probabilité que l'arrivée ait lieu à l'heure prévue si le départ a eu lieu à l'heure prévue ?

h) Quelle est la probabilité que l'arrivée ait lieu à l'heure prévue si le départ a eu lieu à l'heure prévue ?

i) Les événements A et D sont-ils indépendants ? Justifiez votre réponse.

47. Vous tirez une carte au hasard parmi les figures d'un jeu de 52 cartes. On note les cartes par la figure et le pictogramme qu'on y trouve. Ainsi, le valet de trèfle est noté $v\clubsuit$, le roi de cœur, $r\heartsuit$ et la dame de pique, $d\spadesuit$. Les cartes de cœur et de carreau sont rouges, et les cartes de pique et de trèfle sont noires.

a) Représentez l'espace échantillonnal à l'aide d'un ensemble.

b) Combien d'éléments compte cet ensemble ?

c) Représentez l'événement A : « Tirer un cœur » par un ensemble.

d) Que vaut $P(A)$?

e) Décrivez l'événement B correspondant à l'ensemble $\{r\clubsuit, r\spadesuit\}$.

f) Que vaut $P(B)$?

g) Décrivez l'événement C correspondant à l'ensemble $\{d\heartsuit, d\blacklozenge, d\spadesuit, d\clubsuit\}$.

h) Que vaut $P(C)$?

i) Décrivez l'événement D correspondant à l'ensemble $\{r\heartsuit, d\heartsuit, v\heartsuit, r\blacklozenge, d\blacklozenge, v\blacklozenge\}$.

j) Que vaut $P(D)$?

k) Quelle est la probabilité de choisir une carte rouge parmi les cartes de cœur ?

l) Les événements A et D sont-ils indépendants? Justifiez votre réponse.

m) Que vaut $P(D|C)$?

n) Les événements C et D sont-ils indépendants? Justifiez votre réponse.

o) Représentez les événements A, B, C et D dans un diagramme de Venn.

48. Vous tirez 2 cartes l'une à la suite de l'autre, sans remise, d'un jeu de 52 cartes. Vous notez les événements comme suit:

T: «La première carte est un trèfle»,

N: «La deuxième carte est noire».

a) Que vaut $P(T)$?

b) Donnez le sens et la valeur de $P(N|T)$.

c) Donnez le sens et la valeur de $P(T \cap N)$.

49. Le tableau 1.11 fournit la répartition des familles d'un quartier selon le nombre d'enfants.

TABLEAU | **1.11**

RÉPARTITION DE 122 FAMILLES, SELON LE NOMBRE D'ENFANTS

Nombre d'enfants	Nombre de familles
0	15
1	32
2	45
3	16
4	8
5 et plus	6
Total	**122**

On sélectionne aléatoirement une famille. Quelle est la probabilité qu'elle compte plus de deux enfants sachant qu'elle en compte au moins un?

50. Le tableau 1.12 fournit la répartition des Canadiens selon leur groupe sanguin.

TABLEAU | **1.12**

RÉPARTITION EN POURCENTAGE DES CANADIENS, SELON LE GROUPE SANGUIN

Groupe sanguin	Pourcentage des Canadiens (%)
O$^+$	39,0
O$^-$	7,0
A$^+$	36,0
A$^-$	6,0
B$^+$	7,5
B$^-$	1,5
AB$^+$	2,5
AB$^-$	0,5
Total	**100,0**

Source: http://fr.wikipedia.org/wiki/Groupe_sanguin (9 janvier 2010).

On sélectionne aléatoirement un Canadien.

a) Quelle est la probabilité qu'il soit du groupe A sachant que son facteur rhésus est négatif?

b) Quelle est la probabilité que son facteur rhésus soit négatif si son groupe sanguin est O?

51. Quelle est l'erreur dans le raisonnement suivant ? Dans un cours de méthodes quantitatives, 10 % des étudiants ont eu une note supérieure à 90 au premier examen. Au deuxième, ce pourcentage passait à 15 %. Par conséquent, 1,5 % (soit $0,1 \times 0,15$) de ces étudiants ont obtenu une note supérieure à 90 à chacun de ces deux examens.

52. Le tableau 1.13 met en relation le plus haut niveau de scolarité atteint par les Québécoises de 25 ans et plus et le plus haut niveau de scolarité atteint par leur mère. Au niveau 1, on trouve les personnes qui n'avaient fait que des études primaires ou secondaires (terminées ou non) ; au niveau 2, celles qui n'avaient fait que des études collégiales (terminées ou non) ; et au niveau 3, celles qui avaient fait des études universitaires (terminées ou non).

TABLEAU | **1.13**

RÉPARTITION EN POURCENTAGE DES QUÉBÉCOISES DE 25 ANS ET PLUS, SELON LEUR NIVEAU DE SCOLARITÉ ET CELUI DE LEUR MÈRE

Scolarité de la fille	Scolarité de la mère			Total (%)
	Niveau 1 (%)	Niveau 2 (%)	Niveau 3 (%)	
Niveau 1	13,2	1,2	0,4	14,8
Niveau 2	18,4	13,2	2,0	33,6
Niveau 3	18,4	23,6	9,6	51,6
Total	**50,0**	**38,0**	**12,0**	**100,0**

a) Quelle est la probabilité que la mère d'une Québécoise de 25 ans et plus ait atteint le niveau 3 ?

b) Quelle est la probabilité qu'une Québécoise de 25 ans et plus ait atteint le niveau 3, sachant que sa mère n'a atteint que le niveau 2 ?

c) Les événements de la question *b* sont-ils indépendants ? Justifiez votre réponse.

d) Quelle est la probabilité qu'une Québécoise de 25 ans et plus ait atteint un niveau de scolarité supérieur à celui de sa mère ?

53. Une personne qui saute en parachute peut employer un parachute d'urgence lorsque le parachute principal ne s'ouvre pas. Les deux parachutes fonctionnent de façon indépendante. On considère que la probabilité de défaillance de chacun des parachutes est de 0,01 %.

a) Quelle est la probabilité que les deux parachutes soient défectueux ?

b) Quelle est la probabilité qu'au moins un des deux parachutes fonctionne adéquatement ?

c) Quelle est la probabilité que le parachute d'urgence fonctionne sachant que le parachute principal ne s'est pas ouvert ?

54. Dans un article intitulé « Parking Tickets and Missing Women : Statistics and the Law[12] », H. Zeisel et H. Kalven décrivent la cause d'un automobiliste suédois qui avait reçu une contravention pour avoir dépassé le temps de stationnement permis. Dans cette affaire, un policier avait noté la position des valves des pneus du côté gauche de la voiture stationnée. Il avait fait comme si chaque pneu était le cadran d'une horloge et avait établi que la valve du pneu avant était à 1 heure et celle du pneu arrière à 6 heures, comme cela est présenté à la figure 1.21.

12. Dans J. M. Tanur *et al.*, *Statistics : A Guide to the Unknown*, San Francisco, Holden-Day, 1972, p. 102.

FIGURE | **1.21**

VOITURE STATIONNÉE

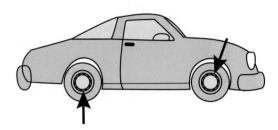

Lorsque le policier était repassé près de la voiture stationnée plus tard dans la jour-née, les valves étaient toujours à la même position, alors que le temps de stationne-ment permis était expiré. Il dressa donc une contravention, que le propriétaire de la voiture contesta. Devant la cour, celui-ci prétendit avoir quitté l'aire de stationne-ment avant l'expiration du délai et être revenu plus tard au même endroit. Il affirma que si les valves se trouvaient à la même position, ce n'était que fortuit.

a) Si on note la position de la valve d'un pneu d'une voiture à « l'heure la plus proche », combien de positions différentes peut-on consigner ?

b) Quelle est la probabilité qu'une des valves occupe la même position après un déplacement ?

La partie publique fit entendre un expert. Ce dernier affirma qu'il y avait 1 chance sur 144 que les valves des 2 pneus se retrouvent à la même position après un dépla-cement.

c) Quelle hypothèse cet expert a-t-il faite sur la position des valves des pneus du côté gauche de la voiture après un déplacement ?

d) Cette hypothèse vous apparaît-elle plausible sur le plan théorique ?

Le juge qui entendait l'affaire accepta l'argument de l'expert et acquitta le proprié-taire de la voiture. Toutefois, il se permit de mentionner qu'il l'aurait condamné si le policier avait vérifié la position des quatre valves.

e) Expliquez le raisonnement qui a, selon toute vraisemblance, mené le juge à faire ce commentaire.

55. La figure 1.22 présente un arbre de probabilité incomplet.

FIGURE | **1.22**

ARBRE DE PROBABILITÉ

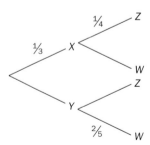

a) Complétez l'arbre de probabilité.

b) Que vaut $P(X \cap Y)$?

c) Que vaut $P(Z|Y)$?

d) Que vaut $P(X \cap W)$?

e) Que vaut $P(Z)$?

56. Quel que soit son rang dans la famille, la probabilité qu'un nouveau-né soit un garçon (*G*) est de 51,2 %.

a) Complétez l'arbre de probabilité pour une famille comptant trois enfants (figure 1.23).

FIGURE | **1.23**

ARBRE DE PROBABILITÉ D'UNE FAMILLE DE TROIS ENFANTS

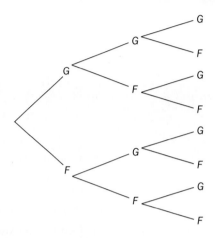

À partir de l'arbre de probabilité complété en *a*, évaluez la probabilité :

b) que le deuxième enfant soit un garçon.

c) que le premier enfant soit un garçon et que les deux autres soient des filles.

d) que la famille compte au moins une fille.

e) que la famille compte au plus un garçon.

57. On tire successivement (sans remise) 2 cartes d'un jeu de 52 cartes.

a) Complétez l'arbre de probabilité de la figure 1.24. Dans cet arbre, la lettre *R* désigne une carte rouge et la lettre *N*, une carte noire ; le symbole ♥ désigne un cœur, le symbole ♦, un carreau, le symbole ♠, un pique et le symbole ♣, un trèfle.

FIGURE | **1.24**

ARBRE DE PROBABILITÉ

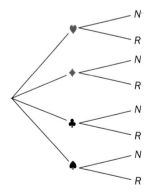

À partir de l'arbre de probabilité complété en *a*, évaluez la probabilité :

b) que la première carte soit un trèfle et la seconde, une carte rouge.

c) que les deux cartes tirées soient rouges.

d) que la première carte soit rouge et que la seconde soit noire.

58. La probabilité d'appartenir aux différents groupes sanguins est présentée au tableau 1.14.

TABLEAU | **1.14**

**RÉPARTITION EN POURCENTAGE DES CANADIENS,
SELON LE GROUPE SANGUIN**

Groupe sanguin	Pourcentage des Canadiens (%)
O	46,0
A	42,0
B	9,0
AB	3,0
Total	**100,0**

De plus, on sait que 15 % des personnes appartenant à chacun de ces groupes sanguins ont un rhésus négatif et les autres, un rhésus positif.

a) Les différents groupes sanguins forment-ils une partition de la population ? Justifiez votre réponse.

b) Quelle est la valeur de la somme de ces probabilités ?

c) Cette valeur vous apparaît-elle raisonnable ? Expliquez votre réponse.

d) Quelle est la probabilité que deux conjoints soient du groupe O ? Supposez que l'appartenance d'une personne à un groupe sanguin et l'appartenance de son conjoint à ce même groupe sanguin sont des événements indépendants.

e) Quelle est la probabilité que deux conjoints soient du groupe A ?

f) Quelle est la probabilité que deux conjoints soient du groupe B ?

g) Quelle est la probabilité que deux conjoints soient du groupe AB ?

h) Pourquoi la somme de ces quatre dernières probabilités ne vaut-elle pas 1 ?

i) Complétez l'arbre de probabilité de la figure 1.25.

FIGURE | **1.25**

ARBRE DE PROBABILITÉ DES GROUPES SANGUINS

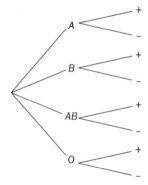

À partir de l'arbre de probabilité complété en *i*, évaluez la probabilité :

j) qu'un Canadien soit du groupe A$^+$.

k) qu'un Canadien ne soit pas du groupe O$^-$.

l) qu'un Canadien soit du groupe AB$^+$ ou du groupe B$^-$.

Section 1.10

59. Chaque année, la directrice des études d'un cégep évalue les professeurs nouvellement engagés. L'évaluation de 90 % des nouveaux professeurs était bonne. La directrice des études a constaté que 80 % des professeurs dont l'évaluation était bonne avaient déjà de l'expérience de travail au moment de leur embauche, alors que 40 % de ceux dont l'évaluation n'était pas bonne n'en avaient pas. Si on engage un professeur sans expérience de travail, quelle est la probabilité que son évaluation soit bonne ? Notez les événements comme suit :

> B : « Obtenir une bonne évaluation »,
>
> E : « Avoir de l'expérience ».

60. En médecine, la sensibilité d'un test est sa capacité de donner un résultat positif en présence de la maladie chez un patient. Lorsqu'un test donne un résultat positif chez 90 % des personnes atteintes, on dit qu'il a une sensibilité de 90 %. Dans un tel cas, 10 % des personnes atteintes en seront déclarées exemptes. Par ailleurs, la spécificité d'un test est sa capacité de donner un résultat négatif lorsque la maladie est absente chez une personne. Lorsque le test donne un résultat négatif chez 98 % des personnes en santé, on dit qu'il présente une spécificité de 98 %.

Supposons qu'un test ait une sensibilité de 90 % et une spécificité de 98 %. Supposons également que 5 % des habitants d'un village sont atteints de la maladie et qu'on en sélectionne aléatoirement un pour lui faire subir le test.

a) Le résultat du test est positif, et on déclare que la personne est atteinte de la maladie. Quelle est la probabilité qu'elle en soit réellement atteinte ?

b) Le résultat du test est négatif, et on déclare que la personne n'est pas atteinte. Quelle est la probabilité qu'elle en soit malgré tout atteinte ?

61. Une société de crédit a décidé d'adopter une nouvelle politique destinée à réduire le risque de mauvaises créances, c'est-à-dire d'être incapable de percevoir les sommes avancées. On a décidé de ne plus faire crédit aux personnes qui ont été en retard dans leurs paiements à au moins trois reprises. La société vous engage pour donner votre avis sur cette nouvelle politique. Vous faites donc un relevé des dossiers de crédit de cette compagnie et vous constatez que 95 % des mauvaises créances proviennent de personnes qui ont été en retard au moins trois fois dans leurs paiements. Vous constatez également que 3 % des créances sont de mauvaises créances, mais que 40 % des clients qui ont remboursé leur dette ont été en retard trois fois ou plus dans leurs paiements.

a) Quelle est la probabilité qu'un client en retard trois fois ou plus représente une mauvaise créance ?

b) Quelle recommandation ferez-vous à la compagnie relativement à sa nouvelle politique ?

62. On sait que les risques d'accident de voiture varient selon l'âge du conducteur. Un assureur a établi que 10 % des jeunes de moins de 25 ans sont susceptibles d'avoir un accident au cours d'une année. Ce risque est de 4 % chez les conducteurs âgés de 25 à 64 ans et de 5 % chez les conducteurs de 65 ans et plus. Par ailleurs, les jeunes de moins de 25 ans représentent 20 % des conducteurs, les personnes âgées de 25 à 64 ans, 65 % des conducteurs, et les personnes de 65 ans et plus, 15 % des conducteurs.

a) Déterminez la probabilité qu'un conducteur quelconque ait un accident au cours d'une année.

b) Lors d'un accident, quelle est la probabilité qu'un conducteur de moins de 25 ans soit impliqué ?

Au premier chapitre, nous avons eu recours au concept de probabilité dans divers contextes. Nous avons défini une expérience aléatoire comme une action qu'on peut répéter à volonté, mais dont les résultats relèvent du hasard. Nous avons ensuite évalué la probabilité d'obtenir un événement lors d'une expérience aléatoire, sans pour autant tenter d'en tirer des lois générales.

Pourtant, en mathématiques, comme dans plusieurs autres disciplines scientifiques, on cherche à établir des lois générales afin de décrire des phénomènes qui, malgré quelques différences superficielles, présentent des caractéristiques fondamentales communes. Il en est ainsi en théorie des probabilités.

Dans ce chapitre, nous allons étudier deux lois de probabilité discrètes : la loi binomiale et la loi de Poisson. Toutefois, avant de les aborder, nous devrons définir les concepts de variable aléatoire, d'espérance mathématique et de variance.

Loi binomiale et loi de Poisson

To be or not to be : that is the question...

William Shakespeare

SOMMAIRE

OBJECTIFS

→ Définir le concept de variable aléatoire (2.1).

→ Déterminer la variable aléatoire dans un contexte (2.1).

→ Déterminer les valeurs prises par une variable aléatoire discrète (2.1).

→ Présenter la distribution de probabilité d'une variable aléatoire discrète sous la forme d'un tableau ou d'une fonction (2.1).

→ Calculer l'espérance et la variance d'une variable aléatoire discrète (2.2).

→ Vérifier les conditions d'application de la loi binomiale (2.3).

→ Évaluer la probabilité d'un événement soumis à la loi binomiale (2.3).

→ Présenter un argument probabiliste pour infirmer un énoncé ou le confirmer (2.3).

→ Vérifier les conditions d'application de la loi de Poisson (2.4).

→ Évaluer la probabilité d'un événement soumis à la loi de Poisson (2.4).

→ Approximer la probabilité d'un événement soumis à la loi binomiale en recourant à la loi de Poisson (2.4).

Loi binomiale
et loi de Poisson

2.1 | VARIABLES ALÉATOIRES

Dans cette section : variable aléatoire • variable aléatoire discrète • variable aléatoire continue • distribution de probabilité.

Comme nous l'avons vu au chapitre 1, une expérience aléatoire est une action qu'on peut répéter à volonté, mais dont on ne peut prévoir le résultat avec certitude même en connaissant tous les résultats possibles. Ainsi, lorsqu'on lance un dé rouge et un dé vert, on ne peut pas être certain des faces qu'on obtiendra même si l'on peut énumérer tous les résultats possibles. On a beau savoir que le résultat (2 ; 3), c'est-à-dire la face à deux points sur le dé rouge et celle à trois points sur le dé vert, est possible, on ne peut pas prévoir avec certitude qu'il se produira ; le hasard seul détermine l'issue de l'expérience aléatoire.

Parmi les résultats possibles lorsqu'on lance deux dés, on trouve les événements (1 ; 3), (2 ; 2), (3 ; 1), qu'on peut décrire par l'énoncé « La somme des points donne 4 » et auxquels on peut associer une même valeur numérique. Le concept de variable aléatoire repose sur l'association des résultats d'une expérience aléatoire avec des valeurs numériques.

Variable aléatoire

Une variable aléatoire est une fonction qui associe une valeur numérique à chacun des résultats différents d'une expérience aléatoire. ∎

Une **variable aléatoire** est une fonction qui associe une valeur numérique à chacun des résultats différents d'une expérience aléatoire. On note habituellement une variable aléatoire par une lettre majuscule de la fin de l'alphabet (X, Y ou Z), tandis qu'on représente généralement les valeurs qu'elle prend par des lettres minuscules (k, x, y ou z).

EXEMPLE 2.1

L'expérience aléatoire consistant à lancer un dé rouge et un dé vert peut produire 36 résultats différents, qui constituent l'espace échantillonnal. On pourrait définir ainsi la variable aléatoire X : « Somme des points observée sur les dés ». Cette variable peut prendre 11 valeurs, soit 2, 3, 4, 5, 6, 7, 8, 9, 10, 11 ou 12.

On peut également définir la variable aléatoire Y : « Nombre de points le plus grand apparaissant sur la face supérieure des deux dés ». Cette variable peut prendre six valeurs, soit 1, 2, 3, 4, 5 ou 6.

La variable aléatoire Z peut être définie comme valant 0 lorsque la somme des points est paire, et 1 lorsqu'elle est impaire. La variable Z peut donc prendre les valeurs 0 ou 1.

Variable aléatoire discrète

Une variable aléatoire est dite discrète lorsqu'elle peut seulement prendre des valeurs isolées, c'est-à-dire une quantité finie ou dénombrable de valeurs. ∎

Variable aléatoire continue

Une variable aléatoire est dite continue lorsqu'elle peut théoriquement couvrir toutes les valeurs d'un ou de plusieurs intervalles. ∎

Comme le montre l'exemple 2.1, il existe plusieurs façons de décrire les résultats d'une expérience aléatoire à l'aide d'une variable aléatoire.

Comme les variables statistiques quantitatives, les variables aléatoires sont discrètes ou continues selon les valeurs qu'elles peuvent prendre. Une **variable aléatoire** est dite **discrète** lorsqu'elle peut seulement prendre des valeurs isolées (une quantité finie ou dénombrable de valeurs). Lorsque ses valeurs possibles peuvent couvrir toutes les valeurs d'un ou de plusieurs intervalles, on dira que la **variable aléatoire** est **continue**.

EXEMPLE 2.2

Le nombre de « pile » qu'on peut obtenir en lançant une pièce de monnaie cinq fois est une variable aléatoire discrète qui peut prendre les valeurs 0, 1, 2, 3, 4 ou 5.

EXEMPLE 2.3	Le nombre de lancers de deux dés nécessaires pour obtenir un double six est une variable aléatoire discrète qui peut prendre les valeurs 1, 2, 3, ...

EXEMPLE 2.4	On fait passer un test psychologique à des sujets choisis parmi les étudiants d'un cégep. Une partie de ce test comporte un problème de logique que les sujets doivent résoudre en cinq minutes ou moins. Le temps mis par un sujet pour résoudre ce problème est une variable aléatoire continue qui peut prendre une valeur de l'intervalle $]0, 5]$.

Distribution de probabilité

Tableau ou fonction qui exprime les différentes probabilités associées à toutes les valeurs d'une variable aléatoire discrète. On l'appelle également *loi de probabilité* ou *fonction de probabilité*. ■

Lorsqu'on étudie une variable aléatoire discrète, on peut présenter dans un tableau ses valeurs possibles et les probabilités qui y sont associées. Lorsque cela s'y prête, on peut également définir une fonction permettant de calculer les probabilités. Ce tableau ou cette fonction portent le nom de **distribution de probabilité** (on emploie aussi les expressions *loi de probabilité* ou *fonction de probabilité*). Dans le cas d'une variable continue, la distribution de probabilité est une fonction appelée *fonction de densité* ou *densité de probabilité*.

EXEMPLE 2.5	Lorsqu'on lance un dé, la distribution de probabilité de la variable aléatoire X définie comme le nombre de points sur la face supérieure du dé est donnée au tableau 2.1.

TABLEAU | **2.1**

**DISTRIBUTION DE PROBABILITÉ DU NOMBRE DE POINTS (X)
SUR LA FACE SUPÉRIEURE D'UN DÉ**

Nombre de points (X)	$P(X = k)$
1	1/6
2	1/6
3	1/6
4	1/6
5	1/6
6	1/6
Total	**1**

La première colonne, qui a pour titre le nom de la variable (X), correspond aux différentes valeurs possibles de cette variable.

La deuxième colonne est intitulée $P(X = k)$ – on peut aussi employer la notation $f(k)$ –, qui exprime la probabilité que la variable X prenne la valeur k. Ainsi, $P(X = 5)$ ou $f(5)$ représente la probabilité que la face supérieure soit la face à cinq points, de sorte que $P(X = 5) = 1/6$ ou $f(5) = 1/6$. Cette colonne présente donc les différentes probabilités associées à chacune des valeurs possibles de la variable. Elle permet aussi d'évaluer d'autres probabilités. Par exemple, la probabilité que le nombre de points soit inférieur à trois est notée $P(X < 3)$:

$$P(X < 3) = P(X = 1) + P(X = 2)$$
$$= (1/6) + (1/6)$$
$$= 1/3$$

On aurait également pu caractériser la distribution de probabilité de cette variable aléatoire par la fonction $P(X = k) = 1/6$ ou $f(k) = 1/6$ pour $k = 1, 2, ..., 6$.

EXERCICES 2.1

1. Vous lancez une pièce de 10 ¢ et une pièce de 25 ¢.

   a) Décrivez l'espace échantillonnal résultant de cette expérience aléatoire.

   b) Si X représente le nombre de « pile » obtenu, que veut dire l'expression $P(X = 2)$?

   c) Évaluez $P(X = 2)$ et $P(X = 3)$.

   d) Quelle est la distribution de probabilité de cette variable aléatoire ?

2. Vous lancez une fois un dé rouge et un dé vert. Vous définissez la variable aléatoire X comme la somme des points observée sur les faces supérieures des deux dés.

   a) Quels événements de cette expérience aléatoire sont associés à $X = 5$?

   b) Que veut dire l'expression $P(X = 5)$?

   c) Quelle est la distribution de probabilité de X ?

   d) Que veut dire l'expression $P(X \geq 8)$?

   e) Évaluez $P(X \geq 8)$.

Espérance

Paramètre de la distribution de probabilité d'une variable aléatoire. Elle est le pendant probabiliste de la moyenne utilisée en statistique descriptive. L'espérance de la variable aléatoire X est notée $E(X)$ ou μ. L'espérance d'une variable aléatoire discrète X qui peut prendre les valeurs $x_1, x_2, ..., x_n$ est donnée par l'expression :

$$E(X) = \mu = \sum_{i=1}^{n} x_i P(X = x_i)$$

Variance

Paramètre de la distribution de probabilité d'une variable aléatoire. Elle est le pendant probabiliste de la variance utilisée en statistique descriptive. La variance d'une variable aléatoire X est notée $Var(X)$ ou σ^2. La variance d'une variable aléatoire discrète X qui peut prendre les valeurs $x_1, x_2, ..., x_n$ est donnée par l'expression :

$$Var(X) = \sigma^2$$
$$= \sum_{i=1}^{n} (x_i - \mu)^2 P(X = x_i)$$

Une loi de probabilité associée à une variable aléatoire discrète X doit avoir deux propriétés importantes. Si la variable aléatoire peut prendre les valeurs $x_1, x_2, x_3, ..., x_n$, alors :

- $P(X = x_i) \geq 0$ (Toute probabilité est supérieure ou égale à 0.)

- $\sum_{i=1}^{n} P(X = x_i) = 1$ (La somme des probabilités vaut 1.)

On peut facilement vérifier que la fonction de probabilité de la variable aléatoire de l'exemple 2.5 (p. 70) répond à ces deux exigences. En effet, pour $k = 1, 2, ..., 6$, $P(X = k) = 1/6 \geq 0$. De plus,

$$\begin{aligned}
\sum_{k=1}^{n} P(X = k) &= \sum_{k=1}^{6} P(X = k) \\
&= P(X = 1) + P(X = 2) + \cdots + P(X = 6) \\
&= 1/6 + 1/6 + 1/6 + 1/6 + 1/6 + 1/6 \\
&= 1
\end{aligned}$$

2.2 | PARAMÈTRES D'UNE DISTRIBUTION DE PROBABILITÉ

Dans cette section : espérance • variance.

L'**espérance**, notée $E(X)$ ou μ, et la **variance**, notée $Var(X)$ ou σ^2, d'une variable aléatoire sont les pendants probabilistes de la moyenne et de la variance en statistique descriptive. Ces deux mesures permettent de caractériser le centre d'une distribution de probabilité et son étalement. De plus, on les utilise souvent pour définir certaines lois de probabilité, comme nous le verrons bientôt.

Supposons qu'une variable aléatoire discrète X prenne les valeurs $x_1, x_2, x_3, ..., x_n$ avec les probabilités correspondantes $P(X = x_1), P(X = x_2), ..., P(X = x_n)$.

L'espérance et la variance de cette variable sont alors données par les formules suivantes :

$$E(X) = \mu$$

$$= \sum_{i=1}^{n} x_i P(X = x_i)$$

$$= x_1 P(X = x_1) + x_2 P(X = x_2) + \cdots + x_n P(X = x_n)$$

et

$$Var(X) = \sigma^2$$

$$= \sum_{i=1}^{n} (x_i - \mu)^2 P(X = x_i)$$

$$= (x_1 - \mu)^2 P(X = x_1) + (x_2 - \mu)^2 P(X = x_2) + \cdots + (x_n - \mu)^2 P(X = x_n)$$

L'espérance correspond essentiellement à la valeur moyenne de la variable aléatoire qu'on obtiendrait si l'on pouvait répéter l'expérience aléatoire à l'infini. La variance représente la dispersion des valeurs de la variable autour de la moyenne.

EXEMPLE 2.6

La distribution de probabilité de la variable aléatoire X définie comme le nombre de points sur la face supérieure du dé lorsqu'on lance un dé est donnée au tableau 2.1 (p. 70).

À partir de ce tableau, on peut montrer que $E(X) = 3,5$ et $Var(X) = 2,92$. En effet,

$$E(X) = \sum_{i=1}^{n} x_i P(X = x_i)$$

$$= \sum_{i=1}^{6} x_i P(X = x_i)$$

$$= x_1 P(X = x_1) + x_2 P(X = x_2) + \cdots + x_6 P(X = x_6)$$

$$= 1(\tfrac{1}{6}) + 2(\tfrac{1}{6}) + 3(\tfrac{1}{6}) + 4(\tfrac{1}{6}) + 5(\tfrac{1}{6}) + 6(\tfrac{1}{6})$$

$$= 3,5$$

On en déduit que, si l'on calculait la moyenne des valeurs qui apparaissent sur la face supérieure du dé lorsqu'on le lance un très grand nombre de fois (un nombre infini de fois), on obtiendrait 3,5.

Quant à la variance, elle vaut :

$$Var(X) = \sum_{i=1}^{n} (x_i - \mu)^2 P(X = x_i)$$

$$= \sum_{i=1}^{6} (x_i - 3,5)^2 P(X = x_i)$$

$$= (x_1 - 3,5)^2 P(X = x_1) + (x_2 - 3,5)^2 P(X = x_2) + \cdots + (x_6 - 3,5)^2 P(X = x_6)$$

$$= (1 - 3,5)^2 (\tfrac{1}{6}) + (2 - 3,5)^2 (\tfrac{1}{6}) + \cdots + (6 - 3,5)^2 (\tfrac{1}{6})$$

$$= 2,92$$

EXERCICES 2.2

1. Évaluez l'espérance et la variance des deux variables des exercices 2.1 (p. 71). Que nous apprend l'espérance dans chacun de ces deux cas ?

2. Dans une fête foraine, un meneur de jeu prend des paris sur le résultat du lancer de deux dés. Les joueurs peuvent choisir un des deux résultats suivants : «La somme des points est inférieure à 7» ou «La somme des points est supérieure à 7». Si le joueur fait le bon choix, il gagne un montant correspondant à sa mise ; sinon, il perd cette dernière. Notez que si la somme des points donne 7, tous les joueurs perdent leur mise.

Soit X la variable aléatoire donnant le gain d'un joueur qui parie 1 \$ à ce jeu. Une perte correspond à un gain négatif.

a) Quelles sont les deux valeurs possibles de la variable X ?

b) Construisez le tableau de la distribution de probabilité de la variable X.

c) Calculez l'espérance (l'espérance de gain) de la variable X.

■ **Vous pouvez maintenant faire les exercices récapitulatifs 1 à 7.**

2.3 LOI BINOMIALE

Dans cette section : loi binomiale.

En mathématiques, comme dans d'autres disciplines, on cherche à établir des lois générales afin de décrire des phénomènes qui, malgré quelques différences superficielles, présentent des caractéristiques fondamentales communes.

Les situations suivantes présentent ainsi certaines similarités : lancer une pièce de monnaie à plusieurs reprises, déterminer si les pièces d'un lot sont défectueuses ou non, tirer des projectiles sur une cible, demander à des personnes si elles approuvent une politique gouvernementale ou la désapprouvent, dénombrer les naissances selon le sexe, classer des individus selon qu'ils sont introvertis ou extrovertis, répondre vrai ou faux à des questions d'examen, vendre un article à un client ou ne pas le lui vendre. Toutes ces situations ont deux résultats possibles pour chaque observation : pile ou face, défectueuse ou non, dans la cible ou à l'extérieur de la cible, pour ou contre une politique, garçon ou fille, etc. Ce genre de phénomènes est souvent régi par une loi de probabilité appelée *loi binomiale*. Vous n'avez qu'à penser à *bi*, qui veut dire «deux», pour vous rappeler que cette loi s'intéresse aux situations où l'on a deux catégories, deux résultats possibles[1].

Loi binomiale

Loi de probabilité employée lorsque l'on étudie une variable aléatoire X qui donne le nombre de succès lors d'une expérience aléatoire consistant à répéter la même épreuve à n reprises. Dans ce contexte, il n'y a que deux résultats possibles (succès ou échec), et la probabilité (p) de succès à chaque épreuve est constante. On écrit $X \sim B(n;\, p)$ pour indiquer que la variable aléatoire X obéit à la loi binomiale dont les paramètres sont n et p.

Si $X \sim B(n;\, p)$, alors

$$P(X = k) = B(k;n;\, p)$$

$$= \binom{n}{k}p^k(1-p)^{n-k}$$

pour $k = 0, 1, 2, \ldots, n$

donne la probabilité d'obtenir k succès en n reprises de l'épreuve, la probabilité de succès à chaque reprise valant p. ■

2.3.1 Conditions d'application

Une variable aléatoire X obéit à la **loi binomiale** de paramètres n et p, notée $X \sim B(n;\, p)$, lorsque les conditions suivantes sont remplies :

• On répète, de façon indépendante, la même expérience (ou épreuve) n fois.

---

1. En réalité, la loi binomiale doit son nom au fait que, dans l'expression mathématique de ses probabilités, on trouve les termes de l'expansion du binôme $(p + q)^n = \sum_{k=1}^{n} \binom{n}{k}p^k q^{n-k}$.

- À chaque reprise de l'expérience, il y a deux résultats possibles que l'on qualifie arbitrairement de succès et d'échec.
- La probabilité de succès est la même à chaque reprise. Elle est notée p.
- La variable aléatoire X donne le nombre de succès obtenus lors des n reprises de l'expérience.

$B(n; p)$ décrit une famille de lois: une pour chaque valeur de n et de p. Il nous faut donc connaître ces deux valeurs pour pouvoir évaluer une probabilité à l'aide de la loi binomiale.

EXEMPLE 2.7

La variable aléatoire X donne le nombre de «pile» obtenu lorsqu'on lance une pièce de monnaie trois fois. Elle obéit à la loi binomiale, puisque les conditions d'application de cette loi sont remplies. En effet,

- On lance la pièce de monnaie trois fois ($n = 3$).
- À chaque lancer, il y a deux résultats possibles: «pile» ou «face». Obtenir «pile» constitue un succès et «face», un échec.
- La probabilité d'obtenir «pile» (un succès) vaut 0,5 à chaque lancer ($p = 0,5$).
- La variable aléatoire X donne le nombre de «pile» (succès) obtenu lors des trois lancers.

Par conséquent, on écrit $X \sim B(3; 0,5)$.

EXERCICE 2.3

Dans un boulier contenant 10 boules (3 rouges et 7 noires) numérotées de 1 à 10, on tire 3 boules l'une à la suite de l'autre, puis on compte le nombre de boules rouges obtenu.

a) Quelle est la variable aléatoire étudiée?

b) Quelles sont les valeurs possibles de cette variable aléatoire?

c) Si le tirage s'effectue sans remise, quelle est la probabilité d'obtenir trois boules rouges?

d) Dans ces circonstances, les conditions d'application de la loi binomiale sont-elles remplies?

e) Comment peut-on modifier cette expérience pour remplir les conditions d'application de la loi binomiale?

2.3.2 Expression mathématique de la loi binomiale

On peut évaluer les différentes probabilités d'une variable aléatoire binomiale à l'aide d'une formule. Lorsque $X \sim B(n; p)$, la probabilité[2] que cette variable

---

2. L'ordre proposé des paramètres ($k; n; p$) est celui utilisé dans le chiffrier Excel. Par contre, certaines calculatrices utilisent un autre ordre. Il faut donc être prudent et se référer au manuel de l'utilisateur lorsqu'on utilise une calculatrice qui effectue automatiquement le calcul d'une probabilité dans le contexte de la loi binomiale.

prenne la valeur k, c'est-à-dire qu'on observe k succès en n essais, notée $P(X = k) = \mathrm{B}(k; n; p)$, correspond à :

$$P(X = k) = \mathrm{B}(k; n; p)$$

$$= \binom{n}{k} p^k (1 - p)^{n-k}$$

pour $k = 0, 1, 2, \ldots, n$.

Quel raisonnement mène à cette formule ? Représentons un succès par S et un échec par E. Une façon d'observer k succès et $n - k$ échecs en n essais correspond à une suite comportant k « S » et $n - k$ « E » comme la suite suivante :

$$\underbrace{SS\ldots S}_{k \text{ termes}} \underbrace{EE\ldots E}_{n-k \text{ termes}}$$

Dans cette suite, le résultat des k premiers essais a été un succès, et celui des $n - k$ essais suivants, un échec. Comme chacun des essais est indépendant des autres (la probabilité de succès étant constante d'un essai à l'autre), la probabilité d'obtenir une telle suite correspond au produit des probabilités d'obtenir un succès à chacun des k premiers essais et un échec à chacun des $n - k$ essais suivants. Or, la probabilité d'un succès vaut p et celle d'un échec, $(1 - p)$. Par conséquent, la probabilité d'obtenir la suite $\underbrace{SS\ldots S}_{k \text{ termes}} \underbrace{EE\ldots E}_{n-k \text{ termes}}$ vaut $p^k (1 - p)^{n-k}$.

Cependant, cette suite n'est pas la seule à présenter k succès. En effet, toute suite de n symboles (S ou E) où k positions sont occupées par S constitue une situation où l'on observe k succès. Il y a $\binom{n}{k}$ suites différentes qui possèdent cette propriété, puisqu'il y a $\binom{n}{k}$ façons de choisir k positions correspondant à un succès parmi les n positions possibles. Toutes ces suites ont la même probabilité de se produire, soit $p^k (1 - p)^{n-k}$, et toutes sont différentes : il n'y a pas d'intersection. Par conséquent, la probabilité d'obtenir l'une de ces suites correspond à la somme des probabilités de chacune d'elles. On en conclut que la probabilité d'obtenir k succès en n essais vaut :

$$P(X = k) = \binom{n}{k} p^k (1 - p)^{n-k}$$

EXEMPLE 2.8

La variable aléatoire X qui donne le nombre de « pile » obtenu lorsqu'on lance une pièce de monnaie cinq fois obéit à la loi binomiale. Un succès consiste à obtenir « pile », et la probabilité de succès vaut 0,5 (soit $p = 0,5$). Par conséquent, la probabilité d'observer trois « pile » (soit $k = 3$) en cinq lancers (soit $n = 5$), c'est-à-dire d'obtenir trois succès, vaut :

$$\mathrm{B}(3; 5; 0,5) = \binom{5}{3} (0,5)^3 (1 - 0,5)^{5-3}$$

$$= \binom{5}{3} (0,5)^3 (0,5)^2$$

$$= 0,3125$$

EXERCICE 2.4

Dans un boulier contenant trois boules rouges et sept boules noires, on tire quatre boules l'une après l'autre, en remettant dans le boulier la boule pigée après chaque tirage. On compte le nombre de boules rouges obtenu.

a) Vérifiez que les conditions d'application de la loi binomiale sont remplies et déterminez les paramètres (n et p) de la loi.

b) Quelle est la probabilité d'obtenir deux boules rouges?

c) Quelle est la probabilité d'obtenir quatre boules noires?

d) Quelle est la probabilité de n'obtenir aucune boule rouge?

e) Pourquoi les deux dernières probabilités sont-elles égales?

f) Quelle est la probabilité d'obtenir au moins une boule rouge?

On peut démontrer que l'espérance d'une variable binomiale $X \sim B(n; p)$ vaut $E(X) = np$ et que sa variance vaut $Var(X) = np(1 - p)$. Si l'on répète une même expérience n fois et que chaque fois la probabilité de succès est p, on peut espérer np succès. Ainsi, on s'attend à obtenir, en moyenne, 5 «pile» lorsqu'on lance une pièce de monnaie 10 fois: $5 = np = 10 \times (0,5)$.

EXERCICE 2.5

La variable aléatoire X qui donne le nombre de «pile» obtenu lorsqu'on lance une pièce de monnaie trois fois obéit à la loi binomiale, puisque les conditions d'application de cette loi sont remplies.

a) Construisez le tableau de la distribution de probabilité de la variable X.

b) À partir des données consignées dans le tableau construit en *a*, vérifiez que $E(X) = np = 3(0,5) = 1,5$.

c) À partir des données consignées dans le tableau construit en *a*, vérifiez que $Var(X) = np(1 - p) = 3(0,5)(1 - 0,5) = 0,75$.

2.3.3 Table de la loi binomiale

Lorsque $X \sim B(n; p)$, nous savons que:

$$P(X = k) = \binom{n}{k} p^k (1 - p)^{n-k}$$

Au lieu de calculer cette expression chaque fois, on peut se référer à une table mathématique qui donne la distribution de probabilité d'une variable aléatoire binomiale pour des valeurs courantes des paramètres p et n. Vous trouverez une de ces tables à la fin du manuel et dans l'aide-mémoire qui l'accompagne. Le tableau 2.2 en donne un extrait pour $n = 5$, $p = 0,25$, $p = 0,30$ et $p = 0,35$.

TABLEAU | **2.2**

EXTRAIT DE LA TABLE DE LA LOI BINOMIALE

n	k	p 0,25	0,30	0,35
5	0	0,2373	0,1681	0,1160
	1	0,3955	0,3602	0,3124
	2	0,2637	**0,3087**	0,3364
	3	0,0879	0,1323	**0,1811**
	4	0,0146	0,0284	**0,0488**
	5	0,0010	0,0024	**0,0053**

Évaluons des probabilités à l'aide du tableau 2.2.

Pour évaluer $P(X = 2)$ lorsque $X \sim B(5; 0,30)$, nous cherchons dans la table la valeur correspondant à $n = 5$, $p = 0,30$ et $k = 2$. Nous trouvons que $P(X = 2) = 0,3087$.

De la même manière, pour évaluer $P(X \geq 3)$ lorsque $X \sim B(5; 0,35)$, nous cherchons les valeurs correspondant à $n = 5$, $p = 0,35$ et $k = 3, 4$ ou 5. Nous obtenons alors :

$$P(X \geq 3) = P(X = 3) + P(X = 4) + P(X = 5)$$
$$= 0,1811 + 0,0488 + 0,0053$$
$$= 0,2352$$

La table de la loi binomiale ne comporte pas d'entrées pour des valeurs de p supérieures à 0,5. Pour évaluer une probabilité lorsque p est supérieur à 0,5, il suffit de dénombrer les échecs plutôt que les succès. En effet, si la probabilité de succès est supérieure à 0,5, la probabilité d'échec est évidemment inférieure à 0,5.

EXEMPLE 2.9

Selon les données de l'Institut de la statistique du Québec, environ 60 % des personnes de 15 ans et plus vivent en couple. Le prélèvement avec remise d'un échantillon aléatoire de cinq personnes parmi l'ensemble des Québécois de 15 ans et plus constitue une expérience aléatoire. Si l'on note X la variable aléatoire qui donne le nombre de personnes vivant avec un conjoint parmi les cinq choisies, il est facile de vérifier que les conditions d'application de la loi binomiale sont remplies et que $X \sim B(5; 0,6)$.

En effet,

- On répète la même expérience cinq fois ($n = 5$), puisqu'on sélectionne cinq personnes.

- À chaque reprise de l'expérience, il y a deux résultats possibles : la personne vit avec un conjoint (succès) ou ne vit pas avec un conjoint (échec).

- La probabilité p qu'une personne sélectionnée vive avec un conjoint (succès) est constante (puisque le tirage est effectué avec remise) et vaut 0,6.

- La variable aléatoire X compte le nombre de personnes qui vivent avec un conjoint (succès) parmi les cinq personnes sélectionnées.

Dans ce contexte, la probabilité d'obtenir quatre personnes de 15 ans et plus vivant avec un conjoint parmi les cinq choisies est notée $P(X = 4)$. Si l'on interprète le fait de choisir une personne vivant avec un conjoint comme un succès, $P(X = 4)$ représente la probabilité d'obtenir quatre succès en cinq essais lorsque la probabilité de succès vaut 0,6.

Si l'on obtient quatre succès en cinq essais, on observe également un échec. Par conséquent, la probabilité est identique d'obtenir quatre succès ou un échec. Si Y représente le nombre d'échecs, alors $Y \sim B(5; 0,4)$ et $P(X = 4) = P(Y = 1) = 0,2592$. La probabilité d'obtenir un échantillon de cinq personnes de 15 ans et plus qui compte quatre personnes vivant avec un conjoint est donc de 25,92 %.

EXERCICES 2.6

1. Si $X \sim B(15; 0,7)$, évaluez la probabilité.

   a) $P(X = 12)$.

   b) $P(X \geq 13)$.

   c) $P(X < 4)$.

   d) $P(X > 4)$.

2. Selon l'Institut de la statistique du Québec, environ 65 % des naissances ont maintenant lieu hors mariage au Québec. On prélève avec remise un échantillon aléatoire de 10 naissances. Soit X le nombre de naissances hors mariage dans cet échantillon.

   a) Quelle est l'expérience aléatoire décrite ici ?

   b) Quelle est la variable aléatoire étudiée ?

   c) Cette variable aléatoire est-elle discrète ou continue ?

   d) Quelles sont les valeurs possibles de cette variable aléatoire ?

   e) À quelle loi de probabilité cette variable est-elle soumise ? Justifiez votre réponse.

   f) Quelle est la probabilité que l'échantillon compte plus de huit naissances hors mariage ?

2.3.4 Prélude aux tests d'hypothèse

Le test d'hypothèse est une procédure statistique importante. Nous l'étudierons au chapitre 5, mais il est intéressant de mentionner dès maintenant son élément clé : la remise en question d'une hypothèse lorsque les résultats d'une expérience sont peu plausibles (c'est-à-dire de très faible probabilité) sur la base de l'hypothèse émise. Dans l'encadré de la page suivante, qui porte sur la perception extrasensorielle, nous allons aborder le test d'hypothèse sur une proportion.

EXEMPLE 2.10

Votre professeur de biologie vous demande de déterminer s'il y a une plus grande proportion d'hommes ou de femmes parmi les daltoniens. (Le daltonisme est une anomalie de la vue caractérisée par l'absence de perception de certaines couleurs ou la confusion de couleurs.) Pour trouver la réponse, vous pourriez bien sûr aller à la bibliothèque et fouiller dans des manuels spécialisés, ou faire une recherche dans Internet, mais vous choisissez une autre approche : réaliser une expérience aléatoire.

Comme vous ignorez si le daltonisme touche davantage les hommes ou les femmes, vous faites l'hypothèse qu'il y a proportionnellement autant de femmes que d'hommes souffrant de cette anomalie. Selon cette hypothèse, le nombre de femmes, X, dans un échantillon de daltoniens devrait se comporter selon le modèle de la loi binomiale $B(n; 0,5)$, où n représente la taille de l'échantillon que vous allez prélever dans le cadre de votre expérience.

Vous décidez de prélever un échantillon de 16 daltoniens. Vous êtes chanceux : vous connaissez bien la secrétaire d'une optométriste, et elle accepte de vous aider dans votre collecte de données. Vous lui demandez de parcourir les dossiers des clients

La perception extrasensorielle

La perception extrasensorielle est la capacité de percevoir sans la médiation des sens, qu'il s'agisse de la *télépathie* (transmission de la pensée), de la *clairvoyance* (prédiction de faits) ou de la *télékinésie* (déplacement d'objets sans contact).

Joseph Banks Rhine, de l'Université Duke, a étudié la perception extrasensorielle pendant de nombreuses années. Une de ses expériences classiques consiste à demander à un sujet de prédire le dessin qui apparaîtra lorsqu'on retourne une carte d'un jeu de cartes de Zener. Ce jeu se compose de 25 cartes réparties en 5 groupes de 5 cartes, chacune présentant un des dessins suivants: un cercle, une étoile, une croix, un carré ou des vagues (figure 2.1).

Si le sujet est dépourvu de perception extrasensorielle, on peut penser qu'il ne devinera la bonne réponse qu'une

fois sur cinq en moyenne: nous sommes en présence d'une expérience binomiale pour laquelle $p = 0{,}2$. Afin de considérer qu'une personne est douée de perception extrasensorielle, il faudrait qu'elle prédise correctement un nombre suffisamment grand de dessins pour que sa performance ne puisse pas être attribuée au seul hasard.

Il n'y aurait pas lieu de s'étonner outre mesure qu'un sujet prédise correctement 4 dessins ou plus en 10 essais si, après chaque essai, on remet dans le jeu la carte sélectionnée, avant de brasser les cartes et de procéder à un nouveau tirage. En effet, si X représente le nombre de dessins correctement prédits en 10 essais, alors $X \sim B(10\,;0{,}2)$ et $P(X \geq 4) = 0{,}1209 = 12{,}09\,\%$. Par contre, il serait très surprenant qu'un sujet puisse prédire correctement 7 dessins ou plus en 10 essais: $P(X \geq 7) = 0{,}0009 = 0{,}09\,\%$. Ce dernier résultat étant exceptionnel, c'est-à-dire très rare, on serait porté à croire que le sujet est doué de perception extrasensorielle. Toutefois, il faudrait le tester plus en profondeur avant de pouvoir l'affirmer.

FIGURE | **2.1**

CARTES DE ZENER

en suivant l'ordre alphabétique jusqu'à ce qu'elle ait trouvé 16 clients daltoniens. Vous supposez que cette façon de sélectionner l'échantillon de daltoniens est adéquate.

À la fin de sa recherche, la secrétaire vous apprend qu'elle a dénombré 3 femmes et 13 hommes souffrant de daltonisme.

Si votre hypothèse de départ est vraie, alors $X \sim B(16\,;0{,}5)$. La probabilité d'observer 3 femmes ou moins dans un échantillon de 16 daltoniens serait alors donnée par:

$$P(X \leq 3) = P(X = 0) + P(X = 1) + P(X = 2) + P(X = 3)$$

$$= 0{,}0000 + 0{,}0002 + 0{,}0018 + 0{,}0085$$

$$= 0{,}0105$$

$$= 1{,}05\,\%$$

Comme cette probabilité est extrêmement faible, vous remettez en question votre hypothèse, que vous jugez maintenant peu réaliste, et vous concluez qu'on trouve une plus forte proportion d'hommes que de femmes chez les personnes souffrant de daltonisme.

Il va sans dire que votre professeur de biologie est très impressionné par l'ingéniosité dont vous avez fait preuve pour répondre à sa question.

EXERCICE 2.7

■ **Vous pouvez maintenant faire les exercices récapitulatifs 8 à 30.**

Selon un vendeur de crèmes glacées, seulement 10 % de ses clients achètent une crème glacée au chocolat. Lors d'une belle soirée d'été, vous allez chez ce vendeur et, tout en mangeant votre cornet, vous observez qu'au moins 5 des 20 clients qui sont sortis de la boutique mangeaient une crème glacée au chocolat. Cela vous amène-t-il à remettre en question l'affirmation du vendeur ? Supposez que les choix des clients sont indépendants.

2.4 LOI DE POISSON

Dans cette section : loi de Poisson.

En 1837, un mathématicien français, Siméon Denis Poisson, publiait un ouvrage intitulé *Recherches sur la probabilité des jugements en matière criminelle et en matière civile*. Il y étudiait la loi binomiale dans des conditions extrêmes : il considérait le cas limite où la probabilité de succès est très faible $(p \to 0)$ et où le nombre de reprises de l'expérience est très élevé $(n \to \infty)$. La loi de probabilité qui porte aujourd'hui son nom resta méconnue jusqu'à la publication, en 1898, d'un ouvrage de L. von Bortkiewicz. Cet auteur montra comment on pouvait employer la distribution de Poisson pour décrire des événements rares, comme le nombre annuel de suicides ou le nombre de morts accidentelles dans certains métiers. Contrairement à celui de Poisson, l'ouvrage de von Bortkiewicz a suscité un grand intérêt.

D'autres scientifiques ont eu recours à la loi de Poisson. Ainsi, W. S. Gosset (mieux connu sous le pseudonyme de Student) l'a appliquée dans ses travaux sur les levures de bière (il travaillait pour la brasserie Guinness). Lors d'une expérience classique de physique, E. Rutheford, H. Geiger et H. Bateman ont postulé que le nombre de particules α émises par le polonium pendant de courts intervalles (1/8 de minute) obéit à une loi de Poisson[3].

La loi de Poisson peut servir à décrire de façon convaincante des phénomènes rares qui se produisent aléatoirement dans l'espace ou dans le temps, tels le nombre d'accidents d'avion par jour, le nombre d'appels téléphoniques reçus en une heure, le nombre de naissances de jumeaux dans un hôpital en un mois, le nombre de lombrics dans 100 cm^3 de terre, le nombre de défauts dans 1 m^2 de tissu ou le nombre de personnes qui se présentent à un guichet automatique en une heure.

Siméon Denis Poisson

Loi de Poisson

Loi de probabilité qui régit habituellement des phénomènes rares. Lorsqu'une variable aléatoire X, dont l'espérance est $E(X) = \lambda$, obéit à une loi de Poisson, on écrit $X \sim \text{Po}(\lambda)$, et alors

$$P(X = k) = \text{Po}(k; \lambda) = \frac{e^{-\lambda}\lambda^k}{k!}$$

pour $k = 0, 1, 2, 3, \ldots$ La loi de Poisson est aussi employée pour approximer la loi binomiale dans certaines conditions. ■

2.4.1 Conditions d'application

La **loi de Poisson** est un cas limite de la loi binomiale : $p \to 0$ et $n \to \infty$, c'est-à-dire que la probabilité de succès est faible et que le nombre de reprises de l'expérience est élevé. Une variable aléatoire X qui obéit à la loi de Poisson mesure

---

3. Les éléments historiques sont tirés de M. G. Bulmer, *Principles of Statistics*, New York, Dover, 1979, 252 p. Ce volume fournit également des données produites par ces éminents scientifiques.

combien de fois un phénomène se produit par unité de temps ou d'espace. Pour que la loi s'applique, il faut non seulement que le phénomène observé soit relativement rare, mais aussi que le nombre de fois où le phénomène se produit dans un intervalle de temps ou d'espace soit indépendant du nombre de fois où il se produit dans tout autre intervalle de temps ou d'espace de même longueur. Enfin, le nombre moyen de fois où le phénomène est observé par unité de temps ou d'espace doit être constant.

2.4.2 Expression mathématique de la loi de Poisson

La fonction de probabilité d'une variable aléatoire X soumise à la loi de Poisson $[X \sim \text{Po}(\lambda)]$ est donnée par l'expression suivante :

$$P(X = k) = \text{Po}(k; \lambda)$$

$$= \frac{e^{-\lambda} \lambda^k}{k!}$$

où $k = 0, 1, 2, 3, \ldots$

La lettre e représente une constante qui vaut approximativement 2,7183. Cette constante est importante en mathématiques, et la plupart des calculatrices possèdent une touche qui permet d'évaluer des expressions du type $e^{-\lambda}$.

L'espérance et la variance d'une variable aléatoire soumise à la loi de Poisson valent toutes deux λ (lettre grecque appelée *lambda*). Par conséquent, λ représente le nombre moyen de fois où le phénomène se produit par unité de temps ou d'espace.

EXEMPLE 2.11

Un professeur estime qu'il rencontre en moyenne 15 étudiants à son bureau dans une semaine de 5 jours (du lundi au vendredi). Soit X la variable aléatoire donnant le nombre d'étudiants rencontrés en cinq jours. Si X obéit à la loi de Poisson, alors $X \sim \text{Po}(15)$.

La probabilité que le professeur rencontre 12 étudiants au cours de la prochaine semaine (du lundi au vendredi) vaut :

$$P(X = 12) = \frac{e^{-15} 15^{12}}{12!}$$

$$= 0,0829$$

Si nous voulions évaluer la probabilité qu'il rencontre cinq étudiants au cours d'une journée, il faudrait considérer la variable Y donnant le nombre d'étudiants rencontrés dans une journée. La variable Y obéit également à la loi de Poisson. Puisqu'il y a cinq jours dans une semaine d'école, le professeur devrait rencontrer, en moyenne, trois étudiants par jour $\left(\text{soit } \frac{15}{5} = 3\right)$, de sorte que l'espérance de la variable Y est $\lambda = \frac{15}{5} = 3$, d'où $Y \sim \text{Po}(3)$.

Par conséquent, la probabilité cherchée vaut :

$$P(Y = 5) = \frac{e^{-3} 3^5}{5!}$$

$$= 0,1008$$

EXERCICE 2.8

Si $X \sim \text{Po}(0,3)$, évaluez la probabilité.

a) $P(X = 2)$.

b) $P(X \geq 1)$.

2.4.3 Table de la loi de Poisson

Tout comme avec la loi binomiale, on peut utiliser une table de la loi de Poisson pour évaluer plus rapidement certaines probabilités. Vous trouverez une table de la loi de Poisson à la fin du manuel et dans l'aide-mémoire qui l'accompagne. Le tableau 2.3 en présente un extrait pour $\lambda = 2,4$, $\lambda = 2,5$, $\lambda = 2,6$ et $\lambda = 2,7$.

TABLEAU | **2.3**

EXTRAIT DE LA TABLE DE LA LOI DE POISSON

k	λ			
	2,4	**2,5**	**2,6**	**2,7**
0	0,0907	0,0821	0,0743	0,0672
1	0,2177	0,2052	0,1931	0,1815
2	0,2613	0,2565	0,2510	0,2450
3	0,2090	0,2138	0,2176	0,2205
4	0,1254	0,1336	0,1414	0,1488
5	0,0602	0,0668	0,0735	0,0804
6	0,0241	0,0278	0,0319	0,0362
7	0,0083	0,0099	0,0118	0,0139
8	0,0025	0,0031	0,0038	0,0047
9	0,0007	0,0009	0,0011	0,0014
10	0,0002	0,0002	0,0003	0,0004
11	0,0000	0,0000	0,0001	0,0001
12	0,0000	0,0000	0,0000	0,0000

EXEMPLE 2.12

Référons-nous au tableau 2.3 pour évaluer des probabilités.

Si $X \sim \text{Po}(2,6)$, alors $P(X = 3) = 0,2176$.

Si $X \sim \text{Po}(2,7)$, alors:

$$P(X \geq 10) = 0,0004 + 0,0001 + 0,0000$$
$$= 0,0005$$

Si $X \sim \text{Po}(2,5)$, alors:

$$P(X \geq 2) = 1 - P(X < 2)$$
$$= 1 - (0,0821 + 0,2052)$$
$$= 0,7127$$

EXERCICE 2.9

Une correctrice d'épreuves a relevé les coquilles dans un manuel scolaire. En moyenne, elle a dénombré une faute toutes les 10 pages. Supposons que le nombre de coquilles par page obéit à la loi de Poisson.

a) Quelle est la probabilité qu'une page comporte deux coquilles ?

b) Quelle est la probabilité qu'un chapitre de 20 pages compte moins de 3 coquilles ?

2.4.4 Approximation de la loi binomiale par la loi de Poisson

Comme nous l'avons indiqué plus haut, la loi de Poisson a été tirée d'un cas particulier de la loi binomiale. C'est pourquoi la loi binomiale peut être approximée par la loi de Poisson de moyenne $\lambda = np$ lorsque la probabilité d'un succès est faible $(p \rightarrow 0)$ et que le nombre de reprises de l'expérience est grand $(n \rightarrow \infty)$. En pratique, on considère que $n \geq 50$ et $np \leq 5$ permettent une telle approximation[4]. Dans ces circonstances, $B(k; n; p) \approx Po(k; np)$.

Le tableau 2.4 compare les probabilités obtenues à partir de la loi binomiale $X \sim B(100; 0,02)$ et de la loi de Poisson $X \sim Po(2)$. Comme on le constate, les probabilités sont très voisines quelle que soit la valeur de k.

TABLEAU | **2.4**

COMPARAISON DES PROBABILITÉS OBTENUES
À PARTIR DE LA LOI BINOMIALE ($n = 100$; $p = 0,02$)
ET DE LA LOI DE POISSON ($\lambda = 2$)

k	B(k; 100; 0,02)	Po(k; 2)
0	0,1326	0,1353
1	0,2707	0,2707
2	0,2734	0,2707
3	0,1823	0,1804
4	0,0902	0,0902
5	0,0353	0,0361
6	0,0114	0,0120
7	0,0031	0,0034
8	0,0007	0,0009
9	0,0002	0,0002

EXEMPLE 2.13

Le directeur du personnel d'une usine qui compte 600 salariés constate que 0,3 % d'entre eux arrivent en retard au travail. Si l'on suppose que tous les salariés ont la même propension au retard, alors la variable aléatoire qui donne le nombre de retards au travail obéit à une loi binomiale $B(600; 0,003)$. Pour évaluer la probabilité qu'il y ait moins de trois salariés en retard, on peut employer l'approximation

---

4. Les conditions nécessaires pour effectuer une approximation ne font pas l'unanimité. Ainsi, on trouve également : $n > 20$, $p \leq 0,1$ et $np \leq 5$; $n \geq 10$ et $p \leq 0,1$; $np < 5$ ou $n(1 - p) < 5$; $n \geq 20$ et $p < \frac{1}{30}$; ou $n \geq 50$ et $np \leq 10$.

par la loi de Poisson avec $\lambda = np = 600(0,003) = 1,8$, puisque $n = 600 \geq 50$ et $np = 1,8 \leq 5$. Par conséquent, si X représente le nombre de salariés en retard, alors $X \sim B(600; 0,003)$. De plus, si $Y \sim Po(1,8)$, alors:

$$P(X < 3) \approx P(Y < 3)$$
$$\approx 0,1653 + 0,2975 + 0,2678$$
$$\approx 0,7306$$

EXERCICE 2.10

- **Vous pouvez maintenant faire les exercices récapitulatifs 31 à 43.**

Une machine produit 1 % de pièces défectueuses.

a) Quelle est la probabilité qu'un lot de 70 pièces compte moins de 3 pièces défectueuses?

b) Quelle est la probabilité qu'un lot de 100 pièces compte plus de 4 pièces défectueuses?

RÉSUMÉ

Lorsqu'on effectue une expérience aléatoire, il est souvent utile de définir une **variable aléatoire**, c'est-à-dire une fonction qui associe une valeur numérique aux différents résultats de l'expérience aléatoire. La **variable aléatoire** est **discrète** ou **continue** selon qu'elle prend des valeurs isolées ou peut couvrir toutes les valeurs d'un intervalle.

On peut présenter dans un tableau les valeurs d'une variable aléatoire discrète et les probabilités correspondantes ou encore établir un lien fonctionnel entre les valeurs de la variable et les probabilités correspondantes. On établit alors la **distribution de probabilité** (ou **loi de probabilité** ou **fonction de probabilité**) d'une variable aléatoire discrète. Tout comme dans le cas d'une variable statistique, on pourra définir une mesure de tendance centrale, soit l'**espérance** de la variable aléatoire X (notée $E(X)$ ou μ):

$$E(X) = \mu$$
$$= \sum_{i=1}^{n} x_i P(X = x_i)$$
$$= x_1 P(X = x_1) + x_2 P(X = x_2) + \cdots + x_n P(X = x_n)$$

et une mesure de dispersion, soit la **variance** de X (notée $Var(X)$ ou σ^2):

$$Var(X) = \sigma^2$$
$$= \sum_{i=1}^{n} (x_i - \mu)^2 P(X = x_i)$$
$$= (x_1 - \mu)^2 P(X = x_1) + (x_2 - \mu)^2 P(X = x_2) + \cdots + (x_n - \mu)^2 P(X = x_n)$$

où la variable X peut prendre les valeurs $x_1, x_2, \ldots, x_n$.

Certaines distributions de probabilité sont tellement remarquables qu'on leur a attribué des noms. Ainsi, la **loi binomiale** permet d'établir la probabilité d'obtenir k succès au cours d'une expérience aléatoire qui consiste à réaliser n épreuves indépendantes comportant chacune deux résultats possibles (succès ou échec) avec une probabilité (p) de succès constante d'une épreuve à l'autre. Pour noter qu'une variable aléatoire obéit à la loi binomiale, on écrit $X \sim B(n; p)$. L'espérance de cette variable vaut np et la variance, $np(1 - p)$. La fonction de probabilité d'une variable aléatoire binomiale est donnée par l'expression suivante :

$$P(X = k) = B(k; n; p)$$

$$= \binom{n}{k} p^k (1 - p)^{n-k} \qquad \text{pour } k = 0, 1, 2, ..., n$$

Une table mathématique permet d'évaluer des probabilités binomiales pour certaines valeurs de n et de p.

La **loi de Poisson** est également une loi de probabilité remarquable. Elle sert notamment à décrire des phénomènes rares. On emploie aussi la loi de Poisson $[Po(np)]$ pour approximer la loi binomiale $[B(n; p)]$ lorsque $n \geq 50$ et $np \leq 5$. La fonction de probabilité d'une variable aléatoire de Poisson d'espérance λ est donnée par l'expression suivante :

$$P(X = k) = Po(k; \lambda)$$

$$= \frac{e^{-\lambda} \lambda^k}{k!} \qquad \text{pour } k = 0, 1, 2, 3, ...$$

La variance d'une variable de Poisson vaut également λ.

MOTS CLÉS

Distribution de probabilité, p. 70	Loi binomiale, p. 73	Variable aléatoire, p. 69	Variable aléatoire discrète, p. 69
Espérance, p. 71	Loi de Poisson, p. 80	Variable aléatoire continue, p. 69	Variance, p. 71

RÉSEAU DE CONCEPTS

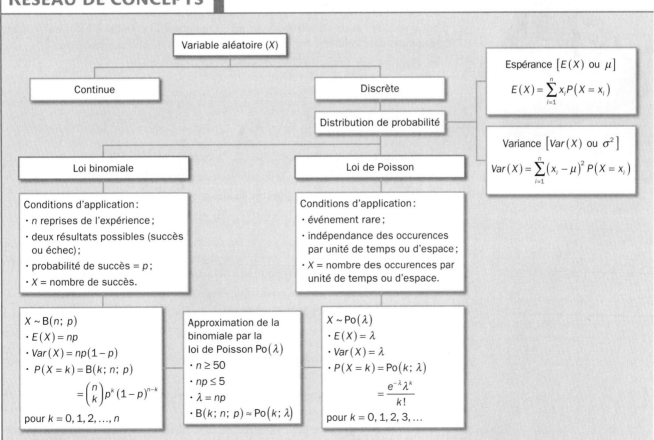

Exercices récapitulatifs

Sections 2.1 et 2.2

1. Soit X la variable aléatoire discrète qui peut prendre les valeurs 1, 2, 3 et 4 et qui, pour ces valeurs, est telle que $P(X = k) = \dfrac{k}{10}$.

a) Complétez le tableau 2.5 donnant la distribution de probabilité de la variable aléatoire X.

TABLEAU | **2.5**

DISTRIBUTION DE PROBABILITÉ DE LA VARIABLE ALÉATOIRE X

X	P (X = k)
1	
2	
3	
4	
Total	

b) Que vaut $E(X)$?

c) Que vaut $Var(X)$?

2. Un tétraèdre régulier est un polyèdre dont les quatre faces sont des triangles équilatéraux identiques (une pyramide dont la base et les côtés sont des triangles équilatéraux). Un dé tétraédrique a quatre faces numérotées de 1 à 4. Le résultat du lancer d'un dé tétraédrique est le nombre inscrit sur sa face cachée. On lance un dé tétraédrique rouge et un dé tétraédrique vert. On définit la variable aléatoire X comme la somme des nombres inscrits sur les faces cachées de chacun de ces dés.

a) Représentez l'espace échantillonnal S par un ensemble.

b) Que vaut $n(S)$?

c) Soit A l'événement: «La somme des points inscrits sur les faces cachées des deux dés vaut 3». Que vaut $n(A)$?

d) Complétez: $P(A) = P(X = \underline{\quad}) = \underline{\quad}$.

e) Quelles sont les valeurs possibles de la variable aléatoire X?

f) Construisez le tableau de la distribution de probabilité de la variable aléatoire X.

g) Que vaut l'espérance de la variable aléatoire X?

h) Que vaut la variance de la variable aléatoire X?

3. On lance un dé rouge et un dé vert. On définit la variable X comme le nombre de points sur la face du dé vert moins le nombre de points sur la face du dé rouge. Consultez la figure 1.5 (p. 14) pour une description de l'espace échantillonnal.

a) Construisez le tableau de la distribution de probabilité de la variable aléatoire X.

b) Que vaut l'espérance de la variable aléatoire X?

c) Que vaut la variance de la variable aléatoire X?

4. On tire 2 cartes dans un jeu de 52 cartes. On définit la variable aléatoire X comme le nombre de cartes de cœur obtenu.

a) Si l'on effectue le tirage sans remise, quelle est la distribution de probabilité de la variable X?

b) Calculez l'espérance et la variance de la variable X à partir des données obtenues en a.

c) Si l'on effectue le tirage avec remise, quelle est la distribution de probabilité de la variable X?

d) Calculez l'espérance et la variance de la variable X à partir des données obtenues en c.

5. Lors d'un concours télévisé, on présente à un participant six enveloppes, dont seulement deux contiennent des prix intéressants (un billet d'avion pour Paris et un chèque de 10 000$).

a) Quelle est la distribution de probabilité de la variable aléatoire X qui représente le nombre de prix intéressants gagnés par le participant s'il peut choisir seulement deux des six enveloppes?

b) Quelle est la distribution de probabilité de cette variable s'il peut en choisir trois?

6. Un organisme de charité organise une loterie où sont vendus 2 000 billets à 5$. Les participants peuvent gagner un des cinq prix, respectivement de 5 000$, de 1 000$, de 500$, de 200$ et de 100$. Quelle est votre espérance de gain si vous participez à cette loterie en achetant un billet?

7. Un de vos amis vous propose le jeu suivant: «Je lance simultanément une pièce de 5 ¢, une pièce de 10 ¢ et une pièce de 25 ¢. Si les trois pièces tombent du même côté, je te donne 4$; sinon, tu me donnes 1$.» Avez-vous intérêt à participer à ce jeu? (Indice: Calculez votre espérance de gain.)

Section 2.3

8. Énoncez les conditions d'application de la loi binomiale.

9. Parmi les expériences aléatoires suivantes, lesquelles font intervenir une variable aléatoire binomiale? Si vous considérez que la variable étudiée n'est pas une variable aléatoire binomiale, expliquez pourquoi.

a) Douze étudiants, 4 garçons et 8 filles, sont inscrits à un cours de psychologie d'une durée de 15 semaines. À chaque rencontre hebdomadaire, le professeur leur soumet une question à laquelle l'un d'eux devra répondre la semaine suivante. Le professeur a placé les noms des étudiants dans une petite boîte, et il y tire le nom de la personne qui doit présenter sa réponse à toute la classe. Il procède ainsi toutes les semaines, en ayant soin de remettre le nom tiré dans la boîte de façon à s'assurer que tous les étudiants sont obligés de se préparer. Vous voulez compter le nombre de garçons qui devront présenter leur réponse au cours du trimestre.

b) Vous comptez le nombre de cartes qu'il faut tirer pour obtenir un cœur. À chaque essai, vous retirez du paquet la carte tirée si ce n'est pas un cœur.

c) Lors d'un examen à choix multiple (4 réponses proposées par question) comportant 50 questions, une étudiante prise par le temps a répondu au hasard aux 10 dernières questions. Vous vous intéressez à la probabilité qu'elle ait obtenu 8 bonnes réponses aux 10 dernières questions.

10. Évaluez l'expression à partir de la table de la loi binomiale.

a) B(2; 5; 0,3).

b) B(2; 5; 0,8).

c) $P(X \leq 2)$ si $X \sim$ B(10; 0,45).

d) $P(X > 5)$ si $X \sim$ B(19; 0,55).

11. Une récente étude montre que 25% des adolescentes ont une faible estime d'elles-mêmes. Quelle est la probabilité de trouver 3 adolescentes ayant une faible estime d'elles-mêmes dans un groupe de 10 adolescentes? Supposez que les conditions d'application de la loi binomiale sont remplies.

12. Le responsable d'un service de messagerie à bicyclette de Montréal affirme qu'il peut, dans 95 % des cas, faire livrer une enveloppe en moins d'une heure dans un rayon de 5 km. Si une entreprise recourt aux services de cette messagerie à 10 reprises au cours d'une semaine, quelle est la probabilité qu'un des envois ne soit pas livré en moins d'une heure ?

13. Dans son rapport annuel, la directrice des Études d'un cégep note que 30 % des étudiants inscrits à temps plein à l'enseignement ordinaire en formation préuniversitaire n'obtiendront pas leur diplôme en six trimestres ou moins. On prélève avec remise un échantillon aléatoire de 15 étudiants inscrits à temps plein à l'enseignement ordinaire en formation préuniversitaire, et on cherche à établir combien d'entre eux n'obtiendront pas leur diplôme d'études collégiales en 6 trimestres ou moins.

  a) En quoi consiste cette expérience aléatoire ?

  b) Quelle est la variable aléatoire (X) étudiée ?

  c) À quelle loi de probabilité la variable X obéit-elle ? Employez une notation appropriée.

  d) Dans cet échantillon de 15 étudiants, quel est le nombre le plus probable d'étudiants qui n'obtiendront pas leur diplôme en 6 trimestres ou moins ?

  e) Quelle est la probabilité d'obtenir ce nombre ?

  f) Quelle est la probabilité qu'au plus quatre des étudiants choisis n'obtiennent pas leur diplôme en six trimestres ou moins ?

14. On estime que 15 % des femmes âgées de 70 ans et plus souffrent de la maladie d'Alzheimer. On prélève avec remise un échantillon aléatoire de 14 femmes de 70 ans et plus.

  a) Quelle est la probabilité d'obtenir deux femmes atteintes de la maladie d'Alzheimer ?

  b) Quelle est la probabilité d'obtenir moins de quatre femmes atteintes de la maladie d'Alzheimer ?

  c) Quel est le nombre le plus probable de femmes atteintes de la maladie d'Alzheimer dans cet échantillon ?

15. Selon un psychologue, 5 % des Québécois adultes ont un quotient intellectuel (QI) supérieur à 125. On prélève avec remise un échantillon aléatoire de 20 Québécois adultes.

  Quelle est la probabilité d'obtenir :

  a) trois Québécois adultes dont le QI est supérieur à 125 ?

  b) moins de cinq Québécois adultes dont le QI est supérieur à 125 ?

  c) plus de 15 Québécois adultes dont le QI est supérieur à 125 ?

16. On estime que 10 % des Québécois vivent sous le seuil de faible revenu. On prélève avec remise un échantillon aléatoire de 10 Québécois.

  Quelle est la probabilité d'obtenir :

  a) zéro Québécois vivant sous le seuil de faible revenu ?

  b) au moins un, mais moins de cinq Québécois vivant sous le seuil de faible revenu ?

  c) moins de trois Québécois vivant sous le seuil de faible revenu ?

  d) au moins trois Québécois vivant sous le seuil de faible revenu ?

17. Selon une firme de sondage, 60 % des Québécois francophones qui regardent la télévision le mercredi soir à 20 heures regardent *Les enfants de la télé*. Quelle est la probabilité de compter moins de 4 personnes ayant regardé *Les enfants de la télé* dans un groupe de 10 Québécois francophones sélectionnés au hasard parmi ceux qui regardaient la télévision un mercredi soir à 20 heures ?

FIGURE | **2.2**

SOURIS DANS UN LABYRINTHE EN FORME DE T

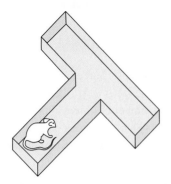

18. Cinq souris sont placées successivement dans un labyrinthe en forme de T.

Les souris ont une préférence pour le côté gauche, qu'elles choisissent dans 75 % des cas.

a) Quelle est la probabilité que trois souris choisissent le côté droit ?

b) Quelle est la probabilité qu'au moins une souris choisisse le côté droit ?

c) Quelle est la probabilité qu'au moins deux souris choisissent le côté gauche ?

d) Quelle est la probabilité que toutes les souris choisissent le côté gauche ?

19. Une entreprise effectue un contrôle de qualité des pièces qu'elle achète à un fournisseur. Chaque fois qu'elle reçoit un lot, un salarié prélève avec remise un échantillon aléatoire de 10 pièces. Si l'échantillon comporte au moins une pièce non conforme à ses normes de qualité, l'entreprise refuse le lot.

a) Quelle est la probabilité que la livraison ne soit pas acceptée si 1 % des pièces ne sont pas conformes aux normes de qualité ?

b) Quelle est la probabilité que la livraison soit acceptée si 15 % des pièces ne sont pas conformes aux normes de qualité ?

20. Pour évaluer si un sujet est doué de perception extrasensorielle, on réalise une expérience simple à l'aide d'un jeu de 52 cartes. On brasse bien les cartes et on en sélectionne une au hasard. On demande ensuite au sujet de prédire s'il s'agit d'un cœur, d'un carreau, d'un trèfle ou d'un pique. On recommence cet exercice cinq fois pour chaque sujet.

a) Quelle est la probabilité qu'un sujet qui répond au hasard ne fasse aucune bonne prédiction ?

b) Quelle est la probabilité qu'un sujet qui répond au hasard fasse au plus trois bonnes prédictions ?

c) On a réalisé cette expérience auprès de 1 000 sujets. Un seul sujet a réussi à faire cinq prédictions correctes. Devez-vous croire que ce sujet est doué de perception extrasensorielle ?

21. Un professeur a préparé un examen objectif comprenant 20 questions valant chacune 5 points.

a) Si les questions sont du type « vrai ou faux », quelle est la probabilité qu'un étudiant qui n'a pas étudié et qui répond au hasard obtienne au moins la note de passage de 60 ?

b) Si les questions sont du type « vrai ou faux », quelle est la probabilité qu'un étudiant n'obtienne pas au moins la note de passage de 60, étant donné qu'il a trois chances sur quatre de donner une bonne réponse à chaque question, parce qu'il a étudié ?

c) Si les questions présentent toutes un éventail de quatre réponses, quelle est la probabilité qu'un étudiant qui n'a pas étudié et qui répond au hasard obtienne au moins la note de passage de 60 ?

22. Un professeur a préparé un examen objectif comprenant 10 questions valant chacune 10 points. Chaque question présente un éventail de cinq réponses. Un étudiant soumis à cet examen est certain d'avoir répondu correctement à quatre questions. Pour chacune des six autres, il a pu déterminer qu'une des réponses proposées était erronée, et a donc répondu au hasard parmi les autres choix offerts.

a) Quelle est la probabilité que cet étudiant obtienne la note de 70 ?

b) Quelle est la probabilité qu'il n'obtienne pas la note de passage de 60 ?

c) Quelle est la probabilité qu'il obtienne une note supérieure ou égale à 60, mais inférieure à 90 ?

23. À cause des piètres conditions de travail, le taux de roulement des salariés dans les chaînes de restauration rapide est très élevé. Ainsi, on estime que 70 % des personnes engagées dans ce secteur quitteront leur emploi au cours des huit mois suivant leur embauche. Le propriétaire d'un commerce de restauration rapide vient d'engager 18 personnes.

a) Quelle est la probabilité que six de ces personnes n'occupent plus leur emploi huit mois après leur embauche ?

b) Quelle est la probabilité que 12 de ces personnes aient quitté leur emploi au cours des 8 mois suivant leur embauche ?

c) Quelle est la probabilité que plus de cinq de ces personnes aient quitté leur emploi au cours des huit mois suivant leur embauche ?

d) Quelle est la probabilité qu'au moins 15 de ces personnes aient quitté leur emploi au cours des 8 mois suivant leur embauche ?

24. Un vendeur d'automobiles évalue ses chances de vendre une voiture à 10 % lors de la première rencontre avec un client et à 75 % lors de la deuxième. On suppose que toutes les ventes s'effectuent de manière indépendante. Supposons qu'au cours d'une semaine de travail le vendeur reçoit cinq clients pour la première fois.

a) Quelle est la probabilité qu'il effectue une seule vente auprès de ces cinq clients ?

b) Quelle est la probabilité qu'il n'effectue aucune vente auprès de ces cinq clients ?

Supposons que, au cours de cette même semaine, le vendeur rencontre également quatre autres clients pour la deuxième fois.

c) Quelle est la probabilité qu'il effectue une seule vente auprès de ces quatre clients ?

d) Quelle est la probabilité qu'il n'effectue aucune vente auprès de ces quatre clients ?

e) Quel est le nombre de ventes le plus probable auprès de ces quatre clients ?

f) Quelle est la probabilité qu'il effectue exactement deux ventes auprès des neufs clients qu'il rencontre au cours de la semaine en question ?

25. La transmission d'un message électronique entre un émetteur et un récepteur est rarement pure. Des interférences dans le milieu de transmission peuvent provoquer des altérations du message. Ainsi, il existe une probabilité que certaines composantes d'un code binaire formé de 0 et de 1 soient transformées (un 0 changé en 1 ou un 1 changé en 0) entre l'émetteur et le récepteur, et ce, de manière indépendante pour chacune des parties de la suite de 0 et de 1 qui forme le message binaire. Afin de réduire les risques d'erreur, on pourrait transmettre le bloc 000 au lieu de 0 et le bloc 111 au lieu de 1 ; lors de la réception, on donnerait la valeur 0 aux messages qui comporteraient une majorité de 0, et 1 à ceux qui compteraient une majorité de 1. Ainsi, le message 001 serait traduit par 0 à la réception, puisqu'il comporte une majorité de 0, et le message 101 recevrait la valeur 1, puisqu'il comporte une majorité de 1. Si la probabilité d'altération due à l'interférence est de 0,01 pour chaque symbole, quelle est la probabilité de recevoir une majorité de 1 si le bloc transmis est 000 ?

26. Deux archers tirent trois flèches vers une cible. La probabilité que l'archer *A* atteigne la cible vaut 80 %, contre 75 % pour l'archer *B*. On considère que tous les tirs sont indépendants.

a) Quelle est la probabilité que l'archer *A* place trois flèches dans la cible ?

b) Quelle est la probabilité que l'archer *A* place au moins une flèche dans la cible ?

c) Quelle est la probabilité que l'archer *B* atteigne la cible pour la première fois au deuxième tir ?

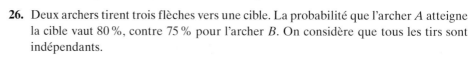

27. Un graphologue prétend pouvoir déterminer le sexe d'une personne en examinant un échantillon de son écriture. Pour le tester, vous lui présentez le même texte écrit par 20 personnes différentes, puis vous notez combien de fois il a correctement déterminé le sexe de l'auteur.

a) Si le graphologue ne possède pas la capacité de déterminer le sexe à partir d'un écrit et qu'il donne une réponse au hasard, quelle est la probabilité qu'il indique correctement le sexe d'au moins 14 personnes ?

b) Vous dites à ce graphologue que vous serez convaincu de son habileté s'il réussit à déterminer le sexe d'un nombre suffisamment grand de personnes. Il devrait être tel que la détermination du sexe d'un nombre de personnes supérieur ou égal ne puisse se produire qu'au plus 1 seule fois sur 100 du seul fait du hasard. Combien faut-il de réponses correctes pour vous convaincre ?

28. Vous jouez à « pile ou face » avec une autre personne. Vous choisissez toujours « pile ».

a) Quelle est la probabilité que vous perdiez trois fois de suite ?

b) Vous considérez qu'un événement qui se produit moins de 1 fois sur 20 en moyenne est un événement rare. Est-il rare d'obtenir moins de deux « pile » en six lancers ?

c) Vous remettez en question l'honnêteté de votre adversaire lorsqu'un événement rare se produit. Combien de « face » devez-vous observer en 10 lancers d'une pièce de monnaie avant d'accuser votre adversaire de tricher ?

29. Un professeur connaît deux façons différentes, mais de complexité égale, de résoudre un certain type de problème. Il a enseigné la stratégie *A* avant la stratégie *B* dans un groupe de 10 étudiants, et la stratégie *B* en premier dans un autre groupe qui comptait aussi 10 étudiants. En corrigeant un examen portant sur des problèmes de ce type, il constate que 16 des 20 étudiants ont employé la stratégie qu'ils avaient apprise en premier. À partir de ces données, peut-on penser que la méthode employée par des étudiants pour résoudre un problème sera celle qu'ils ont apprise en premier ? Justifiez votre réponse en recourant à un argument de nature probabiliste.

30. Une jeune femme a postulé pour un emploi dans une entreprise. Bien qu'elle possède toutes les compétences requises, sa candidature n'est pas retenue. Elle apprend que 18 des 20 derniers postes attribués par cette entreprise l'ont été à des hommes. Elle apprend également que, pour chacun de ces postes, les femmes représentaient 40 % des candidats possédant les compétences requises. La jeune femme soupçonne l'entreprise de pratiques d'embauche discriminatoires, et décide de porter plainte. Quel argument fondé sur les probabilités pourrait-elle faire valoir pour convaincre un juge ?

Section 2.4

31. Si $X \sim \text{Po}(3,4)$, évaluez la probabilité.

a) $P(X = 2)$.

b) $P(X \geq 1)$.

c) $P(3 < X < 10)$.

32. On considère qu'une eau de baignade est d'excellente qualité si elle présente moins de 20 colonies de bactéries coliformes par 100 mL. Supposons que le nombre de colonies de bactéries obéisse à la loi de Poisson et que l'eau d'un lac contienne en moyenne 15 colonies de bactéries coliformes par 100 mL.

a) Quelle est la probabilité qu'un échantillon de 100 mL d'eau de ce lac contienne 12 colonies de bactéries coliformes ?

b) Quelle est la probabilité qu'on déclare l'eau de ce lac d'excellente qualité à partir d'un échantillon de 100 mL ?

33. Un salarié d'une maison de sondage effectue en moyenne six entrevues téléphoniques par heure. Supposons que le nombre d'entrevues effectuées obéit à la loi de Poisson.

    a) Quelle est la probabilité que ce salarié mène huit entrevues en une heure ?

    b) Quelle est la probabilité qu'il mène moins de quatre entrevues en une heure ?

    c) Quelle est la probabilité qu'il mène 20 entrevues au cours d'une soirée de travail de 4 heures ?

34. Au cours d'une période donnée de la journée, on a constaté un achalandage moyen d'une personne par minute à un guichet automatique. Nous supposons que la loi de Poisson décrit bien les arrivées au guichet automatique.

    a) Quelle est la probabilité que 3 personnes ou moins se présentent à ce guichet pendant un intervalle de 15 minutes ?

    b) Quelle est la probabilité qu'aucune personne ne se présente au guichet pendant un intervalle de trois minutes ?

35. Un métier à tisser produit en moyenne un léger défaut tous les 50 m^2 de tissu. Nous supposons que la loi de Poisson s'applique.

    a) Quelle est la probabilité de trouver 2 défauts dans une pièce de 10 m^2 ?

    b) Quelle est la probabilité que ce métier produise une pièce parfaite de 25 m^2 ?

    c) Quelle est la probabilité de trouver plus de 2 défauts dans une pièce de 100 m^2 ?

36. Supposons que 90 % des gens sont droitiers, et que vous souhaitez mener une expérience auprès de gauchers. Vous avez besoin de 10 sujets, et vous décidez de prélever un échantillon aléatoire de 50 personnes. Quelle est la probabilité que vous trouviez dans cet échantillon au moins le nombre requis de gauchers pour votre expérience ?

37. On sait que 1 % des ampoules d'un certain type ont une durée de vie utile inférieure à 1 000 heures.

    a) Quelle est la probabilité qu'au moins une ampoule dans un lot de 10 dure 1 000 heures ou plus ?

    b) Un panneau lumineux comporte 50 ampoules de ce type. Quelle est la probabilité qu'il faille remplacer au moins 4 ampoules après 1 000 heures d'utilisation ?

38. Les naissances multiples (jumeaux, triplets, etc.) sont plutôt rares : elles correspondent à environ 3 % des grossesses. Quelle est la probabilité de n'observer aucune naissance multiple lors de 150 accouchements ? Évaluez cette probabilité en recourant à la loi binomiale. Comparez votre réponse à l'approximation que vous obtiendriez à l'aide de la loi de Poisson.

39. On a déterminé qu'une maladie affectait 0,2 % d'une population.

    a) Combien devrait-on trouver d'individus atteints dans un groupe de 2 000 personnes sélectionnées aléatoirement avec remise parmi cette population ?

    b) Quelle est la probabilité de trouver plus de 3 personnes atteintes dans un groupe de 2 000 personnes ?

40. Un fabricant de pneus sait que 0,1 % des pneus qu'il fabrique lui seront retournés à cause de défauts de fabrication. Il vient d'expédier une commande de 4 000 pneus à un grossiste.

    a) En moyenne, combien de pneus d'une livraison de cette taille lui seront retournés à cause de défauts de fabrication ?

b) Quelle est la probabilité que le grossiste lui retourne moins de cinq pneus ?

c) Quel est le nombre le plus probable de pneus retournés ?

41. Lors d'une entrevue de sélection, une candidate à un poste de secrétaire affirme qu'elle fait en moyenne seulement 0,1 faute par page de texte saisi. Vous lui faites saisir un texte de 10 pages. Après une vérification très sommaire, vous concluez que ce texte contient au moins six fautes. Vous supposez que le nombre de fautes obéit à la loi de Poisson. Pouvez-vous raisonnablement douter de l'affirmation de la candidate ?

42. Dans *La Presse* du samedi 1er février 1997 (page A1), on pouvait lire un article de Charles Grandmont intitulé « Une véritable hécatombe sur les trottoirs ; un hôpital est même à court de plâtres ». En voici un extrait :

Les trottoirs de Montréal étaient si glissants cette semaine que l'urgence de l'Hôpital général juif a manqué de plâtres, alors que les autres hôpitaux de la métropole ont traité jusqu'à cinq fois plus de fractures qu'en temps normal.

[...]

Le directeur de l'urgence de l'Hôpital général juif, Marc Afilalo, était pour sa part scandalisé de l'état des trottoirs de Montréal. « Pour la première fois de son histoire, l'urgence de l'hôpital a manqué de plâtres. C'est inconcevable, il faut réveiller la Ville ! On a même perdu les services d'un de nos inhalothérapeutes qui a subi une triple fracture de la cheville en glissant sur le trottoir. »

[...]

La situation était semblable ailleurs. L'Hôpital Maisonneuve-Rosemont, qui traite deux cas par jour en moyenne, a réparé 51 fractures en cinq jours, cinq fois plus qu'en temps normal !

La Cité de la santé à Laval n'a vu que deux fois plus de membres cassés que d'habitude, mais « c'est parce que les trottoirs à Laval sont mieux entretenus qu'à Montréal » a glissé le directeur des communications de l'hôpital, Jacques Wilkins.

Supposons que le traitement d'une fracture est un phénomène relativement rare à l'Hôpital Maisonneuve-Rosemont, et que la loi de Poisson décrit bien le nombre de fractures soignées quotidiennement.

a) Repérez dans le texte le nombre moyen de fractures traitées quotidiennement dans cet hôpital.

b) Quelle est la probabilité qu'on doive traiter quatre fractures au cours d'une journée dans cet hôpital ?

c) Si l'on suppose que chaque fracture nécessite l'utilisation d'une trousse de matériel, combien de trousses cet hôpital doit-il posséder pour pouvoir répondre à la demande quotidienne de traitement des fractures pendant au moins 98 % des journées ?

d) Quelle est la probabilité que cet hôpital puisse répondre à la demande de traitement de fractures pendant 5 jours s'il dispose du matériel nécessaire pour traiter 15 fractures ?

e) Est-il aussi invraisemblable qu'on l'affirme dans le texte que cet hôpital doive traiter plus de 50 fractures en 5 jours ? Employez un argument probabiliste.

43. Un chirurgien affirme que le taux de survie à une opération cardiaque délicate est de 95 %.

a) Il doit pratiquer cette intervention à 20 reprises au cours du prochain trimestre sur des patients présentant tous un même état général de santé. Expliquez pourquoi la loi binomiale semble appropriée pour décrire la variable aléatoire X qui

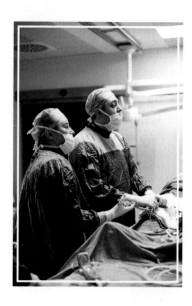

dénombre les patients qui survivent à l'opération. Vous devez donner une réponse en fonction du contexte précis énoncé dans la question.

b) En moyenne, sur un groupe de 20 patients, combien peuvent espérer survivre à l'opération ?

c) Quelle est la probabilité que plus de 18 des 20 patients survivent à l'opération ?

d) Si ce chirurgien prévoit réaliser 60 opérations de ce genre au cours de la prochaine année, quelle est la probabilité que plus de 3 patients décèdent des suites de l'opération ?

e) Cinq patients sont décédés à la suite des 20 dernières opérations pratiquées par ce chirurgien. Ce nombre est-il suffisamment important pour remettre en question l'affirmation selon laquelle le taux de survie est de 95 % ? Présentez un argument probabiliste pour justifier votre réponse.

AU CHAPITRE **2**, nous avons montré comment évaluer des probabilités en présence de variables aléatoires discrètes soumises à la loi binomiale ou à la loi de Poisson. Nous allons maintenant aborder l'évaluation de probabilités lorsque les variables aléatoires sont soumises à une loi continue : la loi normale.

Dans le cas d'une variable aléatoire continue, l'expression mathématique d'une loi de probabilité porte le nom de fonction de densité. Parmi les fonctions de densité, la loi normale est d'usage tellement courant, notamment en inférence statistique, qu'elle mérite qu'on lui consacre un chapitre.

L'approximation de la loi binomiale par la loi normale ainsi que la normalisation de données sont deux applications de la loi normale, que nous étudierons dans le présent chapitre.

Loi normale

On a donc fait une hypothèse, et cette hypothèse a été appelée loi des erreurs [ou loi normale].
Elle ne s'obtient pas par des déductions rigoureuses... « Tout le monde y croit cependant,
me disait un jour M. Lippman, car les expérimentateurs s'imaginent que c'est un théorème
de mathématiques, et les mathématiciens que c'est un fait expérimental. »

Henri Poincaré

SOMMAIRE

OBJECTIFS

→ Énoncer les principales caractéristiques de la loi normale et les représenter graphiquement (3.2).

→ Représenter graphiquement des probabilités dans le contexte de la loi normale centrée réduite (3.3).

→ Effectuer des transformations graphiques pour évaluer une probabilité dans le contexte de la loi normale centrée réduite (3.3).

→ Utiliser la table de la loi normale centrée réduite pour évaluer une probabilité (3.3).

→ Utiliser la table de la loi normale centrée réduite pour évaluer un seuil de probabilité (3.3).

→ Calculer la probabilité d'un événement dans le contexte de la loi normale $N(\mu; \sigma^2)$ (3.4).

→ Effectuer une correction de continuité (3.5).

→ Approximer la probabilité d'un événement soumis à la loi binomiale en recourant à la loi normale après avoir vérifié les critères de faisabilité (3.5).

→ Normaliser des données (3.6).

Loi normale

HISTORIQUE DE LA LOI NORMALE

Dans cette section : loi normale • fonction de densité.

Dans bien des cas, les polygones de fréquences de séries statistiques présentent une silhouette caractéristique en forme de cloche où la moyenne, le mode et la médiane coïncident (figure 3.1).

FIGURE | **3.1**

COURBE NORMALE

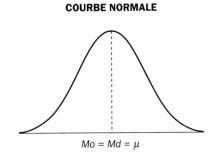

$Mo = Md = \mu$

La courbe de la figure 3.1 est unimodale, symétrique et aplatie aux deux extrémités. La fréquence des données décroît à mesure qu'on s'éloigne du centre, vers la gauche ou vers la droite. Cela correspond à l'idée qu'on se fait généralement de la normalité : beaucoup de données se situent autour de la moyenne, et leur nombre diminue à mesure qu'on s'en éloigne. C'est pourquoi une courbe de cette nature porte le nom de courbe normale.

C'est en 1733, dans une publication du mathématicien Abraham De Moivre, qu'on a pour la première fois étudié une fonction dont le graphique présentait la forme en cloche propre à la courbe normale. Cette fonction avait pour équation :

$$f(x) = ae^{-bx^2}$$

où a et b sont des constantes, et e correspond à la base du logarithme népérien ($e \approx 2,718$). Cette équation s'apparente à la **loi normale** de moyenne (d'espérance) μ et d'écart type σ, dont l'équation est donnée par l'expression :

$$f(x) = \frac{1}{\sigma\sqrt{2\pi}}e^{-\frac{(x-\mu)^2}{2\sigma^2}}$$

Comme la loi normale est une loi de probabilité continue, on qualifie cette fonction de **fonction de densité** de la loi normale.

Par la suite, deux autres mathématiciens, Pierre Simon marquis de Laplace et Carl Friedrich Gauss, ont démontré plusieurs propriétés de cette fonction et l'ont employée pour décrire les erreurs d'observations commises en astronomie. D'ailleurs, la courbe normale s'appelle également *courbe de Laplace-Gauss* en leur honneur. Signalons aussi que le gouvernement allemand avait reconnu l'apport scientifique considérable de Gauss en représentant son effigie sur le billet de 10 marks, ainsi que la courbe normale et l'équation de cette courbe (figure 3.2).

Loi normale

Expression mathématique d'une courbe normale (ou *courbe de Laplace-Gauss*) dont la forme ressemble à une cloche. La moyenne, le mode et la médiane d'une variable soumise à la loi normale coïncident. La loi normale permet de décrire de nombreux phénomènes naturels ou résultant de l'activité humaine. Elle est d'usage courant en inférence statistique. Toute loi normale est déterminée par sa moyenne et son écart type. On écrit $X \sim N(\mu; \sigma^2)$ pour indiquer que la variable X obéit à la loi normale de moyenne (d'espérance) μ et d'écart type σ. ■

Fonction de densité

Terme désignant la fonction de probabilité d'une variable aléatoire continue. La fonction de densité de la loi normale $X \sim N(\mu; \sigma^2)$ est donnée par l'expression

$$f(x) = \frac{1}{\sigma\sqrt{2\pi}}e^{-\frac{(x-\mu)^2}{2\sigma^2}}.$$ ■

FIGURE | **3.2**

BILLET DE 10 MARKS

Un statisticien belge, Lambert Adolphe Quételet, a eu l'idée d'utiliser cette courbe comme modèle descriptif de certaines caractéristiques humaines. Dans une étude classique, il a constaté qu'une courbe en forme de cloche décrit assez fidèlement le polygone de fréquences représentant le tour de poitrine de 5 738 soldats écossais[1]. La figure 3.3 montre le polygone de fréquences ainsi obtenu, dont la forme s'apparente à celle de la courbe normale.

FIGURE | **3.3**

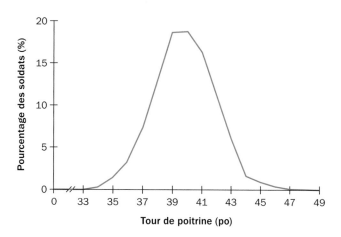

RÉPARTITION EN POURCENTAGE DE 5 738 SOLDATS ÉCOSSAIS, SELON LEUR TOUR DE POITRINE

De nombreux auteurs, à la suite de Quételet, ont constaté que la courbe normale constituait un modèle adéquat pour décrire une multitude de phénomènes.

Le mathématicien Émile Borel a montré que la loi normale décrit particulièrement bien les phénomènes dont les variations sont attribuables à de nombreux facteurs agissant de manière indépendante et provoquant de faibles effets, sensiblement de même amplitude.

Comme beaucoup d'événements naturels ou résultant de l'activité humaine remplissent ces conditions, la loi normale s'applique à un grand nombre de situations, notamment la description de certaines caractéristiques des êtres humains (taille, mensurations diverses, pression artérielle, performance à un test de mémoire) ou des espèces animales et végétales (longueur des épis de maïs, circonférence des troncs d'arbres). C'est également le cas pour la répartition des erreurs d'observation dans une expérience, des temps de réaction à un stimulus, des temps que mettent des souris pour parcourir un labyrinthe, des variations par rapport aux normes dans les procédés de fabrication de pièces usinées et de la distance parcourue par un projectile (balle de fusil, balle de golf).

La loi normale est un modèle descriptif tellement utilisé qu'on pourrait penser que la plupart des phénomènes y sont soumis. Tel n'est pourtant pas le cas. Par exemple, la répartition des Canadiens selon l'âge n'obéit pas à cette loi.

Par ailleurs, certaines mesures sont élaborées de manière à épouser la forme de la courbe normale, même si le concept mesuré ne s'y prête pas nécessairement.

---

1. L. A. Quételet, *Lettre à S.A.R. le duc régnant de Saxe-Cobourg et Gotha sur la théorie des probabilités appliquées aux sciences morales et politiques*, dans S. M. Stigler, *The History of Statistics. The Measurement of Uncertainty Before 1900*, Cambridge, Belknap Press, 1986, p. 207.

Les tests de quotient intellectuel (QI)

Au début du xxe siècle, les responsables de l'Instruction publique en France cherchaient à mesurer les aptitudes mentales des élèves, de façon à pouvoir intervenir auprès de ceux qui présentaient des difficultés d'apprentissage. Deux psychologues, Alfred Binet et Théophile Simon, élaborèrent alors une série d'épreuves constituées de questions disposées en ordre croissant de difficulté afin de mesurer l'intelligence des enfants. Binet et Simon faisaient l'hypothèse que les enfants plus vieux répondraient à un plus grand nombre de questions. On pourrait ainsi classer les enfants en fonction de leur âge mental, en comparant le nombre de bonnes réponses obtenues par un sujet avec le nombre de bonnes réponses obtenues par les enfants d'un groupe témoin.

En 1916, Lewis M. Terman a révisé le test de Binet-Simon et créé le test de Stanford-Binet, dans lequel il introduisait le concept de quotient intellectuel (QI) pour remplacer celui d'âge mental. Il a alors défini le QI par la formule suivante :

$$QI = \frac{\text{Âge mental}}{\text{Âge chronologique}} \times 100$$

Selon cette formule, un enfant de 6 ans qui présenterait un âge mental de 8 ans (c'est-à-dire qui aurait obtenu le même nombre de bonnes réponses que les enfants de 8 ans du groupe témoin) se verrait attribuer un QI de 133. Le QI obtenu de cette façon est appelé QI proportionnel.

Le QI proportionnel présente toutefois certaines lacunes, comme en fait foi cet extrait tiré d'un manuel classique de psychométrie[*].

Malheureusement, l'apparente simplicité logique de ce QI proportionnel se révéla bientôt illusoire. Ce QI pose en effet un problème technique majeur : pour qu'on puisse comparer les QI à divers niveaux d'âge, il est essentiel que l'écart type de la distribution des QI demeure stable d'un niveau d'âge à l'autre. Par exemple, un QI de 115 à 10 ans pourrait correspondre au même degré de supériorité qu'un QI de 125 à 12 ans, s'ils se situaient tous deux à un écart type de la moyenne de leur distribution d'âge respective. En pratique, il s'avéra très difficile de construire des tests qui respectaient cette condition psychométrique essentielle à une véritable comparabilité interâge des QI proportionnels.

C'est pour cette raison qu'on a construit des QI dits « QI dérivés ». Comme le modèle normal semblait décrire de façon assez convaincante les scores bruts obtenus aux tests de QI, on a décidé de normaliser les résultats à ces tests, selon une procédure que nous verrons à la fin de ce chapitre : on transforme les résultats bruts à un test de QI de façon que les QI dérivés obéissent à la loi normale avec la même moyenne et le même écart type pour tous les groupes d'âge. Ainsi, même si les écarts types des QI proportionnels de Stanford-Binet n'étaient pas tout à fait les mêmes pour tous les groupes d'âge, il a été convenu de normaliser les résultats à ce test à l'aide d'une loi normale dont la moyenne est de 100 et l'écart type de 16. Les QI dérivés permettent donc la comparaison du QI quel que soit l'âge des sujets.

[*] A. Anastasi, *Introduction à la psychométrie*, Montréal, Guérin, 1994, p. 74.

Il en est ainsi des résultats à des tests de quotient intellectuel (QI) : bien qu'on les répartisse selon la loi normale, l'intelligence n'en est pas pour autant répartie de façon aussi régulière dans la population.

La loi normale est d'usage courant en inférence statistique. Comme nous le verrons plus loin, c'est sans doute là son principal intérêt.

3.2 | CARACTÉRISTIQUES DE LA LOI NORMALE

Outre sa forme typique en cloche, la courbe normale possède plusieurs propriétés intéressantes. Tout d'abord, comme le montre l'équation qui la définit, elle est entièrement déterminée par sa moyenne (μ) et son écart type (σ) : il existe une loi normale pour chaque valeur de μ et de σ.

Ensuite, l'aire comprise entre une courbe normale et l'axe des abscisses vaut toujours 1 (figure 3.4*a*). De plus, puisque la courbe normale est symétrique, l'aire de la surface située sous la courbe à droite (ou à gauche) de la moyenne (μ) vaut 0,5 (figure 3.4*b*).

FIGURE | **3.4**

SYMÉTRIE DE LA COURBE NORMALE

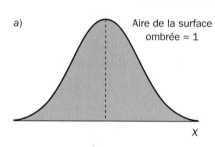
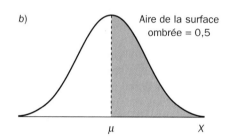

Lorsqu'une variable X obéit à une loi normale de moyenne μ et de variance σ^2, on écrit $X \sim N(\mu; \sigma^2)$.

La proportion des données comprises entre deux valeurs x_1 et x_2 de la variable X correspond à la mesure de l'aire de la surface située sous la courbe normale entre ces valeurs. On note cette proportion $P(x_1 < X < x_2)$, et on dit qu'elle représente la probabilité que la variable X prenne une valeur comprise entre x_1 et x_2.

Ainsi, lorsque $X \sim N(10; 25)$, la proportion des données de valeur supérieure à 5, mais inférieure à 20, notée $P(5 < X < 20)$, correspond à l'aire de la surface ombrée à la figure 3.5*a*. De manière équivalente, la probabilité que la variable X prenne une valeur comprise entre 5 et 20 correspond à l'aire de cette même surface. Par ailleurs, l'expression $P(X = x)$ vaut 0 quelle que soit la valeur de x, puisque l'aire de cette région est nulle (figure 3.5*b*).

FIGURE | **3.5**

MESURES DE PROPORTIONS (OU DE PROBABILITÉS) AVEC LA COURBE NORMALE

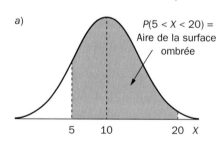
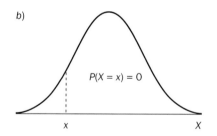

Par conséquent, si $X \sim N(\mu; \sigma^2)$, alors:

$$P(x_1 < X < x_2) = P(x_1 \leq X < x_2) = P(x_1 < X \leq x_2) = P(x_1 \leq X \leq x_2)$$

3.3

TABLE DE LA LOI NORMALE CENTRÉE RÉDUITE

Dans cette section: loi normale centrée réduite.

Pour évaluer des probabilités lorsque la variable étudiée est soumise à une loi normale, il faut pouvoir mesurer de façon simple les aires situées sous une courbe normale. Heureusement, grâce à une propriété des courbes normales, il suffit de considérer le cas de la **loi normale centrée réduite**, c'est-à-dire la loi normale de moyenne 0 et de variance 1. Là réside l'utilité de la table de la loi normale centrée réduite.

3.3.1 Évaluation de probabilités

Avant d'évaluer des probabilités à l'aide de cette table, expliquons certains éléments des graphiques que nous utiliserons. À la figure 3.6, nous avons tracé en *a* la fonction de densité de la courbe normale centrée réduite :

$$f(z) = \frac{1}{\sqrt{2\pi}} e^{-\frac{z^2}{2}}$$

En *b*, nous avons indiqué l'intervalle de valeurs $-1 < Z < 1,5$. Enfin, en *c*, nous avons ombré la région dont l'aire correspond à la probabilité $P(-1 < Z < 1,5)$, c'est-à-dire la probabilité que Z prenne une valeur comprise entre -1 et $1,5$.

FIGURE | **3.6**

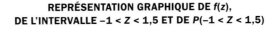

**REPRÉSENTATION GRAPHIQUE DE *f(z)*,
DE L'INTERVALLE $-1 < Z < 1,5$ ET DE $P(-1 < Z < 1,5)$**

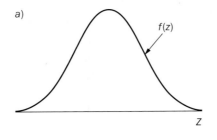

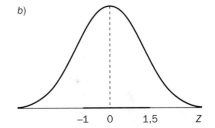

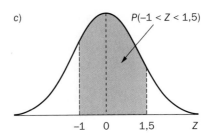

Le tableau 3.1 présente une table de la loi normale centrée réduite qui permet de mesurer l'aire située sous la courbe normale centrée réduite pour des valeurs de Z comprises entre 0 et z, soit $P(0 \leq Z \leq z)$. À partir de cette table, nous serons en mesure d'évaluer des probabilités du type $P(a \leq Z \leq b)$ en recourant à des arguments de symétrie et à des transformations géométriques simples.

Quelle est, par exemple, la probabilité qu'une variable aléatoire normale centrée réduite Z prenne une valeur supérieure ou égale à 0, mais inférieure ou égale à 0,21, soit $P(0 \leq Z \leq 0,21)$? Pour l'évaluer, il suffit, comme le montre le tableau 3.2, de lire l'entrée de la table qui correspond à l'intersection de la ligne 0,20 et de la colonne 0,01 (si l'on fait la somme de ces deux nombres, on obtient 0,21).

TABLEAU | **3.1**

TABLE DE LA LOI NORMALE CENTRÉE RÉDUITE N(0 ; 1)

Les valeurs de la table correspondent à $P(0 \leq Z \leq z)$.

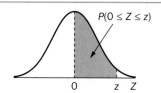

z	0,00	0,01	0,02	0,03	0,04	0,05	0,06	0,07	0,08	0,09
0,00	0,0000	0,0040	0,0080	0,0120	0,0160	0,0199	0,0239	0,0279	0,0319	0,0359
0,10	0,0398	0,0438	0,0478	0,0517	0,0557	0,0596	0,0636	0,0675	0,0714	0,0753
0,20	0,0793	0,0832	0,0871	0,0910	0,0948	0,0987	0,1026	0,1064	0,1103	0,1141
0,30	0,1179	0,1217	0,1255	0,1293	0,1331	0,1368	0,1406	0,1443	0,1480	0,1517
0,40	0,1554	0,1591	0,1628	0,1664	0,1700	0,1736	0,1772	0,1808	0,1844	0,1879
0,50	0,1915	0,1950	0,1985	0,2019	0,2054	0,2088	0,2123	0,2157	0,2190	0,2224
0,60	0,2257	0,2291	0,2324	0,2357	0,2389	0,2422	0,2454	0,2486	0,2517	0,2549
0,70	0,2580	0,2611	0,2642	0,2673	0,2704	0,2734	0,2764	0,2794	0,2823	0,2852
0,80	0,2881	0,2910	0,2939	0,2967	0,2995	0,3023	0,3051	0,3078	0,3106	0,3133
0,90	0,3159	0,3186	0,3212	0,3238	0,3264	0,3289	0,3315	0,3340	0,3365	0,3389
1,00	0,3413	0,3438	0,3461	0,3485	0,3508	0,3531	0,3554	0,3577	0,3599	0,3621
1,10	0,3643	0,3665	0,3686	0,3708	0,3729	0,3749	0,3770	0,3790	0,3810	0,3830
1,20	0,3849	0,3869	0,3888	0,3907	0,3925	0,3944	0,3962	0,3980	0,3997	0,4015
1,30	0,4032	0,4049	0,4066	0,4082	0,4099	0,4115	0,4131	0,4147	0,4162	0,4177
1,40	0,4192	0,4207	0,4222	0,4236	0,4251	0,4265	0,4279	0,4292	0,4306	0,4319
1,50	0,4332	0,4345	0,4357	0,4370	0,4382	0,4394	0,4406	0,4418	0,4429	0,4441
1,60	0,4452	0,4463	0,4474	0,4484	0,4495	0,4505	0,4515	0,4525	0,4535	0,4545
1,70	0,4554	0,4564	0,4573	0,4582	0,4591	0,4599	0,4608	0,4616	0,4625	0,4633
1,80	0,4641	0,4649	0,4656	0,4664	0,4671	0,4678	0,4686	0,4693	0,4699	0,4706
1,90	0,4713	0,4719	0,4726	0,4732	0,4738	0,4744	0,4750	0,4756	0,4761	0,4767
2,00	0,4772	0,4778	0,4783	0,4788	0,4793	0,4798	0,4803	0,4808	0,4812	0,4817
2,10	0,4821	0,4826	0,4830	0,4834	0,4838	0,4842	0,4846	0,4850	0,4854	0,4857
2,20	0,4861	0,4864	0,4868	0,4871	0,4875	0,4878	0,4881	0,4884	0,4887	0,4890
2,30	0,4893	0,4896	0,4898	0,4901	0,4904	0,4906	0,4909	0,4911	0,4913	0,4916
2,40	0,4918	0,4920	0,4922	0,4925	0,4927	0,4929	0,4931	0,4932	0,4934	0,4936
2,50	0,4938	0,4940	0,4941	0,4943	0,4945	0,4946	0,4948	0,4949	0,4951	0,4952
2,60	0,4953	0,4955	0,4956	0,4957	0,4959	0,4960	0,4961	0,4962	0,4963	0,4964
2,70	0,4965	0,4966	0,4967	0,4968	0,4969	0,4970	0,4971	0,4972	0,4973	0,4974
2,80	0,4974	0,4975	0,4976	0,4977	0,4977	0,4978	0,4979	0,4979	0,4980	0,4981
2,90	0,4981	0,4982	0,4982	0,4983	0,4984	0,4984	0,4985	0,4985	0,4986	0,4986
3,00	0,4987	0,4987	0,4987	0,4988	0,4988	0,4989	0,4989	0,4989	0,4990	0,4990
3,10	0,4990	0,4991	0,4991	0,4991	0,4992	0,4992	0,4992	0,4992	0,4993	0,4993
3,20	0,4993	0,4993	0,4994	0,4994	0,4994	0,4994	0,4994	0,4995	0,4995	0,4995
3,30	0,4995	0,4995	0,4995	0,4996	0,4996	0,4996	0,4996	0,4996	0,4996	0,4997
3,40	0,4997	0,4997	0,4997	0,4997	0,4997	0,4997	0,4997	0,4997	0,4997	0,4998
3,50	0,4998	0,4998	0,4998	0,4998	0,4998	0,4998	0,4998	0,4998	0,4998	0,4998
3,60	0,4998	0,4998	0,4999	0,4999	0,4999	0,4999	0,4999	0,4999	0,4999	0,4999
3,70	0,4999	0,4999	0,4999	0,4999	0,4999	0,4999	0,4999	0,4999	0,4999	0,4999
3,80	0,4999	0,4999	0,4999	0,4999	0,4999	0,4999	0,4999	0,4999	0,4999	0,4999
3,90	0,5000	0,5000	0,5000	0,5000	0,5000	0,5000	0,5000	0,5000	0,5000	0,5000

TABLEAU | **3.2**

EXTRAIT DE LA TABLE DE LA LOI NORMALE CENTRÉE RÉDUITE

z	0,00	0,01	0,02	0,03
0,00	0,0000	0,0040	0,0080	0,0120
0,10	0,0398	0,0438	0,0478	0,0517
0,20	0,0793	**0,0832**	0,0871	0,0910
0,30	0,1179	0,1217	0,1255	0,1293
0,40	0,1554	0,1591	0,1628	0,1664

Selon la table, on a $P(0 \leq Z \leq 0,21) = 0,0832$. Puisque $P(Z = 0) = 0$ et $P(Z = 0,21) = 0$, on en conclut également que :

$$P(0 < Z < 0,21) = P(0 \leq Z < 0,21) = P(0 < Z \leq 0,21) = P(0 \leq Z \leq 0,21) = 0,0832$$

Donnons quelques exemples de l'emploi de la table de la loi normale centrée réduite. Pour évaluer une probabilité dont la forme est différente de $P(0 \leq Z \leq z)$, il faut d'abord manipuler les graphiques de façon à obtenir des régions d'aires équivalentes qu'on pourra évaluer à l'aide de la table de la loi normale centrée réduite.

EXEMPLE 3.1

Soit la variable Z telle que $Z \sim N(0 ; 1)$. La table de la loi normale centrée réduite ne permet pas d'évaluer directement $P(-1,8 \leq Z \leq 0)$. Toutefois, comme la courbe normale est symétrique, on sait que l'aire de la surface située sous la courbe normale comprise entre les valeurs $-1,8$ et 0 est la même que celle comprise entre les valeurs 0 et $1,8$ (figure 3.7). Par conséquent, les probabilités associées à ces deux régions sont les mêmes :

$$P(-1,8 \leq Z \leq 0) = P(0 \leq Z \leq 1,8)$$
$$= 0,4641$$

FIGURE | **3.7**

TRANSFORMATION GRAPHIQUE POUR ÉVALUER $P(-1,8 \leq Z \leq 0)$

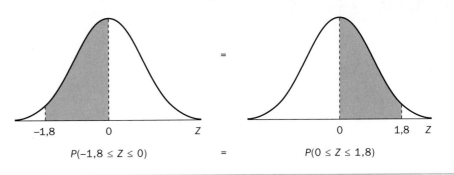

| $P(-1,8 \leq Z \leq 0)$ | $=$ | $P(0 \leq Z \leq 1,8)$ |

EXEMPLE 3.2

Soit la variable Z telle que $Z \sim N(0 ; 1)$. La table de la loi normale centrée réduite ne permet pas d'évaluer directement $P(-1,55 < Z < -0,14)$, puisque cette probabilité ne présente pas la forme $P(0 \leq Z \leq z)$. En se fondant sur la symétrie de la courbe normale, on transforme donc la surface correspondant à la probabilité cherchée en la décomposant en une série de surfaces d'aire équivalente (figure 3.8).

FIGURE | **3.8**

TRANSFORMATION GRAPHIQUE POUR ÉVALUER $P(-1{,}55 < Z < -0{,}14)$

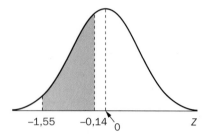

=

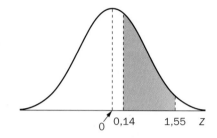

=

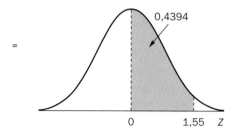

−

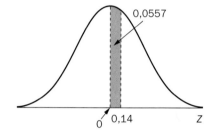

Par conséquent,

$$P(-1{,}55 < Z < -0{,}14) = P(0{,}14 < Z < 1{,}55)$$
$$= P(0 < Z < 1{,}55) - P(0 < Z \leq 0{,}14)$$
$$= 0{,}4394 - 0{,}0557$$
$$= 0{,}3837$$

Les principales transformations graphiques que vous aurez à effectuer pour évaluer des probabilités soumises à la loi normale sont présentées à la figure 3.9.

EXERCICE 3.1

Si $Z \sim N(0; 1)$, évaluez la probabilité.

a) $P(0{,}54 < Z < 2{,}18)$.

b) $P(Z > 1{,}56)$.

c) $P(Z \leq 2{,}08)$.

d) $P(-0{,}45 < Z < 1{,}25)$.

e) $P(-2{,}33 < Z < -0{,}76)$.

f) $P(Z < -2{,}08)$.

g) $P(Z > -1{,}21)$.

3.3.2 **Évaluation des seuils de probabilité apparaissant dans la table de la loi normale centrée réduite**

Nous voulons parfois répondre à des questions telles que : «Quelle est la valeur de k pour laquelle $P(0 \leq Z \leq k) = 0{,}4864$?» Pour ce faire, nous devons également recourir à la table de la loi normale centrée réduite. En consultant l'extrait de cette table présenté au tableau 3.3, on constate que $k = 2{,}21$, puisque $P(0 < Z < 2{,}21) = 0{,}4864$.

FIGURE | **3.9**

**MODÈLES DE TRANSFORMATIONS GRAPHIQUES EMPLOYÉES POUR ÉVALUER DES PROBABILITÉS
À PARTIR DE LA LOI NORMALE CENTRÉE RÉDUITE (*a* ET *b* SONT DEUX NOMBRES POSITIFS)**

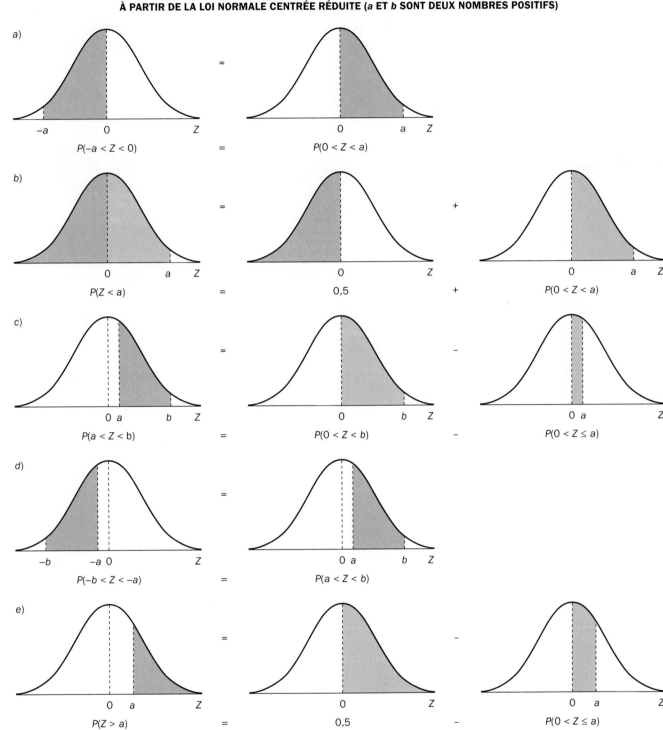

a)

$P(-a < Z < 0)$ $=$ $P(0 < Z < a)$

b)

$P(Z < a)$ $=$ $0{,}5$ $+$ $P(0 < Z < a)$

c)

$P(a < Z < b)$ $=$ $P(0 < Z < b)$ $-$ $P(0 < Z \leq a)$

d)

$P(-b < Z < -a)$ $=$ $P(a < Z < b)$

e)

$P(Z > a)$ $=$ $0{,}5$ $-$ $P(0 < Z \leq a)$

f)

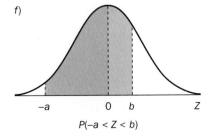

$P(-a < Z < b)$ $=$

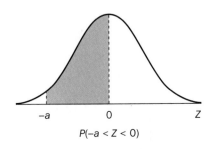

$P(-a < Z < 0)$ $+$

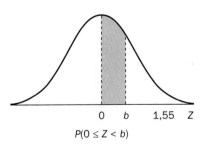

$P(0 \leq Z < b)$

TABLEAU | **3.3**

z	0,00	0,01	0,02	0,03
EXTRAIT DE LA TABLE DE LA LOI NORMALE CENTRÉE RÉDUITE				
2,00	0,4772	0,4778	0,4783	0,4788
2,10	0,4821	0,4826	0,4830	0,4834
2,20	0,4861	0,4864	0,4868	0,4871
2,30	0,4893	0,4896	0,4898	0,4901
2,40	0,4918	0,4920	0,4922	0,4925

EXEMPLE 3.3

Si $Z \sim N(0; 1)$, il est préférable, pour déterminer la valeur de k telle que :

$$P(1,02 < Z < k) = 0,1515$$

de recourir à une représentation graphique (figure 3.10).

FIGURE | **3.10**

ÉVALUATION D'UN SEUIL DE PROBABILITÉ

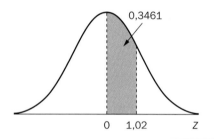 + 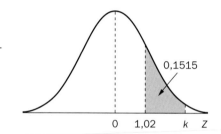 =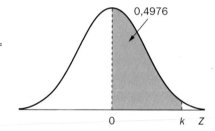

En consultant la table de la loi normale, on trouve que $k = 2,82$.

EXERCICE 3.2

Si $Z \sim N(0; 1)$, déterminez la valeur de k qui vérifie l'équation.

a) $P(Z < k) = 0,4404$.

b) $P(Z < k) = 0,7157$.

c) $P(-1,87 \leq Z \leq k) = 0,9673$.

d) $P(k \leq Z \leq 0,30) = 0,6080$.

3.3.3 Évaluation des seuils de probabilité n'apparaissant pas dans la table de la loi normale centrée réduite

Les seuils cherchés n'apparaissent pas toujours dans la table de la loi normale. Par exemple, si $Z \sim N(0; 1)$, on ne peut pas trouver directement la valeur de k telle que $P(0 \leq Z \leq k) = 0,2100$. En effet, en consultant la table de la loi normale centrée réduite, on constate que :

$$P(0 \leq Z \leq 0,55) = 0,2088$$

et que :

$$P(0 \leq Z \leq 0,56) = 0,2123$$

Par conséquent,

$$0,2088 = P(0 \leq Z \leq 0,55) \leq P(0 \leq Z \leq k) \leq P(0 \leq Z \leq 0,56) = 0,2123$$

et

$$0,55 < k < 0,56$$

Deux procédures permettent d'approximer la valeur de k.

Première procédure

On choisit pour valeur de k le seuil de la table le plus proche de la probabilité donnée. Puisque 0,2100 est plus proche de 0,2088 que de 0,2123, on prend $k = 0,55$.

Lorsque les deux seuils ont des probabilités équidistantes de la probabilité donnée, on en fait la moyenne. Ainsi, pour trouver la valeur de k telle que $P(0 \leq Z \leq k) = 0,3953$, on repère d'abord les seuils qui donnent une probabilité voisine de 0,3953. Selon la table de la loi normale centrée réduite, ces seuils sont 1,25 et 1,26 ; en effet, $P(0 \leq Z \leq 1,25) = 0,3944$ et $P(0 \leq Z \leq 1,26) = 0,3962$. Ces deux probabilités sont équidistantes de la probabilité donnée. En effet,

$$(0,3962 - 0,3953) = 0,0009 = (0,3953 - 0,3944)$$

Dans ce cas, on prend pour valeur de k la moyenne des deux seuils trouvés, c'est-à-dire $\dfrac{1,25 + 1,26}{2} = 1,255$.

Deuxième procédure

Pour obtenir une valeur de k de meilleure qualité, il faut effectuer une interpolation linéaire.

Illustrons cette procédure en cherchant de nouveau la valeur de k telle que $P(0 \leq Z \leq k) = 0,2100$. Nous écrirons $g(z)$ au lieu de $P(0 \leq Z \leq z)$; nous cherchons donc la valeur de k telle que $g(k) = 0,2100$. Nous savons que $0,55 < k < 0,56$, parce que $g(0,55) = 0,2088$ et que $g(0,56) = 0,2123$. Nous supposons que le point $A(k; g(k))$, soit $A(k; 0,2100)$, est sur la droite (d'où le qualificatif *linéaire*) qui joint les points $B(0,55; 0,2088)$ et $C(0,56; 0,2123)$. Comme la pente d'une droite est constante, nous pouvons écrire :

$$\begin{matrix} \text{Pente de la droite joignant} \\ \text{les points } B \text{ et } C \end{matrix} = \frac{0,2123 - 0,2088}{0,56 - 0,55}$$

et

$$\begin{matrix} \text{Pente de la droite joignant} \\ \text{les points } A \text{ et } C \end{matrix} = \frac{0,2123 - 0,2100}{0,56 - k}$$

d'où

$$\frac{0,2123 - 0,2088}{0,56 - 0,55} = \frac{0,2123 - 0,2100}{0,56 - k}$$

En isolant la valeur de l'inconnue, nous obtenons $k = 0,5534$.

Bien que la deuxième procédure donne des résultats plus précis, nous adopterons plutôt la première, parce qu'elle est beaucoup plus simple et nécessite peu de calculs. En outre, dans la plupart des cas, les deux procédures aboutissent à des valeurs dont la différence est négligeable.

3.3.4 Notation des seuils de probabilité

Dans les chapitres suivants, nous emploierons une notation particulière pour désigner un seuil de probabilité. Ainsi, nous noterons z_α la valeur d'une variable aléatoire normale centrée réduite telle que $P(Z > z_\alpha) = \alpha$: la probabilité que la variable Z prenne une valeur supérieure à z_α vaut donc α. Comme on le voit à la figure 3.11, $P(Z < z_\alpha) = 1 - \alpha$.

FIGURE | **3.11**

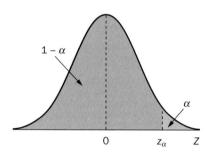

DÉTERMINATION DU SEUIL z_α

À partir de la définition de z_α et de la symétrie de la courbe normale (figure 3.12), on déduit que $P(-z_{\alpha/2} < Z < z_{\alpha/2}) = 1 - \alpha$.

FIGURE | **3.12**

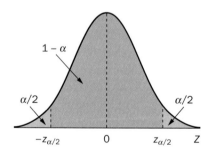

DÉTERMINATION DES SEUILS $z_{\alpha/2}$ ET $-z_{\alpha/2}$

EXEMPLE 3.4

Pour trouver $z_{0,025}$, il faut déterminer le seuil de la table de la loi normale centrée réduite tel que $P(Z > z_{0,025}) = 0,025$ ou, de manière équivalente, tel que $P(0 < Z \leq z_{0,025}) = 0,5 - 0,025 = 0,475$. On obtient alors $z_{0,025} = 1,96$.

EXERCICE 3.3

■ **Vous pouvez maintenant faire les exercices récapitulatifs 1 à 5.**

Donnez la valeur du seuil.

a) $z_{0,005}$.

b) $z_{0,01}$.

c) $z_{0,05}$.

3.4 | CALCUL D'UNE PROBABILITÉ POUR LA LOI NORMALE N(μ; σ^2)

Comme la loi normale centrée réduite ne s'applique pas toujours, il faut trouver une façon d'évaluer des probabilités lorsque la variable aléatoire est soumise à la loi normale de moyenne μ et de variance σ^2. Heureusement, une opération simple permet de transformer une loi normale quelconque en une loi normale centrée réduite.

Si $X \sim N(\mu; \sigma^2)$, alors la variable Y définie par $Y = aX + b$ est telle que $Y \sim N(a\mu + b; a^2\sigma^2)$. Par exemple, si $X \sim N(10; 25)$, alors la variable $Y = 4X + 8$ obéit à la loi normale de moyenne 48 (soit $4 \times 10 + 8$) et de variance 400 (soit $4^2 \times 25$).

En vertu de cette propriété, si $X \sim N(\mu; \sigma^2)$, alors la variable Z définie par $Z = \dfrac{X - \mu}{\sigma}$ est une variable aléatoire normale centrée réduite[2]: $Z \sim N(0; 1)$.

Il est donc toujours possible de transformer une variable aléatoire normale X en une variable aléatoire normale centrée réduite Z au moyen de la transformation:

$$Z = \frac{X - \mu}{\sigma}$$

Vous reconnaissez sans doute là la cote standard (ou cote z), une mesure de position que vous avez déjà étudiée.

Ainsi, lorsque $X \sim N(\mu; \sigma^2)$, on obtient:

$$P(a < X < b) = P\left(\frac{a - \mu}{\sigma} < \frac{X - \mu}{\sigma} < \frac{b - \mu}{\sigma}\right)$$
$$= P\left(\frac{a - \mu}{\sigma} < Z < \frac{b - \mu}{\sigma}\right)$$

où $Z \sim N(0; 1)$. Ce résultat est extrêmement important, car il nous ramène à une variable aléatoire normale centrée réduite pour laquelle nous disposons d'une table permettant d'évaluer des probabilités. En recourant systématiquement à cette procédure (consistant à centrer, puis à réduire), on peut donc évaluer une probabilité dans le contexte de la loi normale, quelles que soient la moyenne et la variance de la variable.

Puisque la variable Z correspond à la cote standard, elle représente la distance, mesurée en écarts types, entre les valeurs d'une variable aléatoire X et la moyenne de cette variable. Ainsi, lorsque $Z = 2,3$, la valeur correspondante de la variable aléatoire X se situe à 2,3 écarts types au-dessus de la moyenne; lorsque $Z = -1,8$, la valeur correspondante de X se situe à 1,8 écart type sous la moyenne. Selon la table de la loi normale centrée réduite:

$$P(0 < Z < 3) = 0,4987$$

Par conséquent,

$$P(-3 < Z < 3) = 2P(0 < Z < 3)$$
$$= 2(0,4987)$$
$$= 0,9974$$
$$\approx 1$$

---

2. En effet, $Z = \dfrac{X - \mu}{\sigma} = \dfrac{1}{\sigma}X + \left(\dfrac{-\mu}{\sigma}\right)$ est une variable aléatoire normale d'espérance $E(Z) = \dfrac{1}{\sigma}\mu + \left(\dfrac{-\mu}{\sigma}\right) = 0$ et de variance $Var(Z) = \dfrac{1}{\sigma^2}\sigma^2 = 1$.

On peut donc conclure que pratiquement toutes les valeurs d'une variable aléatoire normale sont situées à moins de 3 écarts types de sa valeur moyenne.

EXEMPLE 3.5

Si $X \sim \mathrm{N}(50; 100)$, alors $\mu = 50$, $\sigma = \sqrt{\sigma^2} = \sqrt{100} = 10$ et X est une variable aléatoire normale de moyenne 50 et d'écart type 10. La probabilité que cette variable prenne une valeur comprise entre 45 et 60 est donnée par l'expression :

$$P(45 < X < 60) = P\left(\frac{45 - 50}{10} < \frac{X - 50}{10} < \frac{60 - 50}{10}\right)$$

$$= P(-0,5 < Z < 1)$$

$$= P(-0,5 < Z < 0) + P(0 \leq Z < 1)$$

$$= P(0 < Z < 0,5) + P(0 \leq Z < 1)$$

$$= 0,1915 + 0,3413$$

$$= 0,5328$$

La figure 3.13 illustre l'évaluation de cette probabilité à partir de la loi normale centrée réduite.

FIGURE | **3.13**

TRANSFORMATION GRAPHIQUE POUR ÉVALUER $P(-0,5 < Z < 1)$

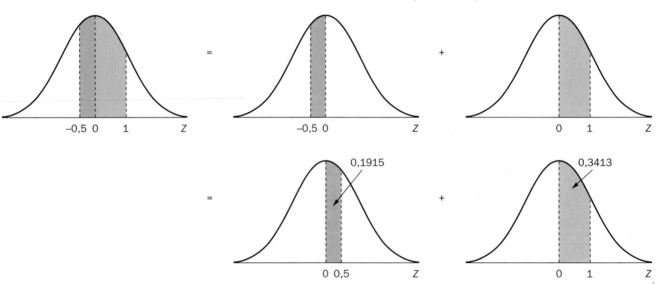

Il est également approprié de centrer et de réduire la variable lorsqu'on étudie la répartition des résultats à certains tests. Par exemple, comme nous l'avons vu à l'encadré de la page 99, les résultats au test d'intelligence de Stanford-Binet (test de QI) se répartissent selon la loi normale de moyenne 100 et d'écart type 16.

EXEMPLE 3.6

Si X est la variable aléatoire correspondant aux résultats au test d'intelligence de Stanford-Binet, alors $X \sim \mathrm{N}(100; 256)$. La proportion des individus qui ont un QI inférieur à 124 est donc donnée par $P(X < 124)$. Pour évaluer cette probabilité, il faut d'abord centrer et réduire la variable :

$$P(X < 124) = P\left(\frac{X - 100}{16} < \frac{124 - 100}{16}\right)$$

$$= P(Z < 1,5)$$

On trace ensuite le graphique correspondant à cette probabilité, puis on consulte la table de la loi normale centrée réduite pour obtenir l'aire des régions concernées (figure 3.14).

FIGURE | **3.14**

TRANSFORMATION GRAPHIQUE POUR ÉVALUER *P*(Z < 1,5)

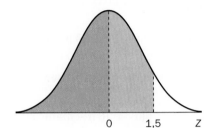
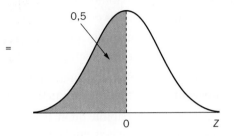
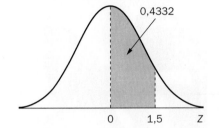

Ainsi,

$$P(X < 124) = P\left(\frac{X - 100}{16} < \frac{124 - 100}{16}\right)$$

$$= P(Z < 1,5)$$

$$= 0,5 + P(0 < Z < 1,5)$$

$$= 0,5 + 0,4332$$

$$= 0,9332$$

Par conséquent, environ 93 % des individus ont un QI inférieur à 124.

EXERCICES 3.4

1. Soit $X \sim N(100; 64)$.

a) Quels sont la moyenne et l'écart type de la variable X?

b) Complétez l'équation.

$$P(92 < X < 112) = P\left(\frac{92 - \underline{\quad}}{\underline{\quad}} < \frac{X - \underline{\quad}}{\underline{\quad}} < \frac{112 - \underline{\quad}}{\underline{\quad}}\right)$$

$$= P(\underline{\quad} < Z < \underline{\quad})$$

$$= P(\underline{\quad} < Z < 0) + P(0 \leq Z < \underline{\quad})$$

$$= P(0 < Z < \underline{\quad}) + P(0 \leq Z < \underline{\quad})$$

$$=$$

$$=$$

2. Les résultats X à un test de QI de Stanford-Binet se distribuent selon la loi normale : $X \sim N(100; 256)$.

a) Quelle est la proportion des individus dont le QI est compris entre 92 et 120 ?

b) Quelle est la proportion des individus dont le QI est compris entre 104 et 124 ?

c) Quelle est la proportion des individus dont le QI est inférieur à 112 ?

d) Quelle est la proportion des individus dont le QI est supérieur à 88 ?

e) Complétez : «Environ 25 % des résultats à un test de Stanford-Binet sont inférieurs à _____. »

f) Complétez : «Environ 75 % des résultats à un test de Stanford-Binet sont supérieurs à _____. »

3. Le temps X (en heures/semaine) que les adolescents consacrent aux communications électroniques (textos, Facebook, Twitter, courriels, etc.) est distribué selon la loi normale de moyenne 20 h/semaine et d'écart type 4 h/semaine.

a) Employez la notation mathématique appropriée pour indiquer que la variable X obéit à la loi normale de moyenne 20 et d'écart type 4.

b) Quelle est la probabilité qu'un adolescent consacre entre 20 et 23 h/semaine aux communications électroniques ?

c) Quelle est la probabilité qu'un adolescent consacre entre 24 et 29 h/semaine aux communications électroniques ?

d) Quelle est la probabilité qu'un adolescent consacre entre 15 et 25 h/semaine aux communications électroniques ?

e) Quelle est la probabilité qu'un adolescent consacre plus de 18 h/semaine aux communications électroniques ?

f) Quelle est la probabilité qu'un adolescent consacre moins de 14 h/semaine aux communications électroniques ?

g) Quelle est la probabilité qu'un adolescent consacre moins de 26 h/semaine aux communications électroniques ?

h) Quelle est la probabilité qu'un adolescent consacre entre 12 et 19 h/semaine aux communications électroniques ?

i) Complétez : « Environ 30 % des adolescents consacrent plus de _____ h/semaine aux communications électroniques. »

j) Complétez : « Environ 60 % des adolescents consacrent moins de _____ h/semaine aux communications électroniques. »

k) Complétez : « Environ 80 % des adolescents consacrent plus de _____ h/semaine aux communications électroniques. »

■ **Vous pouvez maintenant faire les exercices récapitulatifs 6 à 29.**

3.5 APPROXIMATION DE LA LOI BINOMIALE PAR LA LOI NORMALE

Dans cette section : correction de continuité.

Au chapitre 2, nous avons vu que la loi de Poisson permet d'approximer la loi binomiale[3] à condition que $n \geq 50$ et $np \leq 5$. La loi normale prend le relais de la loi de Poisson lorsque la condition relative à np n'est pas remplie. Ainsi, on peut employer la loi normale $N\big(np; np(1 - p)\big)$ pour approximer la loi binomiale $B(n; p)$ lorsque $n \geq 30$, $np \geq 5$ et $n(1 - p) \geq 5$.

Plus la probabilité de succès (p) dans une expérience aléatoire binomiale est voisine de 0,5 et plus le nombre d'essais (n) est grand, meilleure sera l'approximation. Même avec des valeurs de n relativement faibles, l'approximation est plutôt bonne lorsque $p = 0,5$. Il suffit de tracer quelques diagrammes à bâtons de la loi binomiale $(p = 0,5; n = 6, 10$ et $20)$ pour retrouver la forme en cloche caractéristique de la courbe normale (figure 3.15) et se convaincre du degré de correspondance entre la courbe normale et la loi binomiale.

---

3. Rappel : Une variable binomiale compte le nombre de succès obtenus après la répétition d'une même expérience à n reprises lorsque la probabilité de succès à chacune des reprises est constante et vaut p.

FIGURE | **3.15**

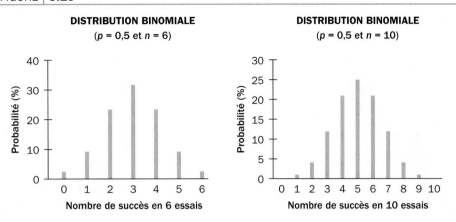

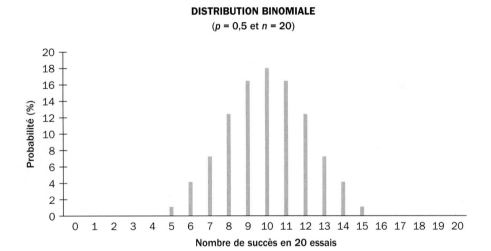

D'ailleurs, Quételet, le statisticien belge évoqué en début de chapitre (p. 98), employait l'expression *courbe binomiale*, et non *courbe normale*[4]. En fait, Quételet n'a jamais employé une table de la loi normale ; il se servait d'une table de la loi binomiale qu'il avait lui-même construite pour $n = 999$ et $p = 0,5$.

Sir Francis Galton, le grand scientifique du XIXᵉ siècle qui fut l'un des fondateurs de la méthode statistique, a créé un dispositif particulièrement ingénieux pour illustrer la façon de générer la courbe en forme de cloche caractéristique de la loi normale à partir d'un phénomène binomial. Dans cet appareil appelé « planche de Galton », la force gravitationnelle fait descendre des billes placées au sommet (figure 3.16). À chaque niveau de la planche de Galton[5], chaque bille rencontre un obstacle, qu'elle contourne par la gauche ou la droite avec une probabilité $p = 0,5$. Les billes s'accumulent dans une série de réceptacles situés au bas de l'appareil. À l'issue de l'expérience, ces derniers sont habituellement remplis selon une configuration très semblable à la courbe normale (lorsque le nombre de billes est suffisamment grand).

4. S. M. Stigler, *The History of Statistics. The Measurement of Uncertainty before 1900*, Cambridge, Belknap Press, 1986, p. 201-210.

5. Voir les simulations ou les illustrations de la planche de Galton aux adresses suivantes : http://www.subtangent.com/maths/ig-quincunx.php, http://www.youtube.com/watch?v=9xUBhhM4vbM&feature=related et http://www.youtube.com/watch?v=xDIyAOBa_yU&NR=1.

FIGURE | **3.16**

PLANCHE DE GALTON

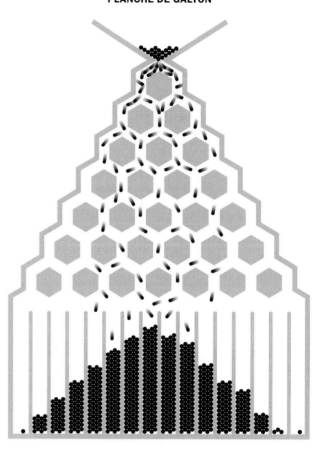

Lorsqu'on effectue une approximation de la loi binomiale par la loi normale, on doit tenir compte du fait que la loi binomiale est une loi discrète tandis que la loi normale est une loi continue. Il faut donc effectuer une **correction de continuité** pour obtenir une approximation de bonne qualité. Faute de quoi, la valeur approximative obtenue pour $P(X = a)$ serait toujours 0, alors que ce n'est généralement pas le cas lorsque $X \sim \mathrm{B}(n; p)$.

Pour arriver aux règles présentées au tableau 3.4, on s'est demandé quelles valeurs donneraient l'entier a après un arrondissement à la valeur entière. Comme les valeurs comprises dans l'intervalle $]a - 0{,}5; \; a + 0{,}5[$ sont arrondies à l'entier a, on emploiera l'approximation :

$$P(X = a) \approx P(a - 0{,}5 < Y < a + 0{,}5)$$

et les deux autres approximations consignées au tableau 3.4.

Correction de continuité

Correction qu'on doit apporter lorsqu'on approxime une variable aléatoire discrète par une variable aléatoire continue. On applique cette correction dans l'approximation de la loi binomiale par la loi normale. ◼

TABLEAU | **3.4**

RÈGLES RÉGISSANT LA CORRECTION DE CONTINUITÉ DANS L'ÉVALUATION D'UNE PROBABILITÉ
(*a* ET *b* SONT DES ENTIERS)

Énoncé avant la correction $X \sim \mathrm{B}(n; p)$	Énoncé après la correction $Y \sim \mathrm{N}(np; np(1 - p))$
$P(X = a)$	$P(a - 0{,}5 < Y < a + 0{,}5)$
$P(a < X < b)$	$P(a + 0{,}5 < Y < b - 0{,}5)$
$P(a \leq X \leq b)$	$P(a - 0{,}5 < Y < b + 0{,}5)$

EXEMPLE 3.7

Si $X \sim \mathrm{B}(50;\, 0,3)$, alors les conditions d'approximation de la loi binomiale par la loi normale sont remplies. En effet,

$$n = 50 \geq 30$$

$$np = 50 \times 0,3 = 15 \geq 5$$

$$n(1 - p) = 50 \times (1 - 0,3) = 35 \geq 5$$

Par conséquent,

$$P(17 < X \leq 20) \approx P(17,5 < Y < 20,5)$$

où $Y \sim \mathrm{N}(15;\, 10,5)$, puisque $np = 50(0,3) = 15$ et

$$np(1 - p) = 50(0,3)(1 - 0,3) = 10,5$$

Or,

$$P(17,5 < Y < 20,5) = P\left(\frac{17,5 - 15}{\sqrt{10,5}} < \frac{Y - 15}{\sqrt{10,5}} < \frac{20,5 - 15}{\sqrt{10,5}} \right)$$

$$= P(0,77 < Z < 1,70)$$

$$= P(0 < Z < 1,70) - P(0 < Z \leq 0,77)$$

$$= 0,4554 - 0,2794$$

$$= 0,1760$$

Ainsi, $P(17 < X \leq 20) \approx 0,1760$.

EXERCICE 3.5

■ **Vous pouvez maintenant faire les exercices récapitulatifs 30 à 37.**

Un institut de sondage estime que 60 % des personnes qu'il joint au téléphone acceptent de participer à une enquête. S'il joint 1 200 personnes au téléphone, quelle est la probabilité qu'au moins 700 d'entre elles acceptent de participer à l'enquête ?

3.6 | NORMALISATION DE DONNÉES

Dans cette section : normalisation.

Normalisation

Procédé par lequel on transforme une variable aléatoire quelconque en une variable aléatoire normale. ■

Le modèle normal est si séduisant qu'on a cherché à l'imposer à toutes les formes de distribution selon un procédé appelé **normalisation**. On applique ce procédé de transformation des données dans plusieurs domaines, notamment en psychologie et en sciences de l'éducation.

Pour normaliser une donnée de valeur x tirée d'une série de données, on détermine d'abord son rang centile. Puis, dans la table de la loi normale centrée réduite, on relève la valeur de z qui occupe ce rang centile. On associe alors x à z. La nouvelle série formée des z se conformera à une loi normale centrée réduite, la loi $\mathrm{N}(0;\, 1)$.

Pour que les données initiales suivent la loi normale de moyenne μ et d'écart type σ, il suffit d'effectuer la transformation :

$$x \rightarrow z \rightarrow \mu + z\sigma$$

Cette nouvelle série de données aura la moyenne et l'écart type souhaités, et se conformera à la loi normale.

EXEMPLE 3.8

Considérez les notes que 50 étudiants ont obtenues à un examen de mathématiques (tableau 3.5).

TABLEAU | **3.5**

RÉPARTITION EN POURCENTAGE ET RÉPARTITION CUMULÉE DE 50 ÉTUDIANTS, SELON LEUR NOTE EN MATHÉMATIQUES

Note	Pourcentage des étudiants (%)	Pourcentage cumulé des étudiants (%)
30-40	10	10
40-50	16	26
50-60	40	66
60-70	26	92
70-80	8	100
Total	**100**	

Comme ces notes sont plutôt faibles, le professeur décide de les normaliser avec une moyenne de 70 et un écart type de 5. Pour déterminer la nouvelle note d'un étudiant qui a obtenu 65 à l'examen, il faut d'abord trouver son rang centile. On le fait à partir de la courbe des fréquences relatives cumulées (figure 3.17)[6].

Le rang centile d'une personne qui a obtenu une note de 65 à cet examen est de 80.

FIGURE | **3.17**

RÉPARTITION CUMULÉE DE 50 ÉTUDIANTS, SELON LEUR NOTE EN MATHÉMATIQUES

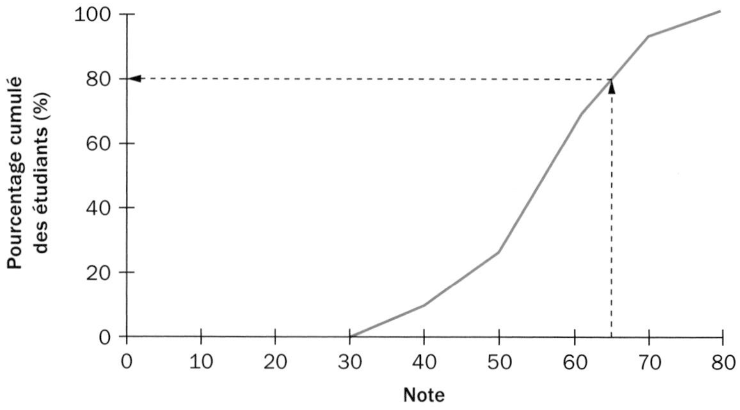

Il faut donc trouver la valeur de z telle que $P(Z < z) = 0,80$ ou, de manière équivalente, $P(0 < Z < z) = 0,8 - 0,5 = 0,3$. Or, $P(0 < Z < 0,84) = 0,2995$ et $P(0 < Z < 0,85) = 0,3023$. Comme nous avons décidé de ne pas faire d'interpolation linéaire, nous dirons que $z = 0,84$, puisque cette valeur est la plus proche de la probabilité correspondant au rang centile de 80. Un étudiant qui avait obtenu 65 verra donc sa note passer à 74,2 (soit $\mu + z\sigma = 70 + 0,84 \times 5$) après la normalisation.

---

6. Si vous avez oublié comment déterminer le rang centile, vous pouvez vous référer à L. Amyotte, *Méthodes quantitatives. Applications à la recherche en sciences humaines*, 3ᵉ éd., Saint-Laurent, ERPI, 2011, p. 265, ou encore à l'aide-mémoire qui accompagne ce livre.

| **EXERCICE 3.6** | À partir des données de l'exemple 3.8, quelle sera, après la normalisation, la note d'un étudiant qui avait obtenu 55 ? |

Plusieurs échelles de scores normalisés sont couramment utilisées en psychométrie : le QI de Stanford-Binet est normalisé selon une moyenne de 100 et un écart type de 16 ; les scores aux différents sous-tests des échelles d'intelligence de Wechsler le sont avec une moyenne de 10 et un écart type de 3 ; et le QI dérivé de Wechsler l'est avec une moyenne de 100 et un écart type de 15. Les résultats au *Scholastic Aptitude Test* (SAT) administré aux étudiants qui veulent être admis à l'université aux États-Unis sont normalisés avec une moyenne de 500 et un écart type de 100. L'échelle des stanines (abréviation de *standard nine*, cette échelle ne comportant que neuf unités : 1, 2, ..., 9) fournit aussi des scores normalisés ($\mu = 5$ et $\sigma = 1,96$). Enfin, les psychologues emploient également l'échelle des scores *T*, qui donne des résultats normalisés dont la moyenne est de 50 et l'écart type de 10. La figure 3.18 illustre la correspondance entre les différents types de scores normalisés.

■ **Vous pouvez maintenant faire les exercices récapitulatifs 38 et 39.**

FIGURE | **3.18**

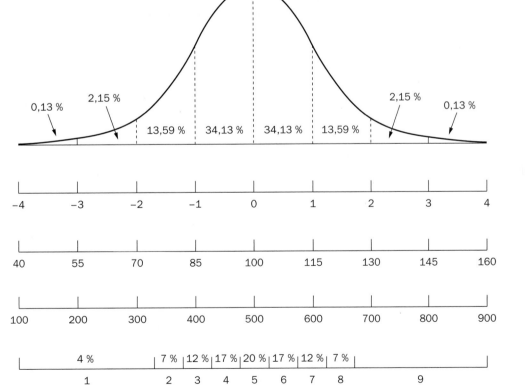

ÉCHELLES DE SCORES NORMALISÉS

RÉSUMÉ

La **loi normale** est une loi de probabilité associée à une variable aléatoire continue. On écrit $X \sim N(\mu; \sigma^2)$ pour indiquer que la variable aléatoire X obéit à la loi normale de moyenne μ et de variance σ^2. La **fonction de densité** de la loi normale de moyenne μ et de variance σ^2 a pour expression :

$$f(x) = \frac{1}{\sigma\sqrt{2\pi}} e^{-\frac{(x-\mu)^2}{2\sigma^2}}$$

Le graphique de la loi normale présente la forme d'une cloche (figure 3.1, p. 97) et constitue un modèle descriptif de nombreux phénomènes naturels ou résultant de l'activité humaine. Le modèle normal a séduit les psychologues, qui l'ont adopté pour établir l'échelle des quotients intellectuels (QI) dérivés. Ainsi, les résultats au test d'intelligence de Stanford-Binet sont distribués selon la loi normale de moyenne 100 et d'écart type 16.

La procédure employée pour imposer le modèle normal de moyenne μ et de variance σ^2 à une variable aléatoire quelconque s'appelle **normalisation**. Pour normaliser une donnée, il faut trouver son rang centile, puis déterminer le seuil (z) de la loi normale centrée réduite qui correspond à ce rang et, enfin, appliquer la transformation $x \rightarrow z \rightarrow \mu + z\sigma$. La normalisation est couramment employée en psychologie et en sciences de l'éducation. Les QI, les scores au SAT, les stanines et les scores T sont des exemples de données normalisées.

Pour une variable aléatoire continue (comme pour une variable aléatoire normale), une probabilité correspond à l'aire d'une surface comprise entre l'axe des abscisses (l'axe des « x ») et la fonction de densité (la loi de probabilité) de la variable étudiée. Comme la mesure d'une probabilité correspond à l'aire d'une surface, il est utile de représenter graphiquement la probabilité cherchée.

La table de la **loi normale centrée réduite**, notée $N(0; 1)$, permet d'évaluer les probabilités de la forme $P(a \le Z \le b)$ en recourant aux propriétés de la loi normale (notamment la symétrie par rapport à sa moyenne) et à des transformations graphiques ingénieuses, comme celles présentées à la figure 3.9 (p. 105).

Dans le cas d'une variable aléatoire normale X de moyenne μ et de variance σ^2, notée $X \sim N(\mu; \sigma^2)$, il faut d'abord effectuer la transformation :

$$Z = \frac{X - \mu}{\sigma}$$

La variable Z ainsi obtenue obéit à la loi normale centrée réduite, soit la loi normale de moyenne 0 et de variance 1, c'est-à-dire que $Z \sim N(0; 1)$. Nous pouvons donc évaluer des probabilités à partir de la table de la loi normale centrée réduite en recourant à l'identité suivante :

$$P(a < X < b) = P\left(\frac{a - \mu}{\sigma} < \frac{X - \mu}{\sigma} < \frac{b - \mu}{\sigma}\right)$$

$$= P\left(\frac{a - \mu}{\sigma} < Z < \frac{b - \mu}{\sigma}\right)$$

On peut également employer la loi normale pour approximer la loi binomiale lorsque celle-ci remplit certaines conditions. Ainsi, on peut employer la loi normale $N(np; np(1 - p))$ pour approximer la loi binomiale $B(n; p)$ lorsque $n \ge 30$, $np \ge 5$ et $n(1 - p) \ge 5$. Comme on fait alors l'approximation d'un modèle discret par un modèle continu, il faut effectuer une **correction de continuité** (tableau 3.4, p. 114) avant d'évaluer une probabilité.

MOTS CLÉS

Correction de continuité, p. 114

Fonction de densité, p. 97

Loi normale, p. 97

Loi normale centrée réduite, p. 101

Normalisation, p. 115

RÉSEAU DE CONCEPTS

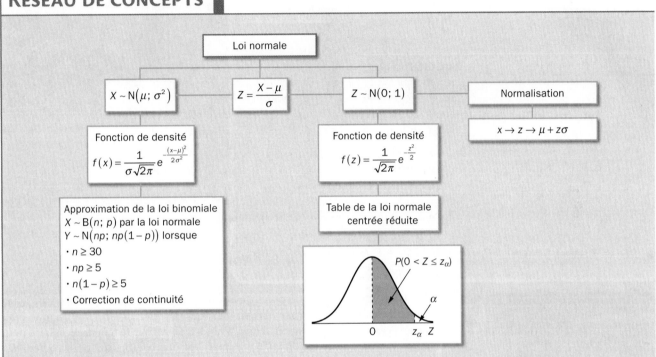

Exercices récapitulatifs

Sections 3.1 à 3.3

1. Si $X \sim N(100; 25)$, représentez chaque expression dans un graphique où vous aurez tracé la fonction de densité de la variable X.

a) $X = 100$.

b) $95 < X < 105$.

c) $X > 110$.

d) $P(95 < X < 110)$.

2. Vous ne disposez pas de la table de la loi normale centrée réduite. On vous demande d'évaluer la probabilité $P(X < 60)$ sachant que $X \sim N(50; 16)$. On vous propose les réponses suivantes :

a) 0,4938.   b) 0,0062.   c) 0,9938.

Expliquez pourquoi il est impossible que la réponse soit a ou b.

3. Si $Z \sim N(0; 1)$, évaluez la probabilité.

a) $P(0 < Z < 2,04)$.

b) $P(Z < 2,45)$.

c) $P(Z > 1,83)$.

d) $P(Z < -1,09)$.

e) $P(-1,29 < Z < 2,10)$.

f) $P(-2,89 < Z < -0,45)$.

4. Si $Z \sim N(0; 1)$, déterminez la valeur de k qui vérifie l'équation.

a) $P(0 < Z < k) = 0,4207$.

b) $P(Z > k) = 0,6950$.

c) $P(Z < k) = 0,2743$.

d) $P(-2 < Z < k) = 0,1359$.

e) $P(k < Z < 2,33) = 0,7605$.

f) $P(k < Z < 0) = 0,3407$.

g) $P(k < Z < 1,86) = 0,2805$.

5. Si $Z \sim N(0; 1)$, évaluez l'expression.

a) $P(z_{0,05} < Z < z_{0,01})$.

b) $P(Z > -z_{0,02})$.

c) $P(Z < -z_{0,10})$.

Section 3.4

6. Si $X \sim N(100; 25)$, évaluez la probabilité.

a) $P(X \geq 100)$.

b) $P(100 < X < 112,4)$.

c) $P(98,2 < X < 100)$.

d) $P(94,6 < X < 112,4)$.

e) $P(106,3 < X < 112,4)$.

f) $P(94,6 < X < 98,7)$.

g) $P(X < 104,2)$.

h) $P(X > 89,1)$.

i) $P(X > 106,9)$.

j) $P(X < 92,8)$.

7. Si $X \sim N(\mu; \sigma^2)$, évaluez la probabilité.

a) $P(\mu - \sigma < X < \mu + \sigma)$.

b) $P(\mu - 1,96\sigma < X < \mu + 1,96\sigma)$.

c) $P(\mu - 2,57\sigma < X < \mu + 2,57\sigma)$.

8. Deux trajets mènent de votre domicile à votre travail. Le trajet A prend en moyenne 30 min, avec un écart type de 10 min. Le trajet B prend en moyenne 35 min, mais avec un écart type de seulement 4 min. Vous supposez que le temps nécessaire pour vous rendre au travail obéit à la loi normale. Vous partez tous les jours à 8 heures.

a) Lequel des deux trajets vous donne une plus grande probabilité d'être à l'heure à une réunion qui débute à 8 h 40 ?

b) Obtiendriez-vous la même réponse si votre réunion débutait à 8 h 30 ?

c) Quelle est la probabilité que vous arriviez en retard si vous empruntez le trajet B et que votre réunion commence à 9 heures ?

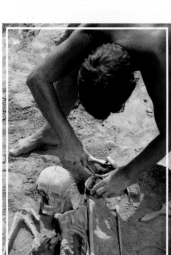

9. Lors de fouilles en Égypte, des archéologues ont exhumé un crâne d'hominidé dont le diamètre est de 119 mm. Des recherches antérieures ont montré que le diamètre des crânes des hommes adultes qui vivaient dans la région des fouilles 3 000 ans avant Jésus-Christ était distribué selon la loi normale dont la moyenne est 133 mm et l'écart type 5 mm. Est-il vraisemblable que le crâne trouvé soit celui d'un homme ayant vécu à cette époque dans cette région ? (Indice : Déterminez si le fait d'avoir un crâne dont le diamètre est inférieur ou égal à 119 mm constitue un phénomène rare en évaluant la proportion des crânes qui ont un diamètre inférieur ou égal à 119 mm.)

10. Une machine fabrique des tiges de métal. Comme le procédé de fabrication n'est pas parfait, on observe des variations dans la longueur des tiges produites qui est distribuée normalement avec une moyenne de 2 m. La longueur des tiges produites présente un écart type de 2 cm (soit 0,02 m). Les tiges dont la longueur est supérieure à 2,05 m ou inférieure à 1,98 m sont considérées comme défectueuses. Quelle est la proportion de tiges défectueuses produites par cette machine ?

11. L'épaisseur des feuilles d'acier produites dans une usine est une variable aléatoire normale dont la moyenne est de 20 mm et l'écart type de 0,4 mm. Le fabricant considère comme défectueuses les feuilles dont l'épaisseur excède l'épaisseur moyenne par plus de 2 écarts types (défectuosité par excès) ou est inférieure à l'épaisseur moyenne de plus de 0,5 mm (défectuosité par défaut).

   a) Quel pourcentage des feuilles d'acier produites par ce fabricant ont une épaisseur inférieure à 21 mm?

   b) Quel pourcentage des feuilles produites sont défectueuses par excès?

   c) Quel pourcentage des feuilles produites ne sont pas défectueuses par défaut?

12. La masse des enfants à la naissance se répartit selon la loi normale dont la moyenne est 3 500 g et l'écart type 400 g.

   a) Quelle est la probabilité que la masse d'un nouveau-né soit comprise entre 3 et 4 kg?

   b) Les nouveau-nés qui pèsent moins de 2,5 kg, appelés *bébés de faible poids*, sont plus fragiles que les autres. Quelle est la proportion de bébés de faible poids?

13. Les résultats au test de quotient intellectuel (QI) de Stanford-Binet sont distribués selon la loi normale N(100; 256). Le tableau 3.6 permet d'interpréter les résultats obtenus à ce genre de test.

TABLEAU | **3.6**

INTERPRÉTATION DES VALEURS DE QUOTIENT INTELLECTUEL (QI)

Valeur du QI	Interprétation
Moins de 70	Déficience intellectuelle
70-90	Intelligence inférieure
90-110	Intelligence moyenne
110-130	Intelligence supérieure
130 et plus	Intelligence très supérieure

Calculez les probabilités associées à chacun des intervalles de valeurs de QI[7].

14. Le représentant d'une maison d'édition fait la tournée des libraires scolaires de la grande région de Montréal. La distance (en kilomètres) qu'il parcourt par semaine avec sa voiture est une variable aléatoire normale de moyenne 800 km et d'écart type 100 km.

Quelle est la probabilité qu'il parcoure au cours de la prochaine semaine:

   a) une distance supérieure à 1 000 km?

   b) une distance inférieure à 750 km?

   c) une distance de moins de 900 km?

   d) une distance comprise entre 700 et 950 km?

15. La masse X (en grammes) du cerveau d'un homme adulte est distribuée selon la loi normale de moyenne 1 400 g et d'écart type 100 g.

   a) Employez la notation mathématique appropriée pour indiquer que la variable X obéit à la loi normale de moyenne 1 400 et d'écart type 100.

   b) Quelle est la probabilité que le cerveau d'un homme adulte ait une masse comprise entre 1 400 et 1 575 g?

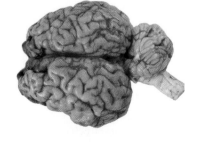

7. Arrondissez les cotes z au nombre à deux décimales le plus proche. Ainsi, arrondissez 1,876 à 1,88, et 1,874 à 1,87. Si le nombre à arrondir est aussi proche du nombre à deux décimales inférieur que du nombre à deux décimales supérieur, arrondissez à celui dont la deuxième décimale est paire: 1,875 sera arrondi à 1,88, alors que 1,865 sera arrondi à 1,86. Cette règle d'arrondissement porte le nom de *règle de Gauss*.

c) Quelle est la probabilité que sa masse soit comprise entre 1 530 et 1 640 g?

d) Quelle est la probabilité que sa masse soit supérieure à 1 525 g?

e) Quelle est la probabilité que sa masse soit inférieure à 1 740 g?

f) Quelle est la probabilité que sa masse soit inférieure à 1 310 g?

g) Quelle est la probabilité que sa masse soit supérieure à 1 275 g?

h) Quelle est la probabilité que sa masse soit comprise entre 1 220 et 1 370 g?

16. Le temps de réaction X (en secondes) à un stimulus sonore est distribué selon la loi normale de moyenne 0,8 s et d'écart type 0,15 s. Une personne sélectionnée aléatoirement est soumise à un stimulus sonore.

a) Employez la notation mathématique appropriée pour indiquer que la variable X obéit à la loi normale de moyenne 0,8 s et d'écart type 0,15 s.

b) Quelle est la probabilité que le temps de réaction de cette personne soit supérieur à 0,6 s?

c) Quelle est la probabilité qu'il soit inférieur à 0,7 s?

d) Quelle est la probabilité qu'il soit compris entre 0,5 et 0,9 s?

e) Quelle est la probabilité qu'il soit compris entre 0,9 et 1 s?

f) Quelle est la probabilité qu'il soit compris entre 0,6 et 0,7 s?

17. Un psychologue industriel s'intéresse à la durée du contact visuel entre les candidats et les membres d'un comité de sélection lors des entrevues d'embauche. Selon les mesures effectuées sur plusieurs sujets masculins pendant des périodes de cinq minutes, la durée totale X (en secondes) du contact visuel avec un membre féminin du comité de sélection se distribue selon la loi normale de moyenne 120 s et d'écart type 20 s.

a) Employez la notation mathématique appropriée pour indiquer que la variable X obéit à la loi normale de moyenne 120 s et d'écart type 20 s.

b) Quelle est la probabilité que la durée du contact visuel soit supérieure à 155 s?

c) Quelle est la probabilité qu'elle soit inférieure à 135 s?

d) Quelle est la probabilité qu'elle soit comprise entre 85 et 145 s?

e) Quelle est la probabilité qu'elle soit comprise entre 90 et 110 s?

18. Les résultats possibles au test de QI de Wechsler sont répartis selon la loi normale dont la moyenne est 100. Le score de 68,26 % des sujets se situe entre 85 et 115. À partir de ces informations, déterminez l'écart type des résultats à ce test.

19. Zoé doit passer un test d'admission à un programme d'études contingenté. Les notes obtenues à ce test sont réparties selon la loi normale de moyenne 500 et d'écart type 100. Seuls les candidates et candidats dont les notes sont dans les 10 % supérieurs sont acceptés.

a) Si Zoé obtient une note de 600, sera-t-elle acceptée?

b) Quelle note minimale Zoé devrait-elle obtenir pour être acceptée?

20. Avant d'embaucher des salariés, une entreprise soumet les candidats à plusieurs tests, dont un test de dextérité. Le temps exigé (en minutes) pour effectuer ce test est une variable aléatoire qui obéit à la loi normale dont la moyenne est 2 min et l'écart type 0,5 min.

a) Tracez le graphique de la fonction de densité de cette variable et indiquez les valeurs entre lesquelles devraient se trouver la plupart des résultats.

b) Quelle est la probabilité qu'un sujet mette plus de 1,6 min pour effectuer le test?

c) Quelle est la probabilité qu'un sujet mette moins de 2,5 min pour effectuer le test?

d) Combien de temps les sujets qui forment les 10 % les plus lents mettent-ils pour terminer ce test?

21. Un professeur d'université doit attribuer des cotes littérales (*A*, *B*, *C*, *D* et *E*) aux étudiants qui suivent son cours. Les notes des étudiants sont réparties selon la loi normale N(68; 100). Il décide d'attribuer les cotes de la façon suivante : *E* aux étudiants dont la note se situe dans les 5 % inférieurs ; *D* à ceux des 20 % qui suivent ; *C* à ceux des 50 % du milieu ; *B* à ceux des 20 % qui suivent ; *A* à tous les autres étudiants. Déterminez les notes qui servent de frontières entre les cotes employées.

22. Les responsables d'un programme universitaire fortement contingenté emploient plusieurs indicateurs pour sélectionner les candidats. Dans un premier temps, ils ne conservent que les dossiers de ceux qui ont eu une moyenne supérieure à 85 % au cégep. Ils leur font ensuite passer un test, puis en reçoivent un certain nombre en entrevue. Les résultats au test sont distribués normalement avec une moyenne de 50 et un écart type de 10.

   a) Si les responsables du programme ont décidé d'accorder une entrevue aux candidats qui ont obtenu une note supérieure à 55 au test de sélection, quelle proportion des candidats rencontreront-ils ?

   b) Si les responsables ne veulent rencontrer que 15 % des candidats en entrevue, quelle note exigeront-ils au test de sélection ?

23. Un test mesure le degré d'introversion et d'extraversion des sujets. Ses résultats sont distribués selon la loi normale de moyenne 70 et d'écart type 9. On considère comme introverties les personnes dont les résultats se situent dans les 8 % inférieurs. Quel résultat une personne doit-elle obtenir pour être classée parmi les introvertis ?

24. Un professeur de psychologie a observé que le temps dont ses étudiants ont besoin pour terminer un examen obéit à la loi normale dont la moyenne est 90 min et l'écart type 8 min.

   a) S'il accorde 100 min pour passer l'examen, quelle proportion des étudiants n'auront pas le temps de le terminer ?

   b) Combien de temps devrait-il accorder s'il souhaite que 98 % des étudiants aient le temps de le terminer ?

25. La quantité de café versée par un distributeur dans un verre obéit à la loi normale dont la moyenne est 300 mL et l'écart type 5 mL.

   a) Quelle proportion des verres de café servis par ce distributeur contiennent moins de 292 mL de café ?

   b) Si les verres ont une capacité maximale de 310 mL, quelle proportion des verres débordent lorsqu'ils sont employés avec ce distributeur ?

   c) Quelle devrait être la capacité des verres pour que seulement 1 % d'entre eux débordent lorsqu'ils sont employés avec ce distributeur ?

26. Le temps nécessaire (en jours) pour construire une maison unifamiliale est une variable aléatoire qui obéit à la loi normale dont la moyenne est 45 jours et l'écart type 4 jours.

   a) Quelle est la probabilité qu'il faille entre 40 et 52 jours pour construire une maison unifamiliale ?

   b) Si le constructeur accorde une réduction de 2 000 $ sur toute maison qui n'est pas livrée en moins de 51 jours, quel pourcentage des acheteurs y auront droit ?

   c) Si le constructeur ne veut accorder cette réduction que pour 0,5 % des maisons qu'il construit, quel délai de livraison doit-il garantir ?

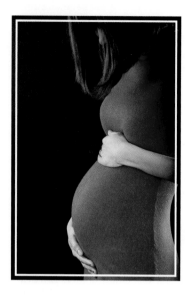

27. La durée de la gestation (en jours) des Québécoises est une variable qui obéit à la loi normale de moyenne 273 jours et d'écart type 9 jours.

a) Quel pourcentage des naissances devraient survenir après une gestation d'au plus 280 jours ?

b) Une gestation de plus de 295 jours vous paraît-elle exceptionnelle ? Justifiez votre réponse.

c) On qualifie de prématurée une naissance survenant avant 37 semaines complètes de gestation. Évaluez la proportion des naissances prématurées.

d) Si l'on avait défini le concept de prématurité comme la durée en deçà de laquelle on observe 4 % des naissances, quelle aurait été la durée de gestation utilisée pour déterminer la prématurité ?

e) En deçà de quelle durée de gestation surviennent 90 % des naissances au Québec ?

28. Le temps de réaction d'un service ambulancier lors d'un appel d'urgence est la période séparant le moment où l'appel est reçu par le répartiteur et celui où un ambulancier signale qu'il est rendu sur les lieux. On a établi que le temps de réaction obéit à une loi normale de moyenne 10 min et d'écart type 1,5 min.

a) Quelle est la probabilité que le temps de réaction soit supérieur à 12 min ?

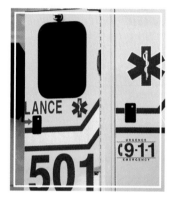

b) Un répartiteur de la compagnie affirme que le temps de réaction est inférieur à 13 min dans au moins 80 % des cas. Son affirmation est-elle plausible ? Justifiez votre réponse.

c) On désire améliorer le service ambulancier. On veut réduire le temps moyen de réaction de façon à répondre à 95 % des urgences dans un délai de moins de 10 min. On souhaite également que le temps de réaction soit plus homogène en ramenant l'écart type à 1 min. Quel devrait être le nouveau temps moyen de réaction ?

29. Une étude menée par une association de consommateurs a montré que la durée de vie d'un lecteur MP3 est une variable aléatoire distribuée normalement avec une moyenne de 7,1 ans et un écart type de 1,4 an.

a) Quelle est la probabilité que la durée de vie d'un lecteur MP3 soit inférieure à 8 ans ?

b) Selon les auteurs de l'étude, au plus 10 % des lecteurs MP3 ont une durée de vie supérieure à 10 ans. Est-ce plausible ? Justifiez votre réponse.

c) Les fabricants désirent augmenter la durée de vie des lecteurs MP3. Ils veulent produire des lecteurs dont la durée de vie moyenne sera telle que 80 % d'entre eux dureront plus de 8 ans. Ils souhaitent également que la durée de vie soit plus homogène en ramenant l'écart type à 1 an. Quelle devrait être la nouvelle durée de vie moyenne des lecteurs MP3 ?

Section 3.5

30. Un transporteur aérien sait que 5 % des personnes qui ont effectué une réservation ne se présenteront pas à l'aéroport. Ce transporteur a accepté 205 réservations pour un vol offrant 200 places. On suppose que les annulations sont indépendantes les unes des autres. Quelle est la probabilité que cette compagnie se trouve dans l'embarras, c'est-à-dire que plus de 200 personnes se présentent pour prendre l'avion ?

31. Nadine a vidé sa tirelire, qui contenait 125 pièces de monnaie qu'elle a étalées sur une table. Quelle est la probabilité que plus de 50 pièces, mais moins de 70 pièces, présentent le côté «pile»?

32. Le rapport de masculinité à la naissance vaut 105 (on dénombre 105 naissances d'un garçon pour 100 naissances d'une fille). Quelle est la probabilité d'observer la naissance de plus de filles que de garçons lorsqu'on dénombre 1 200 naissances?

33. Lorsqu'on lance une pièce de monnaie 10 000 fois, est-il plus probable d'observer un nombre de «pile» supérieur à 4 995 mais inférieur à 5 005, ou un nombre de «pile» inférieur à 4 950?

34. Un psychologue a observé que seulement 75 % des personnes qui ont accepté de se soumettre à une expérience se présenteront à son laboratoire au moment prévu. Si 60 personnes ont accepté de participer à une expérience, et si les sujets se présentent ou ne se présentent pas à l'expérience de manière indépendante, quelle est la probabilité que plus de 40 sujets se présentent au laboratoire au moment prévu?

35. Un fabricant d'ampoules électriques dit que seulement 5 % des ampoules qu'il produit sont défectueuses. Si cette affirmation est fondée, est-il vraisemblable de trouver 70 ampoules défectueuses ou plus dans un échantillon de 1 000 ampoules?

36. On sait que 30 % des individus issus d'une large population sont fumeurs. Supposons qu'on prélève avec remise un échantillon aléatoire de 75 personnes de cette population.
   a) Quelle est la probabilité que cet échantillon comporte plus de 25 fumeurs?
   b) Quelle est la probabilité qu'il comporte au plus 30 fumeurs?
   c) Quelle est la probabilité qu'il comporte plus de 15 fumeurs, mais moins de 20 fumeurs?

37. Des études cliniques ont établi que 5 % des personnes qui subissent une opération au laser pour traiter la myopie doivent encore porter des lunettes après l'opération. On considère que les résultats des opérations sont indépendants.
   a) Si 20 personnes doivent subir l'opération au laser, quelle loi de probabilité est appropriée pour décrire la variable aléatoire donnant le nombre de personnes qui doivent encore porter des lunettes après avoir subi l'opération?
   b) Parmi les 20 personnes opérées, combien devraient encore porter des lunettes après l'opération?
   c) Parmi les 20 personnes opérées, quelle est la probabilité que plus d'une, mais moins de 6 d'entre elles doivent porter des lunettes après l'opération?
   d) Si 60 personnes doivent subir l'opération, quelle est la probabilité qu'au moins 10 d'entre elles doivent porter des lunettes après l'opération?
   e) Si 200 personnes doivent subir l'opération, quelle est la probabilité qu'au plus 15 d'entre elles doivent porter des lunettes après l'opération?

Section 3.6

38. Les résultats à une des épreuves du test d'intelligence de Wechsler sont distribués selon la loi normale dont la moyenne est 10 et l'écart type 3. Vous voulez changer la distribution des résultats de telle façon qu'elle se comporte comme la loi normale dont la moyenne est 100 et l'écart type 12. Que deviendrait le score d'un individu ayant obtenu 15 à l'épreuve?

39. Le tableau 3.7 présente les résultats de 250 sujets à un test.

TABLEAU | **3.7**

RÉPARTITION DE 250 SUJETS, SELON LE RÉSULTAT OBTENU AU TEST

Résultat	Nombre de sujets
10	3
15	7
20	17
25	25
30	40
35	60
40	42
45	24
50	18
55	8
60	5
65	1
Total	**250**

a) Quel est le score T, c'est-à-dire le score normalisé avec une moyenne de 50 et un écart type de 10, d'un sujet qui a obtenu un résultat de 30 à ce test ?

b) Quel est le score T d'un sujet qui a obtenu 45 à ce test ?

c) Quel est le score T d'un sujet qui a obtenu 60 à ce test ?

AUX CHAPITRES 2 ET 3, nous avons étudié le concept de probabilité dans le cas de variables aléatoires, qu'elles soient discrètes ou continues. Nous allons maintenant aborder l'inférence statistique, dont l'objet est de généraliser à l'ensemble de la population l'information fournie par des échantillons. L'inférence statistique comporte deux volets : l'estimation de paramètres et le test d'hypothèse.

Dans le présent chapitre, nous étudierons l'estimation de paramètres. Nous verrons comment estimer une moyenne et une proportion par intervalle de confiance. Il s'agit, pour l'essentiel, de déterminer la valeur vraisemblable d'un paramètre [moyenne (μ) ou proportion (π)] d'une population à partir de la statistique correspondante [moyenne ($\bar{x}$) ou proportion (p)] mesurée à partir d'un échantillon. L'intervalle de confiance obtenu dépendra notamment de la taille de l'échantillon, du niveau de confiance et du type d'échantillonnage employé.

Lorsque l'échantillon prélevé est de grande taille ($n \geq 30$), nous recourrons à la loi normale pour estimer une moyenne ou une proportion par intervalle de confiance. Lorsqu'il est de petite taille ($n < 30$), nous utiliserons plutôt la loi de Student pour estimer une moyenne par intervalle de confiance.

Estimation de paramètres

*Le hasard n'est capricieux que coup par coup ;
à long terme, ses interventions répétées créent un certain ordre,
ou du moins un désordre suffisamment organisé pour respecter
dans bien des cas la loi normale.*

Albert Jacquard

SOMMAIRE

OBJECTIFS

→ Distinguer l'estimation ponctuelle et l'estimation par intervalle de confiance (4.1).

→ Reconnaître les principaux termes associés à l'estimation par intervalle de confiance (4.1).

→ Expliquer, en ses propres mots, ce qu'est un intervalle de confiance, le niveau de confiance et la marge d'erreur (4.1).

→ Estimer une moyenne par intervalle de confiance, que l'échantillon ait été tiré d'une population finie ou non, qu'il ait été prélevé avec ou sans remise ou qu'il soit de petite taille (4.3).

→ Utiliser correctement la table de la loi de Student dans l'estimation d'une moyenne par intervalle de confiance (4.3).

→ Déterminer la marge d'erreur dans l'estimation d'une moyenne par intervalle de confiance (4.3).

→ Évaluer la taille de l'échantillon nécessaire pour obtenir une marge d'erreur maximale dans l'estimation d'une moyenne par intervalle de confiance (4.3).

→ Estimer une proportion par intervalle de confiance, que l'échantillon ait été tiré d'une population finie ou non, qu'il ait été prélevé avec ou sans remise (4.4).

→ Évaluer la taille de l'échantillon nécessaire pour obtenir une marge d'erreur maximale dans l'estimation d'une proportion par intervalle de confiance (4.4).

→ Expliquer l'effet du niveau de confiance, de la technique d'échantillonnage et de la taille de l'échantillon dans l'évaluation de la marge d'erreur lorsqu'on estime une moyenne ou une proportion par intervalle de confiance (4.3 et 4.4).

Estimation de paramètres

4.1 | INFÉRENCE STATISTIQUE

Dans cette section : inférence statistique • paramètre • statistique • estimation par intervalle de confiance • estimation ponctuelle • marge d'erreur • niveau de confiance.

Inférence statistique

Branche de la statistique qui a pour objet de généraliser les résultats obtenus à partir d'un échantillon à l'ensemble de la population d'où il a été tiré. L'estimation de paramètres et le test d'hypothèse sont les deux volets de l'inférence statistique. ∎

L'**inférence statistique** est la branche de la statistique qui a pour objet de généraliser les résultats obtenus à partir d'un échantillon à l'ensemble de la population d'où il a été tiré. Elle comporte deux volets : l'estimation de paramètres et le test d'hypothèse. Dans ce chapitre, nous aborderons l'estimation d'un **paramètre** d'une population [une moyenne (μ) ou une proportion (π)] par la **statistique** correspondante ($\bar{x}$ ou p) provenant d'un échantillon. Au chapitre 5, nous présenterons quelques tests d'hypothèses. Dans les sections qui suivent, nous noterons n la taille de l'échantillon et N la taille de la population.

EXEMPLE 4.1

Paramètre

Mesure – par exemple une moyenne ou une proportion – tirée d'une population. Dans un sondage, on estime généralement un paramètre par la mesure correspondante (la statistique) effectuée sur l'échantillon. ∎

Statistique

Mesure tirée d'un échantillon. Une statistique sert notamment à estimer la valeur d'un paramètre d'une population. ∎

Estimation par intervalle de confiance

Estimation de la valeur d'un paramètre d'une population au moyen d'un intervalle construit autour de la statistique correspondante de l'échantillon. Le niveau de confiance représente la probabilité que l'intervalle englobe la valeur réelle du paramètre. ∎

Estimation ponctuelle

Estimation de la valeur d'un paramètre d'une population faite à partir de la statistique correspondante d'un échantillon. ∎

Marge d'erreur

Dans une estimation par intervalle de confiance d'une moyenne ou d'une proportion, la marge d'erreur correspond à la moitié de la largeur de l'intervalle. ∎

Niveau de confiance

Probabilité qu'un intervalle de confiance contienne la valeur réelle d'un paramètre d'une population. Les niveaux de confiance généralement employés sont 90 %, 95 % (ou « 19 fois sur 20 »), 98 % et 99 %. On emploie souvent l'expression $1 - \alpha$ ou $(1 - \alpha) \times 100 \%$ pour désigner de manière générale le niveau de confiance associé à un intervalle. ∎

L'estimation de la popularité d'un candidat à une élection est un exemple typique d'estimation d'une proportion. Ainsi, lors d'une campagne électorale, selon un sondage mené auprès d'un échantillon de 1 000 électeurs, 420 personnes ont déclaré avoir l'intention de voter pour M. Tremblay. Ce candidat reçoit donc 42 % $\left(\text{soit } \dfrac{420}{1\,000} \times 100 \% \right)$ de l'appui populaire ; c'est la proportion des individus de l'échantillon (p) qui ont déclaré avoir l'intention de voter pour lui. Les résultats de ce type de sondages sont généralement accompagnés de la mention suivante : « D'un point de vue statistique, un échantillon de cette taille est précis à ±3 points de pourcentage (ou encore, mais de manière moins correcte, ±3 %), 19 fois sur 20. » Cette phrase résume les trois principaux éléments d'une **estimation par intervalle de confiance**, dont nous allons traiter dans le présent chapitre, soit l'**estimation ponctuelle** du paramètre ($p = 42 \%$), la **marge d'erreur** (3 points de pourcentage ou, plus simplement, 3 points) et le **niveau de confiance** (19 fois sur 20 ou 95 %).

Selon le sondage, 42 % des personnes interrogées ont l'intention de voter pour le candidat Tremblay. Cependant, il n'est pas certain que cette estimation ponctuelle corresponde à la valeur exacte du paramètre : en effet, l'échantillon dont elle provient n'est pas nécessairement le reflet parfait de la population des électeurs. C'est pourquoi on y associe une marge d'erreur, c'est-à-dire qu'on construit un intervalle, dit *intervalle de confiance*, autour de la proportion obtenue dans l'échantillon. Cela fait, on dit que le candidat Tremblay reçoit entre 39 et 45 % de l'appui populaire, soit $(42 \pm 3) \%$. Et comme on n'a pas une confiance absolue en ce résultat, on lui accorde un niveau de confiance de 95 %. Cela signifie que, si l'on avait prélevé tous les échantillons possibles de taille 1 000 et construit un intervalle de confiance autour de la proportion obtenue dans chacun des échantillons, alors 95 % de ces intervalles de confiance auraient encadré la véritable proportion des électeurs qui préfèrent le candidat Tremblay.

Vous savez déjà comment trouver la valeur d'une moyenne ($\bar{x}$) et d'une proportion (p) dans un échantillon. Il vous reste à apprendre comment trouver la marge d'erreur de façon à estimer la valeur d'un paramètre par intervalle de confiance. Comme la marge d'erreur dépend de la distribution de probabilité de la statistique employée, nous devrons d'abord étudier les distributions d'échantillonnage de la moyenne et de la proportion.

Pour bien comprendre l'estimation par intervalle de confiance, il faut la concevoir dans un cadre probabiliste. Prélever un échantillon constitue une expérience aléatoire.

Les différents échantillons qu'il est possible d'obtenir forment l'espace échantillonnal de cette expérience. On appelle $\bar{X}$ la variable aléatoire qui associe à chaque échantillon la valeur moyenne du caractère quantitatif mesuré sur les unités statistiques de cet échantillon. On appelle P la variable aléatoire qui associe à chaque échantillon la proportion des unités statistiques de cet échantillon qui possèdent le caractère qualitatif auquel s'intéresse le chercheur. C'est à partir des distributions de probabilité de ces deux variables aléatoires qu'on peut construire un intervalle de confiance pour estimer une moyenne (μ) ou une proportion (π).

Les techniques d'échantillonnage

Il n'est pas toujours possible, ni même souhaitable, de procéder au recensement d'une population pour évaluer avec précision certains des paramètres qui la caractérisent. Par exemple, si les candidats à une élection veulent savoir rapidement quelle proportion des électeurs a l'intention de voter pour eux, il serait trop long et trop coûteux de recenser tous les électeurs pour leur demander leur intention de vote. On doit donc procéder par sondage et prélever un échantillon de la population. Comme l'écrivait Madeleine Grawitz: «Le sondage est né d'une impossibilité pratique: interroger individuellement toute une population à laquelle on s'intéresse, et d'une possibilité statistique: décrire le tout par la partie*.» C'est pourquoi les candidats à une élection estiment leur part des intentions de vote dans la population à partir de leur part des intentions de vote dans l'échantillon.

Il existe deux types d'échantillonnage: aléatoire et non aléatoire. Les techniques aléatoires comprennent l'échantillonnage aléatoire simple, l'échantillonnage systématique, l'échantillonnage par grappes et l'échantillonnage stratifié. À titre d'exemple, l'échantillonnage aléatoire simple consiste à tirer au sort des individus dont les noms ont été placés dans une urne; on tire des noms, un à la fois, jusqu'à ce qu'on ait obtenu le nombre souhaité pour constituer l'échantillon. Si, après chaque tirage, on remet le nom de l'individu dans l'urne, il s'agit d'un tirage avec remise et, dans le cas contraire, d'un tirage sans remise. Les principales techniques d'échantillonnage non aléatoire sont l'échantillonnage à l'aveuglette, l'échantillonnage par quotas, l'échantillonnage au jugé, l'échantillonnage systématique non aléatoire et l'échantillonnage de volontaires**.

Les techniques d'échantillonnage aléatoire reposent sur le hasard; ce n'est pas le sondeur qui choisit arbitrairement les individus, mais le hasard qui les désigne. Chaque unité statistique possède alors une probabilité connue et non nulle de faire partie de l'échantillon. C'est pourquoi il est possible de décrire par des lois de probabilité la distribution des différentes statistiques servant à estimer les paramètres d'une population. De plus, la dis-

tribution d'une statistique (comme la moyenne, l'écart type ou la proportion) sera fonction de la technique d'échantillonnage employée.

L'échantillon prélevé n'a d'intérêt que s'il permet de décrire adéquatement la population d'où il a été tiré et d'estimer avec la précision souhaitée la valeur du paramètre de la population auquel s'intéresse le chercheur. Contrairement aux techniques non aléatoires, les techniques aléatoires permettent d'évaluer la précision de l'estimation d'un paramètre avec un niveau de confiance donné. On peut donc mesurer la marge d'erreur possible lors de l'estimation du paramètre. C'est pour cette raison que, selon certains auteurs, on devrait toujours avoir recours aux techniques d'échantillonnage aléatoire:

> Ainsi, des procédures non probabilistes, que bon nombre d'auteurs de manuels de méthodes jugent peu dignes d'intérêt, peuvent être plus adaptées, dans certains cas, aux conditions de la recherche que des techniques probabilistes, considérées généralement comme plus fiables: un bon chercheur saura reconnaître ces cas et, malgré les injonctions de certains méthodologues, faire le choix qui s'impose. Il est clair que dans le domaine de l'échantillonnage en particulier, la quête de la perfection méthodologique constitue souvent plus un frein à la recherche qu'un véritable moteur, et qu'il vaut mieux faire de la recherche avec un outil imparfait que de ne pas faire de la recherche du tout, faute d'avoir trouvé l'outil parfait***.

---

* M. Grawitz, *Méthodes des sciences sociales*, 11e éd., Paris, Dalloz, 2001, p. 533.

** Pour une description plus détaillée de ces différentes techniques d'échantillonnage, voir le chapitre 2 de L. Amyotte, *Méthodes quantitatives. Applications à la recherche en sciences humaines*, Saint-Laurent, ERPI, 2011, 500 p.

*** J. P. Beaud, «L'échantillonnage», dans B. Gauthier, *Recherche sociale, de la problématique à la collecte des données*, 5e éd., Québec, Presses de l'Université du Québec, 2009, p. 252.

La moyenne et l'écart type

Dans les prochaines sections, nous recourrons à deux mesures effectuées sur des données tirées d'un échantillon: la moyenne et l'écart type.

La moyenne ($\overline{x}$) est une mesure de tendance centrale qui correspond à la somme des valeurs des données divisée par le nombre de données. Selon le type de groupement des données, on emploiera une des formules suivantes pour évaluer la moyenne des données provenant d'un échantillon.

- n représente le nombre de données dans l'échantillon;
- k représente le nombre de valeurs ou de classes distinctes;
- x_i représente la valeur de la $i^{ème}$ donnée;
- v_i représente la $i^{ème}$ valeur;
- m_i représente le milieu de la $i^{ème}$ classe.

L'écart type (s) est une mesure de dispersion. Il permet de quantifier l'étalement d'une série statistique. Pour l'essentiel, il correspond à la racine carrée de la moyenne des carrés des écarts des données par rapport à la moyenne de la série. Selon le type de groupement des données, on emploiera une des formules suivantes pour évaluer l'écart type.

Données non groupées	Données groupées par valeurs	Données groupées par classes
$\overline{x} = \dfrac{\sum_{i=1}^{n} x_i}{n}$	$\overline{x} = \dfrac{\sum_{i=1}^{k} v_i f_i}{n}$	$\overline{x} \approx \dfrac{\sum_{i=1}^{k} m_i f_i}{n}$

Dans ces formules,

- $\sum$ représente le symbole de sommation;
- i représente l'indice de sommation;

Données non groupées	Données groupées par valeurs	Données groupées par classes
$s = \sqrt{\dfrac{\sum_{i=1}^{n}(x_i - \overline{x})^2}{n-1}}$	$s = \sqrt{\dfrac{\sum_{i=1}^{k}(v_i - \overline{x})^2 f_i}{n-1}}$	$s \approx \sqrt{\dfrac{\sum_{i=1}^{k}(m_i - \overline{x})^2 f_i}{n-1}}$

4.2 | THÉORÈME CENTRAL LIMITE

On veut souvent estimer la valeur moyenne d'une variable dans une population (revenu moyen des Québécois, durée de vie moyenne d'un appareil électronique, dépenses moyennes d'un ménage québécois, etc.) d'après la valeur moyenne d'un échantillon. Même quand la variable étudiée n'obéit pas à la loi normale, la répartition des différents échantillons de même taille, selon la valeur moyenne des données de l'échantillon, tend vers la loi normale lorsque la taille de l'échantillon (n) est suffisamment grande ($n \geq 30$ convient généralement). La figure 4.1 illustre cette propriété.

Supposons que la taille moyenne des cégépiennes est de $\mu = 1,63$ m avec un écart type de $\sigma = 6,6$ cm. Les cégépiennes forment la population et leur taille est la variable étudiée. Prélevons maintenant un échantillon aléatoire simple avec remise de 50 cégépiennes dont nous calculerons la taille moyenne, notée $\overline{x}_1$.

Répétons cette opération pour chaque échantillon possible afin de déterminer comment se distribuent les moyennes des échantillons. On obtient ainsi une nouvelle moyenne à chaque échantillon: $\overline{x}_1, \overline{x}_2, \overline{x}_3, \overline{x}_4, \overline{x}_5, \overline{x}_6$, et ainsi de suite. Chaque échantillon prélevé devient alors une unité statistique sur laquelle on mesure une variable (la moyenne de l'échantillon) qu'on note $\overline{X}$ et qu'on appelle moyenne échantillonnale. On peut traiter la série des moyennes $\overline{x}_1, \overline{x}_2, \overline{x}_3, \overline{x}_4, \overline{x}_5, \overline{x}_6, ...$ comme toute série, c'est-à-dire qu'on peut la représenter sous une forme graphique et en calculer la moyenne et l'écart type.

FIGURE | **4.1**

DISTRIBUTION DE TROIS VARIABLES ALÉATOIRES (*X*)
ET DISTRIBUTION D'ÉCHANTILLONNAGE DE LA MOYENNE (*X̄*) DE CES TROIS VARIABLES (*n* = 100)

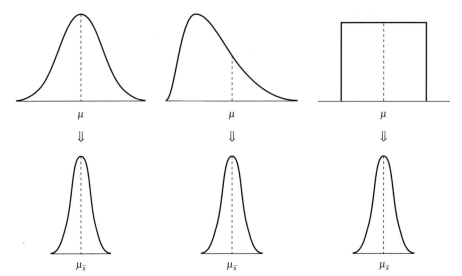

Distribution de la variable *X*

Distribution de la variable *X̄*
(*n* = 100)

Si l'on traçait le polygone de fréquences de cette nouvelle série, on verrait qu'il a la forme en cloche de la courbe normale, ce qui porte à penser que la distribution de la variable *X̄* (la moyenne échantillonnale) tend vers la loi normale lorsque la taille des échantillons est suffisamment grande. C'est ce résultat que nous avons illustré à la figure 4.1.

Si l'on avait prélevé tous les échantillons possibles de cette population (il y en aurait eu un nombre astronomique), on aurait pu calculer la moyenne et l'écart type de la variable *X̄* qui en aurait résulté. Désignons ces deux paramètres par $\mu_{\bar{x}}$ et $\sigma_{\bar{x}}$. On peut montrer qu'ils sont liés aux paramètres de la population d'origine (μ et σ). En effet, pour des échantillons de taille *n*, on peut établir les relations suivantes :

$$\mu_{\bar{x}} = \mu$$

et

$$\sigma_{\bar{x}} = \frac{\sigma}{\sqrt{n}}$$

On remarque que la moyenne est la même que celle de la population d'origine, alors que l'écart type diminue en fonction de la racine carrée de la taille de l'échantillon. Dans notre exemple fictif sur la taille des cégépiennes, cela revient à dire que :

$$\mu_{\bar{x}} = \mu = 1,63 \text{ m}$$

et

$$\sigma_{\bar{x}} = \frac{\sigma}{\sqrt{n}}$$

$$= \frac{6,6}{\sqrt{50}} \text{ cm}$$

$$= 0,93 \text{ cm}$$

$$= 0,009\,3 \text{ m}$$

On en conclut que la variable *X̄*, la moyenne échantillonnale, obéit à la loi normale de moyenne $\mu_{\bar{x}} = 1,63$ m et d'écart type $\sigma_{\bar{x}} = 0,93$ cm $= 0,009\,3$ m.

La moyenne échantillonnale se comporte donc comme la loi normale de moyenne $\mu_{\bar{x}} = \mu$ et d'écart type $\sigma_{\bar{x}} = \dfrac{\sigma}{\sqrt{n}}$. Ce résultat important porte le nom de *théorème central limite*, qui s'énonce ainsi :

> Si des échantillons aléatoires de taille *n* sont tirés, avec remise, d'une population quelconque de moyenne μ et d'écart type σ, alors la variable $\bar{X}$ donnant la moyenne des échantillons présentera les caractéristiques de la loi normale de moyenne $\mu_{\bar{x}} = \mu$ et d'écart type $\sigma_{\bar{x}} = \dfrac{\sigma}{\sqrt{n}}$, pour autant que la taille des échantillons soit suffisamment grande ($n \geq 30$). C'est donc dire que $\bar{X} \sim \mathrm{N}\left(\mu_{\bar{x}}\,;\,\sigma_{\bar{x}}^2\right)$ ou encore que $\bar{X} \sim \mathrm{N}\left(\mu\,;\,\dfrac{\sigma^2}{n}\right)$.

EXERCICE 4.1	Quels sont la moyenne et l'écart type de la série statistique composée des moyennes des échantillons de taille 100 prélevés aléatoirement avec remise dans une population de moyenne 80 et d'écart type 20 ?

Déterminons maintenant l'intervalle dans lequel devrait se situer la très grande majorité des moyennes des différents échantillons. À partir de cet intervalle, nous pourrons construire un intervalle de confiance pour la moyenne d'une population en recourant à la théorie des probabilités et à la loi normale centrée réduite.

Comme $\bar{X} \sim \mathrm{N}\left(\mu_{\bar{x}}\,;\,\sigma_{\bar{x}}^2\right)$, alors $\dfrac{\bar{X} - \mu_{\bar{x}}}{\sigma_{\bar{x}}} = \dfrac{\bar{X} - \mu}{\sigma / \sqrt{n}} \sim \mathrm{N}(0\,;\,1)$.

En reprenant la notation vue au chapitre 3 (p. 108), on peut écrire :

$$P\left(-z_{\alpha/2} \leq \dfrac{\bar{X} - \mu}{\sigma / \sqrt{n}} \leq z_{\alpha/2}\right) = 1 - \alpha$$

ou

$$P\left(\mu - z_{\alpha/2}\dfrac{\sigma}{\sqrt{n}} \leq \bar{X} \leq \mu + z_{\alpha/2}\dfrac{\sigma}{\sqrt{n}}\right) = 1 - \alpha$$

Lorsqu'on emploie une probabilité de 95 % ($\alpha = 0,05$), on obtient :

$$P\left(\mu - z_{0,025}\dfrac{\sigma}{\sqrt{n}} \leq \bar{X} \leq \mu + z_{0,025}\dfrac{\sigma}{\sqrt{n}}\right) = P\left(\mu - 1,96\dfrac{\sigma}{\sqrt{n}} \leq \bar{X} \leq \mu + 1,96\dfrac{\sigma}{\sqrt{n}}\right)$$
$$= 0,95$$

Lorsqu'on emploie une probabilité de 99 % ($\alpha = 0,01$), on obtient :

$$P\left(\mu - z_{0,005}\dfrac{\sigma}{\sqrt{n}} \leq \bar{X} \leq \mu + z_{0,005}\dfrac{\sigma}{\sqrt{n}}\right) = P\left(\mu - 2,575\dfrac{\sigma}{\sqrt{n}} \leq \bar{X} \leq \mu + 2,575\dfrac{\sigma}{\sqrt{n}}\right)$$
$$= 0,99$$

On peut le formuler autrement : il y a une probabilité de 95 % que la moyenne d'un échantillon aléatoire simple prélevé avec remise se situe dans l'intervalle :

$$\left[\mu - 1,96\dfrac{\sigma}{\sqrt{n}}\,;\,\mu + 1,96\dfrac{\sigma}{\sqrt{n}}\right]$$

une probabilité de 99 % qu'elle se situe dans l'intervalle :

$$\left[\mu - 2,575\dfrac{\sigma}{\sqrt{n}}\,;\,\mu + 2,575\dfrac{\sigma}{\sqrt{n}}\right]$$

et, en général, une probabilité de $(1 - \alpha) \times 100\,\%$ qu'elle se situe dans l'intervalle :

$$\left[\mu - z_{\alpha/2}\frac{\sigma}{\sqrt{n}}\,;\, \mu + z_{\alpha/2}\frac{\sigma}{\sqrt{n}}\right]$$

EXEMPLE 4.2

Supposons que la masse moyenne (μ) des nouveau-nés au Québec soit de 3 500 g avec un écart type (σ) de 400 g. Il y aura alors une probabilité de 95 % qu'un échantillon aléatoire de 100 nouveau-nés ait une masse moyenne $(\bar{x})$ telle que :

$$\bar{x} \in \left[\mu - z_{\alpha/2}\frac{\sigma}{\sqrt{n}}\,;\, \mu + z_{\alpha/2}\frac{\sigma}{\sqrt{n}}\right]$$

$$\bar{x} \in \left[\mu - z_{0,025}\frac{\sigma}{\sqrt{n}}\,;\, \mu + z_{0,025}\frac{\sigma}{\sqrt{n}}\right]$$

$$\bar{x} \in \left[3\,500 - 1,96\frac{400}{\sqrt{100}}\,;\, 3\,500 + 1,96\frac{400}{\sqrt{100}}\right]$$

$$\bar{x} \in \left[3\,500 - 78,4\,;\, 3\,500 + 78,4\right]$$

$$\bar{x} \in \left[3\,421,6\,;\, 3\,578,4\right]$$

■ **Vous pouvez maintenant faire les exercices récapitulatifs 1 et 2.**

4.3 ESTIMATION D'UNE MOYENNE PAR INTERVALLE DE CONFIANCE

Dans cette section : facteur de correction de population finie • taux de sondage • loi de Student • nombre de degrés de liberté.

Dans l'énoncé du théorème central limite, nous supposons le prélèvement d'un échantillon aléatoire simple avec remise de taille supérieure ou égale à 30. Comme il n'est pas toujours possible de procéder ainsi, il faut adapter ce théorème à différentes situations. En effet, la distribution d'échantillonnage de la moyenne est fonction de la technique d'échantillonnage utilisée et de la taille de l'échantillon.

4.3.1 Échantillon aléatoire simple avec remise ($n \geq 30$)

Intervalle de confiance

Dans la pratique, on connaît $\bar{x}$ et on cherche la valeur de la moyenne de la population (μ). On veut estimer μ à partir de $\bar{x}$ et non l'inverse : $\bar{x}$ constitue l'estimation ponctuelle de μ.

À l'aide du théorème central limite, on a établi que :

$$\mu - z_{\alpha/2}\frac{\sigma}{\sqrt{n}} \leq \bar{x} \leq \mu + z_{\alpha/2}\frac{\sigma}{\sqrt{n}}$$

d'où on déduit que :

$$\bar{x} - z_{\alpha/2}\frac{\sigma}{\sqrt{n}} \leq \mu \leq \bar{x} + z_{\alpha/2}\frac{\sigma}{\sqrt{n}}$$

ou

$$\mu \in \left[\overline{x} - z_{\alpha/2} \frac{\sigma}{\sqrt{n}} \, ; \overline{x} + z_{\alpha/2} \frac{\sigma}{\sqrt{n}} \right]$$

Cette relation est valable pour $(1 - \alpha) \times 100\,\%$ des échantillons. Si nous prélevons plusieurs échantillons et établissons un intervalle de confiance pour chacun d'eux, une fraction $(1 - \alpha)$ des intervalles devrait contenir la moyenne de la population. Dans ces intervalles, $\overline{x}$ correspond à l'estimation ponctuelle de la moyenne de la population (μ), et le terme $z_{\alpha/2} \dfrac{\sigma}{\sqrt{n}}$ donne la marge d'erreur (ME) de cette estimation. D'après son expression mathématique, on constate que la marge d'erreur diminue lorsque la taille de l'échantillon augmente ou lorsque le niveau de confiance diminue.

Examinons la figure 4.2. Chacun des intervalles de confiance est représenté par un segment de droite dont la longueur équivaut au double de la marge d'erreur pour un niveau de confiance de 95 %. Le centre de chacun de ces segments correspond à la moyenne de l'échantillon ; chaque segment couvre donc l'intervalle $[\overline{x} - ME \, ; \overline{x} + ME]$. On constate que 19 de ces intervalles $\left(\dfrac{19}{20} = 95\,\% \right)$ recouvrent la moyenne μ et qu'un seul (le n° 13) ne la recouvre pas. Cela correspond à ce que nous avons mentionné précédemment : 95 % des intervalles $\left[\overline{x} - 1{,}96 \dfrac{\sigma}{\sqrt{n}} \, ; \overline{x} + 1{,}96 \dfrac{\sigma}{\sqrt{n}} \right]$ vont encadrer la moyenne μ.

FIGURE | **4.2**

INTERVALLES DE CONFIANCE POUR 20 ÉCHANTILLONS (NUMÉROTÉS DE 1 À 20) D'UNE POPULATION DE MOYENNE μ

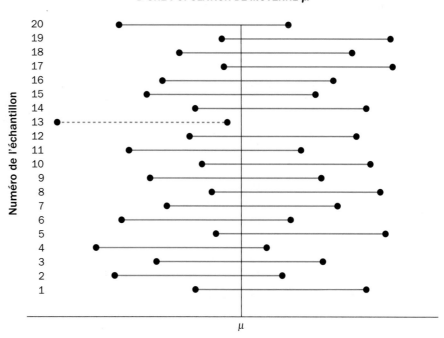

Comme on ne connaît généralement pas la valeur de l'écart type de la population (σ), on emploie la meilleure estimation possible, à savoir la valeur de l'écart type de l'échantillon (s), afin de définir l'intervalle de confiance. Ce procédé n'est acceptable que pour des échantillons de grande taille, c'est-à-dire supérieure ou égale à 30.

Ainsi, pour un échantillon aléatoire simple avec remise dont la taille est suffisamment grande ($n \geq 30$), l'estimation par intervalle de confiance de la moyenne de la population à un niveau de confiance de $(1 - \alpha) \times 100\,\%$ (où σ est inconnu) est donnée par l'expression :

$$\mu \in \left[\bar{x} - z_{\alpha/2} \frac{s}{\sqrt{n}} \,;\, \bar{x} + z_{\alpha/2} \frac{s}{\sqrt{n}} \right]$$

Quant à la marge d'erreur, elle vaut alors $ME = z_{\alpha/2} \dfrac{s}{\sqrt{n}}$.

EXEMPLE 4.3

On a prélevé un échantillon aléatoire de 90 dossiers médicaux de Canadiens de sexe masculin décédés en 2011. Leur âge moyen au moment du décès ($\bar{x}$) est de 68,3 ans avec un écart type (s) de 8,1 ans. À partir de cet échantillon, on peut conclure que, en 2011, l'âge moyen des hommes au moment du décès se situait dans l'intervalle :

$$\mu \in \left[\bar{x} - z_{\alpha/2} \frac{s}{\sqrt{n}} \,;\, \bar{x} + z_{\alpha/2} \frac{s}{\sqrt{n}} \right]$$

$$\mu \in \left[\bar{x} - z_{0,025} \frac{s}{\sqrt{n}} \,;\, \bar{x} + z_{0,025} \frac{s}{\sqrt{n}} \right]$$

$$\mu \in \left[68,3 - 1,96\frac{8,1}{\sqrt{90}} \,;\, 68,3 + 1,96\frac{8,1}{\sqrt{90}} \right]$$

$$\mu \in \left[68,3 - 1,7 \,;\, 68,3 + 1,7 \right]$$

$$\mu \in \left[66,6 \,;\, 70,0 \right]$$

à un niveau de confiance de 95 %. La marge d'erreur est de :

$$ME = z_{\alpha/2} \frac{s}{\sqrt{n}}$$

$$= z_{0,025} \frac{s}{\sqrt{n}}$$

$$= 1,96 \frac{8,1}{\sqrt{90}}$$

$$= 1,7 \text{ an}$$

D'un point de vue statistique, on peut donc dire qu'un échantillon de cette taille ($n = 90$) nous donne une estimation de l'âge moyen (68,3 ans) au moment du décès précise à $\pm 1,7$ an, 19 fois sur 20, ou, dit autrement, qu'on a confiance à 95 % que l'âge moyen au moment du décès de tous les Canadiens de sexe masculin morts en 2011 se situe entre 66,6 et 70 ans.

EXERCICE 4.2

Sachant qu'un échantillon aléatoire de 81 temps d'attente au comptoir d'une chaîne de restauration rapide présente une moyenne de 8,2 min avec un écart type de 1,5 min, estimez par un intervalle de confiance le temps moyen d'attente. Employez un niveau de confiance de 98 %.

Taille de l'échantillon nécessaire pour obtenir une marge d'erreur donnée

Lorsqu'on veut obtenir une estimation avec une marge d'erreur donnée, il faut trouver la taille que doit avoir l'échantillon pour qu'on obtienne cette marge d'erreur.

On a déjà établi que $ME = z_{\alpha/2}\dfrac{s}{\sqrt{n}}$. Si l'on isole la valeur n de cette équation, on obtient :

$$n = \left(\frac{z_{\alpha/2}s}{ME}\right)^2$$

Comme n est un entier, et comme on veut obtenir une taille d'échantillon donnant une estimation dont la marge d'erreur est inférieure ou égale à ME, il faut arrondir l'expression $\left(\dfrac{z_{\alpha/2}s}{ME}\right)^2$ à l'entier supérieur.

EXEMPLE 4.4

Les données ($\bar{x} = 68,3$; $s = 8,1$ et $n = 90$) de l'exemple 4.3 (p. 136) ont permis d'estimer l'âge moyen au moment du décès avec une précision (une marge d'erreur) de 1,7 an. Pour obtenir une estimation plus précise (à 1 an près, par exemple), à un niveau de confiance de 95 %, il faudrait employer un échantillon de taille :

$$n = \left(\frac{z_{\alpha/2}s}{ME}\right)^2$$
$$= \left(\frac{z_{0,025}s}{ME}\right)^2$$
$$= \left(\frac{1,96 \times 8,1}{1}\right)^2$$
$$= 253$$

Rappelons que nous avons convenu d'arrondir à l'entier supérieur.

EXERCICE 4.3

■ **Vous pouvez maintenant faire les exercices récapitulatifs 3 à 10.**

Dans un échantillon aléatoire de 49 femmes ayant donné naissance à un enfant en 2011, on observe que l'âge moyen de ces femmes au moment de l'accouchement est de 28 ans avec un écart type de 5 ans. Quelle aurait dû être la taille de l'échantillon pour qu'on obtienne une estimation de l'âge moyen des femmes ayant donné naissance à un enfant en 2011 précise à 0,5 an près, 99 fois sur 100 ?

4.3.2 **Échantillon aléatoire simple sans remise ($n \geq 30$), population finie**

Intervalle de confiance

Lorsqu'on prélève par un tirage sans remise un échantillon aléatoire simple de taille n (où $n \geq 30$) d'une population finie de taille N, on doit apporter une correction à la marge d'erreur pour tenir compte du fait qu'on obtiendra une estimation plus précise que pour un échantillonnage avec remise. En effet, la marge d'erreur de l'estimation de la moyenne correspond alors à :

$$ME = z_{\alpha/2}\,\frac{s}{\sqrt{n}}\sqrt{\frac{N-n}{N-1}}$$

où le facteur $\sqrt{\dfrac{N-n}{N-1}}$ est le **facteur de correction de population finie**.

L'intervalle de confiance s'écrit alors :

$$\mu \in \left[\bar{x} - z_{\alpha/2}\,\frac{s}{\sqrt{n}}\sqrt{\frac{N-n}{N-1}}\,;\,\bar{x} + z_{\alpha/2}\,\frac{s}{\sqrt{n}}\sqrt{\frac{N-n}{N-1}}\right]$$

Lorsque le **taux de sondage**, soit le quotient de la taille de l'échantillon par la taille de la population $\left(\dfrac{n}{N}\right)$, est inférieur ou égal à 5 %, le facteur de correction devient tellement proche de l'unité que son effet est négligeable sur l'estimation par intervalle de confiance. (Nous vous demanderons de vérifier cette affirmation dans les exercices.)

Lorsqu'on ne connaît pas la taille de la population d'où un échantillon a été prélevé, on ne peut évidemment pas employer le facteur de correction. On est alors obligé de supposer qu'il est négligeable.

EXEMPLE 4.5

L'association étudiante décide d'estimer le coût moyen des chambres situées à proximité du cégep. Le Service aux étudiants possède une liste exhaustive des 325 chambres en question. À partir de cette liste, l'association prélève un échantillon aléatoire sans remise de 40 chambres et relève le coût de location de chacune d'elles. Elle obtient un prix moyen de 75 $/semaine et un écart type de 10 $/semaine.

Comme le taux de sondage $\left(\dfrac{n}{N} = \dfrac{40}{325} = 12,3\,\%\right)$ est supérieur à 5 % et que la population est finie, l'estimation par intervalle de confiance du coût moyen d'une chambre à un niveau de confiance de 98 % ($\alpha = 0,02$) est :

$$\mu \in \left[\bar{x} - z_{\alpha/2}\,\frac{s}{\sqrt{n}}\sqrt{\frac{N-n}{N-1}}\,;\,\bar{x} + z_{\alpha/2}\,\frac{s}{\sqrt{n}}\sqrt{\frac{N-n}{N-1}}\right]$$

$$\mu \in \left[\bar{x} - z_{0,01}\,\frac{s}{\sqrt{n}}\sqrt{\frac{N-n}{N-1}}\,;\,\bar{x} + z_{0,01}\,\frac{s}{\sqrt{n}}\sqrt{\frac{N-n}{N-1}}\right]$$

$$\mu \in \left[75 - 2,33\frac{10}{\sqrt{40}}\sqrt{\frac{325-40}{325-1}}\,;\,75 + 2,33\frac{10}{\sqrt{40}}\sqrt{\frac{325-40}{325-1}}\right]$$

$$\mu \in [75 - 3,46\,;\,75 + 3,46]$$

$$\mu \in [71,54\,;\,78,46]$$

L'association étudiante établit donc que le coût de location hebdomadaire moyen d'une chambre située à proximité du cégep se situe entre 71,54 et 78,46 $, à un niveau de confiance de 98 %.

EXERCICE 4.4

Estimez par un intervalle de confiance l'âge moyen des 2 000 étudiants d'un cégep inscrits aux cours de l'enseignement collégial ordinaire si l'âge moyen de 200 étudiants prélevés par échantillonnage aléatoire simple sans remise est de 19,3 ans et si l'écart type observé dans l'échantillon est de 2,4 ans. Employez un niveau de confiance de 90 %.

Taille de l'échantillon nécessaire pour obtenir une marge d'erreur donnée

Lorsque la sélection d'un échantillon de taille n s'effectue sans remise auprès d'une population finie de taille N, la marge d'erreur est :

$$ME = z_{\alpha/2} \frac{s}{\sqrt{n}} \sqrt{\frac{N-n}{N-1}}$$

En isolant la valeur de n dans cette formule pour déterminer la taille de l'échantillon nécessaire pour obtenir une marge d'erreur maximale ME, on obtient :

$$n = \frac{N z_{\alpha/2}^2 s^2}{(N-1)(ME)^2 + z_{\alpha/2}^2 s^2}$$

Comme n est un entier et qu'on veut obtenir un échantillon dont la taille donne une estimation dont la marge d'erreur est inférieure ou égale à ME, il faut arrondir cette expression à l'entier supérieur.

EXEMPLE 4.6	Les données ($\bar{x} = 75$; $s = 10$, $N = 325$, $n = 40$) de l'exemple 4.5 (p. 138) ont permis d'estimer le coût moyen de location d'une chambre avec une précision (une marge d'erreur) de 3,46 $. Pour obtenir une estimation précise à 1,50 $ près, à un niveau de confiance de 98 %, il faudrait employer un échantillon de taille :

$$\begin{aligned} n &= \frac{N z_{\alpha/2}^2 s^2}{(N-1)(ME)^2 + z_{\alpha/2}^2 s^2} \\[2mm] &= \frac{N z_{0,01}^2 s^2}{(N-1)(ME)^2 + z_{0,01}^2 s^2} \\[2mm] &= \frac{(325)(2,33)^2 (10)^2}{(325-1)(1,5)^2 + (2,33)^2 (10)^2} \\[2mm] &= 139 \end{aligned}$$

EXERCICE 4.5	On prélève un échantillon aléatoire sans remise de 40 professeurs sur les 250 que compte un cégep. Ces 40 professeurs ont en moyenne 17 années d'expérience avec un écart type de 4 ans.

a) Doit-on employer le facteur de correction de population finie pour estimer le nombre moyen d'années d'expérience de tous les professeurs de ce cégep par intervalle de confiance ? Justifiez votre réponse.

b) Quelle est l'estimation par intervalle de confiance du nombre moyen d'années d'expérience de l'ensemble des professeurs de ce cégep ? Employez un niveau de confiance de 99 %.

c) Donnez le sens de l'intervalle obtenu en b.

d) Quelle aurait dû être la taille de l'échantillon pour que l'estimation soit précise à ±0,5 an, 19 fois sur 20 ?

■ **Vous pouvez maintenant faire les exercices récapitulatifs 11 à 14.**

4.3.3 Échantillon de petite taille ($n < 30$)

Lorsque l'échantillon choisi est de petite taille, c'est-à-dire inférieure à 30 ($n < 30$), le théorème central limite ne peut pas s'appliquer, et on ne peut pas recourir à la loi normale pour estimer la moyenne de la population. On pourrait contourner cette difficulté en prenant toujours des échantillons de grande taille, mais cette solution n'est pas satisfaisante lorsque l'étude de grands échantillons entraîne des coûts importants ou que la collecte d'information prend beaucoup de temps ou a pour effet de détruire l'unité statistique choisie (par exemple quand on évalue la résistance d'un produit ou sa durée de vie).

Heureusement, en 1908, William Sealy Gosset, un statisticien travaillant pour la célèbre brasserie Guinness de Dublin, a présenté une loi de probabilité qui permet d'estimer la moyenne d'une population à partir d'un échantillon de petite taille. Cette loi porte le nom de **loi de Student**, pseudonyme utilisé par Gosset pour la publication de ses travaux.

Le tableau 4.1 présente une table de la loi de Student. Les éléments consignés dans cette table sont fonction d'un paramètre v, le **nombre de degrés de liberté**, et d'une probabilité α. Dans l'estimation par intervalle de confiance d'une moyenne, le paramètre v prendra pour valeur la taille de l'échantillon moins un, soit $n - 1$, alors que le niveau de confiance prendra pour valeur $1 - \alpha$.

On écrira $T \sim T_v$ lorsque la variable aléatoire T est distribuée selon la loi de Student avec v degrés de liberté. Les valeurs consignées dans la table de la loi de Student correspondent aux seuils $t_{\alpha;v}$ tels que $\alpha = P(T > t_{\alpha;v})$. Par exemple, si $\alpha = 0,05$ et $v = 12$, alors $t_{\alpha;v} = 1,782$. Comme nous le verrons ci-après, il suffit d'employer $t_{\alpha/2;n-1}$ à la place de $z_{\alpha/2}$ dans l'intervalle de confiance pour estimer une moyenne lorsque l'échantillon est de petite taille.

Loi de Student

Loi de probabilité établie par William Sealy Gosset. Elle est employée en inférence statistique lorsqu'on recourt à un petit échantillon ($n < 30$) où la distribution de la variable étudiée se conforme au modèle de la loi normale (ou s'approche de ce modèle) et qu'on ne connaît pas la valeur de l'écart type (σ). ■

Nombre de degrés de liberté

Valeur, généralement notée v, nécessaire à l'évaluation d'un seuil de probabilité dans certaines lois de probabilité, dont la loi de Student. ■

EXERCICE 4.6

Que vaut l'expression ?

a) $t_{0,1;20}$.   b) $t_{0,025;15}$.   c) $t_{0,005;4}$.

Tout comme la loi normale, la loi de Student présente une courbe symétrique, mais sa forme est plus aplatie et plus étalée. Toutefois, à mesure que le nombre de degrés de liberté augmente, la courbe de la loi de Student se rapproche de la courbe normale.

Lorsqu'on estime une moyenne par intervalle de confiance, les conditions d'application de la loi de Student sont les suivantes :

- L'échantillon prélevé est de petite taille ($n < 30$).
- La distribution de la variable aléatoire étudiée ressemble à celle d'une loi normale : elle est symétrique ou presque, et présente la forme en cloche typique de la loi normale.
- On ne connaît pas la valeur de σ, l'écart type de la variable étudiée.

Lorsque ces conditions sont remplies, la variable :

$$T = \frac{\bar{X} - \mu}{s/\sqrt{n}}$$

obéit à la loi de Student avec $n - 1$ degrés de liberté ($v = n - 1$), ce qu'on note :

$$T = \frac{\bar{X} - \mu}{s/\sqrt{n}} \sim T_{n-1}$$

L'estimation d'une moyenne par intervalle de confiance est alors donnée par l'expression :

$$\mu \in \left[\bar{x} - t_{\alpha/2;n-1}\frac{s}{\sqrt{n}} \,;\, \bar{x} + t_{\alpha/2;n-1}\frac{s}{\sqrt{n}} \right]$$

Cet intervalle ressemble beaucoup à celui que nous avons établi dans le cas d'un tirage avec remise pour un échantillon de grande taille ; nous avons simplement remplacé $z_{\alpha/2}$ par $t_{\alpha/2;\ n-1}$.

TABLEAU | **4.1**

TABLE DE LA LOI DE STUDENT

Les valeurs de la table donnent $t_{\alpha;\ v}$, qui délimite une région dont l'aire représente la probabilité $\alpha = P(T > t_{\alpha;\ v})$ lorsque le nombre de degrés de liberté est v.

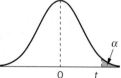

v	$t_{0,1;\ v}$	$t_{0,05;\ v}$	$t_{0,025;\ v}$	$t_{0,02;\ v}$	$t_{0,01;\ v}$	$t_{0,005;\ v}$
1	3,078	6,314	12,706	15,894	31,821	63,657
2	1,886	2,920	4,303	4,849	6,965	9,925
3	1,638	2,353	3,182	3,482	4,541	5,841
4	1,533	2,132	2,776	2,999	3,747	4,604
5	1,476	2,015	2,571	2,757	3,365	4,032
6	1,440	1,943	2,447	2,612	3,143	3,707
7	1,415	1,895	2,365	2,517	2,998	3,499
8	1,397	1,860	2,306	2,449	2,896	3,355
9	1,383	1,833	2,262	2,398	2,821	3,250
10	1,372	1,812	2,228	2,359	2,764	3,169
11	1,363	1,796	2,201	2,328	2,718	3,106
12	1,356	1,782	2,179	2,303	2,681	3,055
13	1,350	1,771	2,160	2,282	2,650	3,012
14	1,345	1,761	2,145	2,264	2,624	2,977
15	1,341	1,753	2,131	2,249	2,602	2,947
16	1,337	1,746	2,120	2,235	2,583	2,921
17	1,333	1,740	2,110	2,224	2,567	2,898
18	1,330	1,734	2,101	2,214	2,552	2,878
19	1,328	1,729	2,093	2,205	2,539	2,861
20	1,325	1,725	2,086	2,197	2,528	2,845
21	1,323	1,721	2,080	2,189	2,518	2,831
22	1,321	1,717	2,074	2,183	2,508	2,819
23	1,319	1,714	2,069	2,177	2,500	2,807
24	1,318	1,711	2,064	2,172	2,492	2,797
25	1,316	1,708	2,060	2,167	2,485	2,787
26	1,315	1,706	2,056	2,162	2,479	2,779
27	1,314	1,703	2,052	2,158	2,473	2,771
28	1,313	1,701	2,048	2,154	2,467	2,763
29	1,311	1,699	2,045	2,150	2,462	2,756
30	1,310	1,697	2,042	2,147	2,457	2,750
35	1,306	1,690	2,030	2,133	2,438	2,724
40	1,303	1,684	2,021	2,123	2,423	2,704
50	1,299	1,676	2,009	2,109	2,403	2,678
60	1,296	1,671	2,000	2,099	2,390	2,660
100	1,290	1,660	1,984	2,081	2,364	2,626
120	1,289	1,658	1,980	2,076	2,358	2,617
∞	1,282	1,645	1,960	2,054	2,326	2,576

EXEMPLE 4.7

Un policier muni d'un radar a mesuré la vitesse de 22 automobiles sur l'autoroute Jean-Lesage au cours d'un bel après-midi d'été. Il a obtenu une vitesse moyenne de 110 km/h et un écart type de 5 km/h. On considère que la vitesse à laquelle les gens conduisent l'été se distribue selon une loi normale. Comme l'échantillon est de petite taille ($n = 22 < 30$), il faut recourir à la loi de Student pour estimer par intervalle de confiance la vitesse moyenne des voitures sur l'autoroute Jean-Lesage au cours d'un bel après-midi d'été. Le nombre de degrés de liberté est donné par l'expression $\nu = n - 1 = 22 - 1 = 21$. À un niveau de confiance de 99 % ($\alpha = 0,01$), l'intervalle de confiance correspond à :

$$\mu \in \left[\bar{x} - t_{\alpha/2;\,n-1}\frac{s}{\sqrt{n}} \,;\, \bar{x} + t_{\alpha/2;\,n-1}\frac{s}{\sqrt{n}} \right]$$

$$\mu \in \left[\bar{x} - t_{0,005;\,22-1}\frac{s}{\sqrt{n}} \,;\, \bar{x} + t_{0,005;\,22-1}\frac{s}{\sqrt{n}} \right]$$

$$\mu \in \left[\bar{x} - t_{0,005;\,21}\frac{s}{\sqrt{n}} \,;\, \bar{x} + t_{0,005;\,21}\frac{s}{\sqrt{n}} \right]$$

$$\mu \in \left[110 - 2,831\frac{5}{\sqrt{22}} \,;\, 110 + 2,831\frac{5}{\sqrt{22}} \right]$$

$$\mu \in \left[110 - 3,0 \,;\, 110 + 3,0 \right]$$

$$\mu \in \left[107,0 \,;\, 113,0 \right]$$

Quant à la marge d'erreur, elle est donnée par l'expression :

$$ME = t_{\alpha/2;\,n-1}\frac{s}{\sqrt{n}}$$

$$= t_{0,005;\,21}\frac{s}{\sqrt{n}}$$

$$= 2,831\frac{5}{\sqrt{22}}$$

$$= 3,0$$

On peut donc dire, avec un niveau de confiance de 99 %, que la vitesse moyenne des automobiles sur l'autoroute Jean-Lesage au cours d'un bel après-midi d'été se situe entre 107 et 113 km/h.

EXERCICE 4.7

On a mesuré le nombre de kilomètres parcourus dans une ville par 15 taxis au cours d'une période de travail de 12 heures. Le kilométrage moyen observé est de 190 km avec un écart type de 20 km. On veut estimer par un intervalle de confiance le kilométrage moyen parcouru en 12 heures par l'ensemble des taxis de cette ville.

a) Quelle hypothèse faut-il faire sur la distribution du kilométrage des taxis pour pouvoir estimer cette moyenne par un intervalle de confiance ?

b) Si cette condition est remplie, estimez le kilométrage moyen par un intervalle de confiance de 95 %.

■ **Vous pouvez maintenant faire les exercices récapitulatifs 15 à 20.**

4.4 | ESTIMATION D'UNE PROPORTION PAR INTERVALLE DE CONFIANCE

On veut parfois déterminer la proportion d'individus d'une population qui possèdent un certain caractère qualitatif: la proportion de fumeurs chez les 15 ans et plus, la proportion des électeurs favorables à un candidat lors d'une élection, la proportion de naissances de filles, la proportion des travailleurs dont le revenu est supérieur à 100 000 $, la proportion de diplômés universitaires au Québec, etc. Pour évaluer une proportion, il suffit de diviser le nombre d'unités statistiques qui possèdent la caractéristique étudiée par le nombre d'unités statistiques observées. Par exemple, si l'on compte 62 fumeurs dans un groupe de 200 personnes, la proportion de fumeurs dans ce groupe est de $\dfrac{62}{200}$, soit 0,31 ou 31 %.

4.4.1 Échantillon aléatoire simple avec remise

Intervalle de confiance

Comme pour la moyenne, il n'est pas toujours possible d'évaluer une proportion avec certitude en faisant un recensement de la population; il faut souvent l'estimer à partir d'un échantillon. On doit donc établir la distribution d'échantillonnage de la variable aléatoire P qui associe à chaque échantillon la proportion des unités statistiques de l'échantillon qui possèdent la caractéristique étudiée.

Notons X la variable aléatoire qui donne le nombre d'unités statistiques possédant la caractéristique étudiée dans un échantillon aléatoire simple avec remise de taille n, et π la proportion d'unités statistiques dans la population qui la possèdent. Nous constatons que la variable X obéit à la loi binomiale $[X \sim \mathrm{B}(n; \pi)]$ de moyenne $n\pi$ et de variance $n\pi(1 - \pi)$. Il est facile de vérifier que les conditions d'application de cette loi sont remplies. En effet,

- on répète la même expérience (choisir une unité statistique) n fois; on prélève un échantillon de taille n;

- à chaque reprise de l'expérience, il y a deux résultats possibles: l'unité statistique sélectionnée possède la caractéristique étudiée ou ne la possède pas;

- à chaque reprise de l'expérience, la probabilité de sélectionner une unité statistique qui possède la caractéristique étudiée est constante et vaut π, car le tirage s'effectue avec remise;

- la variable aléatoire X donne le nombre d'unités statistiques prélevées qui possèdent la caractéristique étudiée.

La loi normale peut servir à approximer la loi binomiale lorsque la taille de l'échantillon est suffisamment grande $[n \geq 30; n\pi \geq 5$ et $n(1 - \pi) \geq 5]$. Dans ce cas, on suppose que $X \sim \mathrm{N}(n\pi; n\pi(1 - \pi))$.

Si la variable aléatoire X obéit à la loi normale telle que $X \sim \mathrm{N}(\mu; \sigma^2)$, alors la variable Y définie par $Y = aX + b$ obéit à la loi normale telle que $Y \sim \mathrm{N}(a\mu + b; a^2\sigma^2)$. Par conséquent, si l'on définit la variable:

$$P = \frac{1}{n}X$$

où la variable X obéit à la loi normale telle que $X \sim \mathrm{N}(n\pi; n\pi(1 - \pi))$, alors la variable P obéit aussi à la loi normale telle que:

$$P \sim \mathrm{N}\left(\frac{1}{n}n\pi; \frac{1}{n^2}n\pi(1 - \pi)\right)$$

Après simplification, on obtient:

$$P \sim \mathrm{N}\left(\pi; \frac{\pi(1 - \pi)}{n}\right)$$

Mais que représente la variable P? Elle représente le nombre d'unités statistiques d'un échantillon qui possèdent la caractéristique étudiée divisé par le nombre d'unités statistiques dans l'échantillon, c'est-à-dire la proportion des unités statistiques d'un échantillon qui la possèdent. Nous venons ainsi de déterminer la distribution d'échantillonnage de la proportion.

Si l'on prélève un échantillon et qu'on note la proportion obtenue dans cet échantillon par p, une des valeurs de P, on obtient une probabilité de $1 - \alpha$ que:

$$\pi - z_{\alpha/2}\sqrt{\frac{\pi(1 - \pi)}{n}} \leq p \leq \pi + z_{\alpha/2}\sqrt{\frac{\pi(1 - \pi)}{n}}$$

d'où on déduit que:

$$p - z_{\alpha/2}\sqrt{\frac{\pi(1 - \pi)}{n}} \leq \pi \leq p + z_{\alpha/2}\sqrt{\frac{\pi(1 - \pi)}{n}}$$

et que:

$$\pi \in \left[p - z_{\alpha/2}\sqrt{\frac{\pi(1 - \pi)}{n}}; p + z_{\alpha/2}\sqrt{\frac{\pi(1 - \pi)}{n}}\right]$$

La marge d'erreur de cette estimation vaut:

$$ME = z_{\alpha/2}\sqrt{\frac{\pi(1 - \pi)}{n}}$$

Toutefois, comme on ne connaît pas la valeur de la proportion dans la population (π), on y substitue la valeur de la proportion dans l'échantillon (p). La marge d'erreur est alors donnée par:

$$ME = z_{\alpha/2}\sqrt{\frac{p(1 - p)}{n}}$$

Quant à l'intervalle de confiance pour une proportion, il devient:

$$\pi \in \left[p - z_{\alpha/2}\sqrt{\frac{p(1 - p)}{n}}; p + z_{\alpha/2}\sqrt{\frac{p(1 - p)}{n}}\right]$$

où les conditions $n \geq 30$; $np \geq 5$ et $n(1 - p) \geq 5$ doivent être remplies.

EXEMPLE 4.8

Un institut de sondage a mené une enquête auprès d'un échantillon aléatoire avec remise de 4 854 cégépiens. Parmi ceux-ci, 1 534 ont déclaré être des consommateurs réguliers d'alcool, c'est-à-dire qu'ils en consomment la fin de semaine ou plusieurs fois dans la semaine. L'estimation ponctuelle de la proportion des consommateurs réguliers d'alcool chez les cégépiens est donc de:

$$p = \frac{1\,534}{4\,854}$$
$$= 0,316$$

Les conditions d'application de l'estimation d'une proportion par un intervalle de confiance sont remplies, puisque :

$$n = 4\,854 \geq 30$$

$$np = 4\,854(0,316) = 1\,534 \geq 5$$

$$n(1 - p) = 4\,854(1 - 0,316) = 3\,320 \geq 5$$

L'estimation par intervalle de confiance de la proportion de tous les cégépiens qui sont des consommateurs réguliers d'alcool, à un niveau de confiance de 98 %, est donc :

$$\pi \in \left[p - z_{\alpha/2}\sqrt{\frac{p(1 - p)}{n}} \,;\, p + z_{\alpha/2}\sqrt{\frac{p(1 - p)}{n}} \right]$$

$$\pi \in \left[p - z_{0,01}\sqrt{\frac{p(1 - p)}{n}} \,;\, p + z_{0,01}\sqrt{\frac{p(1 - p)}{n}} \right]$$

$$\pi \in \left[0,316 - 2,33\sqrt{\frac{0,316(1 - 0,316)}{4\,854}} \,;\, 0,316 + 2,33\sqrt{\frac{0,316(1 - 0,316)}{4\,854}} \right]$$

$$\pi \in [0,316 - 0,016 \,;\, 0,316 + 0,016]$$

$$\pi \in [0,300 \,;\, 0,332]$$

La marge d'erreur de l'estimation est de :

$$ME = z_{\alpha/2}\sqrt{\frac{p(1 - p)}{n}}$$

$$= z_{0,01}\sqrt{\frac{p(1 - p)}{n}}$$

$$= 2,33\sqrt{\frac{0,316(1 - 0,316)}{4\,854}}$$

$$= 0,016$$

On accorde donc un niveau de confiance de 98 % au résultat obtenu, à savoir que la proportion des consommateurs réguliers d'alcool chez l'ensemble des cégépiens se situe entre 30,0 et 33,2 %. La marge d'erreur sur l'estimation exprimée en pourcentage (31,6 %) est donc de 1,6 point.

EXERCICE 4.8

Selon un sondage mené auprès de 1 250 étudiants pour évaluer l'importance du plagiat, 525 d'entre eux ont indiqué avoir déjà copié un texte obtenu dans Internet.

a) Donnez l'estimation ponctuelle de la proportion des étudiants qui ont déjà copié un texte obtenu dans Internet.

b) Estimez par un intervalle de confiance la proportion des étudiants qui ont déjà copié un texte obtenu dans Internet. Employez un niveau de confiance de 99 %.

c) Donnez le sens de l'intervalle de confiance obtenu en *b*.

Taille de l'échantillon nécessaire pour obtenir une marge d'erreur donnée

La marge d'erreur dans l'estimation d'une proportion est :

$$ME = z_{\alpha/2}\sqrt{\frac{p(1 - p)}{n}}$$

En isolant la valeur de n dans cette formule, on trouve la taille que doit avoir l'échantillon pour qu'on obtienne une marge d'erreur donnée. Ainsi,

$$n = \frac{z_{\alpha/2}^2 p(1-p)}{(ME)^2}$$

Cette dernière expression atteint une valeur maximale lorsque $p = \frac{1}{2}$. Ainsi, lorsqu'on ne dispose pas d'une valeur de la proportion p provenant d'un échantillon, on pourra employer $p = \frac{1}{2}$. La taille de l'échantillon pour obtenir une marge d'erreur d'au plus ME sera alors donnée par :

$$n = \frac{z_{\alpha/2}^2 p(1-p)}{(ME)^2}$$

$$= \frac{z_{\alpha/2}^2 \left(\frac{1}{2}\right)\left(1-\frac{1}{2}\right)}{(ME)^2}$$

$$= \frac{z_{\alpha/2}^2 \left(\frac{1}{2}\right)^2}{(ME)^2}$$

$$= \left[\frac{z_{\alpha/2}}{2(ME)}\right]^2$$

Comme d'habitude, on arrondit la valeur de n à l'entier supérieur.

EXEMPLE 4.9

Quelle taille doit avoir un échantillon pour que l'estimation d'une proportion ait une précision de ± 2 points de pourcentage, 99 fois sur 100 ? Pour la déterminer, il suffit d'employer un échantillon de taille :

$$n = \left[\frac{z_{\alpha/2}}{2(ME)}\right]^2$$

$$= \left[\frac{z_{0,005}}{2(ME)}\right]^2$$

$$= \left(\frac{2,575}{2 \times 0,02}\right)^2$$

$$= 4\,145$$

On a eu recours à cette formule, parce qu'on ne possédait pas de valeur de la proportion (p) calculée à partir d'un échantillon.

EXERCICE 4.9

Selon une enquête récente menée auprès de 1 100 Québécois, 17 % d'entre eux souffrent de douleur chronique. Supposez que l'échantillon a été prélevé avec remise.

a) Si vous aviez estimé cette proportion par un intervalle de confiance, quelle marge d'erreur auriez-vous obtenue à un niveau de confiance de 98 % ?

■ **Vous pouvez maintenant faire les exercices récapitulatifs 21 à 28.**

b) Quelle aurait dû être la taille de l'échantillon pour que la marge d'erreur soit de 2 points de pourcentage à ce niveau de confiance ?

4.4.2 Échantillon aléatoire simple sans remise d'une population finie

Intervalle de confiance

Lorsqu'on sélectionne un échantillon sans remise d'une population finie afin d'estimer une proportion, il faut ajuster la marge d'erreur à l'aide d'un facteur de correction de population finie, tout comme lorsqu'on estime une moyenne.

L'intervalle de confiance est alors donné par l'expression :

$$\pi \in \left[p - z_{\alpha/2}\sqrt{\frac{p(1-p)}{n}\left(\frac{N-n}{N-1}\right)}\,;\, p + z_{\alpha/2}\sqrt{\frac{p(1-p)}{n}\left(\frac{N-n}{N-1}\right)} \right]$$

Cet intervalle présente un niveau de confiance de $(1-\alpha) \times 100\,\%$.

EXEMPLE 4.10

Selon une enquête menée auprès d'un échantillon aléatoire (sans remise) de 1 214 membres sur les 9 832 que compte une fédération syndicale, 6,5 % d'entre eux ont présenté des symptômes d'épuisement professionnel au moins une fois au cours de la dernière année. Comme le sondage porte sur une population finie ($N = 9\ 832$) et que le taux de sondage est supérieur à 5 % $\left(\dfrac{n}{N} = \dfrac{1\ 214}{9\ 832} = 12,3\,\%\right)$, l'intervalle de confiance associé à cette estimation, pour un niveau de confiance de 98 %, est :

$$\pi \in \left[p - z_{\alpha/2}\sqrt{\frac{p(1-p)}{n}\left(\frac{N-n}{N-1}\right)}\,;\, p + z_{\alpha/2}\sqrt{\frac{p(1-p)}{n}\left(\frac{N-n}{N-1}\right)} \right]$$

$$\pi \in \left[p - z_{0,01}\sqrt{\frac{p(1-p)}{n}\left(\frac{N-n}{N-1}\right)}\,;\, p + z_{0,01}\sqrt{\frac{p(1-p)}{n}\left(\frac{N-n}{N-1}\right)} \right]$$

$$\pi \in \left[0,065 - 2,33\sqrt{\frac{0,065(1-0,065)}{1\ 214}\left(\frac{9\ 832 - 1\ 214}{9\ 832 - 1}\right)}\,;\, 0,065 + 2,33\sqrt{\frac{0,065(1-0,065)}{1\ 214}\left(\frac{9\ 832 - 1\ 214}{9\ 832 - 1}\right)} \right]$$

$$\pi \in [0,065 - 0,015\,;\, 0,065 + 0,015]$$

$$\pi \in [0,050\,;\, 0,080]$$

On peut donc penser, à un niveau de confiance de 98 %, qu'entre 5,0 et 8,0 % des membres de cette fédération syndicale ont présenté des symptômes d'épuisement professionnel au moins une fois au cours de la dernière année. La marge d'erreur est de 1,5 point de pourcentage.

EXERCICE 4.10

Dans un échantillon aléatoire sans remise de 300 étudiants d'un cégep qui en compte 2 200, 32 d'entre eux ont déclaré posséder un téléphone intelligent. Estimez par un intervalle de confiance la proportion des étudiants de ce cégep qui possèdent un téléphone intelligent. Employez un niveau de confiance de 99 %.

Taille de l'échantillon nécessaire pour obtenir une marge d'erreur donnée

Pour déterminer la taille que doit avoir un échantillon pour qu'on obtienne une marge d'erreur ME donnée, il suffit d'isoler la valeur de n dans l'expression de la marge d'erreur. On obtient alors la formule :

$$n = \frac{z_{\alpha/2}^2 N p (1 - p)}{(N - 1)(ME)^2 + z_{\alpha/2}^2 p (1 - p)}$$

Cette expression atteint sa valeur maximale pour $p = 0,5$. À défaut d'une valeur de la proportion p provenant d'un échantillon, on emploiera donc $p = 0,5$. La taille de l'échantillon nécessaire pour obtenir une marge d'erreur d'au plus ME avec un niveau de confiance de $(1 - \alpha) \times 100\,\%$ sera alors donnée par la formule :

$$n = \frac{0,25 z_{\alpha/2}^2 N}{(N - 1)(ME)^2 + 0,25 z_{\alpha/2}^2}$$

EXEMPLE 4.11

Dans le contexte de l'exemple 4.5 (p. 138), l'association étudiante a trouvé que 26 des 40 chambres échantillonnées (parmi les 325 recensées) sont louées pour moins de 80\$ par semaine. Autrement dit, le coût de location de 65\,% $\left(p = \frac{26}{40} = 0,65 \right)$ des chambres de l'échantillon est inférieur à 80\$. Les conditions d'application de l'estimation d'une proportion par un intervalle de confiance sont remplies $\left(n = 40 \geq 30;\ np = 40(0,65) = 26 \geq 5;\ n(1 - p) = 40(1 - 0,65) = 14 \geq 5 \right)$. Le taux de sondage vaut 12,3\,% $\left(\text{soit } \frac{n}{N} = \frac{40}{325} \right)$. Par conséquent, pour obtenir une marge d'erreur d'au plus 5 points lors de l'estimation de la proportion des chambres offertes à moins de 80\$/semaine, à un niveau de confiance de 90\,%, il aurait fallu prélever un échantillon de taille :

$$\begin{aligned}
n &= \frac{z_{\alpha/2}^2 N p (1 - p)}{(N - 1)(ME)^2 + z_{\alpha/2}^2 p (1 - p)} \\[2mm]
&= \frac{z_{0,05}^2 N p (1 - p)}{(N - 1)(ME)^2 + z_{0,05}^2 p (1 - p)} \\[2mm]
&= \frac{1,645^2 (325)(0,65)(1 - 0,65)}{(325 - 1)(0,05^2) + 1,645^2 (0,65)(1 - 0,65)} \\[2mm]
&= 141
\end{aligned}$$

EXERCICE 4.11

■ **Vous pouvez maintenant faire les exercices récapitulatifs 29 à 31.**

Avec les données de l'exercice 4.10, quelle aurait dû être la taille de l'échantillon pour que la marge d'erreur soit d'au plus 2 points de pourcentage avec un niveau de confiance de 95\,% ?

Résumé

L'objet de l'**inférence statistique** est de généraliser les résultats obtenus à partir d'un échantillon aléatoire à l'ensemble de la population d'où il a été tiré. L'estimation d'un paramètre, l'un des deux volets de l'inférence statistique, consiste à évaluer un **paramètre** d'une population, tel qu'une moyenne ou une proportion, à partir de la **statistique** correspondante calculée dans un échantillon. On peut effectuer une **estimation ponctuelle**, c'est-à-dire estimer le paramètre par une seule valeur, ou une **estimation par intervalle de confiance**, c'est-à-dire associer une **marge d'erreur** et un **niveau de confiance** à l'estimation. Dans ce dernier cas, on construit un intervalle autour de l'estimation ponctuelle. La largeur de l'intervalle est fonction de la taille de l'échantillon prélevé, de la façon dont on l'a prélevé et du degré de confiance dans le fait que l'intervalle recouvre la véritable valeur du paramètre estimé.

Pour estimer une moyenne par intervalle de confiance, lorsque l'échantillon prélevé est de petite taille ($n < 30$), on recourra à la **loi de Student** comportant $n - 1$ **degrés de liberté**. En revanche, on recourra à la loi normale si l'échantillon est de grande taille ($n \geq 30$), s'il a été prélevé sans remise d'une population finie de taille N et si le **taux de sondage** $\left(\dfrac{n}{N}\right)$ est supérieur à 5 %, auquel cas, on devra tenir compte du **facteur de correction de population finie** dans le calcul de la marge d'erreur.

Les tableaux suivants récapitulent les formules utilisées pour estimer par un intervalle de confiance une moyenne (tableau 4.2) et une proportion (tableau 4.3). Y figurent notamment le choix de l'intervalle approprié selon les différentes conditions d'application ainsi que la marge d'erreur et la taille de l'échantillon nécessaire pour obtenir une marge d'erreur donnée.

Mots clés

Estimation par intervalle de confiance, p. 129
Estimation ponctuelle, p. 129
Facteur de correction de population finie, p. 138
Inférence statistique, p. 129
Loi de Student, p. 140
Marge d'erreur, p. 129
Niveau de confiance, p. 129
Nombre de degrés de liberté, p. 140
Paramètre, p. 129
Statistique, p. 129
Taux de sondage, p. 138

TABLEAU | **4.2**

ESTIMATION D'UNE MOYENNE (μ)

Conditions d'application	Distribution de l'estimateur	Intervalle de confiance au niveau $1 - \alpha$	Marge d'erreur (ME)	Taille de l'échantillon pour une marge d'erreur donnée
· Tirage avec remise · σ inconnu · $n \geq 30$	$\bar{X} \sim N\left(\mu; \dfrac{\sigma^2}{n}\right)$	σ étant inconnu, on emploie s dans le calcul de la marge d'erreur. $\mu \in \left[\bar{x} - z_{\alpha/2}\dfrac{s}{\sqrt{n}}; \bar{x} + z_{\alpha/2}\dfrac{s}{\sqrt{n}}\right]$	$z_{\alpha/2}\dfrac{s}{\sqrt{n}}$	$n = \left(\dfrac{z_{\alpha/2}s}{ME}\right)^2$
· Population finie de taille N · Tirage sans remise · σ inconnu · $n \geq 30$	$\bar{X} \sim N\left(\mu; \dfrac{\sigma^2}{n}\left(\dfrac{N-n}{N-1}\right)\right)$	σ étant inconnu, on emploie s dans le calcul de la marge d'erreur. $\mu \in \left[\bar{x} - z_{\alpha/2}\dfrac{s}{\sqrt{n}}\sqrt{\dfrac{N-n}{N-1}}; \bar{x} + z_{\alpha/2}\dfrac{s}{\sqrt{n}}\sqrt{\dfrac{N-n}{N-1}}\right]$ On néglige le facteur de correction $\sqrt{\dfrac{N-n}{N-1}}$ si $\dfrac{n}{N} \leq 5\,\%$.	$z_{\alpha/2}\dfrac{s}{\sqrt{n}}\sqrt{\dfrac{N-n}{N-1}}$	$n = \dfrac{Nz_{\alpha/2}^2 s^2}{(N-1)(ME)^2 + z_{\alpha/2}^2 s^2}$
· Population normale ou presque · σ inconnu · $n < 30$	$\dfrac{\bar{X} - \mu}{s/\sqrt{n}} \sim T_{n-1}$	$\mu \in \left[\bar{x} - t_{\alpha/2;n-1}\dfrac{s}{\sqrt{n}}; \bar{x} + t_{\alpha/2;n-1}\dfrac{s}{\sqrt{n}}\right]$	$t_{\alpha/2;n-1}\dfrac{s}{\sqrt{n}}$	Impossible de préciser par une formule

TABLEAU | **4.3**

ESTIMATION D'UNE PROPORTION (π)

Conditions d'application	Distribution de l'estimateur	Intervalle de confiance au niveau $1 - \alpha$	Marge d'erreur (ME)	Taille de l'échantillon pour une marge d'erreur donnée
· Tirage avec remise · $n \geq 30$ · $np \geq 5$ · $n(1-p) \geq 5$	$P \sim N\left(\pi; \dfrac{\pi(1-\pi)}{n}\right)$	π étant inconnu, on emploie p dans le calcul de la marge d'erreur. $\pi \in \left[p - z_{\alpha/2}\sqrt{\dfrac{p(1-p)}{n}}; p + z_{\alpha/2}\sqrt{\dfrac{p(1-p)}{n}}\right]$	$z_{\alpha/2}\sqrt{\dfrac{p(1-p)}{n}}$	Si on connaît p, $n = \dfrac{z_{\alpha/2}^2 p(1-p)}{(ME)^2}$. Sinon, on emploie $p = 0{,}5$, de sorte que $n = \left\lceil \dfrac{z_{\alpha/2}}{2(ME)}\right\rceil^2$.
· Population finie de taille N · Tirage sans remise · $n \geq 30$ · $np \geq 5$ · $n(1-p) \geq 5$	$P \sim N\left(\pi; \dfrac{\pi(1-\pi)}{n}\left(\dfrac{N-n}{N-1}\right)\right)$	π étant inconnu, on emploie p dans le calcul de la marge d'erreur. $\pi \in \left[p - z_{\alpha/2}\sqrt{\dfrac{p(1-p)}{n}\left(\dfrac{N-n}{N-1}\right)};\right.$ $\left. p + z_{\alpha/2}\sqrt{\dfrac{p(1-p)}{n}\left(\dfrac{N-n}{N-1}\right)}\right]$ On néglige le facteur de correction $\sqrt{\dfrac{N-n}{N-1}}$ si $\dfrac{n}{N} \leq 5\,\%$.	$z_{\alpha/2}\sqrt{\dfrac{p(1-p)}{n}\left(\dfrac{N-n}{N-1}\right)}$	Si on connaît p, $n = \dfrac{z_{\alpha/2}^2 Np(1-p)}{(N-1)(ME)^2 + z_{\alpha/2}^2 p(1-p)}$. Sinon, on emploie $p = 0{,}5$, de sorte que $n = \dfrac{0{,}25z_{\alpha/2}^2 N}{(N-1)(ME)^2 + 0{,}25z_{\alpha/2}^2}$.

RÉSEAUX DE CONCEPTS

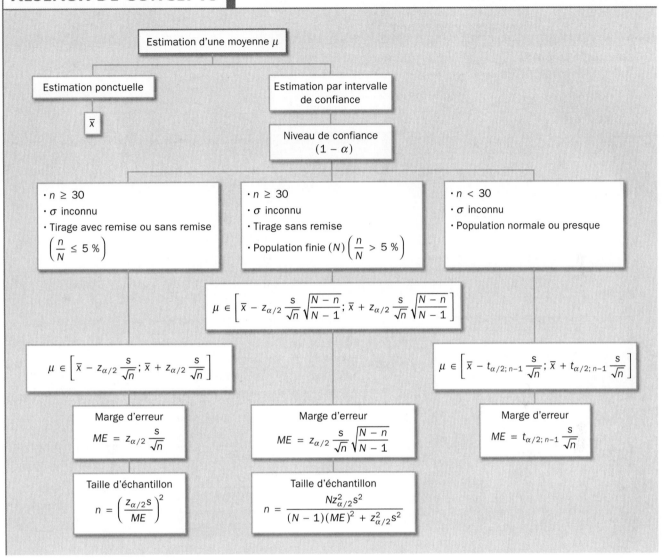

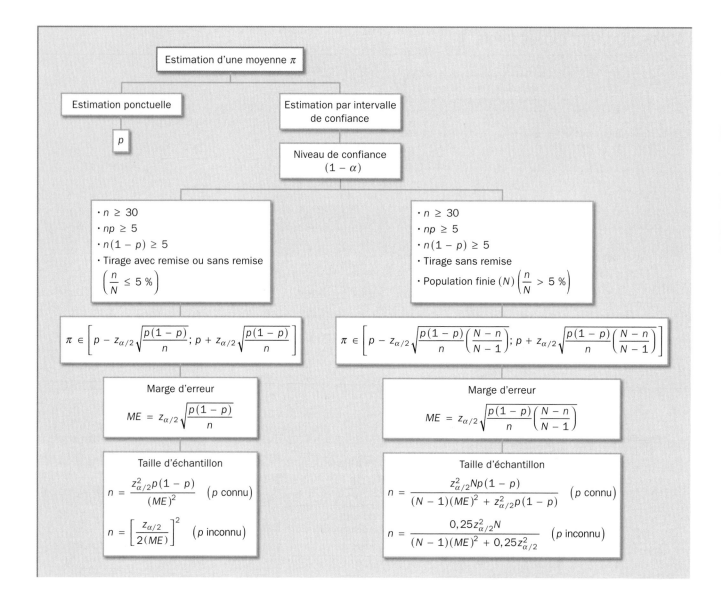

Exercices récapitulatifs

Note: Sauf indication contraire, les échantillons ont été prélevés avec remise.

Sections 4.1 et 4.2

1. Selon un sondage récent mené auprès de 1 050 Québécois âgés de 18 ans ou plus, 60 % d'entre eux considèrent qu'on devrait tolérer l'euthanasie pour les personnes souffrant d'une maladie incurable. Dans ce sondage, on a indiqué qu'un échantillon de cette taille donnait des résultats précis à ± 3 points de pourcentage, 19 fois sur 20.

   a) Quelle est la taille de l'échantillon ? Utilisez la notation appropriée dans votre réponse.

   b) Quel est le paramètre estimé dans ce sondage ?

   c) Comment note-t-on généralement ce paramètre ?

   d) Comment note-t-on généralement la statistique qui permet d'estimer ce paramètre ?

e) Quelle est l'estimation ponctuelle de ce paramètre ?

f) Quelle est l'estimation par intervalle de confiance de ce paramètre ?

g) Quel est le niveau de confiance associé à cette estimation ?

2. L'âge moyen des Québécois est de 41 ans, et l'écart type est de 15 ans. On prélève un échantillon aléatoire, avec remise, de 100 Québécois, et on mesure l'âge moyen des personnes sélectionnées.

a) Quelle expérience aléatoire effectue-t-on ?

b) Quelle est la variable aléatoire ?

c) Que représente l'expression $P(40 < \bar{X} < 45)$?

d) Que vaut $P(40 < \bar{X} < 45)$?

e) Déterminez la valeur de k telle que $P(41 - k < \bar{X} < 41 + k) = 0,9$.

Section 4.3.1

3. Lorsqu'on sélectionne, avec remise, un échantillon de grande taille ($n \geq 30$), le nombre d'unités statistiques dans la population (N) n'a pas d'effet sur la marge d'erreur obtenue dans l'estimation d'une moyenne par intervalle de confiance. Vrai ou faux ? Justifiez votre réponse.

4. Lorsqu'on effectue un échantillonnage aléatoire simple, avec remise, pour estimer une moyenne par intervalle de confiance, quel effet produira-t-on sur la marge d'erreur si l'on quadruple la taille de l'échantillon ?

5. La durée moyenne des études observée dans un échantillon aléatoire de 144 diplômés de 2011 du secteur préuniversitaire de l'enseignement collégial ordinaire est de 4,8 sessions. L'écart type observé dans l'échantillon est de 1,2 session.

a) Estimez par un intervalle de confiance la durée moyenne des études chez l'ensemble des diplômés de 2011 du secteur préuniversitaire de l'enseignement collégial ordinaire. Employez un niveau de confiance de 95 %.

b) Quelle est la marge d'erreur de votre estimation ?

c) Quelle aurait dû être la taille de l'échantillon pour que la marge d'erreur soit de 0,1 session à un niveau de confiance de 98 % ?

6. Une association de consommateurs a mené une étude sur des jouets destinés aux enfants de 3 à 6 ans. Cette étude portait notamment sur la capacité des jouets à retenir leur intérêt. On a présenté le même jouet à un groupe de 36 enfants âgés de 3 à 6 ans, puis on a mesuré combien de temps ils se sont amusés avec le jouet avant de manifester des signes d'ennui. On a observé une moyenne de 22 min, avec un écart type de 8 min. Estimez par intervalle de confiance le temps moyen pendant lequel les enfants de 3 à 6 ans s'amusent avec un jouet de ce type avant de s'ennuyer. Employez un niveau de confiance de 98 %.

7. On sélectionne aléatoirement 50 élèves parmi tous les élèves de sixième année d'une commission scolaire, et on les soumet à un examen composé de 20 questions objectives. Le nombre moyen de bonnes réponses est de 11,8 et l'écart type de 4.

a) Estimez par un intervalle de confiance le nombre moyen de bonnes réponses pour l'ensemble des élèves de sixième année de cette commission scolaire. Employez un niveau de confiance de 95 %.

b) Peut-on employer cette estimation pour l'ensemble des élèves de sixième année au Québec ? Justifiez votre réponse.

8. Pour être admis dans un programme de maîtrise en administration des affaires, il faut passer un test d'aptitude. Le tableau 4.4 donne les résultats obtenus dans un échantillon aléatoire de 130 candidats qui ont passé le test en 2011.

TABLEAU | **4.4**

**RÉPARTITION DE 130 CANDIDATS,
SELON LE RÉSULTAT OBTENU**

Résultat	Nombre de candidats
100-150	3
150-200	30
200-250	45
250-300	40
300-350	10
350-400	2
Total	130

a) Quels sont le résultat moyen et l'écart type des résultats pour les candidats prélevés?

b) Estimez par un intervalle de confiance le résultat moyen de l'ensemble des candidats qui ont passé le test en 2011. Employez un niveau de confiance de 95 %.

c) Que nous apprend cette estimation?

9. Comme l'état de santé des individus a tendance à se détériorer avec l'âge, on peut penser que le nombre annuel de consultations chez un médecin augmente avec les années. Une enquête menée auprès de 13 232 Québécois autonomes âgés de 65 ans et plus a montré qu'ils consultaient un médecin en moyenne 4,8 fois par an, avec un écart type de 1,8.

a) Estimez par un intervalle de confiance le nombre moyen de consultations pour l'ensemble des Québécois autonomes âgés de 65 ans et plus. Employez un niveau de confiance de 98 %.

b) Si les adultes autonomes âgés de moins de 65 ans consultent en moyenne un médecin 3 fois par an, est-il plausible que les personnes de 65 ans et plus consultent plus souvent un médecin que les autres adultes?

10. Le tangram est un très vieux casse-tête d'origine chinoise consistant à constituer des figures à l'aide de sept éléments invariables: un carré, un parallélogramme et cinq triangles de taille différente. Comme le casse-tête comporte sept formes de base, on l'appelle aussi «plaquette aux sept astuces». La figure 4.3 donne les sept éléments du tangram, une figure (un chat) à reproduire ainsi que la solution à ce problème.

FIGURE | **4.3**

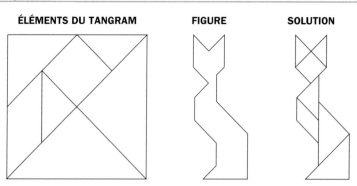

ÉLÉMENTS DU TANGRAM   FIGURE   SOLUTION

On peut assembler plusieurs centaines de figures à partir des formes de base. Une figure est jugée plus difficile qu'une autre si un groupe de personnes met plus de temps pour la reproduire. On peut donc mesurer la difficulté d'une figure par le temps moyen mis pour la reproduire.

FIGURE | **4.4**

PROBLÈME DU LAPIN

On a réuni 40 adultes auxquels on a demandé de reproduire le lapin de la figure 4.4 à partir des formes de base.

Le tableau 4.5 donne la série statistique du temps (en secondes) mis pour résoudre ce problème.

TABLEAU | **4.5**

TEMPS (EN SECONDES) MIS PAR 40 SUJETS POUR RÉSOUDRE LE PROBLÈME DU LAPIN				
74	187	208	243	287
105	192	210	244	292
110	196	221	247	295
130	198	224	253	305
148	198	230	257	319
154	200	234	260	329
165	203	235	263	342
178	203	238	278	381

a) Calculez le temps moyen mis par ces sujets pour résoudre le problème.

b) Calculez l'écart type.

c) En supposant que cet échantillon constitue un échantillon aléatoire simple de la population adulte, estimez par un intervalle de confiance le temps moyen mis par l'ensemble des adultes pour résoudre ce problème. Employez un niveau de confiance de 99 %.

d) Est-il plausible que le temps moyen mis par l'ensemble des adultes pour résoudre ce problème soit supérieur à 260 s ?

Section 4.3.2

11. Commentez l'énoncé suivant :

> Si le taux de sondage est faible, la taille de la population d'où on tire un échantillon sans remise n'a pas un effet considérable sur la grandeur de la marge d'erreur dans l'estimation d'une moyenne par intervalle de confiance.

12. On a prélevé un échantillon (échantillonnage aléatoire simple sans remise) de 60 des 400 cartes de pointage remises par les participants à un tournoi de golf. Pour ces 60 parties de golf, le nombre moyen de coups est de 89, avec un écart type de 10.

a) Estimez par intervalle de confiance le nombre moyen de coups pour l'ensemble des participants à ce tournoi de golf. Employez un niveau de confiance de 90 %.

b) Quelle aurait dû être la taille de l'échantillon pour que la marge d'erreur soit inférieure à un coup ?

13. Selon les données d'un sondage mené auprès de 50 membres d'un club de l'âge d'or qui en compte 235, les répondants consacrent, en moyenne, 4 heures par semaine à jouer aux cartes au local du club. L'écart type observé est de 30 min.

a) En supposant que l'échantillon a été sélectionné avec remise, estimez par un intervalle de confiance le temps moyen (en minutes) que les membres de ce club de l'âge d'or consacrent à jouer aux cartes au local du club. Employez un niveau de confiance de 99 %.

b) En supposant que l'échantillon a été sélectionné sans remise, estimez par un intervalle de confiance le temps moyen (en minutes) que les membres de ce club de l'âge d'or consacrent à jouer aux cartes au local du club. Employez un niveau de confiance de 99 %.

c) Quelle aurait dû être la taille de l'échantillon pour que la marge d'erreur soit inférieure à 8 min ? Donnez une réponse pour les énoncés *a* et *b*.

14. On a prélevé un échantillon aléatoire sans remise de 423 salariés sur les 1 532 que compte une grande entreprise. Le salaire hebdomadaire moyen des salariés échantillonnés est de 946 $ et l'écart type de 122 $.

a) Doit-on employer le facteur de correction de population finie pour estimer par intervalle de confiance le salaire hebdomadaire moyen des salariés de cette entreprise ? Justifiez votre réponse.

b) Quelle est l'estimation par intervalle de confiance du salaire hebdomadaire moyen des salariés de cette entreprise ? Employez un niveau de confiance de 98 %.

c) Quelle aurait dû être la taille de l'échantillon pour que l'estimation soit précise à ±10 $, 19 fois sur 20 ?

Section 4.3.3

15. Que vaut l'expression ?

a) $t_{0,005\,;\,28}$.   b) $t_{0,05\,;\,14}$.   c) $t_{0,01\,;\,20}$.

16. Des chercheurs ont établi que la consommation régulière de céréales sucrées favorise la carie dentaire. Il est donc important de mesurer la quantité de sucre dans les céréales pour pouvoir faire des recommandations en matière de santé publique. On considère qu'une quantité de sucre de 15 g par portion est tolérable. On a prélevé un échantillon aléatoire de 20 portions d'une marque populaire de céréales sucrées. La quantité moyenne de sucre observée est de 16 g et l'écart type de 2 g.

a) Quelle hypothèse doit-on faire sur la distribution du sucre dans cette marque de céréales pour pouvoir estimer par un intervalle de confiance la quantité moyenne de sucre dans une portion à partir de l'échantillon prélevé ?

b) Si l'hypothèse établie en *a* est plausible, estimez par un intervalle de confiance la quantité moyenne de sucre dans une portion de cette marque de céréales. Employez un niveau de confiance de 98 %.

c) Selon le fabricant de cette marque de céréales, la quantité moyenne de sucre par portion respecte la norme de 15 g. Cette affirmation vous apparaît-elle plausible ? Justifiez votre réponse en recourant au résultat obtenu en *b*.

17. Un psychologue s'intéressant au fonctionnement de la mémoire chez les enfants a demandé à 25 enfants de 8 ans choisis au hasard d'écrire 5 mots commençant par la lettre « b ». Il a mesuré le temps qu'ils ont mis pour accomplir cette tâche (tableau 4.6).

TABLEAU | **4.6**

TEMPS (EN SECONDES) MIS POUR ACCOMPLIR LA TÂCHE				
40	38	42	44	45
40	50	42	46	35
39	41	39	43	47
45	42	48	51	38
44	47	42	44	40

a) Quel est le temps moyen mis par ces enfants pour accomplir cette tâche ?

b) Quel est l'écart type ?

c) Quelle hypothèse sur la distribution du temps mis pour accomplir la tâche doit-on faire pour pouvoir estimer le temps moyen par un intervalle de confiance ?

d) Estimez par un intervalle de confiance le temps moyen mis par les enfants de huit ans pour accomplir cette tâche. Employez un niveau de confiance de 99 %.

18. L'âge moyen de 20 professeurs de cégep choisis par échantillonnage aléatoire est de 39 ans. L'écart type des âges est de cinq ans.

a) En supposant que la distribution des âges obéit à une loi normale, estimez par un intervalle de confiance l'âge moyen de l'ensemble des professeurs de cégep. Employez un niveau de confiance de 95 %.

b) Quelle est la marge d'erreur ?

19. Lors d'une expérience en psychologie, on a demandé à 12 étudiants de premier cycle universitaire de retenir le maximum de mots parmi les 40 mots courants qu'on faisait défiler devant eux sur un écran d'ordinateur au rythme d'un mot toutes les deux secondes. Le tableau 4.7 donne la série statistique du nombre de mots retenus par chacun de ces étudiants.

TABLEAU | **4.7**

NOMBRE DE MOTS RETENUS			
20	18	16	13
15	17	18	18
22	17	23	16

a) Quelle hypothèse devez-vous faire sur la distribution du nombre de mots retenus pour effectuer une estimation par intervalle de confiance ?

b) Estimez par un intervalle de confiance le nombre moyen de mots retenus par l'ensemble des étudiants de premier cycle universitaire. Employez un niveau de confiance de 98 %.

20. Afin de se donner du prestige auprès de ses collègues lors d'un colloque, un décorateur affirme que le revenu moyen de ses clients est supérieur à 150 000 $. Un échantillon aléatoire de 16 clients de ce décorateur donne leurs revenus en milliers de dollars (tableau 4.8).

TABLEAU | **4.8**

REVENUS (EN MILLIERS DE $) DE 16 CLIENTS			
145,2	143,1	144,3	148,9
138,1	130,1	146,1	147,3
149,3	155,3	136,6	140,1
153,5	146,7	153,5	141,8

a) Calculez le revenu moyen des 16 clients échantillonnés.

b) Calculez l'écart type du revenu pour les 16 clients échantillonnés.

c) Vous décidez d'estimer le revenu moyen des clients de ce décorateur par un intervalle à un niveau de confiance de 98 %. Indiquez précisément l'hypothèse que vous devez émettre pour pouvoir faire votre estimation. Effectuez l'estimation en supposant que cette hypothèse est vérifiée.

d) Sur la base de votre estimation, l'affirmation du décorateur est-elle plausible ? Justifiez votre réponse.

Section 4.4.1

Note: Dans les exercices 21 à 31, considérez que les conditions $n \geq 30$, $np \geq 5$ et $n(1 - p) \geq 5$ sont remplies.

21. Vous travaillez pour un institut de sondage auquel un restaurateur a demandé de prélever un échantillon aléatoire de Montréalais afin d'estimer la proportion de ceux-ci qui connaissent son établissement. Il souhaite obtenir une marge d'erreur de 3,5 points lors de cette estimation. Quelle doit être la taille de l'échantillon pour que vous obteniez cette marge d'erreur ? Employez un niveau de confiance de 95 %.

22. Un chercheur veut déterminer si les travailleurs québécois accordent une valeur intrinsèque au travail qu'ils font. Il sélectionne un échantillon aléatoire de 1 125 travailleurs, auxquels il demande notamment de répondre à la question suivante : « Si vous gagniez 2 millions de dollars à la loterie, continueriez-vous d'occuper votre emploi actuel ? » Il constate que 995 travailleurs ont répondu NON à cette question. Estimez par un intervalle de confiance la proportion des travailleurs québécois qui diraient « Bye-bye, boss » s'ils gagnaient 2 millions de dollars à la loterie. Employez un niveau de confiance de 99 %.

23. Dans un échantillon aléatoire de 2 472 naissances, le rapport de masculinité à la naissance (le nombre de naissances de garçons pour 100 naissances de filles) est de 106.

   a) Quelle est la proportion de naissances de garçons dans cet échantillon ?

   b) Combien de naissances de garçons a-t-on observées ?

   c) Estimez par intervalle de confiance la proportion de naissances de garçons pour l'ensemble des naissances. Employez un niveau de confiance de 90 %.

   d) Quelle marge d'erreur avez-vous obtenue ?

   e) Quelle aurait dû être la taille de l'échantillon pour que la précision de l'estimation soit de ± 1 point de pourcentage, 19 fois sur 20 ?

24. Dans une enquête récente menée auprès de 10 263 Québécois âgés de 65 ans et plus, on a dénombré 2 300 personnes souffrant d'une forme quelconque de démence (maladie d'Alzheimer, démence vasculaire, démence parkinsonienne, etc.).

   a) Quelle est l'estimation ponctuelle de la proportion de Québécois de 65 ans et plus souffrant de démence ?

   b) En supposant que l'échantillon a été prélevé avec remise, estimez par un intervalle de confiance la proportion des Québécois de 65 ans et plus qui souffrent d'une forme de démence. Employez un niveau de confiance de 95 %.

   c) En supposant que le Québec comptait 1 225 000 personnes âgées de 65 ans et plus au moment de l'enquête, employez la réponse obtenue en b pour estimer par un intervalle de confiance le nombre de Québécois de 65 ans et plus qui souffraient de démence.

25. En page A13 de son édition du lundi 28 mars 2011, le journal *La Presse* présentait les résultats d'un sondage mené auprès de 1 000 Québécois de 18 ans ou plus. On y apprenait que 81 % des répondants jugeaient que l'exploitation de la filière énergétique des gaz de schiste est peu ou non sûre.

   a) Si l'échantillon est aléatoire et qu'il a été prélevé avec remise, quelle est la marge d'erreur sur l'estimation de la proportion des Québécois de 18 ans ou plus qui jugent l'exploitation de la filière énergétique des gaz de schiste peu ou non sûre ? Employez un niveau de confiance de 95 %.

   b) Si l'échantillon est aléatoire et qu'il a été prélevé avec remise, estimez par un intervalle de confiance la proportion des Québécois de 18 ans ou plus qui jugent l'exploitation de la filière énergétique des gaz de schiste peu ou non sûre. Employez un niveau de confiance de 95 %.

   c) Quelle aurait dû être la taille de l'échantillon pour que la précision de l'estimation soit de ± 1 point de pourcentage, 98 fois sur 100 ?

26. Dans une enquête récente menée auprès d'un échantillon aléatoire de 3 225 Québécois qui avaient complété des études universitaires, on a trouvé 320 fumeurs.

   a) Chez les Québécois qui ont complété des études universitaires, quelle est l'estimation ponctuelle du taux de tabagisme (proportion de fumeurs en pourcentage)?

   b) Estimez par un intervalle de confiance le taux de tabagisme chez les Québécois qui ont complété des études universitaires. Employez un niveau de confiance de 90 %.

   c) Quelle aurait dû être la taille de l'échantillon pour que la marge d'erreur soit d'au plus 1 point dans l'estimation par intervalle de confiance de ce taux, à un niveau de confiance de 98 %?

27. Une chercheuse veut estimer la proportion des Québécois âgés de 25 ans ou plus qui détiennent un diplôme universitaire. Elle mène une enquête auprès de 1 444 Québécois de 25 ans ou plus. Dans son échantillon, elle trouve 312 diplômés universitaires.

   a) Quelle est la population étudiée?

   b) Quel paramètre de la population cette chercheuse souhaite-t-elle estimer? Notez ce paramètre par le symbole approprié.

   c) Quelle est la valeur de la statistique servant à estimer ce paramètre? Notez cette statistique par le symbole approprié.

   d) Estimez ce paramètre par un intervalle de confiance (à un niveau de confiance de 99 %).

   e) Que nous apprend cette estimation?

   f) Quelle aurait dû être la taille de l'échantillon pour que la marge d'erreur soit d'au plus 1 point, 99 fois sur 100?

28. On vous demande de mener une enquête pour déterminer la popularité de la pâte dentifrice « Ultrablanc ». Vous devez préparer un questionnaire qui étudiera plusieurs variables (sexe, âge, revenu, scolarité, etc.) en relation avec la marque de dentifrice la plus fréquemment employée par le répondant au cours des six derniers mois. Vous disposez d'un budget de 5 000 $. La préparation du questionnaire occasionne des dépenses de 1 000 $. Vous engagez du personnel à 16 $/heure pour effectuer des entrevues téléphoniques. Chaque personne peut effectuer quatre entrevues par heure.

   a) Combien d'entrevues vous est-il possible d'effectuer en respectant votre budget?

   b) Si vous effectuez ce nombre d'entrevues, quelle sera la marge d'erreur maximale sur l'estimation par intervalle de confiance de la proportion des personnes qui préfèrent le dentifrice « Ultrablanc »? Employez un niveau de confiance de 95 %.

   c) Si vous vouliez obtenir, 99 fois sur 100, une marge d'erreur inférieure à 2 points, quel devrait être votre budget?

Section 4.4.2

29. Lors d'une activité de synthèse en sciences humaines, des étudiants ont préparé un questionnaire portant sur la proportion des étudiants qui travaillent plus de 15 h/semaine durant la session. Ils ont prélevé un échantillon aléatoire sans remise de 400 étudiants de leur cégep, auxquels ils ont demandé de répondre à leur questionnaire. Sur les 400 répondants, 120 ont déclaré travailler plus de 15 h/semaine au cours de la session.

   a) Si le taux de sondage de cette enquête est de 20 %, estimez par un intervalle de confiance la proportion des étudiants de ce cégep qui travaillent plus de 15 h/semaine. Employez un niveau de confiance de 90 %.

   b) Quelle aurait dû être la taille de l'échantillon pour que la marge d'erreur soit de moins de 2 points à un niveau de confiance de 95 %?

   c) Aurait-on pu, à partir de ces données, estimer la proportion des étudiants de niveau collégial qui travaillent plus de 15 h/semaine durant la session? Justifiez votre réponse.

30. L'association étudiante d'un cégep qui compte 2 500 étudiants a mené un sondage auprès de 850 d'entre eux pour connaître leur opinion sur une augmentation de 5 $ des frais spéciaux qui permettrait de remplacer l'équipement informatique du journal étudiant. L'échantillon a été prélevé sans remise. La présidente de l'association a publié les résultats du sondage sous une forme graphique (figure 4.5).

FIGURE | **4.5**

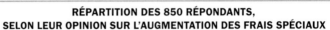

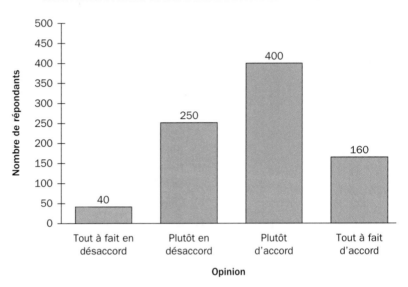

Elle affirme qu'au moins 60 % de tous les étudiants seraient favorables (« plutôt d'accord » ou « tout à fait d'accord ») à cette augmentation.

a) Quelle est la proportion des répondants favorables à la mesure proposée ?

b) L'affirmation de la présidente de l'association vous apparaît-elle correcte ? Justifiez votre réponse en estimant la proportion des étudiants favorables à cette mesure avec un niveau de confiance de 99 %.

31. Une fédération syndicale d'enseignantes et d'enseignants de cégep a mené une enquête auprès d'un échantillon aléatoire simple sans remise de 300 membres sur les 2 400 qu'elle compte pour estimer le temps moyen consacré aux différentes tâches liées à l'enseignement. L'enquête montre que les répondants consacrent en moyenne 18 heures par semaine à la préparation de leurs cours. L'écart type observé est de 3 heures par semaine. L'enquête montre également que 75 % des enseignants consacrent plus de 8 heures par semaine à la correction de travaux et d'examens.

a) Estimez par un intervalle de confiance le temps moyen consacré à la préparation des cours pour l'ensemble des enseignants de cette fédération syndicale. Employez un niveau de confiance de 90 %.

b) Quelle taille d'échantillon aurait-il fallu employer pour obtenir, 19 fois sur 20, une estimation précise à 0,5 heure près du temps moyen consacré à la préparation des cours ?

c) Estimez par un intervalle de confiance la proportion des enseignants de cette fédération qui consacrent plus de 8 heures par semaine à la correction de travaux et d'examens. Employez un niveau de confiance de 99 %.

d) À un niveau de confiance de 98 %, quelle taille d'échantillon aurait permis d'obtenir une estimation précise à 5 points près de la proportion des enseignants qui consacrent plus de 8 heures par semaine à la correction de travaux et d'examens ?

TOUTE DÉMARCHE SCIENTIFIQUE exige de vérifier l'hypothèse de recherche. Pour atteindre ce but, on effectue généralement un test d'hypothèse, qui constitue le deuxième volet de l'inférence statistique.

Il existe plusieurs tests d'hypothèses : test sur une moyenne, test sur la différence de deux moyennes, test sur une proportion, test sur la différence de deux proportions, test d'ajustement du khi carré, etc. Par exemple, pour vérifier si une nouvelle thérapie est plus efficace que la thérapie classique, on peut comparer leurs proportions de succès. On peut également comparer les temps moyens nécessaires pour obtenir un résultat satisfaisant avec l'une et l'autre. On peut donc effectuer un test d'hypothèse sur une proportion (ou un test sur la différence de proportions) ou un test d'hypothèse sur une moyenne (ou un test sur la différence de deux moyennes).

Les tests reposent sur des données provenant d'échantillons aléatoires. Quel que soit le test, il suit toujours les mêmes étapes. Le choix de l'hypothèse à retenir une fois le test d'hypothèse effectué repose sur la vraisemblance ou l'invraisemblance du résultat obtenu à partir de l'échantillon ou des échantillons.

Les tests permettent donc de généraliser à l'ensemble de la population le résultat fourni par l'échantillon ou les échantillons. À l'instar de l'estimation par intervalle de confiance, les tests d'hypothèses s'appuient sur des lois de probabilité telles que la loi normale, la loi de Student ou la loi du khi carré.

Tests d'hypothèses

Une probabilité raisonnable est la seule certitude.

E. W. Howe

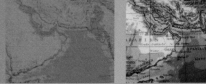

SOMMAIRE

OBJECTIFS

→ Expliquer le principe fondamental qui régit les tests d'hypothèses (5.1).

→ Énoncer les étapes d'un test d'hypothèse (5.1).

→ Formuler les hypothèses nulle (H_0) et alternative (H_1) d'un test d'hypothèse (5.1).

→ Différencier un test unilatéral d'un test bilatéral (5.2).

→ Effectuer un test d'hypothèse sur une moyenne (5.2).

→ Effectuer un test d'hypothèse sur la différence de deux moyennes (5.3).

→ Effectuer un test d'hypothèse sur une proportion (5.4).

→ Effectuer un test d'hypothèse sur la différence de deux proportions (5.5).

→ Effectuer un test d'ajustement du khi carré (5.6).

Tests d'hypothèses

TEST D'HYPOTHÈSE : DEUXIÈME VOLET DE L'INFÉRENCE STATISTIQUE

Dans cette section : test d'hypothèse • hypothèse nulle • hypothèse alternative • seuil de signification • erreur de première espèce • erreur de deuxième espèce.

Tout comme l'estimation par intervalle de confiance, les tests d'hypothèses reposent sur la distribution d'une variable aléatoire. Tout au long du présent chapitre, nous recourrons aux différents résultats établis dans les chapitres précédents, et nous en présenterons d'autres relatifs à la distribution de certaines variables aléatoires.

5.1.1 Principes de base

Le **test d'hypothèse** est un procédé inférentiel visant à choisir entre deux hypothèses, appelées **hypothèse nulle** (H_0) et **hypothèse alternative** (H_1), sur la base d'un ou de plusieurs échantillons aléatoires. L'hypothèse nulle est la norme acceptée, le *statu quo* par rapport au passé ou à un critère de référence. Dans un test d'hypothèse, on suppose qu'elle est vraie jusqu'à preuve du contraire. Le chercheur remet en question l'hypothèse nulle en tentant de montrer qu'elle est statistiquement incompatible avec les données obtenues dans l'échantillon (ou les échantillons).

L'hypothèse alternative est l'hypothèse que le chercheur propose pour remplacer la norme présentée dans l'hypothèse nulle ; c'est pourquoi on l'appelle également *contre-hypothèse* ou *hypothèse du chercheur*.

Dans un test d'hypothèse sur une moyenne ou une proportion, l'hypothèse nulle s'exprime sous la forme d'une égalité. Quant à l'hypothèse alternative, elle peut prendre une des trois formes suivantes : le paramètre (μ ou π) est inférieur à la norme fixée dans l'hypothèse nulle, il lui est supérieur ou il en est différent.

Ainsi, dans un test d'hypothèse sur une moyenne, l'hypothèse nulle prendra la forme $H_0 : \mu = \mu_0$, alors que l'hypothèse alternative prendra l'une des trois formes suivantes : $H_1 : \mu < \mu_0$, $H_1 : \mu > \mu_0$ ou $H_1 : \mu \neq \mu_0$. De même, l'hypothèse nulle dans un test sur une proportion sera donnée par $H_0 : \pi = \pi_0$; les hypothèses alternatives possibles seront alors $H_1 : \pi < \pi_0$, $H_1 : \pi > \pi_0$ ou $H_1 : \pi \neq \pi_0$.

Test d'hypothèse

Procédé employé en inférence statistique pour opérer un choix entre deux hypothèses, appelées hypothèse nulle et hypothèse alternative, sur la base d'un ou de plusieurs échantillons aléatoires. ∎

Hypothèse nulle

Selon le contexte, l'hypothèse nulle est la norme acceptée, un critère de référence ou le *statu quo* par rapport au passé. Dans un test d'hypothèse, on suppose que l'hypothèse nulle est vraie jusqu'à preuve du contraire. C'est l'hypothèse que le chercheur remet en question en tentant de montrer qu'elle est statistiquement incompatible avec les résultats obtenus dans l'échantillon ou les échantillons. Elle est notée H_0. ∎

Hypothèse alternative

Dans un test d'hypothèse, c'est l'hypothèse qu'on retient lorsqu'on rejette l'hypothèse nulle. Le chercheur la propose pour remplacer la norme établie dans l'hypothèse nulle ; c'est pourquoi on l'appelle aussi *contre-hypothèse* ou *hypothèse du chercheur*. Elle est notée H_1. ∎

EXEMPLE 5.1

Au Canada, en 1953, l'âge moyen des femmes qui mettaient au monde un premier enfant était de 24,3 ans. Depuis, plusieurs transformations sociales importantes ont eu lieu : changements dans les valeurs religieuses, report de l'âge au mariage, apparition de moyens de contraception efficaces, allongement de la scolarisation des femmes, présence accrue des femmes sur le marché du travail, précarité croissante des emplois, etc. On peut penser que ces facteurs ont contribué à déplacer le calendrier des naissances : l'âge moyen des femmes au moment de la naissance du premier enfant devrait vraisemblablement être plus élevé en 2011 qu'en 1953. Pour vérifier cette hypothèse, on peut effectuer un test d'hypothèse dans lequel deux hypothèses seront confrontées. Selon l'hypothèse nulle, en 2011, l'âge moyen des femmes qui mettent au monde un premier enfant est encore de 24,3 ans : c'est le *statu quo*. Dans l'hypothèse alternative, on suppose plutôt que leur âge moyen est supérieur à 24,3 ans. Si l'on note μ l'âge moyen des femmes qui ont mis un premier enfant au monde en 2011, on écrira les hypothèses nulle et alternative de la façon suivante :

$$H_0 : \mu = 24,3 \text{ ans}$$

$$H_1 : \mu > 24,3 \text{ ans}$$

Dans ce contexte, on effectuera un test d'hypothèse sur une moyenne : on comparera la moyenne observée dans un échantillon à une valeur préétablie dans l'hypothèse nulle (la norme, le critère de référence).

EXEMPLE 5.2

Lorsqu'on joue à pile ou face, il importe que la pièce de monnaie ne soit pas pipée : la probabilité d'obtenir « pile » doit être la même que celle d'obtenir « face » à chaque lancer de la pièce, soit 0,5 dans les deux cas. Si l'on soupçonne qu'une pièce de monnaie est truquée, on peut effectuer un test pour vérifier cette hypothèse. Selon l'hypothèse nulle, la probabilité d'obtenir « pile » vaut 0,5 : c'est la norme établie. Dans l'hypothèse alternative, on suppose plutôt que la probabilité d'obtenir « pile » est différente de 0,5. Si l'on note π la probabilité d'obtenir « pile », on écrira les hypothèses nulle et alternative de la façon suivante :

$$H_0 : \pi = 0,5$$

$$H_1 : \pi \neq 0,5$$

Dans ce contexte, on effectuera un test d'hypothèse sur une proportion.

EXEMPLE 5.3

En 1961, la famille québécoise comptait en moyenne 4,2 personnes. Les changements sociaux mentionnés à l'exemple 5.1 (p. 163) ont vraisemblablement entraîné une chute de la taille de la famille québécoise en 2011. Pour vérifier cette hypothèse, on peut effectuer un test d'hypothèse dans lequel deux hypothèses seront confrontées. Selon l'hypothèse nulle, en 2011, la taille moyenne des familles est encore de 4,2 personnes : c'est le *statu quo*. Dans l'hypothèse alternative, on suppose plutôt que la taille moyenne des familles en 2011 est inférieure à ce nombre. Si l'on note μ la taille moyenne des familles québécoises en 2011, on écrira les hypothèses nulle et alternative de la façon suivante :

$$H_0 : \mu = 4,2$$

$$H_1 : \mu < 4,2$$

Dans ce contexte, on effectuera un test d'hypothèse sur une moyenne.

EXERCICE 5.1

Formulez les hypothèses nulle et alternative.

a) Vous soupçonnez qu'un dé à six faces est pipé : la face à six points semble apparaître trop souvent.

b) Un météorologue prétend que 80 % de ses prévisions météorologiques sont correctes. Vous doutez que ce taux puisse être aussi élevé.

c) Un fabricant de lecteurs MP3 affirme que la durée de vie moyenne de son produit est de cinq ans. Vous doutez de cette affirmation et croyez plutôt que sa durée de vie est inférieure à cinq ans.

d) Vous voulez vérifier si le temps moyen que les cégépiens consacrent chaque semaine au travail rémunéré au cours d'un trimestre d'études est de plus de 10,2 h.

e) Un conseiller d'orientation vous dit que neuf cégépiens sur dix occupent un emploi à temps partiel au cours d'un trimestre d'études. Vous croyez qu'il exagère et que cette proportion ne peut pas être aussi élevée.

f) À titre de représentant syndical en matière de santé et de sécurité au travail, vous pensez que plus de 25 % des salariés souffrent de stress au travail.

5.1.2 Seuil de signification et type d'erreur

Lorsqu'on effectue un test d'hypothèse, il faut se donner un critère pour déterminer l'hypothèse à privilégier. Pour ce faire, on adopte une position probabiliste : on rejettera l'hypothèse nulle si, sur la base de cette hypothèse, les résultats obtenus dans l'échantillon sont invraisemblables ou peu probables.

EXEMPLE 5.4

Comme on l'a vu dans l'exemple 5.1 (p. 163), en 1953, l'âge moyen des femmes qui mettaient au monde un premier enfant était de 24,3 ans au Canada. Supposons que, dans un échantillon aléatoire de 36 naissances d'un premier enfant en 2011, l'âge moyen des mères est de 26,9 ans, avec un écart type de 5 ans. On veut tester l'hypothèse selon laquelle l'âge moyen des femmes au moment de la naissance de leur premier enfant a augmenté $(H_1 : \mu > \mu_0 = 24,3$ ans$)$. On se demande s'il est vraisemblable d'obtenir une moyenne d'échantillon supérieure ou égale à 26,9 ans lorsqu'on suppose (hypothèse nulle) que l'âge moyen pour l'ensemble des femmes qui ont mis un premier enfant au monde en 2011 vaut 24,3 ans $(H_0 : \mu = \mu_0 = 24,3$ ans$)$.

Si, sur la base de l'hypothèse nulle, il est très peu probable d'obtenir une moyenne d'échantillon supérieure ou égale à 26,9 ans, alors on privilégie l'hypothèse alternative. Sinon, on considère que les données de l'échantillon ne nous permettent pas de remettre en question l'hypothèse nulle.

Comme on l'a vu au chapitre 4, en présence d'un échantillon de grande taille, on a $Z = \dfrac{\bar{X} - \mu_0}{\sigma/\sqrt{n}} \sim N(0; 1)$. Dans le contexte de l'exemple, $\mu_0 = 24,3$ ans. Comme on ne connaît pas la valeur de l'écart type σ, on lui substitue la valeur de l'écart type obtenue dans l'échantillon, soit $s = 5$ ans. On considère donc que $Z = \dfrac{\bar{X} - \mu_0}{s/\sqrt{n}} \sim N(0; 1)$. Par conséquent, la probabilité d'obtenir une moyenne d'échantillon supérieure ou égale à 26,9 ans lorsque la moyenne est censée valoir 24,3 ans, est donnée par l'expression :

$$P(\bar{X} \geq 26,9) = P\left(\frac{\bar{X} - \mu_0}{s/\sqrt{n}} \geq \frac{26,9 - \mu_0}{s/\sqrt{n}}\right)$$

$$= P\left(\frac{\bar{X} - 24,3}{5/\sqrt{36}} \geq \frac{26,9 - 24,3}{5/\sqrt{36}}\right)$$

$$= P(Z \geq 3,12)$$

$$= 0,5 - P(0 < Z < 3,12)$$

$$= 0,5 - 0,4991$$

$$= 0,0009$$

Cette probabilité est extrêmement faible ; elle est inférieure à 1 %. Par conséquent, il est invraisemblable d'obtenir un échantillon dans lequel l'âge moyen des femmes est supérieur ou égal à 26,9 ans lorsque l'échantillon est prélevé d'une population dont l'âge moyen est de 24,3 ans.

On opte donc pour l'hypothèse alternative, et on admet que l'âge moyen des femmes qui ont mis au monde un premier enfant en 2011 est supérieur à 24,3 ans. Autrement dit, sur la base de cet échantillon, on peut penser que l'âge moyen des femmes mettant au monde un premier enfant est notablement plus élevé en 2011 qu'en 1953.

EXERCICE 5.2

Dans un échantillon aléatoire de 49 familles québécoises prélevé en 2011, la taille moyenne des familles est de 3,6 personnes, avec un écart type de 1,3 personne. Ce résultat permet-il de penser que la taille moyenne des familles québécoises est plus faible en 2011 qu'elle ne l'était en 1961, c'est-à-dire inférieure à 4,2 personnes ?

Dans un test d'hypothèse, il faut donc fixer un seuil de probabilité au-delà duquel on considérera un résultat d'échantillon suffisamment rare pour remettre en question l'hypothèse nulle. Le mathématicien Ronald Fisher a proposé les seuils de probabilité de 5 %, de 2 % et de 1 % pour le rejet de l'hypothèse nulle. Dans l'exemple 5.4 (p. 165), nous avons employé un seuil de 1 %.

> *[...] it is convenient to draw the line at about the level at which we can say : "Either there is something in the treatment, or a coincidence as occured such as does not occur more than once in twenty trials (5 %) [...]"*
>
> *If one in twenty does not seem high enough odds, we may, if we prefer it, draw the line at one in fifty (2 %), or one in a hundred (1 %). Personnally, the writer prefers to set a low standard of significance at the 5 % point, and ignore entirely all results which fail to reach that level. A scientific fact should be regarded as experimentally established only if a properly designed experiment rarely fails to give this level of significance[1].*

Seuil de signification

Probabilité de rejeter l'hypothèse nulle alors qu'elle est vraie. Le seuil de signification est désigné par α. Les seuils les plus courants sont 5 %, 2 % et 1 %. ∎

Erreur de première espèce

Erreur commise lorsqu'on rejette l'hypothèse nulle alors qu'elle est vraie. Le risque de commettre cette erreur est désigné par la lettre grecque α. ∎

Erreur de deuxième espèce

Erreur consistant à ne pas rejeter l'hypothèse nulle alors qu'elle est fausse. Le risque de commettre cette erreur est désigné par la lettre grecque β. ∎

On doit fixer ce seuil, appelé **seuil de signification**, avant d'effectuer le test d'hypothèse. Ce seuil, qu'on note α, correspond à la probabilité de rejeter l'hypothèse nulle alors qu'elle est vraie. Il représente donc la probabilité de commettre une erreur en rejetant une hypothèse nulle qui est vraie. Ce type d'erreur est appelé **erreur de première espèce**.

Par ailleurs, il arrive aussi qu'on se trompe en retenant à tort l'hypothèse nulle ; c'est ce qu'on appelle l'**erreur de deuxième espèce**. Le risque associé à cette erreur est noté β. On ne connaît généralement pas la valeur de β ; cependant, toutes choses étant égales par ailleurs, on sait qu'elle est d'autant plus élevée que le risque de commettre l'erreur de première espèce est faible. Les situations possibles dans les tests d'hypothèses sont résumées au tableau 5.1.

Un appareil d'usage courant, le détecteur de fumée, illustre bien ces deux concepts. Associons l'hypothèse nulle à l'absence d'incendie et l'hypothèse alternative au fait qu'il y a un incendie.

Lorsqu'un détecteur de fumée se déclenche, doit-on en conclure que la cause est forcément un incendie ? Votre détecteur a sûrement déjà sonné l'alarme pour de simples rôties qui brûlent : il a alors commis une erreur de première espèce en rejetant l'hypothèse nulle alors qu'elle était vraie.

---

1. R. Fisher, dans G. McCabe et D. Moore, *Introduction to the Practice of Statistics*, 3ᵉ éd., New York, W. H. Freeman, 1999, p. 477.

TABLEAU | **5.1**

| | **TYPES D'ERREUR DANS UN TEST D'HYPOTHÈSE** | |
| | **Réalité** | |
Décision	**L'hypothèse nulle est vraie**	**L'hypothèse nulle est fausse**
Rejeter l'hypothèse nulle	Erreur de première espèce (α)	Bonne décision
Ne pas rejeter l'hypothèse nulle	Bonne décision	Erreur de deuxième espèce (β)

À l'inverse, si votre détecteur de fumée n'est pas assez sensible, ou si ses piles sont faibles, il pourrait ne pas se déclencher en présence d'un incendie. Il commettrait alors une erreur de deuxième espèce : il diagnostiquerait une absence d'incendie alors qu'il y en aurait un. En d'autres termes, il ne rejetterait pas l'hypothèse nulle alors qu'elle est fausse.

Cet exemple montre bien que, en règle générale, on réduit le risque d'un type d'erreur en augmentant le risque de l'autre. En l'occurrence, augmenter la sensibilité du détecteur augmente l'éventualité d'une erreur de première espèce, mais réduit celle d'une erreur de deuxième espèce ; en diminuant la sensibilité de l'appareil, on obtient les éventualités inverses.

La décision qu'on prend dans un test d'hypothèse dépend du compromis qu'on est disposé à faire entre ces deux types d'erreur. Ainsi, que l'on rejette l'hypothèse nulle ou qu'on ne la rejette pas, on demeure sujet à l'erreur. C'est là le propre d'un test d'hypothèse : il n'existe pas de certitude en statistique inférentielle, mais seulement une forte présomption, une probabilité raisonnable de prendre une bonne décision.

5.1.3 Démarche du test d'hypothèse

Comme tous les processus de décision, les tests d'hypothèses doivent suivre une démarche formelle. La démarche des tests d'hypothèses comporte les sept étapes suivantes, et peut être employée quel que soit le test d'hypothèse à effectuer.

1. La formulation des hypothèses
2. Le choix d'un seuil de signification (α)
3. La vérification des conditions d'application
4. La détermination de la valeur critique ou des valeurs critiques
5. La formulation de la règle de décision
6. Le calcul de la statistique appropriée au test
7. La décision

5.2 | TEST D'HYPOTHÈSE SUR UNE MOYENNE

Dans cette section : test unilatéral à gauche • test unilatéral à droite • test bilatéral • résultat significatif.

Le test d'hypothèse sur une moyenne suit les mêmes étapes que tout autre test d'hypothèse. En voici une description sommaire.

1. La formulation des hypothèses

Le test d'hypothèse permet de faire un choix entre deux hypothèses opposées, et sa première étape consiste à les formuler. Dans un test d'hypothèse sur une moyenne, l'hypothèse nulle prend toujours la même forme : $H_0 : \mu = \mu_0$. On fixe la moyenne à une valeur prédéterminée qui, selon le contexte, représente la norme acceptée, le *statu quo* par rapport au passé ou le critère de référence. On suppose que cette hypothèse est vraie lorsqu'on effectue le test d'hypothèse.

On oppose à l'hypothèse nulle une hypothèse alternative – celle que le chercheur propose – qui doit prendre l'une des trois formes suivantes : $H_1 : \mu < \mu_0$, $H_1 : \mu > \mu_0$ ou $H_1 : \mu \neq \mu_0$. Le choix de l'hypothèse alternative dépend du contexte.

- $H_1 : \mu < \mu_0$

  On emploie cette hypothèse alternative lorsqu'on veut montrer que la valeur du paramètre étudié (ici, la moyenne) est inférieure à la norme fixée dans l'hypothèse nulle. Un tel test est appelé **test unilatéral à gauche**, parce qu'il comporte une seule zone de rejet de l'hypothèse nulle et que cette zone est située à gauche sur le graphique de la loi de probabilité appropriée. La probabilité associée à la zone de rejet de l'hypothèse nulle (H_0) correspond au seuil de signification du test.

- $H_1 : \mu > \mu_0$

  On emploie cette hypothèse alternative lorsqu'on veut montrer que la valeur du paramètre étudié (ici, la moyenne) est supérieure à la norme fixée dans l'hypothèse nulle. Un tel test est appelé **test unilatéral à droite**, parce qu'il comporte une seule zone de rejet de l'hypothèse nulle et que cette zone est située à droite sur le graphique de la loi de probabilité appropriée. La probabilité associée à la zone de rejet de l'hypothèse nulle (H_0) correspond au seuil de signification du test.

- $H_1 : \mu \neq \mu_0$

  On emploie cette hypothèse alternative lorsqu'on veut montrer que la valeur du paramètre étudié (ici, la moyenne) est différente de la norme fixée dans l'hypothèse nulle. Un tel test est appelé **test bilatéral**, parce qu'il comporte deux zones de rejet de l'hypothèse nulle, situées l'une à droite et l'autre à gauche sur le graphique de la loi de probabilité appropriée. La probabilité associée aux zones de rejet de l'hypothèse nulle (H_0) correspond au seuil de signification du test.

2. Le choix d'un seuil de signification (α)

La deuxième étape consiste à fixer le seuil de signification, qui correspond au risque – c'est-à-dire la probabilité – de rejeter une hypothèse nulle alors qu'elle est vraie. Les seuils de signification habituels sont $\alpha = 1\%$, $\alpha = 2\%$ ou $\alpha = 5\%$.

3. La vérification des conditions d'application

Tout test d'hypothèse ne peut s'effectuer que si certaines conditions sont remplies. Ces conditions d'application varient d'un test à l'autre ; elles peuvent avoir trait à une loi de probabilité, à la taille de l'échantillon, à la façon de sélectionner un échantillon, etc. En ce qui concerne le test d'hypothèse sur une moyenne, nous étudierons le cas d'un échantillon aléatoire de grande taille ($n \geq 30$) tiré avec remise (ou sans remise, mais avec un faible taux de sondage), et le cas d'un échantillon de petite taille ($n < 30$). Dans ces deux cas, nous supposerons que l'écart type de la variable (σ) est inconnu, comme c'est généralement le cas dans la pratique. Nous estimerons alors σ par l'écart type mesuré sur les données de l'échantillon, soit s.

Dans ce contexte, si la variable étudiée est notée X et que l'échantillon prélevé est de grande taille ($n \geq 30$), on a :

$$Z = \frac{\bar{X} - \mu_0}{s/\sqrt{n}} \sim \mathrm{N}(0;1)$$

Si l'échantillon est de petite taille ($n < 30$) et que la variable étudiée (X) obéit à la loi normale ou presque, on a :

$$T = \frac{\bar{X} - \mu_0}{s/\sqrt{n}} \sim \mathrm{T}_{n-1}$$

4. La détermination de la valeur critique ou des valeurs critiques

Les valeurs critiques représentent les valeurs de la statistique qui délimitent des régions de faible probabilité correspondant au seuil de signification α. Elles servent à séparer les zones de rejet et de non-rejet de l'hypothèse nulle. Les valeurs critiques dépendent de plusieurs facteurs, dont le seuil de signification, la taille de l'échantillon et l'hypothèse alternative employée.

Le tableau 5.2 présente les situations possibles lorsqu'on effectue un test d'hypothèse sur une moyenne à partir d'un échantillon de grande taille ($n \geq 30$).

TABLEAU | **5.2**

VALEURS CRITIQUES DANS UN TEST D'HYPOTHÈSE SUR UNE MOYENNE ($n \geq 30$)

	Hypothèse alternative		
	$H_1: \mu < \mu_0$	$H_1: \mu > \mu_0$	$H_1: \mu \neq \mu_0$
Valeur(s) critique(s) par rapport à Z	$-z_\alpha$	z_α	$-z_{\alpha/2}$ et $z_{\alpha/2}$
Valeur(s) critique(s) par rapport à $\bar{X}$	$\mu_0 - z_\alpha \dfrac{s}{\sqrt{n}}$	$\mu_0 + z_\alpha \dfrac{s}{\sqrt{n}}$	$\mu_0 - z_{\alpha/2} \dfrac{s}{\sqrt{n}}$ et $\mu_0 + z_{\alpha/2} \dfrac{s}{\sqrt{n}}$

Les valeurs z_α et $z_{\alpha/2}$ sont tirées de la table de la loi normale centrée réduite.

Le tableau 5.3 présente les situations possibles lorsqu'on effectue un test d'hypothèse sur une moyenne à partir d'un échantillon de petite taille ($n < 30$).

TABLEAU | **5.3**

VALEURS CRITIQUES DANS UN TEST D'HYPOTHÈSE SUR UNE MOYENNE ($n < 30$)

	Hypothèse alternative		
	$H_1: \mu < \mu_0$	$H_1: \mu > \mu_0$	$H_1: \mu \neq \mu_0$
Valeur(s) critique(s) par rapport à T	$-t_{\alpha;n-1}$	$t_{\alpha;n-1}$	$-t_{\alpha/2;n-1}$ et $t_{\alpha/2;n-1}$
Valeur(s) critique(s) par rapport à $\bar{X}$	$\mu_0 - t_{\alpha;n-1} \dfrac{s}{\sqrt{n}}$	$\mu_0 + t_{\alpha;n-1} \dfrac{s}{\sqrt{n}}$	$\mu_0 - t_{\alpha/2;n-1} \dfrac{s}{\sqrt{n}}$ et $\mu_0 + t_{\alpha/2;n-1} \dfrac{s}{\sqrt{n}}$

Les valeurs $t_{\alpha;n-1}$ et $t_{\alpha/2;n-1}$ sont tirées de la table de la loi de Student avec $n-1$ degrés de liberté.

5. La formulation de la règle de décision

La règle de décision dépend de l'hypothèse alternative retenue. La figure 5.1 illustre les règles de décision possibles.

FIGURE | **5.1**

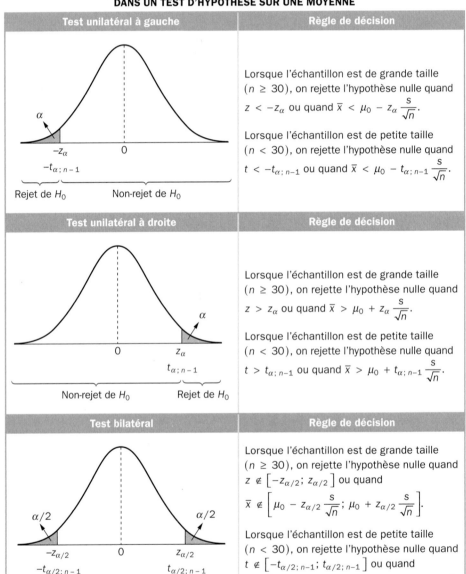

ZONES DE REJET ET DE NON-REJET DE L'HYPOTHÈSE NULLE DANS UN TEST D'HYPOTHÈSE SUR UNE MOYENNE

Dans le cas d'un test unilatéral à gauche, on rejette l'hypothèse nulle lorsque la valeur z (ou t) est plus petite que la valeur critique, parce qu'il est alors invraisemblable (probabilité inférieure à α) d'obtenir une telle valeur si l'échantillon est prélevé dans une population de moyenne μ_0.

Dans le cas d'un test unilatéral à droite, on rejette l'hypothèse nulle lorsque la valeur z (ou t) est plus grande que la valeur critique, parce qu'il est alors invraisemblable (probabilité inférieure à α) d'obtenir une telle valeur si l'échantillon est prélevé dans une population de moyenne μ_0.

Dans le cas d'un test bilatéral, on rejette l'hypothèse nulle lorsque la valeur z (ou t) n'appartient pas à l'intervalle $[-z_{\alpha/2}; z_{\alpha/2}]$ (ou à l'intervalle $[-t_{\alpha/2; n-1}; t_{\alpha/2; n-1}]$), parce qu'il est alors invraisemblable (probabilité inférieure à α) d'obtenir une telle valeur si l'échantillon est prélevé dans une population de moyenne μ_0.

6. Le calcul de la statistique appropriée au test

On évalue l'importance de l'écart entre la moyenne mesurée dans l'échantillon et la moyenne établie dans l'hypothèse nulle. Par conséquent, on calcule $z = \dfrac{\bar{x} - \mu_0}{s/\sqrt{n}}$ (ou $t = \dfrac{\bar{x} - \mu_0}{s/\sqrt{n}}$).

Autrement dit, l'écart entre la valeur de la moyenne mesurée dans l'échantillon et celle fixée dans l'hypothèse nulle est exprimé en nombre d'écarts types, de sorte qu'on peut le situer sur la distribution théorique appropriée (la loi normale centrée réduite ou la loi de Student).

7. La décision

Résultat significatif

Résultat qui entraîne le rejet de l'hypothèse nulle dans un test d'hypothèse. ∎

On applique la règle de décision. Sur la base de l'échantillon, au seuil de signification fixé et en vertu de la règle de décision, on décide de rejeter l'hypothèse nulle ou de ne pas la rejeter. On compare la valeur z (ou t ou $\bar{x}$) avec la valeur critique ou les valeurs critiques afin de déterminer si l'on doit rejeter ou non H_0. On doit exprimer la décision en fonction du contexte particulier dans lequel on a effectué le test d'hypothèse. Si l'on rejette l'hypothèse nulle, on retiendra l'hypothèse alternative et on dira alors qu'on a obtenu un **résultat significatif** au seuil de α : l'hypothèse du chercheur sera alors confirmée.

| EXEMPLE 5.5 | Selon le responsable des prêts et bourses d'un cégep, les étudiants inscrits à temps plein en sciences humaines dépensent en moyenne 250 $ par trimestre pour l'achat de manuels. Une enquête menée par l'association étudiante auprès d'un échantillon aléatoire de 64 étudiants inscrits à temps plein en sciences humaines révèle qu'ils ont dépensé en moyenne 255 $, avec un écart type de 20 $. Le taux de sondage enregistré au cours de cette enquête était faible. Sur la base de cet échantillon, au seuil de 1 %, peut-on conclure que la dépense moyenne effectuée par l'ensemble des étudiants inscrits à temps plein en sciences humaines (μ) pour l'achat de manuels est différente de 250 $?

Pour répondre à cette question, il faut effectuer un test d'hypothèse bilatéral sur une moyenne.

1. La formulation des hypothèses

$$H_0 : \mu = 250\ \$$$
$$H_1 : \mu \neq 250\ \$$$

2. Le choix d'un seuil de signification (α)

$$\alpha = 1\ \%$$

3. La vérification des conditions d'application

Nous disposons d'un échantillon aléatoire de grande taille ($n = 64 \geq 30$) avec un faible taux de sondage, de sorte que $Z = \dfrac{\bar{X} - \mu_0}{s/\sqrt{n}} \sim N(0; 1)$, puisque σ est inconnu.

4. La détermination des valeurs critiques

On peut exprimer les valeurs critiques en fonction de Z ou de $\bar{X}$. En se reportant à la table de la loi normale centrée réduite, on obtient les valeurs critiques :

$$-z_{\alpha/2} = -z_{0,005} = -2,575 \ \text{ et } \ z_{\alpha/2} = z_{0,005} = 2,575$$

ou

$$\mu_0 - z_{\alpha/2}\frac{s}{\sqrt{n}} = 250 - 2,575\frac{20}{\sqrt{64}} = 243,56$$

et

$$\mu_0 + z_{\alpha/2}\frac{s}{\sqrt{n}} = 250 + 2,575\frac{20}{\sqrt{64}} = 256,44$$

5. La formulation de la règle de décision

La règle de décision est exprimée à la figure 5.2.

FIGURE | **5.2**

ZONES DE REJET ET DE NON-REJET DE L'HYPOTHÈSE NULLE

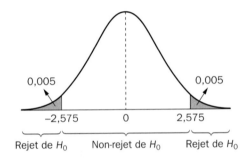

On rejette l'hypothèse nulle lorsque $z \notin \left[-z_{\alpha/2}; z_{\alpha/2}\right] = [-2,575; 2,575]$ ou, de manière équivalente, lorsque $\bar{x} \notin \left[\mu_0 - z_{\alpha/2}\frac{s}{\sqrt{n}}; \mu_0 + z_{\alpha/2}\frac{s}{\sqrt{n}}\right] = [243,56; 256,44]$.

6. Le calcul de la statistique appropriée au test

$$z = \frac{\bar{x} - \mu_0}{s/\sqrt{n}}$$

$$= \frac{255 - 250}{20/\sqrt{64}}$$

$$= 2$$

7. La décision

Comme $z = 2 \in [-2,575; 2,575] = [-z_{\alpha/2}; z_{\alpha/2}]$, alors, sur la base de l'échantillon, au seuil de 1 % et en vertu de la règle de décision, on ne rejette pas l'hypothèse nulle. Il n'y a pas lieu de penser que la dépense moyenne effectuée pour l'achat de manuels est notablement différente de 250 \$. Pour rejeter l'hypothèse nulle, il aurait fallu que la dépense moyenne observée dans l'échantillon soit inférieure à 243,56 \$ ou supérieure à 256,44 \$.

EXEMPLE 5.6

Lors d'une expérience en psychologie, un chercheur demande à 25 étudiants de premier cycle universitaire de retenir le maximum de mots parmi les 40 mots courants qu'on fait défiler devant eux sur un écran d'ordinateur au rythme d'un mot toutes les deux secondes. Cette expérience se déroule dans un environnement bruyant. Le nombre moyen de mots retenus est de 19,2, avec un écart type de 2,3 mots. Ce chercheur a déjà établi que, dans un environnement silencieux, des étudiants retiennent en moyenne 20,5 mots. Sur la base de cet échantillon, au seuil de 5 %, peut-on conclure que le nombre moyen de mots retenus dans un environnement bruyant (μ) est inférieur à celui observé dans un environnement silencieux ? On suppose que le nombre de mots retenus se distribue selon le modèle de la loi normale.

Pour répondre à cette question, il faut effectuer un test d'hypothèse unilatéral à gauche sur une moyenne.

1. La formulation des hypothèses

$$H_0 : \mu = 20,5$$
$$H_1 : \mu < 20,5$$

2. Le choix d'un seuil de signification (α)

$$\alpha = 5\,\%$$

3. La vérification des conditions d'application

On suppose que le nombre de mots retenus se distribue selon le modèle de la loi normale, et on dispose d'un échantillon aléatoire de petite taille ($n = 25 < 30$), de sorte que $T = \dfrac{\bar{X} - \mu_0}{s/\sqrt{n}} \sim \mathrm{T}_{n-1}$.

4. La détermination des valeurs critiques

On peut exprimer la valeur critique en fonction de T ou de $\bar{X}$. En se reportant à la table de la loi de Student, on obtient les valeurs critiques :

$$-t_{\alpha\,;\,n-1} = -t_{0,05\,;\,24} = -1,711$$

ou

$$\mu_0 - t_{\alpha\,;\,n-1}\frac{s}{\sqrt{n}} = 20,5 - 1,711\frac{2,3}{\sqrt{25}}$$
$$= 19,71$$

5. La formulation de la règle de décision

La règle de décision est exprimée à la figure 5.3.

FIGURE | **5.3**

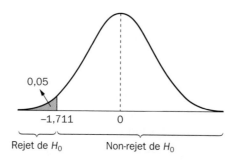

ZONES DE REJET ET DE NON-REJET DE L'HYPOTHÈSE NULLE

On rejette l'hypothèse nulle lorsque $t < -t_{\alpha\,;\,n-1} = -1,711$.

6. Le calcul de la statistique appropriée au test

$$t = \frac{\bar{x} - \mu_0}{s/\sqrt{n}}$$

$$= \frac{19{,}2 - 20{,}5}{2{,}3/\sqrt{25}}$$

$$= -2{,}83$$

7. La décision

Comme $t = -2{,}83 < -1{,}711 = -t_{\alpha;\,n-1}$, alors, sur la base de l'échantillon, au seuil de 5 % et en vertu de la règle de décision, on rejette l'hypothèse nulle. Il y a tout lieu de penser que le nombre moyen de mots retenus dans un environnement bruyant est inférieur à 20,5. Pour ne pas rejeter l'hypothèse nulle, il aurait fallu que le nombre moyen de mots retenus observé dans l'échantillon soit supérieur ou égal à 19,71.

EXERCICE 5.3

Dans un cours d'anglais, un professeur demande à ses étudiants de découvrir le mot qu'on peut former avec une série de lettres présentées pêle-mêle, par exemple « ciiatttsss ». Il présume que les étudiants pourront effectuer cet exercice en 30 s. Pourtant, dans un échantillon aléatoire de 9 étudiants, ceux-ci ont mis en moyenne 35 s pour former le mot, avec un écart type de 10 s.

a) Pour pouvoir effectuer un test d'hypothèse, que faut-il supposer à propos de la distribution du temps mis pour découvrir le mot ?

b) Peut-on croire qu'il faut en moyenne plus de 30 s pour former le mot cherché ? Justifiez votre réponse en effectuant le test d'hypothèse approprié avec un seuil de signification de 1 %.

■ **Vous pouvez maintenant faire les exercices récapitulatifs 1 à 15.**

5.3 | TEST D'HYPOTHÈSE SUR LA DIFFÉRENCE DE DEUX MOYENNES

Lorsqu'on veut comparer deux groupes par rapport à une variable quantitative, on peut utiliser un test d'hypothèse sur la différence de deux moyennes effectué à partir de deux échantillons. Plusieurs types de tests s'y prêtent selon que les échantillons représentant les groupes sont appariés ou indépendants, ou selon qu'ils sont de petite ou de grande taille.

EXEMPLE 5.7

Dans le cadre d'une expérience, un psychologue essaie de montrer que la privation de sommeil affecte la capacité d'accomplir une tâche intellectuelle telle que résoudre un casse-tête. Il pourrait employer le temps mis par un sujet pour résoudre le casse-tête comme indicateur de performance, puis comparer le temps moyen mis par des sujets qui ont été privés de sommeil avec le temps moyen de sujets qui ne l'ont pas été.

Le test à utiliser dépendra du contexte de réalisation de l'expérience :

- Le psychologue a-t-il utilisé un petit nombre de sujets ?
- A-t-il prélevé un seul échantillon, chaque sujet devant résoudre un casse-tête une fois en étant privé de sommeil, et une autre fois sans en être privé (échantillons appariés) ?
- A-t-il prélevé deux échantillons indépendants, c'est-à-dire sans qu'il y ait de lien entre les sujets qui ont été privés de sommeil et ceux qui ne l'ont pas été ?

Dans un test sur la différence de deux moyennes, on emploiera la notation suivante :

- μ_1 représente la moyenne des valeurs de la variable pour l'ensemble des unités statistiques du premier groupe ;
- μ_2 représente la moyenne des valeurs de la variable pour l'ensemble des unités statistiques du deuxième groupe ;
- σ_1 représente l'écart type des valeurs de la variable pour l'ensemble des unités statistiques du premier groupe ;
- σ_2 représente l'écart type des valeurs de la variable pour l'ensemble des unités statistiques du deuxième groupe ;
- n_1 représente la taille de l'échantillon formé des unités statistiques tirées du premier groupe ;
- n_2 représente la taille de l'échantillon formé des unités statistiques tirées du deuxième groupe ;
- n représente la taille de l'échantillon formé des unités statistiques d'un des deux groupes lorsque les groupes sont appariés ;
- $\bar{x}_1$ représente la moyenne des valeurs provenant de l'échantillon formé des unités statistiques tirées du premier groupe ;
- $\bar{x}_2$ représente la moyenne des valeurs provenant de l'échantillon formé des unités statistiques tirées du deuxième groupe ;
- $\bar{d}$ représente la moyenne des différences des valeurs provenant des unités statistiques appariées lorsque les groupes sont appariés ;
- s_1 représente l'écart type des valeurs provenant de l'échantillon formé des unités statistiques tirées du premier groupe ;
- s_2 représente l'écart type des valeurs de l'échantillon formé des unités statistiques tirées du deuxième groupe ;
- s_d représente l'écart type des différences des valeurs provenant des unités statistiques appariées lorsque les groupes sont appariés.

Nous allons donc présenter trois tests correspondant à trois cas de figure : échantillons indépendants de grande taille, échantillons indépendants de petite taille et échantillons appariés de petite taille. Les étapes suivies sont les mêmes que celles énoncées à la section 5.1.3 (p. 167).

Dans un test sur la différence de deux moyennes, l'hypothèse nulle est :

$$H_0 : \mu_1 - \mu_2 = 0$$

et les hypothèses alternatives possibles sont :

$$H_1 : \mu_1 - \mu_2 \neq 0, \ H_1 : \mu_1 - \mu_2 > 0 \ \text{ou} \ H_1 : \mu_1 - \mu_2 < 0$$

Le tableau 5.4 donne les principales différences entre ces tests concernant les conditions d'application (étape 3), la distribution employée pour déterminer la valeur critique ou les valeurs critiques (étapes 3 et 4) et la statistique appropriée au test (étape 6).

TABLEAU | **5.4**

TESTS SUR LA DIFFÉRENCE DE DEUX MOYENNES

Conditions d'application	Distribution employée	Statistique appropriée au test
• Échantillons aléatoires indépendants • $n_1 \geq 30$ et $n_2 \geq 30$	$N(0; 1)$	$z = \dfrac{\overline{x}_1 - \overline{x}_2}{\sqrt{\dfrac{s_1^2}{n_1} + \dfrac{s_2^2}{n_2}}}$
• Échantillons aléatoires indépendants • $n_1 < 30$ ou $n_2 < 30$ • La variable mesurée dans les deux groupes se distribue selon le modèle de la loi normale. • Les écarts types sont identiques ($\sigma_1 = \sigma_2$), mais inconnus.	$T_{n_1 + n_2 - 2}$	$t = \dfrac{\overline{x}_1 - \overline{x}_2}{\sqrt{\dfrac{(n_1 - 1)s_1^2 + (n_2 - 1)s_2^2}{n_1 + n_2 - 2}}\sqrt{\dfrac{1}{n_1} + \dfrac{1}{n_2}}}$
• Échantillons aléatoires appariés • La variable donnant la différence des valeurs observées dans les échantillons se distribue selon la loi normale ou presque.	T_{n-1}	$t = \dfrac{\overline{d}}{s_d / \sqrt{n}}$

Les exemples 5.8 à 5.10 illustrent ces trois situations.

EXEMPLE 5.8

Un producteur d'essence prétend qu'un certain additif réduit la consommation d'essence. Pour vérifier cette affirmation, une association de consommateurs effectue un test d'hypothèse. Elle prélève 2 échantillons indépendants, de 52 voitures (groupe 1) et de 40 voitures (groupe 2) respectivement, ayant les mêmes caractéristiques (même marque, même cylindrée, déplacement dans les mêmes conditions, etc.). La consommation moyenne des 52 voitures qui utilisent l'essence contenant l'additif est de 8,0 L/100 km, avec un écart type de 0,5 L/100 km. La consommation moyenne des 40 autres voitures est de 8,2 L/100 km, avec un écart type de 0,4 L/100 km. Puisque les échantillons sont indépendants et de grande taille, nous sommes dans la première situation décrite au tableau 5.4. Effectuons un test d'hypothèse unilatéral à gauche avec un seuil de signification de 5 % pour déterminer si la consommation moyenne (μ_1) pour les voitures qui utilisent l'essence contenant l'additif est plus faible que celle (μ_2) pour les voitures ne l'utilisant pas.

1. La formulation des hypothèses

$$H_0 : \mu_1 - \mu_2 = 0$$
$$H_1 : \mu_1 - \mu_2 < 0$$

2. Le choix d'un seuil de signification (α)

$$\alpha = 5\%$$

3. La vérification des conditions d'application

Nous disposons de deux échantillons aléatoires indépendants de grande taille ($n_1 = 52 \geq 30$ et $n_2 = 40 \geq 30$). Les conditions énoncées dans la première situation du tableau 5.4 sont remplies. Dans le contexte, il faut donc recourir à la loi normale centrée réduite.

4. La détermination de la valeur critique

En se reportant à la table de la loi normale centrée réduite, on obtient la valeur critique :
$$-z_\alpha = -z_{0,05} = -1,645$$

5. La formulation de la règle de décision

La règle de décision est exprimée à la figure 5.4.

FIGURE | **5.4**

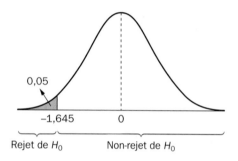

ZONES DE REJET ET DE NON-REJET DE L'HYPOTHÈSE NULLE

On rejette l'hypothèse nulle lorsque $z < -z_\alpha = -1,645$.

6. Le calcul de la statistique appropriée au test

$$z = \frac{\overline{x}_1 - \overline{x}_2}{\sqrt{\dfrac{s_1^2}{n_1} + \dfrac{s_2^2}{n_2}}}$$
$$= \frac{8,0 - 8,2}{\sqrt{\dfrac{0,5^2}{52} + \dfrac{0,4^2}{40}}}$$
$$= -2,13$$

7. La décision

Comme $z = -2,13 < -1,645 = -z_\alpha$, alors, sur la base des échantillons, au seuil de 5 % et en vertu de la règle de décision, on rejette l'hypothèse nulle. Il y a tout lieu de penser que l'additif a bien réduit la consommation d'essence.

EXEMPLE 5.9

Pour vérifier l'affirmation du producteur d'essence mentionné à l'exemple 5.8 (p. 176), une autre association de consommateurs effectue également un test d'hypothèse. Elle cherche à montrer que la consommation d'essence sans additif est plus élevée que la consommation d'essence avec additif. Elle prélève un échantillon aléatoire de 10 voitures ayant les mêmes caractéristiques (même marque, même cylindrée, déplacement dans les mêmes conditions, etc.) et mesure la consommation de chacune de ces voitures dans 2 situations, sans additif et avec additif. Le tableau 5.5

donne la consommation selon le type d'essence et la différence (d) de consommation pour chacune des voitures de l'échantillon.

TABLEAU | **5.5**

CONSOMMATION (L/100 KM) SELON LE TYPE D'ESSENCE ET DIFFÉRENCE (d) DE CONSOMMATION										
Sans additif	7,9	8,1	8,1	8,2	7,8	8,2	7,8	8,1	8,2	8,1
Avec additif	7,9	8,0	8,1	8,1	7,9	8,0	7,7	7,9	8,0	8,1
d	0,0	0,1	0,0	0,1	−0,1	0,2	0,1	0,2	0,2	0,0

Supposons que la différence des consommations d'essence se comporte selon le modèle de la loi normale. Dans ce contexte, comme les échantillons sont appariés (la consommation de chaque voiture a été mesurée avec et sans l'additif), nous sommes dans la troisième situation décrite au tableau 5.4 (p. 176).

On a :

$$\bar{d} = \frac{\sum_{i=1}^{n} d_i}{n}$$

$$= \frac{\sum_{i=1}^{10} d_i}{10}$$

$$= \frac{d_1 + d_2 + \cdots + d_{10}}{10}$$

$$= \frac{0,0 + 0,1 + \cdots + 0,0}{10}$$

$$= 0,08 \text{ L/100 km}$$

et

$$s_d = \sqrt{\frac{\sum_{i=1}^{n} (d_i - \bar{d})^2}{n-1}}$$

$$= \sqrt{\frac{\sum_{i=1}^{10} (d_i - 0,08)^2}{10-1}}$$

$$= \sqrt{\frac{(d_1 - 0,08)^2 + (d_2 - 0,08)^2 + \cdots + (d_{10} - 0,08)^2}{9}}$$

$$= \sqrt{\frac{(0,0 - 0,08)^2 + (0,1 - 0,08)^2 + \cdots + (0,0 - 0,08)^2}{9}}$$

$$= 0,10 \text{ L/100 km}$$

Effectuons maintenant le test d'hypothèse unilatéral à droite avec un seuil de signification de 1 %. On note μ_1 la consommation moyenne pour l'ensemble des voitures utilisant l'essence sans additif et μ_2 celle de l'ensemble des voitures utilisant l'essence avec additif.

1. La formulation des hypothèses

$$H_0: \mu_1 - \mu_2 = 0$$
$$H_1: \mu_1 - \mu_2 > 0$$

2. Le choix d'un seuil de signification (α)

$$\alpha = 1\,\%$$

3. La vérification des conditions d'application

Les échantillons sont aléatoires et appariés. De plus, on a supposé que la différence des valeurs se distribue selon le modèle de la loi normale. Les conditions énoncées dans la troisième situation du tableau 5.4 sont remplies. Dans ce contexte, il faut donc recourir à la loi de Student. Le nombre de degrés de liberté est :

$$n - 1 = 10 - 1$$
$$= 9$$

4. La détermination de la valeur critique

En se reportant à la table de la loi de Student, on obtient la valeur critique :

$$t_{\alpha;\,n-1} = t_{0,01;\,9} = 2,821$$

5. La formulation de la règle de décision

La règle de décision est exprimée à la figure 5.5.

FIGURE | **5.5**

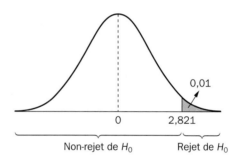

ZONES DE REJET ET DE NON-REJET DE L'HYPOTHÈSE NULLE

On rejette l'hypothèse nulle lorsque $t > t_{\alpha;\,n-1} = 2,821$.

6. Le calcul de la statistique appropriée au test

$$t = \frac{\overline{d}}{s_d/\sqrt{n}}$$
$$= \frac{0,08}{0,10/\sqrt{10}}$$
$$= 2,53$$

7. La décision

Comme $t = 2,53 < 2,821 = t_{\alpha;\,n-1}$, alors, sur la base de l'échantillon, au seuil de 1 % et en vertu de la règle de décision, on ne rejette pas l'hypothèse nulle. Il n'y a pas lieu de penser que la consommation d'essence sans additif est supérieure à la consommation d'essence avec additif.

A priori, cette conclusion semble contredire celle obtenue à l'exemple 5.8 (p. 176). Ce n'est pourtant pas le cas. En effet, si l'on avait employé le même seuil de signification dans les deux exemples, on serait arrivé à la même conclusion. Avec un seuil de 5 %, on aurait obtenu $t_{0,05;\,9} = 1,833$, de sorte qu'on aurait rejeté l'hypothèse nulle. Le seuil de signification joue donc un rôle important dans la prise de décision.

EXEMPLE 5.10

Dans le cadre d'une expérience, un psychologue entend montrer que la privation de sommeil affecte la capacité d'accomplir une tâche intellectuelle telle que résoudre un casse-tête. Il emploie le temps mis par un sujet pour résoudre le casse-tête comme indicateur de performance, puis prélève 2 échantillons aléatoires indépendants de 18 et de 24 personnes. Le temps moyen des 18 sujets du premier groupe, qui n'ont pas été privés de sommeil, est de 4,5 min, et l'écart type de 1 min. Le temps moyen des 24 sujets du deuxième groupe, qui ont été privés de sommeil, est de 5,7 min, et l'écart type de 0,9 min. Effectuons un test d'hypothèse au seuil de 2 % pour vérifier si le temps moyen mis pour résoudre le casse-tête est plus faible lorsque les sujets ne sont pas privés de sommeil. On suppose que le temps mis pour résoudre le casse-tête se distribue selon la loi normale et que les écarts types sont identiques dans les deux groupes. On note μ_1 le temps moyen que met l'ensemble des personnes qui ne sont pas privées de sommeil pour résoudre le casse-tête et μ_2 celui que met l'ensemble des personnes privées de sommeil.

1. La formulation des hypothèses

$$H_0: \mu_1 - \mu_2 = 0$$
$$H_1: \mu_1 - \mu_2 < 0$$

2. Le choix d'un seuil de signification (α)

$$\alpha = 2\,\%$$

3. La vérification des conditions d'application

Les échantillons sont aléatoires, indépendants et de petite taille ($n_1 = 18 < 30$ et $n_2 = 24 < 30$). De plus, on a supposé que le temps mis pour résoudre le casse-tête se distribue selon le modèle de la loi normale et que les écarts types sont identiques dans les deux groupes. Les conditions énoncées dans la deuxième situation du tableau 5.4 (p. 176) sont remplies. Dans ce contexte, il faut donc employer la loi de Student. Le nombre de degrés de liberté est :

$$n_1 + n_2 - 2 = 18 + 24 - 2$$
$$= 40$$

4. La détermination de la valeur critique

En se reportant à la table de la loi de Student, on obtient la valeur critique :

$$-t_{\alpha;\,n_1+n_2-2} = -t_{0,02;\,40} = -2{,}123$$

5. La formulation de la règle de décision

La règle de décision est exprimée à la figure 5.6.

FIGURE | **5.6**

ZONES DE REJET ET DE NON-REJET DE L'HYPOTHÈSE NULLE

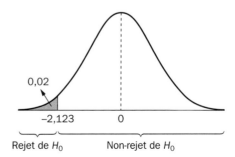

On rejette l'hypothèse nulle lorsque $t < -t_{\alpha;\,n_1+n_2-2} = -2{,}123$.

6. Le calcul de la statistique appropriée au test

$$t = \frac{\bar{x}_1 - \bar{x}_2}{\sqrt{\dfrac{(n_1 - 1)s_1^2 + (n_2 - 1)s_2^2}{n_1 + n_2 - 2}}\sqrt{\dfrac{1}{n_1} + \dfrac{1}{n_2}}}$$

$$= \frac{4,5 - 5,7}{\sqrt{\dfrac{(18 - 1)\left(1^2\right) + (24 - 1)\left(0,9^2\right)}{18 + 24 - 2}}\sqrt{\dfrac{1}{18} + \dfrac{1}{24}}}$$

$$= -4,08$$

7. La décision

Comme $t = -4,08 < -2,123 = -t_{\alpha;\, n_1 + n_2 - 2}$, alors, sur la base des échantillons, au seuil de 2 % et en vertu de la règle de décision, on rejette l'hypothèse nulle. Il y a tout lieu de penser que la privation de sommeil affecte la capacité d'accomplir une tâche intellectuelle telle que résoudre un casse-tête.

EXERCICE 5.4

■ **Vous pouvez maintenant faire les exercices récapitulatifs 16 à 22.**

Vous devez acheter des pneus d'hiver. Vous hésitez entre les marques A et B. Vous disposez des résultats d'un test – effectué sur des échantillons aléatoires indépendants – sur la durée de vie des pneus de ces deux marques (tableau 5.6).

TABLEAU | **5.6**

COMPARAISON DES DEUX MARQUES DE PNEUS

	Marque A	Marque B
Taille de l'échantillon	18	14
Durée moyenne (km) des pneus échantillonnés	40 000	41 000
Écart type de la durée (km) des pneus échantillonnés	4 000	5 000

Vous considérez que la durée de vie des pneus de ces deux marques se comporte selon le modèle de la loi normale et que les écarts types sont identiques pour les deux marques. Sur la base de ces échantillons, pouvez-vous conclure que les pneus de ces deux marques ont des durées de vie moyennes différentes ? Employez un seuil de signification de 5 %.

5.4 | TEST D'HYPOTHÈSE SUR UNE PROPORTION

Dans la première section du chapitre, nous avons examiné les principes qui régissent les tests d'hypothèses. Puis, nous les avons appliqués à un test sur une moyenne. Moyennant quelques adaptations, on peut également les utiliser dans un test sur une proportion. Voici une brève description des étapes d'un test d'hypothèse sur la proportion (π) des unités statistiques d'une population qui possèdent une caractéristique donnée.

1. La formulation des hypothèses

Tout comme dans un test sur une moyenne, la première étape d'un test d'hypothèse sur une proportion consiste à formuler les hypothèses que l'on veut confronter. Dans un test d'hypothèse sur une proportion, l'hypothèse nulle prend toujours la même forme : $H_0 : \pi = \pi_0$. On fixe la proportion à une valeur prédéterminée qui, selon le contexte, représente la norme acceptée, le *statu quo* par rapport au passé ou à un critère de référence. On suppose que cette hypothèse est vraie lorsqu'on effectue le test d'hypothèse.

On oppose à cette hypothèse une hypothèse alternative qui doit prendre l'une des trois formes suivantes : $H_1 : \pi < \pi_0$, $H_1 : \pi > \pi_0$ ou $H_1 : \pi \neq \pi_0$. Le choix de l'hypothèse alternative dépend du contexte. Tout comme dans le cas d'une moyenne, on pourra donc effectuer un test d'hypothèse sur une proportion unilatéral à gauche, unilatéral à droite ou bilatéral.

2. Le choix d'un seuil de signification (α)

La deuxième étape consiste à fixer le seuil de signification, qui correspond au risque – c'est-à-dire la probabilité – de rejeter une hypothèse nulle alors qu'elle est vraie. Les seuils de signification habituels sont $\alpha = 1\%$, $\alpha = 2\%$ et $\alpha = 5\%$.

3. La vérification des conditions d'application

Nous n'étudierons que le cas d'un échantillon aléatoire de grande taille ($n \geq 30$) tiré avec remise (ou sans remise, mais avec un faible taux de sondage). De plus, il faudra également que les conditions suivantes soient remplies : $n\pi_0 \geq 5$ et $n(1 - \pi_0) \geq 5$. Dans ce contexte, $Z = \dfrac{P - \pi_0}{\sqrt{\dfrac{\pi_0(1 - \pi_0)}{n}}} \sim N(0 ; 1)$.

4. La détermination de la valeur critique ou des valeurs critiques

Les valeurs critiques représentent les valeurs de la statistique qui délimitent des régions de faible probabilité correspondant au seuil de signification α. Elles servent à séparer les zones de rejet et de non-rejet de l'hypothèse nulle. Les valeurs critiques dépendent de plusieurs facteurs, dont le seuil de signification, la taille de l'échantillon et l'hypothèse alternative employée. Le tableau 5.7 donne les différentes valeurs critiques possibles dans le cas d'un test d'hypothèse sur une proportion.

TABLEAU | **5.7**

	VALEURS CRITIQUES DANS UN TEST D'HYPOTHÈSE SUR UNE PROPORTION ($n \geq 30$; $n\pi_0 \geq 5$; $n(1 - \pi_0) \geq 5$)		
	Hypothèse alternative		
	$H_1 : \pi < \pi_0$	$H_1 : \pi > \pi_0$	$H_1 : \pi \neq \pi_0$
Valeur(s) critique(s) par rapport à Z	$-z_\alpha$	z_α	$-z_{\alpha/2}$ et $z_{\alpha/2}$
Valeur(s) critique(s) par rapport à P	$\pi_0 - z_\alpha \sqrt{\dfrac{\pi_0(1 - \pi_0)}{n}}$	$\pi_0 + z_\alpha \sqrt{\dfrac{\pi_0(1 - \pi_0)}{n}}$	$\pi_0 - z_{\alpha/2} \sqrt{\dfrac{\pi_0(1 - \pi_0)}{n}}$ et $\pi_0 + z_{\alpha/2} \sqrt{\dfrac{\pi_0(1 - \pi_0)}{n}}$

5. La formulation de la règle de décision

La règle de décision dépend de l'hypothèse alternative retenue. La figure 5.7 illustre les trois règles de décision possibles.

Dans le cas d'un test unilatéral à gauche, on rejette l'hypothèse nulle lorsque la valeur z est plus petite que la valeur critique, parce qu'il est alors invraisemblable (probabilité inférieure à α) d'obtenir une telle valeur si l'échantillon est prélevé dans une population où la proportion est π_0.

Dans le cas d'un test unilatéral à droite, on rejette l'hypothèse nulle lorsque la valeur z est plus grande que la valeur critique, parce qu'il est alors invraisemblable (probabilité inférieure à α) d'obtenir une telle valeur si l'échantillon est prélevé dans une population où la proportion est π_0.

Dans le cas d'un test bilatéral, on rejette l'hypothèse nulle lorsque la valeur z n'appartient pas à l'intervalle $[-z_{\alpha/2}; z_{\alpha/2}]$, parce qu'il est alors invraisemblable (probabilité inférieure à α) d'obtenir une telle valeur si l'échantillon est prélevé dans une population où la proportion est π_0.

FIGURE | **5.7**

ZONES DE REJET ET DE NON-REJET DE L'HYPOTHÈSE NULLE DANS UN TEST D'HYPOTHÈSE SUR UNE PROPORTION ($n \geq 30$; $n\pi_0 \geq 5$; $n(1 - \pi_0) \geq 5$)

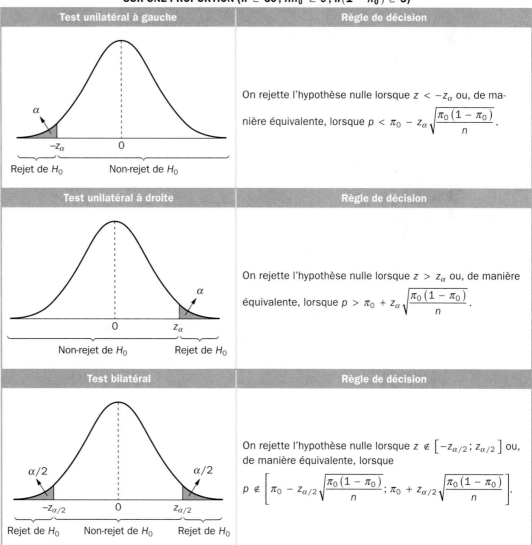

Test unilatéral à gauche	**Règle de décision**
α $-z_\alpha$ 0 Rejet de H_0 Non-rejet de H_0	On rejette l'hypothèse nulle lorsque $z < -z_\alpha$ ou, de manière équivalente, lorsque $p < \pi_0 - z_\alpha\sqrt{\dfrac{\pi_0(1-\pi_0)}{n}}$.

Test unilatéral à droite	**Règle de décision**
0 z_α α Non-rejet de H_0 Rejet de H_0	On rejette l'hypothèse nulle lorsque $z > z_\alpha$ ou, de manière équivalente, lorsque $p > \pi_0 + z_\alpha\sqrt{\dfrac{\pi_0(1-\pi_0)}{n}}$.

Test bilatéral	**Règle de décision**
$\alpha/2$ $\alpha/2$ $-z_{\alpha/2}$ 0 $z_{\alpha/2}$ Rejet de H_0 Non-rejet de H_0 Rejet de H_0	On rejette l'hypothèse nulle lorsque $z \notin [-z_{\alpha/2}; z_{\alpha/2}]$ ou, de manière équivalente, lorsque $$p \notin \left[\pi_0 - z_{\alpha/2}\sqrt{\dfrac{\pi_0(1-\pi_0)}{n}}; \pi_0 + z_{\alpha/2}\sqrt{\dfrac{\pi_0(1-\pi_0)}{n}}\right].$$

6. Le calcul de la statistique appropriée au test

On veut évaluer l'importance de l'écart entre la proportion mesurée dans l'échantillon et la proportion établie dans l'hypothèse nulle.

La proportion mesurée dans l'échantillon est donnée par l'expression :

$$p = \frac{\text{Nombre d'unités statistiques de l'échantillon qui possèdent la caractéristique étudiée}}{\text{Nombre d'unités statistiques dans l'échantillon}}$$

Il suffit ensuite de calculer $z = \dfrac{p - \pi_0}{\sqrt{\dfrac{\pi_0(1 - \pi_0)}{n}}}$.

7. La décision

On applique la règle de décision. Sur la base de l'échantillon, au seuil de signification fixé et en vertu de la règle de décision, on décide de rejeter l'hypothèse nulle ou de ne pas la rejeter. On compare la valeur de z (ou de p) avec la valeur critique ou les valeurs critiques afin de déterminer si l'on doit rejeter ou non H_0. On doit exprimer la décision en fonction du contexte particulier dans lequel on a effectué le test d'hypothèse. Si l'on rejette l'hypothèse nulle, on retiendra l'hypothèse alternative et on dira alors qu'on a obtenu un résultat significatif au seuil de α : l'hypothèse du chercheur sera alors confirmée.

EXEMPLE 5.11

Selon un sondage récent mené auprès d'un échantillon aléatoire de 1 500 ménages québécois, 900 d'entre eux ont un branchement Internet haute vitesse. Peut-on conclure, au seuil de 2 %, que la proportion (π) de l'ensemble des ménages québécois abonnés à Internet haute vitesse est supérieure à 55 % ?

Pour répondre à cette question, il faut effectuer un test d'hypothèse unilatéral à droite sur une proportion.

1. La formulation des hypothèses

$$H_0 : \pi = 0,55$$
$$H_1 : \pi > 0,55$$

2. Le choix d'un seuil de signification (α)

$$\alpha = 2\,\%$$

3. La vérification des conditions d'application

Nous disposons d'un échantillon aléatoire de grande taille ($n = 1\,500 \geq 30$). De plus, les autres conditions exigées pour effectuer un test sur une proportion sont remplies. En effet,

$$n\pi_0 = 1\,500 \times 0,55 = 825 \geq 5 \text{ et } n(1 - \pi_0) = 1\,500 \times (1 - 0,55) = 675 \geq 5$$

Par conséquent, $Z = \dfrac{P - \pi_0}{\sqrt{\dfrac{\pi_0(1 - \pi_0)}{n}}} \sim N(0\,;1)$.

4. La détermination de la valeur critique

On peut exprimer la valeur critique en fonction de Z ou de P. En se reportant à la table de la loi normale centrée réduite, on obtient :

$$z_\alpha = z_{0,02} = 2,05$$

ou

$$\pi_0 + z_\alpha \sqrt{\frac{\pi_0(1 - \pi_0)}{n}} = 0,55 + 2,05 \sqrt{\frac{0,55(1 - 0,55)}{1\,500}}$$

$$= 0,576$$

5. La formulation de la règle de décision

La règle de décision est exprimée à la figure 5.8.

FIGURE | **5.8**

ZONES DE REJET ET DE NON-REJET DE L'HYPOTHÈSE NULLE

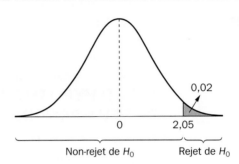

On rejette l'hypothèse nulle lorsque $z > z_\alpha = 2,05$ ou, de manière équivalente, lorsque $p > \pi_0 + z_\alpha \sqrt{\dfrac{\pi_0 (1 - \pi_0)}{n}} = 0,576$.

6. Le calcul de la statistique appropriée au test

La proportion des ménages ayant un branchement Internet haute vitesse dans l'échantillon est donnée par :

$$p = \frac{\text{Nombre de ménages branchés}}{\text{Nombre de ménages dans l'échantillon}}$$

$$= \frac{900}{1\,500}$$

$$= 0,6$$

de sorte que :

$$z = \frac{p - \pi_0}{\sqrt{\dfrac{\pi_0 (1 - \pi_0)}{n}}}$$

$$= \frac{0,6 - 0,55}{\sqrt{\dfrac{0,55(1 - 0,55)}{1\,500}}}$$

$$= 3,89$$

7. La décision

Comme $z = 3,89 > 2,05 = z_\alpha$, alors, sur la base de l'échantillon, au seuil de 2 % et en vertu de la règle de décision, on rejette l'hypothèse nulle. Il y a tout lieu de penser que la proportion des ménages québécois abonnés à Internet haute vitesse est supérieure à 55 %. Pour ne pas rejeter l'hypothèse nulle, il aurait fallu que la proportion observée dans l'échantillon soit inférieure ou égale à 57,6 %.

EXERCICE 5.5

Selon l'Institut de la statistique du Québec, les naissances multiples (par exemple des jumeaux ou des triplets) représentaient 2,1 % des naissances en 1990. Grâce à la politique récente du gouvernement du Québec, les couples infertiles devraient être plus nombreux à recourir aux nouvelles techniques de reproduction, comme la fécondation *in vitro*. On pense que le recours à ces techniques peut entraîner une augmentation des naissances multiples. En 2011, on a dénombré 93 naissances multiples dans un échantillon aléatoire de 3 000 naissances observées au Québec. Peut-on conclure que la proportion des naissances multiples parmi toutes les naissances au Québec en 2011 est supérieure à celle observée en 1990? Employez un seuil de 5 %.

■ **Vous pouvez maintenant faire les exercices récapitulatifs 23 à 29.**

5.5 TEST D'HYPOTHÈSE SUR LA DIFFÉRENCE DE DEUX PROPORTIONS

À la section 5.3 (p. 174), nous avons effectué un test sur la différence de deux moyennes. De manière similaire, on peut effectuer un test sur la différence de deux proportions.

Nous utiliserons les notations suivantes :

- π_1 représente la proportion de l'ensemble des unités statistiques qui possèdent la caractéristique considérée dans le premier groupe ;
- π_2 représente la proportion de l'ensemble des unités statistiques qui possèdent cette caractéristique dans le deuxième groupe ;
- n_1 représente la taille de l'échantillon formé des unités statistiques tirées du premier groupe ;
- n_2 représente la taille de l'échantillon formé des unités statistiques tirées du deuxième groupe ;
- x_1 représente le nombre d'unités statistiques dans l'échantillon de taille n_1 qui possèdent cette caractéristique ;
- x_2 représente le nombre d'unités statistiques dans l'échantillon de taille n_2 qui possèdent cette caractéristique ;
- $p_1 = \dfrac{x_1}{n_1}$ représente la proportion des unités statistiques dans l'échantillon de taille n_1 qui possèdent cette caractéristique ;
- $p_2 = \dfrac{x_2}{n_2}$ représente la proportion des unités statistiques dans l'échantillon de taille n_2 qui possèdent cette caractéristique ;
- $\bar{p} = \dfrac{x_1 + x_2}{n_1 + n_2}$ représente la proportion pondérée établie à partir des deux échantillons.

Nous ne considérerons que la situation où les conditions suivantes sont remplies :

- Les échantillons formés sont aléatoires et indépendants.
- Les échantillons sont suffisamment grands, c'est-à-dire que :

$n_1 \geq 30; n_1 p_1 = x_1 \geq 5; n_1 (1 - p_1) \geq 5; n_2 \geq 30; n_2 p_2 = x_2 \geq 5; n_2 (1 - p_2) \geq 5$

Dans un test sur la différence de deux proportions remplissant ces conditions, on peut alors recourir à la loi normale. Dans ce contexte, l'hypothèse nulle est :

$$H_0 : \pi_1 - \pi_2 = 0$$

et les hypothèses alternatives possibles sont :

$$H_1 : \pi_1 - \pi_2 \neq 0, \ H_1 : \pi_1 - \pi_2 > 0 \ \text{ou} \ H_1 : \pi_1 - \pi_2 < 0$$

La statistique appropriée au test est:

$$z = \frac{p_1 - p_2}{\sqrt{\bar{p}(1 - \bar{p})\left(\dfrac{1}{n_1} + \dfrac{1}{n_2}\right)}}$$

On effectue un test d'hypothèse sur la différence de deux proportions en suivant la même procédure que pour tout autre test d'hypothèse.

EXEMPLE 5.12

Au Québec, chez les 15 ans ou plus, les hommes sont-ils proportionnellement plus nombreux que les femmes à utiliser Internet chaque semaine à des fins personnelles? Pour répondre à cette question, on mène une enquête auprès de Québécois des deux sexes. On prélève 2 échantillons aléatoires indépendants comportant respectivement 440 hommes et 528 femmes de 15 ans ou plus, dans lesquels on dénombre 352 hommes et 396 femmes déclarant utiliser Internet chaque semaine à des fins personnelles.

Si l'on considère que les hommes forment le premier groupe et les femmes, le deuxième, on a:

- $n_1 = 440$;
- $n_2 = 528$;
- $x_1 = 352$;
- $x_2 = 396$;
- $p_1 = \dfrac{x_1}{n_1} = \dfrac{352}{440} = 0,8$;
- $p_2 = \dfrac{x_2}{n_2} = \dfrac{396}{528} = 0,75$;
- $\bar{p} = \dfrac{x_1 + x_2}{n_1 + n_2} = \dfrac{352 + 396}{440 + 528} = \dfrac{748}{968} = 0,773$.

Effectuons un test d'hypothèse unilatéral à droite sur la différence de deux proportions. Employons un seuil de signification de 1 %. On note π_1 la proportion, au Québec, chez les 15 ans ou plus, des hommes qui utilisent Internet chaque semaine à des fins personnelles et π_2, la proportion des femmes qui font de même.

1. La formulation des hypothèses

$$H_0 : \pi_1 - \pi_2 = 0$$
$$H_1 : \pi_1 - \pi_2 > 0$$

2. Le choix d'un seuil de signification (α)

$$\alpha = 1 \%$$

3. La vérification des conditions d'application

Nous disposons de deux échantillons aléatoires indépendants de grande taille ($n_1 = 440 \geq 30$ et $n_2 = 528 \geq 30$). De plus, les autres conditions exigées pour effectuer un test sur la différence de deux proportions sont remplies. En effet,

- $n_1 p_1 = 440(0,8) = 352 \geq 5$;
- $n_1(1 - p_1) = 440(1 - 0,8) = 88 \geq 5$;
- $n_2 p_2 = 528(0,75) = 396 \geq 5$;
- $n_2(1 - p_2) = 528(1 - 0,75) = 132 \geq 5$.

4. La détermination de la valeur critique

En se reportant à la table de la loi normale centrée réduite, on obtient la valeur critique:

$$z_\alpha = z_{0,01} = 2,33$$

5. La formulation de la règle de décision

La règle de décision est exprimée à la figure 5.9.

FIGURE | **5.9**

ZONES DE REJET ET DE NON-REJET DE L'HYPOTHÈSE NULLE

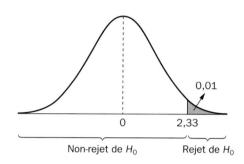

Non-rejet de H_0 Rejet de H_0

On rejette l'hypothèse nulle lorsque $z > z_\alpha = 2,33$.

6. Le calcul de la statistique appropriée au test

$$z = \frac{p_1 - p_2}{\sqrt{\bar{p}(1 - \bar{p})\left(\dfrac{1}{n_1} + \dfrac{1}{n_2}\right)}}$$

$$= \frac{0,8 - 0,75}{\sqrt{(0,773)(1 - 0,773)\left(\dfrac{1}{440} + \dfrac{1}{528}\right)}}$$

$$= 1,85$$

7. La décision

Comme $z = 1,85 < 2,33 = z_\alpha$, alors, sur la base des échantillons, au seuil de 1 % et en vertu de la règle de décision, on ne rejette pas l'hypothèse nulle. Il n'y a pas lieu de penser qu'au Québec, chez les 15 ans ou plus, la proportion des personnes qui utilisent Internet chaque semaine à des fins personnelles est plus élevée chez les hommes que chez les femmes.

EXERCICE 5.6

■ **Vous pouvez maintenant faire les exercices récapitulatifs 30 à 32.**

Dans un sondage mené auprès d'utilisateurs d'Internet de 15 ans ou plus, on a prélevé 2 échantillons aléatoires indépendants comportant respectivement 400 hommes et 250 femmes. Parmi ceux-ci, 32 % des hommes ont déclaré avoir effectué des achats en ligne au cours de la dernière année, contre 34 % des femmes. Peut-on conclure, au seuil de 2 %, que la propension à effectuer des achats en ligne est différente entre les hommes et les femmes ?

5.6 | TEST D'AJUSTEMENT DU KHI CARRÉ

On présente souvent les données d'une étude sous la forme de tableaux de fréquences. Dans la première colonne, on indique les catégories (des modalités, des valeurs ou des classes de valeurs) qu'on entend employer pour grouper les données. Par exemple, on peut classer des étudiants selon le programme d'étude, le nombre de cours suivis, l'âge, etc. Dans la deuxième colonne, on inscrit le nombre d'unités statistiques qui appartiennent à chacune des catégories. Par exemple, si l'on répartissait un échantillon de 280 étudiants en sciences humaines selon leur profil d'étude, on consignerait, à côté de chaque profil, le nombre d'étudiants qui y sont inscrits (tableau 5.8).

TABLEAU | **5.8**

RÉPARTITION DE 280 ÉTUDIANTS EN SCIENCES HUMAINES, SELON LEUR PROFIL D'ÉTUDE

Profil	Nombre d'étudiants
Monde	35
Société	50
Individu	125
Administration	70
Total	**280**

Pour toutes les études effectuées à partir d'un échantillon, on se demande si les données obtenues permettent de conclure que la population se répartit selon une loi de probabilité donnée, comme la loi normale ou la loi de Poisson, ou selon un autre modèle théorique. Par exemple, peut-on conclure que l'ensemble des étudiants en sciences humaines se répartissent dans les différents profils dans les proportions suivantes : 15 % dans le profil « Monde », 20 % dans le profil « Société », 40 % dans le profil « Individu » et 25 % dans le profil « Administration » ? Pour répondre à cette question, il faut effectuer un test d'hypothèse particulier – le test d'ajustement du khi carré – consistant à mesurer l'écart entre les fréquences observées dans l'échantillon et les fréquences théoriques, c'est-à-dire celles qu'on aurait obtenues en vertu du modèle théorique choisi. On ne s'attend pas à un accord parfait entre les fréquences théoriques et les fréquences observées : habituellement, un échantillon n'est pas le reflet exact de la population d'où il a été tiré. Toutefois, plus l'écart est faible entre les fréquences théoriques (notées f_t) et les fréquences observées (notées f_o), meilleur est l'ajustement. Inversement, plus l'écart est important entre les fréquences théoriques et les fréquences observées, moins l'ajustement est bon.

Le test d'ajustement suit les mêmes étapes que les autres tests d'hypothèses étudiés précédemment. En voici une brève description.

1. La formulation des hypothèses

Dans le test d'ajustement du khi carré, les hypothèses nulle et alternative sont les suivantes :

H_0: La répartition des unités statistiques s'effectue selon le modèle théorique spécifié.

H_1: La répartition des unités statistiques ne s'effectue pas selon le modèle théorique spécifié.

2. Le choix d'un seuil de signification (α)

La deuxième étape consiste à fixer le seuil de signification, qui correspond au risque – c'est-à-dire la probabilité – de rejeter l'hypothèse nulle alors qu'elle est vraie. Les seuils de signification habituels dans le test d'ajustement sont $\alpha = 1\,\%$, $\alpha = 2\,\%$ et $\alpha = 5\,\%$.

3. La vérification des conditions d'application

On présente dans un tableau les fréquences théoriques (celles qu'on obtiendrait si la répartition se faisait selon le modèle spécifié dans l'hypothèse nulle) et les fréquences observées dans l'échantillon aléatoire. Les conditions d'application sont remplies si aucune des fréquences théoriques n'est inférieure à 5. Le cas échéant, il faut regrouper des catégories avant de poursuivre le test. Le regroupement doit permettre d'obtenir des fréquences théoriques supérieures ou égales à 5.

4. La détermination de la valeur critique

Dans le test d'ajustement du khi carré, la valeur critique est tirée d'une loi statistique appelée loi du khi carré. La courbe de cette loi de probabilité présente une asymétrie positive, et elle est entièrement située à droite de l'axe des ordonnées. Il existe une table des valeurs critiques de cette loi (tableau 5.9), qu'on utilise de la même façon que celle de la loi de Student. Le nombre de degrés de liberté est donné par l'expression suivante :

$$v = k - r - 1$$

Dans cette formule, k représente le nombre de catégories employées et r, le nombre de paramètres[2] de la distribution théorique qu'on a dû estimer à partir des observations.

5. La formulation de la règle de décision

Comme l'indique la figure 5.10, on rejette l'hypothèse nulle (H_0) lorsque $\chi^2 > \chi^2_{\alpha;\,v}$.

FIGURE | **5.10**

**ZONES DE REJET ET DE NON-REJET DE L'HYPOTHÈSE NULLE
DANS UN TEST D'AJUSTEMENT DU KHI CARRÉ**

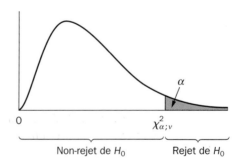

6. Le calcul de la statistique appropriée au test

Dans un test d'ajustement du khi carré, la statistique appropriée est donnée par l'expression suivante :

$$\chi^2 = \sum \frac{(f_o - f_t)^2}{f_t}$$

---

2. Les paramètres généralement estimés sont la moyenne et l'écart type.

TABLEAU | **5.9**

TABLE DE LA LOI DU KHI CARRÉ

Les valeurs de la table donnent $\chi^2_{\alpha;v}$, qui délimite une région dont l'aire représente la probabilité $\alpha = P(\chi^2 > \chi^2_{\alpha;v})$ lorsque le nombre de degrés de liberté est v.

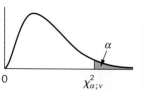

v	$\chi^2_{0,05;v}$	$\chi^2_{0,02;v}$	$\chi^2_{0,01;v}$
1	3,84	5,41	6,63
2	5,99	7,82	9,21
3	7,81	9,84	11,34
4	9,49	11,67	13,28
5	11,07	13,39	15,09
6	12,59	15,03	16,81
7	14,07	16,62	18,48
8	15,51	18,17	20,09
9	16,92	19,68	21,67
10	18,31	21,16	23,21
11	19,68	22,62	24,72
12	21,03	24,05	26,22
13	22,36	25,47	27,69
14	23,68	26,87	29,14
15	25,00	28,26	30,58
16	26,30	29,63	32,00
17	27,59	31,00	33,41
18	28,87	32,35	34,81
19	30,14	33,69	36,19
20	31,41	35,02	37,57
21	32,67	36,34	38,93
22	33,92	37,66	40,29
23	35,17	38,87	41,64
24	36,41	40,27	42,98
25	37,65	41,57	44,31

Comme il s'agit d'une somme de valeurs positives, elle ne peut prendre que des valeurs supérieures ou égales à 0. La statistique χ^2 constitue une mesure de l'écart entre les fréquences théoriques et les fréquences observées: plus elle est grande, plus l'écart est important entre la théorie et l'observation, et moins l'ajustement est bon. Inversement, plus elle est petite, plus l'écart est faible entre la théorie et l'observation, et meilleur est l'ajustement.

7. La décision

On applique la règle de décision formulée à la cinquième étape. Sur la base de l'échantillon, au seuil de signification fixé et en vertu de la règle de décision, on décide de rejeter l'hypothèse nulle ou de ne pas la rejeter. On doit exprimer cette décision en fonction du contexte dans lequel on a effectué le test d'hypothèse.

EXEMPLE 5.13

En 1996, la maison d'édition Random House a publié un roman intitulé *Primary Colors* qui a suscité une grande controverse. Ce livre était censé raconter l'histoire d'une élection présidentielle américaine fictive, mais les péripéties relatées ressemblaient étrangement à celles qui avaient marqué la campagne électorale de 1996. Ainsi, deux des personnages de ce roman, le candidat Stanton et sa femme Susan, ont de nombreux traits communs avec Bill et Hillary Clinton. La fiction se rapprochait tellement de la réalité que beaucoup se demandaient si l'auteur (qui est demeuré anonyme très longtemps) ne possédait pas des informations confidentielles.

Le titre de ce roman fait bien sûr référence aux élections primaires, c'est-à-dire aux élections servant à désigner le candidat d'un parti pour les élections présidentielles américaines. Il évoque également les couleurs primaires : rouge, jaune et bleu. C'est sans doute pour cette raison que l'éditeur de l'édition de poche a fait imprimer trois couvertures différentes : une rouge, une jaune et une bleue. Un libraire a remarqué qu'en un mois il avait vendu 20 exemplaires à couverture rouge, 30 exemplaires à couverture bleue et 25 exemplaires à couverture jaune. Il s'est alors demandé si tous les achats de ce livre se répartissaient également entre les trois couvertures. Pour répondre à cette question, il a décidé d'effectuer un test d'ajustement du khi carré avec un seuil de signification de 5 %. Il a supposé que l'échantillon était aléatoire.

1. La formulation des hypothèses

H_0 : Les achats de *Primary Colors* se répartissent également entre les trois couleurs de couverture.

H_1 : Les achats de *Primary Colors* ne se répartissent pas également entre les trois couleurs de couverture.

2. Le choix d'un seuil de signification (α)

$$\alpha = 5\,\%$$

3. La vérification des conditions d'application

Il faut présenter les fréquences observées et les fréquences théoriques dans un tableau montrant qu'aucune des fréquences théoriques n'est inférieure à 5. Si les achats sont répartis également, on aurait dû observer la vente de 25 livres pour chacune des couleurs de couverture, puisqu'on a vendu 75 livres. Par conséquent, les fréquences théoriques prennent toutes une valeur supérieure ou égale à 5, comme le montre le tableau 5.10. On suppose également que l'échantillon est aléatoire.

TABLEAU | **5.10**

COMPARAISON DES FRÉQUENCES THÉORIQUES ET OBSERVÉES

	Couverture rouge	Couverture bleue	Couverture jaune
Fréquence observée (f_o)	20	30	25
Fréquence théorique (f_t)	25	25	25

4. La détermination de la valeur critique

Dans cet exemple, on compte trois catégories (rouge, bleue et jaune), et on n'a pas estimé de paramètre. Par conséquent, le nombre de degrés de liberté vaut :

$$v = k - r - 1$$
$$= 3 - 0 - 1$$
$$= 2$$

Pour $v = 2$ et $\alpha = 5\,\%$, on lit dans la table de la loi du khi carré (tableau 5.9, p. 191) que $\chi^2_{\alpha;\,v} = \chi^2_{0,05;\,2} = 5,99$.

5. La formulation de la règle de décision

Comme l'indique la figure 5.11, on rejette l'hypothèse nulle (H_0) lorsque $\chi^2 > \chi^2_{\alpha;\,v} = 5,99$.

FIGURE | **5.11**

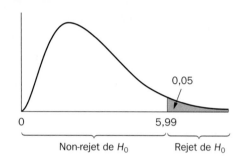

ZONES DE REJET ET DE NON-REJET DE L'HYPOTHÈSE NULLE

6. Le calcul de la statistique appropriée au test

$$\chi^2 = \sum \frac{(f_o - f_t)^2}{f_t}$$

$$= \frac{(20 - 25)^2}{25} + \frac{(30 - 25)^2}{25} + \frac{(25 - 25)^2}{25}$$

$$= 1 + 1 + 0$$

$$= 2$$

7. La décision

Comme $\chi^2 = 2 < 5,99 = \chi^2_{\alpha;\,v}$, alors, sur la base de l'échantillon, au seuil de 5 % et en vertu de la règle de décision, on ne rejette pas l'hypothèse nulle. Il n'y a pas lieu de penser que les achats de *Primary Colors* ne se répartissent pas également entre les trois couleurs de couverture.

EXERCICE 5.7

Un politologue affirme que les intentions de vote pour les prochaines élections provinciales se répartissent comme suit :

Parti A : 18 %

Parti B : 28 %

Parti C : 32 %

Parti D : 14 %

Autre : 8 %

Un sondage mené 2 mois plus tard auprès d'un échantillon aléatoire de 1 000 électeurs donne les résultats consignés au tableau 5.11.

TABLEAU | **5.11**

RÉPARTITION DE 1 000 ÉLECTEURS, SELON LEUR INTENTION DE VOTE

Intention de vote	Nombre d'électeurs
Parti A	168
Parti B	263
Parti C	347
Parti D	189
Autre	33
Total	**1 000**

Sur la base de cet échantillon, peut-on affirmer que les intentions de vote ont changé au cours de la période considérée ? Employez un seuil de signification de 1 %.

On peut également effectuer le test du khi carré pour vérifier l'ajustement à une loi de probabilité courante comme la loi normale.

EXEMPLE 5.14

Voyons si la loi normale décrit bien les données produites par le statisticien belge Quételet[3], qui avait étudié le tour de poitrine de 5 738 soldats écossais. Nous avons regroupé les données par classes au tableau 5.12. Le polygone de fréquences (figure 5.12) construit à partir de ces données semble indiquer que la loi normale devrait permettre de décrire la variable « tour de poitrine ». Nous emploierons la moyenne et l'écart type des observations comme paramètres de la loi normale. On obtient $\bar{x} \approx 40$ po et $s \approx 2$ po. On veut donc déterminer la qualité de l'ajustement à la loi normale de moyenne 40 po et d'écart type 2 po. Pour ce faire, il faut effectuer un test d'ajustement du khi carré. Notons X la variable aléatoire qui représente le tour de poitrine d'un soldat écossais et testons l'hypothèse que $X \sim \mathrm{N}(40; 2^2)$ au seuil de 1 %. On suppose ici que l'échantillon est aléatoire.

TABLEAU | **5.12**

RÉPARTITION DE 5 738 SOLDATS ÉCOSSAIS, SELON LEUR TOUR DE POITRINE

Tour de poitrine (po)	Nombre de soldats
Moins de 34,5	21
34,5-35,5	81
35,5-36,5	185
36,5-37,5	420
37,5-38,5	749
38,5-39,5	1 073
39,5-40,5	1 079
40,5-41,5	934
41,5-42,5	658
42,5-43,5	370
43,5-44,5	92
44,5-45,5	50
45,5 et plus	26
Total	**5 738**

3. L. A. Quételet, *Lettre à S.A.R. le duc régnant de Saxe-Cobourg et Gotha sur la théorie des probabilités appliquées aux sciences morales et politiques*, dans S. M. Stigler, *The History of Statistics. The Measurement of Uncertainty Before 1900*, Cambridge, Belknap Press of Harvard University Press, 1986, p. 207.

FIGURE | **5.12**

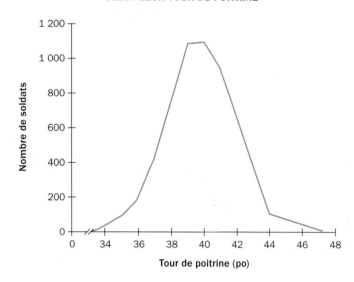

**RÉPARTITION DE 5 738 SOLDATS ÉCOSSAIS,
SELON LEUR TOUR DE POITRINE**

1. La formulation des hypothèses

H_0: Le tour de poitrine de l'ensemble des soldats écossais suit le modèle de la loi normale de moyenne 40 po et d'écart type 2 po.

H_1: Le tour de poitrine de l'ensemble des soldats écossais ne suit pas le modèle de la loi normale de moyenne 40 po et d'écart type 2 po.

2. Le choix d'un seuil de signification (α)

$$\alpha = 1\,\%$$

3. La vérification des conditions d'application

Il faut présenter dans un tableau les fréquences observées et les fréquences théoriques, et vérifier qu'aucune des fréquences théoriques n'est inférieure à 5.

Pour trouver les fréquences théoriques, on doit d'abord évaluer les probabilités associées à chacun des intervalles selon l'hypothèse que le tour de poitrine des soldats obéit à la loi normale de moyenne 40 po et d'écart type 2 po. En procédant de la manière expliquée au chapitre 3, la probabilité que le tour de poitrine d'un soldat soit inférieur à 34,5 po, par exemple, est de :

$$P(X < 34,5) = P\left(\frac{X - 40}{2} < \frac{34,5 - 40}{2}\right)$$
$$= P(Z < -2,75)$$
$$= P(Z > 2,75)$$
$$= 0,5 - P(0 < Z \leq 2,75)$$
$$= 0,5 - 0,4970$$
$$= 0,0030$$

Puisque les mesures ont été prises sur 5 738 soldats, on devrait en compter 17,2 (soit $5\,738 \times 0,0030$) dont le tour de poitrine est de moins de 34,5 po.

On obtient la probabilité associée à l'intervalle suivant en procédant de manière similaire :

$$P(34,5 \leq X < 35,5) = P\left(\frac{34,5 - 40}{2} \leq \frac{X - 40}{2} < \frac{35,5 - 40}{2}\right)$$

$$= P(-2,75 \leq Z < -2,25)$$

$$= P(2,25 < Z \leq 2,75)$$

$$= P(0 < Z \leq 2,75) - P(0 < Z \leq 2,25)$$

$$= 0,4970 - 0,4878$$

$$= 0,0092$$

La fréquence théorique associée à cet intervalle est donc de 52,8 (soit 5 738 × 0,0092). Après avoir calculé les autres fréquences théoriques, on les consigne au tableau 5.13 avec les fréquences observées.

TABLEAU | **5.13**

COMPARAISON DES FRÉQUENCES THÉORIQUES ET OBSERVÉES

Tour de poitrine (po)	Probabilité	f_t	f_o
Moins de 34,5	0,0030	17,2	21
34,5-35,5	0,0092	52,8	81
35,5-36,5	0,0279	160,1	185
36,5-37,5	0,0655	375,8	420
37,5-38,5	0,1210	694,3	749
38,5-39,5	0,1747	1 002,4	1 073
39,5-40,5	0,1974	1 132,7	1 079
40,5-41,5	0,1747	1 002,4	934
41,5-42,5	0,1210	694,3	658
42,5-43,5	0,0655	375,8	370
43,5-44,5	0,0279	160,1	92
44,5-45,5	0,0092	52,8	50
45,5 et plus	0,0030	17,2	26

Aucune des fréquences théoriques n'est inférieure à 5. On suppose également que l'échantillon est aléatoire. On peut donc poursuivre le test.

4. La détermination de la valeur critique

Dans cet exemple, on compte 13 catégories, et on a dû estimer deux paramètres (la moyenne et l'écart type). Par conséquent, le nombre de degrés de liberté est :

$$v = k - r - 1$$

$$= 13 - 2 - 1$$

$$= 10$$

Pour $v = 10$ et $\alpha = 1 \%$, on lit dans la table de la loi du khi carré que $\chi^2_{\alpha; v} = \chi^2_{0,01; 10} = 23,21$.

5. La formulation de la règle de décision

Comme l'indique la figure 5.13, on rejette l'hypothèse nulle (H_0) lorsque $\chi^2 > \chi^2_{\alpha; v} = 23,21$.

FIGURE | **5.13**

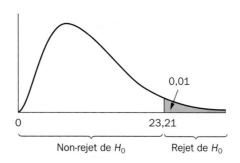

ZONES DE REJET ET DE NON-REJET DE L'HYPOTHÈSE NULLE

0,01

0   23,21

Non-rejet de H_0 Rejet de H_0

6. Le calcul de la statistique appropriée au test

Le tableau 5.14 présente les différentes opérations qu'il faut effectuer pour calculer la statistique appropriée au test.

TABLEAU | **5.14**

CALCUL DE LA STATISTIQUE APPROPRIÉE AU TEST D'AJUSTEMENT DU KHI CARRÉ

Tour de poitrine (po)	Probabilité	f_t	f_o	$\dfrac{(f_o - f_t)^2}{f_t}$
Moins de 34,5	0,0030	17,2	21	0,84
34,5-35,5	0,0092	52,8	81	15,06
35,5-36,5	0,0279	160,1	185	3,87
36,5-37,5	0,0655	375,8	420	5,20
37,5-38,5	0,1210	694,3	749	4,31
38,5-39,5	0,1747	1 002,4	1 073	4,97
39,5-40,5	0,1974	1 132,7	1 079	2,55
40,5-41,5	0,1747	1 002,4	934	4,67
41,5-42,5	0,1210	694,3	658	1,90
42,5-43,5	0,0655	375,8	370	0,09
43,5-44,5	0,0279	160,1	92	28,97
44,5-45,5	0,0092	52,8	50	0,15
45,5 et plus	0,0030	17,2	26	4,50

$$\chi^2 = \sum \frac{(f_o - f_t)^2}{f_t}$$
$$= 77,08$$

7. La décision

Comme $\chi^2 = 77,08 > 23,21 = \chi^2_{\alpha;\,v}$, alors, sur la base de l'échantillon, au seuil de 1 % et en vertu la règle de décision, on rejette l'hypothèse nulle. Il y a tout lieu de penser que le tour de poitrine des soldats écossais ne se répartit pas selon le modèle de la loi normale de moyenne 40 po et d'écart type 2 po. Ainsi, les données ne s'ajustent pas aussi bien à la courbe normale que le polygone de fréquences le laissait croire.

■ **Vous pouvez maintenant faire les exercices récapitulatifs 33 à 42.**

Résumé

Le **test d'hypothèse** est un procédé inférentiel utilisé pour choisir entre deux hypothèses, appelées **hypothèse nulle** et **hypothèse alternative**, sur la base d'un ou de plusieurs échantillons aléatoires. L'hypothèse nulle est la norme établie que le chercheur remet en question en y opposant une hypothèse alternative. C'est pourquoi l'hypothèse alternative porte aussi les noms d'*hypothèse du chercheur* ou de *contre-hypothèse*.

La démarche d'un test d'hypothèse suit sept étapes :

1. La formulation des hypothèses
2. Le choix d'un **seuil de signification** (α)
3. La vérification des conditions d'application
4. La détermination de la valeur critique ou des valeurs critiques
5. La formulation de la règle de décision
6. Le calcul de la statistique appropriée au test
7. La décision

Dans un test d'hypothèse, on rejette l'hypothèse nulle lorsque, sur la base de cette hypothèse, les résultats obtenus à partir de l'échantillon ou des échantillons paraissent invraisemblables (de probabilité inférieure à 5 %, à 2 % ou à 1 %, selon le seuil de signification choisi). Lorsqu'on rejette l'hypothèse nulle, on dit que le test d'hypothèse a produit un **résultat significatif**.

En retenant une hypothèse plutôt que l'autre à la dernière étape du test, on court le risque de commettre une erreur. La décision prise dans un test d'hypothèse résulte donc d'un compromis entre deux types d'erreur, appelées **erreur de première espèce** et **erreur de deuxième espèce**. Le tableau 5.1 (p. 167) explique ces erreurs. Ainsi, qu'on rejette ou non l'hypothèse nulle, on n'est pas à l'abri d'une erreur. C'est là le propre d'un test d'hypothèse : il n'existe pas de certitude en statistique inférentielle, mais seulement une forte présomption, une probabilité raisonnable de prendre une bonne décision.

Dans ce chapitre, nous avons étudié plusieurs tests d'hypothèses : test sur une moyenne, test sur la différence de deux moyennes, test sur une proportion, test sur la différence de deux proportions et test d'ajustement du khi carré.

Lorsqu'on effectue un test d'hypothèse, on oppose deux hypothèses. Par exemple, dans un test sur une moyenne, on oppose l'hypothèse nulle $H_0 : \mu = \mu_0$ à l'une des hypothèses alternatives suivantes : $H_1 : \mu < \mu_0$ (**test unilatéral à gauche**), $H_1 : \mu > \mu_0$ (**test unilatéral à droite**), $H_1 : \mu \neq \mu_0$ (**test bilatéral**). Les tableaux 5.15 à 5.22 présentent les différentes étapes des tests d'hypothèses étudiés dans ce chapitre.

TABLEAU | **5.15**

DESCRIPTION DES ÉTAPES DU TEST D'HYPOTHÈSE SUR UNE MOYENNE ($n \geq 30$)		
Hypothèse nulle	$H_0 : \mu = \mu_0$	
Hypothèse alternative	Test unilatéral à gauche $H_1 : \mu < \mu_0$	Test unilatéral à droite $H_1 : \mu > \mu_0$	Test bilatéral $H_1 : \mu \neq \mu_0$
Seuil de signification	α	
Conditions d'application	L'échantillon est aléatoire et de grande taille : $n \geq 30$.	
Valeurs critiques	Test unilatéral à gauche $-z_\alpha$	Test unilatéral à droite z_α	Test bilatéral $-z_{\alpha/2}$ et $z_{\alpha/2}$
Règles de décision par rapport à Z	Test unilatéral à gauche Rejeter H_0 lorsque $z < -z_\alpha$.	Test unilatéral à droite Rejeter H_0 lorsque $z > z_\alpha$.	Test bilatéral Rejeter H_0 lorsque $z \notin \left[-z_{\alpha/2} ; z_{\alpha/2} \right]$.
Règles de décision par rapport à $\overline{X}$	Test unilatéral à gauche Rejeter H_0 lorsque $\overline{x} < \mu_0 - z_\alpha \dfrac{s}{\sqrt{n}}$.		
	Test unilatéral à droite Rejeter H_0 lorsque $\overline{x} > \mu_0 + z_\alpha \dfrac{s}{\sqrt{n}}$.		
	Test bilatéral Rejeter H_0 lorsque $\overline{x} \notin \left[\mu_0 - z_{\alpha/2} \dfrac{s}{\sqrt{n}} ; \mu_0 + z_{\alpha/2} \dfrac{s}{\sqrt{n}} \right]$.		
Statistique appropriée au test	$z = \dfrac{\overline{x} - \mu_0}{s/\sqrt{n}}$	
Décision	Rejeter ou ne pas rejeter H_0.	

TABLEAU | **5.16**

DESCRIPTION DES ÉTAPES DU TEST D'HYPOTHÈSE SUR UNE MOYENNE ($n < 30$)

Hypothèse nulle	$H_0 : \mu = \mu_0$		
Hypothèse alternative	Test unilatéral à gauche $H_1 : \mu < \mu_0$	Test unilatéral à droite $H_1 : \mu > \mu_0$	Test bilatéral $H_1 : \mu \neq \mu_0$
Seuil de signification	α		
Conditions d'application	L'échantillon est aléatoire et de petite taille : $n < 30$. La population est normale ou presque.		
Valeurs critiques	Test unilatéral à gauche $-t_{\alpha;\,n-1}$	Test unilatéral à droite $t_{\alpha;\,n-1}$	Test bilatéral $-t_{\alpha/2;\,n-1}$ et $t_{\alpha/2;\,n-1}$
Règles de décision par rapport à T	Test unilatéral à gauche Rejeter H_0 lorsque $t < -t_{\alpha;\,n-1}$.	Test unilatéral à droite Rejeter H_0 lorsque $t > t_{\alpha;\,n-1}$.	Test bilatéral Rejeter H_0 lorsque $t \notin \left[-t_{\alpha/2;\,n-1} ; t_{\alpha/2;\,n-1} \right]$.
Règles de décision par rapport à $\overline{X}$	Test unilatéral à gauche Rejeter H_0 lorsque $\overline{x} < \mu_0 - t_{\alpha;\,n-1}\dfrac{s}{\sqrt{n}}$. Test unilatéral à droite Rejeter H_0 lorsque $\overline{x} > \mu_0 + t_{\alpha;\,n-1}\dfrac{s}{\sqrt{n}}$. Test bilatéral Rejeter H_0 lorsque $\overline{x} \notin \left[\mu_0 - t_{\alpha/2;\,n-1}\dfrac{s}{\sqrt{n}} ; \mu_0 + t_{\alpha/2;\,n-1}\dfrac{s}{\sqrt{n}} \right]$.		
Statistique appropriée au test	$t = \dfrac{\overline{x} - \mu_0}{s/\sqrt{n}}$		
Décision	Rejeter ou ne pas rejeter H_0.		

TABLEAU | **5.17**

DESCRIPTION DES ÉTAPES DU TEST D'HYPOTHÈSE SUR UNE PROPORTION

Hypothèse nulle	$H_0 : \pi = \pi_0$		
Hypothèse alternative	Test unilatéral à gauche $H_1 : \pi < \pi_0$	Test unilatéral à droite $H_1 : \pi > \pi_0$	Test bilatéral $H_1 : \pi \neq \pi_0$
Seuil de signification	α		
Conditions d'application	L'échantillon est aléatoire et de grande taille : $n \geq 30$, $n\pi_0 \geq 5$ et $n(1 - \pi_0) \geq 5$.		
Valeurs critiques	Test unilatéral à gauche $-z_\alpha$	Test unilatéral à droite z_α	Test bilatéral $-z_{\alpha/2}$ et $z_{\alpha/2}$
Règles de décision par rapport à Z	Test unilatéral à gauche Rejeter H_0 lorsque $z < -z_\alpha$.	Test unilatéral à droite Rejeter H_0 lorsque $z > z_\alpha$.	Test bilatéral Rejeter H_0 lorsque $z \notin \left[-z_{\alpha/2}; z_{\alpha/2} \right]$.
Règles de décision par rapport à P	Test unilatéral à gauche Rejeter H_0 lorsque $$p < \pi_0 - z_\alpha \sqrt{\dfrac{\pi_0(1 - \pi_0)}{n}}.$$ Test unilatéral à droite Rejeter H_0 lorsque $$p > \pi_0 + z_\alpha \sqrt{\dfrac{\pi_0(1 - \pi_0)}{n}}.$$ Test bilatéral Rejeter H_0 lorsque $$p \notin \left[\pi_0 - z_{\alpha/2} \sqrt{\dfrac{\pi_0(1 - \pi_0)}{n}}; \ \pi_0 + z_{\alpha/2} \sqrt{\dfrac{\pi_0(1 - \pi_0)}{n}} \right].$$		
Statistique appropriée au test	$$z = \dfrac{p - \pi_0}{\sqrt{\dfrac{\pi_0(1 - \pi_0)}{n}}}$$		
Décision	Rejeter ou ne pas rejeter H_0.		

TABLEAU | **5.18**

DESCRIPTION DES ÉTAPES DU TEST D'HYPOTHÈSE SUR LA DIFFÉRENCE DE DEUX MOYENNES (ÉCHANTILLONS ALÉATOIRES INDÉPENDANTS DE GRANDE TAILLE)

Hypothèse nulle	$H_0 : \mu_1 - \mu_2 = 0$		
Hypothèse alternative	Test unilatéral à gauche $H_1 : \mu_1 - \mu_2 < 0$	Test unilatéral à droite $H_1 : \mu_1 - \mu_2 > 0$	Test bilatéral $H_1 : \mu_1 - \mu_2 \neq 0$
Seuil de signification	α		
Conditions d'application	Les échantillons sont aléatoires, indépendants et de grande taille : $n_1 \geq 30$ et $n_2 \geq 30$.		
Valeurs critiques	Test unilatéral à gauche $-z_\alpha$	Test unilatéral à droite z_α	Test bilatéral $-z_{\alpha/2}$ et $z_{\alpha/2}$
Règles de décision	Test unilatéral à gauche Rejeter H_0 lorsque $z < -z_\alpha$.	Test unilatéral à droite Rejeter H_0 lorsque $z > z_\alpha$.	Test bilatéral Rejeter H_0 lorsque $z \notin \left[-z_{\alpha/2} ; z_{\alpha/2} \right]$.
Statistique appropriée au test	$z = \dfrac{\overline{x}_1 - \overline{x}_2}{\sqrt{\dfrac{s_1^2}{n_1} + \dfrac{s_2^2}{n_2}}}$		
Décision	Rejeter ou ne pas rejeter H_0.		

TABLEAU | **5.19**

DESCRIPTION DES ÉTAPES DU TEST D'HYPOTHÈSE SUR LA DIFFÉRENCE DE DEUX MOYENNES (ÉCHANTILLONS ALÉATOIRES INDÉPENDANTS DE PETITE TAILLE)

Hypothèse nulle	$H_0 : \mu_1 - \mu_2 = 0$		
Hypothèse alternative	Test unilatéral à gauche $H_1 : \mu_1 - \mu_2 < 0$	Test unilatéral à droite $H_1 : \mu_1 - \mu_2 > 0$	Test bilatéral $H_1 : \mu_1 - \mu_2 \neq 0$
Seuil de signification	α		
Conditions d'application	Les échantillons sont aléatoires et indépendants. Au moins un des échantillons est de petite taille : $n_1 < 30$ ou $n_2 < 30$. La variable mesurée dans les deux groupes se distribue selon le modèle de la loi normale. Les écarts types sont identiques $(\sigma_1 = \sigma_2)$, mais inconnus.		
Valeurs critiques	Test unilatéral à gauche $-t_{\alpha ; v}$ où $v = n_1 + n_2 - 2$	Test unilatéral à droite $t_{\alpha ; v}$ où $v = n_1 + n_2 - 2$	Test bilatéral $-t_{\alpha/2 ; v}$ et $t_{\alpha/2 ; v}$ où $v = n_1 + n_2 - 2$
Règles de décision	Test unilatéral à gauche Rejeter H_0 lorsque $t < -t_{\alpha ; v}$.	Test unilatéral à droite Rejeter H_0 lorsque $t > t_{\alpha ; v}$.	Test bilatéral Rejeter H_0 lorsque $t \notin \left[-t_{\alpha/2 ; v} ; t_{\alpha/2 ; v} \right]$.
Statistique appropriée au test	$t = \dfrac{\overline{x}_1 - \overline{x}_2}{\sqrt{\dfrac{(n_1 - 1)s_1^2 + (n_2 - 1)s_2^2}{n_1 + n_2 - 2}} \sqrt{\dfrac{1}{n_1} + \dfrac{1}{n_2}}}$		
Décision	Rejeter ou ne pas rejeter H_0.		

TABLEAU | **5.20**

DESCRIPTION DES ÉTAPES DU TEST D'HYPOTHÈSE SUR LA DIFFÉRENCE DE DEUX MOYENNES (ÉCHANTILLONS ALÉATOIRES APPARIÉS)

Hypothèse nulle	$H_0 : \mu_1 - \mu_2 = 0$		
Hypothèse alternative	Test unilatéral à gauche $H_1 : \mu_1 - \mu_2 < 0$	Test unilatéral à droite $H_1 : \mu_1 - \mu_2 > 0$	Test bilatéral $H_1 : \mu_1 - \mu_2 \neq 0$
Seuil de signification	α		
Conditions d'application	Les échantillons sont aléatoires et appariés. La variable donnant la différence des valeurs observées dans les échantillons se distribue selon la loi normale ou presque.		
Valeurs critiques	Test unilatéral à gauche $-t_{\alpha ; n-1}$	Test unilatéral à droite $t_{\alpha ; n-1}$	Test bilatéral $-t_{\alpha/2 ; n-1}$ et $t_{\alpha/2 ; n-1}$
Règles de décision	Test unilatéral à gauche Rejeter H_0 lorsque $t < -t_{\alpha ; n-1}$.	Test unilatéral à droite Rejeter H_0 lorsque $t > t_{\alpha ; n-1}$.	Test bilatéral Rejeter H_0 lorsque $t \notin \left[-t_{\alpha/2 ; n-1} ; t_{\alpha/2 ; n-1} \right]$.
Statistique appropriée au test	$t = \dfrac{\bar{d}}{s_d / \sqrt{n}}$		
Décision	Rejeter ou ne pas rejeter H_0.		

On a noté d la différence entre les valeurs des données appariées.

TABLEAU | **5.21**

DESCRIPTION DES ÉTAPES DU TEST D'HYPOTHÈSE SUR LA DIFFÉRENCE DE DEUX PROPORTIONS

Hypothèse nulle	$H_0 : \pi_1 - \pi_2 = 0$		
Hypothèse alternative	Test unilatéral à gauche $H_1 : \pi_1 - \pi_2 < 0$	Test unilatéral à droite $H_1 : \pi_1 - \pi_2 > 0$	Test bilatéral $H_1 : \pi_1 - \pi_2 \neq 0$
Seuil de signification	α		
Conditions d'application	Les échantillons sont aléatoires et indépendants. De plus, ils sont suffisamment grands, c'est-à-dire que : $n_1 \geq 30 ; n_1 p_1 = x_1 \geq 5 ; n_1(1 - p_1) \geq 5$ $n_2 \geq 30 ; n_2 p_2 = x_2 \geq 5 ; n_2(1 - p_2) \geq 5$		
Valeurs critiques	Test unilatéral à gauche $-z_{\alpha}$	Test unilatéral à droite z_{α}	Test bilatéral $-z_{\alpha/2}$ et $z_{\alpha/2}$
Règles de décision	Test unilatéral à gauche Rejeter H_0 lorsque $z < -z_{\alpha}$.	Test unilatéral à droite Rejeter H_0 lorsque $z > z_{\alpha}$.	Test bilatéral Rejeter H_0 lorsque $z \notin \left[-z_{\alpha/2} ; z_{\alpha/2} \right]$.
Statistique appropriée au test	$z = \dfrac{p_1 - p_2}{\sqrt{\bar{p}(1 - \bar{p})\left(\dfrac{1}{n_1} + \dfrac{1}{n_2} \right)}}$		
Décision	Rejeter ou ne pas rejeter H_0.		

$\bar{p} = \dfrac{x_1 + x_2}{n_1 + n_2}$ représente la proportion pondérée établie à partir des deux échantillons.

TABLEAU | **5.22**

DESCRIPTION DES ÉTAPES DU TEST D'AJUSTEMENT DU KHI CARRÉ	
Hypothèse nulle (H_0)	Le phénomène observé se comporte selon un modèle théorique spécifié.
Hypothèse alternative (H_1)	Le phénomène observé ne se comporte pas selon le modèle théorique spécifié.
Seuil de signification	α
Conditions d'application	L'échantillon est aléatoire et $f_t \geq 5$.
Valeur critique	$\chi^2_{\alpha;\,v}$, où $v = k - r - 1$ (k représente le nombre de catégories employées et r, le nombre de paramètres de la distribution théorique qu'on a dû estimer à partir des observations).
Règle de décision	Rejeter H_0 si $\chi^2 > \chi^2_{\alpha;\,v}$.
Statistique appropriée au test	$\chi^2 = \sum \dfrac{\left(f_o - f_t\right)^2}{f_t}$
Décision	Rejeter ou ne pas rejeter H_0.

Mots clés

Réseau de concepts

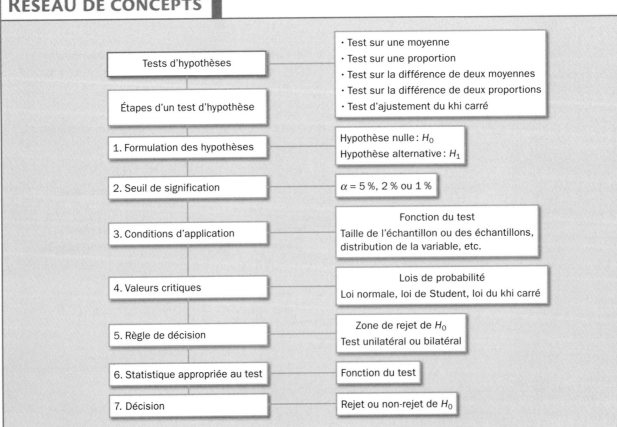

Exercices récapitulatifs

Sections 5.1 et 5.2

1. Formulez les hypothèses nulle et alternative.

   a) Le temps moyen mis par les diplômés de doctorat de 2011 pour obtenir leur diplôme est différent de celui des diplômés de 2000, qui était de 15 trimestres d'études.

   b) Plus de 20 % des Québécois de 25 ans ou plus sont titulaires d'un diplôme universitaire.

   c) Le temps moyen mis par des adultes pour résoudre le problème du tangram du chat est inférieur à 7 min.

   d) La proportion de fumeurs chez les Québécois de 15 ans ou plus est de 18 %.

   e) Avec l'adoption d'une nouvelle politique d'encadrement des étudiants dans un cours de méthodes quantitatives, le taux d'échec dans ce cours est tombé à moins de 15 %.

   f) Le revenu moyen d'un nouveau diplômé en sciences de l'éducation est supérieur à 35 000 $.

   g) La mémoire n'est pas infaillible : on peut persuader plus de 25 % des gens d'avoir vécu dans leur enfance un événement précis qui n'a jamais eu lieu.

2. Dites en vos propres mots pourquoi un résultat significatif au seuil de 1 % l'est aussi au seuil de 5 %.

3. Dites en vos propres mots pourquoi un résultat significatif au seuil de 5 % ne l'est pas nécessairement au seuil de 1 %.

4. Un fournisseur d'essence décide d'établir un système de fidélisation de la clientèle sous la forme de points échangeables pour chaque achat effectué avec la carte de crédit de la maison. Avant l'adoption de ce système, la valeur mensuelle moyenne des achats portés à la carte de crédit était de 150 $. Un échantillon aléatoire de 400 relevés de compte distribués depuis l'instauration de la nouvelle politique donne une valeur mensuelle moyenne de 175 $, avec un écart type de 10 $. Peut-on conclure que la valeur mensuelle moyenne des achats portés à la carte de crédit de ce fournisseur a augmenté ? Employez un seuil de 5 %.

5. Un professeur de géographie affirme que les étudiants du cours « Carte du monde » mettent en moyenne 30 min pour trouver 40 données de nature géographique, démographique ou économique dans Internet. Pourtant, 36 étudiants de ce cours, sélectionnés au hasard, ont déclaré avoir mis en moyenne 25 min pour effectuer cette recherche. L'écart type observé est de 8 min. Peut-on penser qu'il faut moins de temps que ce que le professeur avance pour effectuer ce genre de recherche documentaire ? Employez un seuil de 1 %.

6. Une association de consommateurs a mené une étude sur des jouets destinés aux enfants de 3 à 6 ans. Cette étude portait notamment sur la capacité des jouets de retenir l'intérêt des enfants. On a invité un groupe de 64 enfants âgés de 3 à 6 ans auxquels on a présenté le même jouet, et on a mesuré combien de temps ils se sont amusés avec le jouet avant de manifester des signes d'ennui. Le temps moyen observé a été de 24 min et l'écart type de 8 min. Sur la base de cette expérience, peut-on penser que le temps moyen pendant lequel des enfants de 3 à 6 ans s'amusent avec ce jouet avant de manifester des signes d'ennui diffère notablement ($\alpha = 5$ %) de 25 min ?

7. Un propriétaire d'une station-service qui souhaite se départir de son commerce affirme à un acheteur potentiel que l'achalandage moyen entre 7 heures et 9 heures est de 60 clients. Il soutient également que la recette moyenne au cours de cette période est de 2 000 $. L'acheteur potentiel décide de vérifier l'affirmation du vendeur. Au cours d'une période de 49 jours, il observe un achalandage moyen de 55 clients et une recette moyenne de 1 980 $. Les écarts types sont de 4 clients et de 75 $, respectivement. S'il traite cet échantillon comme un échantillon aléatoire, peut-il penser que le propriétaire a exagéré la performance de son commerce afin d'améliorer ses chances de le vendre ? Employez un seuil de 2 %.

8. Un psychologue croit que, en présence d'un bruit intense, les souris parcourent un labyrinthe plus rapidement que les 25 s observées en moyenne dans un environnement sans bruit. Pour vérifier son hypothèse, il fait parcourir le labyrinthe à 100 souris en présence d'un bruit intense et obtient un temps moyen de 22,5 s et un écart type de 7 s. Ces résultats permettent-ils de confirmer l'hypothèse du psychologue au seuil de 1 % ?

9. L'humérus des animaux d'une même espèce présente un même rapport longueur : diamètre. Un archéologue croit que ce rapport pour l'espèce A est différent de 8,5. Il dispose d'un échantillon de 50 fossiles d'animaux de cette espèce et, après des mesures précises, il obtient un rapport moyen de 8,1, avec un écart type de 0,5. Ces résultats permettent-ils de confirmer l'hypothèse de l'archéologue au seuil de 5 % ?

10. Un psychologue croit que la privation de sommeil affecte la créativité. Afin de confirmer son hypothèse, il fait passer un test de créativité à 40 étudiants qu'on a privés de sommeil pendant 24 heures. Leur note moyenne à ce test est de 94, avec un écart type de 8, alors que la note moyenne attendue chez les personnes qui ne sont pas privées de sommeil est de 100. Ces données confirment-elles l'hypothèse du psychologue ? Employez un seuil de 1 %.

11. Une laiterie locale a effectué une mesure très précise de la quantité de lait dans ses contenants de 1 L. Dans un échantillon de 81 contenants, on a obtenu une quantité moyenne de 1,01 L, avec un écart type de 0,05 L. Peut-on affirmer que la quantité de lait dans les contenants de 1 L de lait de cette laiterie diffère de manière notable ($\alpha = 1$ %) de 1 L ?

12. Le temps moyen d'attente au comptoir d'une banque observé chez 16 clients choisis au hasard est de 4 min, avec un écart type de 1 min. En supposant que le temps d'attente obéit à la loi normale, peut-on penser, au seuil de 1 %, que le temps moyen d'attente pour l'ensemble des clients est inférieur à 5 min ?

13. Un psychologue a mis au point un programme d'apprentissage qui devrait améliorer la capacité des enfants de 8 ans à résoudre des problèmes. Pour vérifier l'efficacité du programme, on y inscrit 18 enfants de 8 ans sélectionnés aléatoirement. On les soumet ensuite à un test mesurant la capacité de résoudre des problèmes dont le résultat moyen est de 100 pour des enfants de 8 ans. Les résultats des 18 sujets au test sont consignés au tableau 5.23.

TABLEAU | **5.23**

RÉSULTATS DES 18 ENFANTS AU TEST					
98	102	106	103	97	104
105	107	97	104	100	102
110	95	103	97	101	101

On suppose que les résultats des enfants obéissent à la loi normale. Peut-on conclure, au seuil de 2 %, que le programme d'apprentissage permet d'améliorer la capacité des enfants de 8 ans à résoudre des problèmes ?

14. Un chercheur veut déterminer si la température ambiante a un effet sur les habitudes alimentaires. Lorsqu'elle est maintenue à 22 °C, la quantité de nourriture consommée par des souris de laboratoire obéit à une loi normale de moyenne 10 g. Le chercheur prélève un échantillon aléatoire de 16 souris de laboratoire qu'il place dans un environnement contrôlé à 30 °C. Les quantités de nourriture consommée par ces souris dans cet environnement sont consignées au tableau 5.24.

TABLEAU | **5.24**

QUANTITÉ DE NOURRITURE CONSOMMÉE (g)			
9,1	10,7	9,4	8,4
8,3	11,1	9,8	11,1
7,8	8,9	9,2	7,9
8,6	12,1	10,5	9,1

a) Quelle est la quantité moyenne de nourriture consommée par ces 16 souris?

b) Quel est l'écart type observé dans cet échantillon?

c) Peut-on conclure que les habitudes alimentaires des souris sont différentes dans un environnement où la température est maintenue à 30 °C? Employez un seuil de signification de 1 %.

15. Une machine est conçue pour remplir des boîtes devant contenir 800 g de céréales. On contrôle régulièrement le contenu des boîtes afin de vérifier que la machine est bien réglée : on doit s'assurer qu'elle ne met pas une quantité plus grande ou plus faible de céréales dans les boîtes. On vient de prélever un échantillon aléatoire de 25 boîtes. La quantité moyenne observée est de 810 g et l'écart type est de 5 g. En supposant que la quantité de céréales dans une boîte obéit à la loi normale, doit-on régler la machine? Employez un seuil de signification de 5 %.

Section 5.3

16. Un chercheur veut vérifier si un type de somnifère permet d'augmenter la durée du sommeil. Il forme un échantillon aléatoire de huit sujets. Les temps de sommeil (en heures) de ces sujets lorsqu'ils ont pris un somnifère (A) et lorsqu'ils ne l'ont pas pris (B) sont consignés au tableau 5.25.

TABLEAU | **5.25**

DURÉE DU SOMMEIL (h) DES HUIT SUJETS								
A	7,2	6,5	8,1	7,9	6,7	7,1	6,4	7,7
B	6,8	6,3	7,6	7,9	6,4	6,9	6,3	7,5

Pouvez-vous conclure que la prise de ce somnifère augmente la durée du sommeil? Employez un seuil de 2 %. Supposez que la distribution de la différence des temps de sommeil suit le modèle de la loi normale.

17. On veut vérifier s'il existe une différence entre les garçons et les filles en matière de dextérité. Le tableau 5.26 donne le temps moyen mis pour accomplir un exercice de dextérité observé auprès de deux échantillons aléatoires indépendants.

TABLEAU | **5.26**

RÉSULTATS DES 22 ENFANTS SOUMIS À L'EXERCICE DE DEXTÉRITÉ		
	Filles (groupe 1)	Garçons (groupe 2)
Nombre de sujets	10	12
Temps moyen (min)	6,4	6,8
Écart type (min)	1,1	2,0

À partir de ces résultats, testez, au seuil de signification de 5 %, s'il y a une diffé-rence entre les garçons et les filles pour ce qui est de la dextérité mesurée par cet exercice. Supposez que les conditions d'application du test sont remplies.

18. Une enseignante en bureautique lit dans une revue qu'un nouveau clavier permet de saisir les textes plus rapidement. On y décrit une expérience effectuée auprès de deux groupes qui ont suivi une formation avec le même professeur. Le premier groupe s'est servi du clavier classique, et le second, du nouveau clavier. Les sujets avaient été répartis aléatoirement entre les deux groupes afin d'éviter les biais. Les résultats obtenus à la fin de la formation sont consignés au tableau 5.27.

TABLEAU | **5.27**

RÉSULTATS DE L'EXPÉRIENCE

	Ancien clavier	Nouveau clavier
Nombre de sujets	50	72
Moyenne (mots/min)	58	60
Écart type (mots/min)	5	7

Testez, au seuil de 1 %, l'affirmation avancée dans l'article de la revue.

19. Une publicité dans un quotidien populaire annonce une formation de trois mois qui permettrait d'améliorer la mémoire. Un psychologue doute sérieusement de son effi-cacité. Il forme donc un échantillon aléatoire de 12 sujets qu'il soumet à un test de mémoire. Ces 12 sujets suivent ensuite la formation en question et sont de nouveau soumis au test de mémoire. La première ligne du tableau 5.28 donne les notes obte-nues avant la formation et la deuxième, celles obtenues après la formation.

TABLEAU | **5.28**

NOTES DES 12 SUJETS AU TEST DE MÉMOIRE

Avant (groupe 2)	80	68	91	74	77	66	72	83	88	74	86	70
Après (groupe 1)	81	70	89	76	81	65	75	83	94	78	89	74

Ces notes vous permettent-elles de conclure que la publicité dit vrai? Employez un seuil de 5 %. Supposez que la distribution de la différence des notes suit le modèle de la loi normale.

20. Après une étude sérieuse des théories sur la mémoire, un psychologue en vient à penser qu'on se souvient plus facilement des images que des mots. Pour mettre son hypothèse à l'épreuve, il effectue une expérience consistant à projeter à un premier groupe de 10 sujets une série de 30 diapositives comportant seulement le nom d'un objet. Il projette ensuite à un autre groupe de 8 sujets une série de 30 diapositives où figurent des images correspondant aux objets dont les noms ont été présentés au premier groupe. Chaque diapositive ne comporte qu'un mot ou un objet, et elle est projetée pendant cinq secondes. Les deux groupes ont été formés de manière aléa-toire et indépendante de telle façon que seules les diapositives vues les distinguent. Après le visionnement des diapositives, le psychologue demande à chaque sujet de faire une liste des mots ou des objets qu'il a retenus. Les résultats sont consignés au tableau 5.29.

L'hypothèse du psychologue vous semble-t-elle fondée? Effectuez le test d'hypothèse approprié en supposant que les conditions d'application sont remplies. Utilisez un seuil de signification de 2 %.

TABLEAU | **5.29**

RÉSULTATS DE L'EXPÉRIENCE

Nombre de mots retenus (groupe 1)	Nombre d'objets retenus (groupe 2)
12	23
10	20
21	18
16	24
17	21
14	17
18	22
22	23
16	
15	

21. L'expression «L'occasion fait le larron» est bien connue. Dans le but d'en vérifier le fondement, un professeur de psychologie mène une expérience auprès de 2 groupes d'étudiants comportant respectivement 34 et 38 sujets. Les groupes sont formés aléatoirement et de manière indépendante. Au début d'un cours, le professeur annonce un examen surprise. Avec le groupe de 34 étudiants, il quitte la classe peu après avoir distribué les questionnaires et les laisse sans surveillance, alors qu'il exerce une surveillance très stricte avec l'autre groupe. On peut considérer que les deux groupes sont similaires quant aux connaissances et aux aptitudes.

Les résultats de l'expérience sont consignés au tableau 5.30.

TABLEAU | **5.30**

RÉSULTATS DE L'EXPÉRIENCE

	Sans surveillance (groupe 1)	Surveillance stricte (groupe 2)
Nombre de sujets	34	38
Note moyenne	80	70
Écart type	10	9

Peut-on vraisemblablement penser que «L'occasion fait le larron», c'est-à-dire que, laissés sans surveillance lors d'un examen, les étudiants auront de «meilleures notes»? Utilisez un seuil de signification de 5 %.

22. On mesure le temps de réaction à un stimulus chez des droitiers. On a consigné au tableau 5.31 les temps de réaction (en millisecondes) de 10 sujets choisis aléatoirement selon qu'ils ont utilisé leur main gauche (G) ou leur main droite (D) dans l'expérience.

TABLEAU | **5.31**

TEMPS DE RÉACTION (ms) DES 10 SUJETS

G	200	165	182	165	203	129	178	140	175	192
D	190	146	175	136	165	119	163	136	172	183

Pouvez-vous conclure qu'il y a une différence dans les temps de réaction selon que le sujet a utilisé sa main droite ou sa main gauche? Employez un seuil de 5 %. Supposez que la distribution de la différence des temps de réaction suit le modèle de la loi normale.

Section 5.4

23. On présente à un échantillon aléatoire de 75 nourrissons 2 hochets, l'un rose et l'autre bleu. Parmi ceux-ci, 50 choisissent le hochet bleu. Peut-on en conclure, au seuil de 1 %, que les nourrissons ont une préférence pour le bleu ?

24. Selon une enquête menée auprès d'un échantillon aléatoire de 1 200 ménages québécois, 6 % d'entre eux ont l'intention d'acheter une voiture neuve au cours de la prochaine année. Peut-on conclure que la proportion de l'ensemble des ménages québécois qui ont l'intention d'acheter une nouvelle voiture au cours de la prochaine année est différente de 5 % ? Employez un seuil de signification de 2 %.

25. À la suite d'une recherche sur le degré de fiabilité de la mémoire, des psychologues disent avoir démontré la malléabilité et la faillibilité des souvenirs. Dans une de leurs expériences, ils ont demandé à des parents de répertorier une série d'incidents arrivés à leurs enfants. Puis, ils ont parlé aux enfants en introduisant dans la conversation de vrais incidents rapportés par les parents, mais également de faux incidents créés de toutes pièces. Selon une des chercheuses, 25 % des sujets se sont laissé berner et ont accepté les faux incidents ; certains ont même donné des détails supplémentaires. De plus, les faux souvenirs deviennent tellement ancrés que les sujets refusent de les remettre en question, même lorsqu'on leur dit la vérité à la fin de l'expérience. Pour cette chercheuse, les techniques de certains thérapeutes qui visent à faire revenir en mémoire des souvenirs oubliés, et qui ressemblent à celles employées dans cette expérience, sont donc très contestables, puisque la mémoire des patients est malléable et faillible. Un thérapeute dont les techniques recourent aux souvenirs refoulés des patients remet en question les résultats de cette recherche ; selon lui, la proportion de personnes susceptibles de se laisser influencer est beaucoup plus faible. Il reprend donc la même expérience auprès d'un échantillon aléatoire de 100 sujets. Parmi ces derniers, 15 seulement se sont laissé prendre. Ce thérapeute peut-il en conclure, au seuil de 5 %, que la proportion de personnes influençables est inférieure à 25 % ?

26. On demande à un échantillon aléatoire de 640 consommateurs laquelle de 2 marques de boisson gazeuse ils préfèrent ; 315 ont déclaré préférer la marque A à la marque B. Peut-on conclure, au seuil de 5 %, que les consommateurs n'ont pas de préférence pour l'une ou l'autre des deux marques ?

27. Vous aviez toujours cru qu'il naissait autant de garçons que de filles. Une de vos amies qui étudie en soins infirmiers vient d'effectuer un stage à la pouponnière d'un hôpital, et elle a constaté qu'il y avait plus de bébés de sexe masculin que de bébés de sexe féminin. Sur la base de cette expérience de travail, elle prétend qu'il naît plus de garçons que de filles. Vous disposez d'un échantillon aléatoire de 10 000 naissances où l'on dénombre 5 140 naissances de garçons. Sur la base de cet échantillon, laquelle des deux positions, celle de votre amie ou la vôtre, semble la plus vraisemblable ? Employez un seuil de 2 %.

28. Robert est agacé par les sonneries des téléphones cellulaires dans son cours. Il affirme à Judith, une des enseignantes de son département, que 75 % des cégépiens viennent en classe avec un téléphone cellulaire. Judith croit que cette proportion est plus élevée. Les deux enseignants décident donc de mener un sondage auprès d'un échantillon aléatoire de 400 cégépiens. De ce nombre, 310 déclarent qu'ils apportent un cellulaire en classe. Ce résultat confirme-t-il l'hypothèse de Judith ? Employez un seuil de 5 %.

29. Alors qu'on croyait que 20 % des travailleurs sociaux accepteraient une réduction de leur temps de travail et de leur salaire pour pouvoir consacrer plus de temps à leur vie personnelle, un sondage mené auprès de 324 travailleurs sociaux montre que 50 d'entre eux l'accepteraient.

a) Ce résultat permet-il de conclure que la proportion des travailleurs sociaux qui accepteraient une réduction de leur temps de travail et de leur salaire pour consacrer plus de temps à leur vie personnelle est différente de 20 % ? Employez un seuil de 5 %.

b) Votre conclusion aurait-elle été la même si vous aviez employé un seuil de 1 % ?

Section 5.5

30. Le taux de participation au marché du travail dans un échantillon aléatoire de 1 350 États-Uniennes de 25 à 54 ans est de 78 %, alors qu'il est de 80 % dans un échantillon aléatoire de 1 230 Québécoises du même groupe d'âge. Si les deux échantillons ont été sélectionnés de manière indépendante, peut-on conclure, au seuil de 1 %, que le taux de participation au marché du travail de l'ensemble des États-Uniennes de 25 à 54 ans est différent de celui observé chez les Québécoises du même groupe d'âge ?

31. En 2000, dans une enquête menée auprès d'un échantillon aléatoire de 1 236 détenteurs d'un permis de conduire, 309 d'entre eux ont déclaré avoir conduit au moins une fois au cours de l'année précédant l'enquête après avoir consommé de l'alcool au-delà de la limite permise. En 2011, dans un échantillon aléatoire de 1 450 détenteurs d'un permis de conduire, on trouvait 319 personnes déclarant l'avoir fait. Si les deux échantillons sont indépendants, peut-on conclure, au seuil de 5 %, que, parmi l'ensemble des détenteurs d'un permis de conduire, la proportion de ceux ayant conduit au moins une fois au cours de l'année précédant l'enquête après avoir consommé de l'alcool au-delà de la limite permise est plus élevée en 2000 qu'en 2011 ?

32. On prétend souvent que les jeunes s'intéressent moins à la chose politique que leurs aînés. Des étudiants en science politique ont voulu vérifier s'il s'agissait d'un mythe ou si, au contraire, c'était bien le cas. À cette fin, ils ont mené une enquête auprès de deux groupes sélectionnés aléatoirement et de manière indépendante parmi les personnes habilitées à voter. Le questionnaire d'enquête comportait la question suivante : « Avez-vous l'intention de voter aux prochaines élections provinciales ? » Sur les 1 000 répondants âgés de 18 à 25 ans, 623 ont répondu par l'affirmative, alors que 504 des 800 répondants âgés de 45 à 65 ans ont fait de même. Sur la base de ces échantillons, peut-on conclure, au seuil de 2 %, que la proportion des personnes ayant l'intention de voter aux prochaines élections provinciales est plus faible chez l'ensemble des électeurs potentiels âgés de 18 à 25 ans que chez ceux âgés de 45 à 65 ans ?

Section 5.6

33. Un psychologue effectue une expérience pour déterminer si les chats ont une préférence pour certaines couleurs. L'expérience se déroule de la façon suivante : le psychologue place un chat dans un couloir étroit au bout duquel il y a quatre petites portes de couleurs différentes ; le psychologue note la couleur de la porte choisie par le chat. Le tableau 5.32 donne les résultats de cette expérience.

TABLEAU | **5.32**

RÉPARTITION DE 140 CHATS, SELON LA COULEUR DE LA PORTE FRANCHIE

Couleur de la porte	Nombre de chats
Rouge	60
Jaune	30
Verte	20
Bleue	30
Total	**140**

Sachant que les chats ont été choisis de manière aléatoire, peut-on conclure, au seuil de signification de 5 %, que les chats choisissent la porte de manière aléatoire et donc que la couleur de la porte n'a pas d'effet sur leur choix ?

34. Pour vérifier si un dé utilisé dans un casino est pipé ou non, vous le lancez à 120 reprises. Vous obtenez les résultats consignés au tableau 5.33.

TABLEAU | **5.33**

RÉPARTITION DE 120 LANCERS DU DÉ, SELON LE RÉSULTAT OBTENU

Résultat	Nombre de lancers
1	16
2	23
3	18
4	22
5	24
6	17
Total	**120**

Utilisez le test d'ajustement du khi carré pour déterminer, au seuil de signification de 1 %, si le dé est pipé.

35. Une chercheuse soutient que les accidents de travail nécessitant une consultation médicale ne se produisent pas aléatoirement dans la semaine (du lundi au vendredi). Elle en veut pour preuve les données consignées au tableau 5.34 qui proviennent d'un échantillon aléatoire d'accidents de travail nécessitant une consultation médicale.

TABLEAU | **5.34**

RÉPARTITION DE 150 ACCIDENTS DE TRAVAIL, SELON LE JOUR DE LA SEMAINE OÙ ILS SE SONT PRODUITS

Jour	Lundi	Mardi	Mercredi	Jeudi	Vendredi
Nombre d'accidents	35	30	25	30	30

Confirmez ou infirmez l'affirmation de la chercheuse en recourant à la procédure statistique appropriée. Employez un seuil de 2 %.

36. Selon une croyance populaire, les naissances dépendent des phases de la lune : elles seraient plus fréquentes lors de la pleine lune. Vous doutez que les naissances dépendent des mouvements des astres et croyez plutôt qu'elles se répartissent uniformément (également) entre les quatre phases de la lune. Néanmoins, vous savez que les croyances populaires sont parfois fondées et vous décidez d'effectuer un test d'hypothèse pour trancher la question. Un échantillon aléatoire de 400 naissances montre que 95 d'entre elles sont survenues lors de la nouvelle lune ; 103, lors du premier quartier ; 105, lors de la pleine lune ; et les autres, lors du dernier quartier.

a) Selon l'hypothèse que les naissances se répartissent uniformément entre les quatre phases de la lune, complétez le tableau 5.35 en y inscrivant les fréquences observées (f_o) et les fréquences théoriques (f_t).

TABLEAU | **5.35**

COMPARAISON DES FRÉQUENCES THÉORIQUES ET OBSERVÉES

	Nouvelle lune	Premier quartier	Pleine lune	Dernier quartier	Total
f_o					400
f_t					400

b) Sur la base de l'échantillon, au seuil de 5 %, testez l'hypothèse selon laquelle les naissances sont influencées par les phases de la lune et ne se répartissent pas uniformément entre elles.

37. Un épicier affirme que les cinq marques de pâtes alimentaires qu'il vend sont également populaires auprès de ses clients. Un échantillon aléatoire de 120 clients, à qui l'on a demandé d'exprimer leur préférence, a donné la répartition consignée au tableau 5.36.

TABLEAU | **5.36**

**RÉPARTITION DE 120 CLIENTS,
SELON LA MARQUE DE PÂTES PRÉFÉRÉE**

Marque préférée	Nombre de clients
A	38
B	17
C	26
D	21
E	18
Total	**120**

Partagez-vous l'opinion de l'épicier ? Justifiez votre réponse ($\alpha = 2$ %).

38. Une chercheuse soutient que le nombre (X) de consultations quotidiennes qu'effectue un professeur de cégep auprès de ses étudiants se distribue selon le modèle de la loi de Poisson de moyenne 2 [$X \sim \text{Po}(2)$]. Elle a consigné au tableau 5.37 les données d'un échantillon aléatoire de 80 jours de travail de professeurs de cégep.

TABLEAU | **5.37**

**RÉPARTITION DE 80 JOURNÉES DE TRAVAIL,
SELON LE NOMBRE DE CONSULTATIONS**

Nombre de consultations	Nombre de jours
0	13
1	19
2	23
3	12
4 et plus	13
Total	**80**

Confirmez ou infirmez l'hypothèse de la chercheuse. Employez un seuil de signification de 1 %.

39. Les résultats à un test de QI administré à un échantillon aléatoire de 1 000 personnes sont consignés au tableau 5.38.

TABLEAU | **5.38**

**RÉPARTITION DE 1 000 SUJETS,
SELON LE RÉSULTAT OBTENU AU TEST DE QI**

Résultat	Nombre de sujets
Moins de 70	20
70-85	150
85-100	340
100-115	330
115-130	140
130 et plus	20
Total	**1 000**

Sur la base de cet échantillon, au seuil de 5 %, peut-on penser que l'ensemble des résultats à ce test de QI se répartissent selon la loi normale de moyenne 100 et d'écart type 15 ?

40. Le tangram est un très vieux casse-tête d'origine chinoise consistant à reproduire des figures à l'aide de sept éléments invariables : un carré, un parallélogramme et cinq triangles de taille différente. Comme le casse-tête comporte sept formes de base, on l'appelle aussi « plaquette aux sept astuces ». La figure 5.14 donne les sept éléments du tangram, une figure (un chat) à reproduire ainsi que la solution à ce problème.

FIGURE | **5.14**

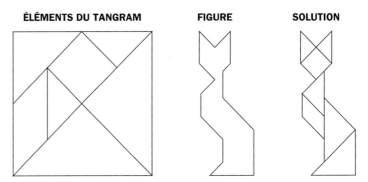

| ÉLÉMENTS DU TANGRAM | FIGURE | SOLUTION |

On a réuni un échantillon aléatoire de 400 adultes auxquels on a demandé de reproduire le chat. On a mesuré le temps (en secondes) mis par chacun d'eux. Les résultats sont consignés au tableau 5.39.

TABLEAU | **5.39**

**RÉPARTITION DE 400 ADULTES,
SELON LE TEMPS (s) MIS POUR REPRODUIRE LE CHAT**

Temps (s)	Nombre d'adultes
Moins de 175	10
175-225	50
225-275	140
275-325	150
325-375	35
375 et plus	15
Total	**400**

À partir des données brutes, on a calculé que le temps mis en moyenne pour reproduire le chat était de 275 s, avec un écart type de 50 s. Sur la base de l'échantillon, au seuil de 1 %, peut-on penser que la loi normale constitue un modèle adéquat pour décrire le temps que des adultes mettent pour reproduire le chat ?

41. Une psychologue a prélevé un échantillon aléatoire des notes de 500 étudiants à un test de sélection. Elle a consigné au tableau 5.40 les données recueillies.

À partir des données brutes, on a calculé que le résultat moyen au test est de 70 et que l'écart type est de 14. La loi normale semble-t-elle décrire assez fidèlement la distribution des résultats de l'ensemble des étudiants à ce test de sélection ? Employez un seuil de signification de 5 %.

TABLEAU | **5.40**

**RÉPARTITION DE 500 ÉTUDIANTS,
SELON LEUR RÉSULTAT AU TEST**

Résultat au test	Nombre d'étudiants
Moins de 50	36
50-60	92
60-70	124
70-80	120
80-90	90
90 et plus	38
Total	**500**

42. Un professeur de sciences humaines effectue un sondage auprès d'un échantillon aléatoire de 200 cégépiens. Les données qu'il a recueillies concernant le temps consacré par semaine au travail rémunéré au cours de l'année scolaire sont consignées au tableau 5.41.

TABLEAU | **5.41**

**RÉPARTITION DE 200 CÉGÉPIENS, SELON LE TEMPS
CONSACRÉ PAR SEMAINE AU TRAVAIL RÉMUNÉRÉ**

Temps (h)	Nombre de sujets
Moins de 4	10
4-8	34
8-12	56
12-16	54
16-20	38
20 et plus	8
Total	**200**

À partir des données brutes, on a calculé que le temps moyen consacré par semaine au travail rémunéré est de 12 h et que l'écart type est de 5 h. La loi normale semble-t-elle décrire assez fidèlement le temps consacré par semaine au travail rémunéré chez les cégépiens ? Employez un seuil de signification de 2 %.

Annexes

Table de la loi binomiale

Les valeurs de la table correspondent à $P(X = k) = \mathrm{B}(k;n;p) = \binom{n}{k} p^k (1-p)^{n-k}$.

n	k	0,05	0,10	0,15	0,20	0,25	0,30	0,35	0,40	0,45	0,50
2	0	0,9025	0,8100	0,7225	0,6400	0,5625	0,4900	0,4225	0,3600	0,3025	0,2500
	1	0,0950	0,1800	0,2550	0,3200	0,3750	0,4200	0,4550	0,4800	0,4950	0,5000
	2	0,0025	0,0100	0,0225	0,0400	0,0625	0,0900	0,1225	0,1600	0,2025	0,2500
3	0	0,8574	0,7290	0,6141	0,5120	0,4219	0,3430	0,2746	0,2160	0,1664	0,1250
	1	0,1354	0,2430	0,3251	0,3840	0,4219	0,4410	0,4436	0,4320	0,4084	0,3750
	2	0,0071	0,0270	0,0574	0,0960	0,1406	0,1890	0,2389	0,2880	0,3341	0,3750
	3	0,0001	0,0010	0,0034	0,0080	0,0156	0,0270	0,0429	0,0640	0,0911	0,1250
4	0	0,8145	0,6561	0,5220	0,4096	0,3164	0,2401	0,1785	0,1296	0,0915	0,0625
	1	0,1715	0,2916	0,3685	0,4096	0,4219	0,4116	0,3845	0,3456	0,2995	0,2500
	2	0,0135	0,0486	0,0975	0,1536	0,2109	0,2646	0,3105	0,3456	0,3675	0,3750
	3	0,0005	0,0036	0,0115	0,0256	0,0469	0,0756	0,1115	0,1536	0,2005	0,2500
	4	0,0000	0,0001	0,0005	0,0016	0,0039	0,0081	0,0150	0,0256	0,0410	0,0625
5	0	0,7738	0,5905	0,4437	0,3277	0,2373	0,1681	0,1160	0,0778	0,0503	0,0313
	1	0,2036	0,3281	0,3915	0,4096	0,3955	0,3602	0,3124	0,2592	0,2059	0,1563
	2	0,0214	0,0729	0,1382	0,2048	0,2637	0,3087	0,3364	0,3456	0,3369	0,3125
	3	0,0011	0,0081	0,0244	0,0512	0,0879	0,1323	0,1811	0,2304	0,2757	0,3125
	4	0,0000	0,0005	0,0022	0,0064	0,0146	0,0284	0,0488	0,0768	0,1128	0,1563
	5	0,0000	0,0000	0,0001	0,0003	0,0010	0,0024	0,0053	0,0102	0,0185	0,0313
6	0	0,7351	0,5314	0,3771	0,2621	0,1780	0,1176	0,0754	0,0467	0,0277	0,0156
	1	0,2321	0,3543	0,3993	0,3932	0,3560	0,3025	0,2437	0,1866	0,1359	0,0938
	2	0,0305	0,0984	0,1762	0,2458	0,2966	0,3241	0,3280	0,3110	0,2780	0,2344
	3	0,0021	0,0146	0,0415	0,0819	0,1318	0,1852	0,2355	0,2765	0,3032	0,3125
	4	0,0001	0,0012	0,0055	0,0154	0,0330	0,0595	0,0951	0,1382	0,1861	0,2344
	5	0,0000	0,0001	0,0004	0,0015	0,0044	0,0102	0,0205	0,0369	0,0609	0,0938
	6	0,0000	0,0000	0,0000	0,0001	0,0002	0,0007	0,0018	0,0041	0,0083	0,0156
7	0	0,6983	0,4783	0,3206	0,2097	0,1335	0,0824	0,0490	0,0280	0,0152	0,0078
	1	0,2573	0,3720	0,3960	0,3670	0,3115	0,2471	0,1848	0,1306	0,0872	0,0547
	2	0,0406	0,1240	0,2097	0,2753	0,3115	0,3177	0,2985	0,2613	0,2140	0,1641
	3	0,0036	0,0230	0,0617	0,1147	0,1730	0,2269	0,2679	0,2903	0,2918	0,2734
	4	0,0002	0,0026	0,0109	0,0287	0,0577	0,0972	0,1442	0,1935	0,2388	0,2734
	5	0,0000	0,0002	0,0012	0,0043	0,0115	0,0250	0,0466	0,0774	0,1172	0,1641
	6	0,0000	0,0000	0,0001	0,0004	0,0013	0,0036	0,0084	0,0172	0,0320	0,0547
	7	0,0000	0,0000	0,0000	0,0000	0,0001	0,0002	0,0006	0,0016	0,0037	0,0078
8	0	0,6634	0,4305	0,2725	0,1678	0,1001	0,0576	0,0319	0,0168	0,0084	0,0039
	1	0,2793	0,3826	0,3847	0,3355	0,2670	0,1977	0,1373	0,0896	0,0548	0,0313
	2	0,0515	0,1488	0,2376	0,2936	0,3115	0,2965	0,2587	0,2090	0,1569	0,1094
	3	0,0054	0,0331	0,0839	0,1468	0,2076	0,2541	0,2786	0,2787	0,2568	0,2188
	4	0,0004	0,0046	0,0185	0,0459	0,0865	0,1361	0,1875	0,2322	0,2627	0,2734
	5	0,0000	0,0004	0,0026	0,0092	0,0231	0,0467	0,0808	0,1239	0,1719	0,2188
	6	0,0000	0,0000	0,0002	0,0011	0,0038	0,0100	0,0217	0,0413	0,0703	0,1094
	7	0,0000	0,0000	0,0000	0,0001	0,0004	0,0012	0,0033	0,0079	0,0164	0,0313
	8	0,0000	0,0000	0,0000	0,0000	0,0000	0,0001	0,0002	0,0007	0,0017	0,0039

Annexe 1 Table de la loi binomiale (*suite*)

Les valeurs de la table correspondent à $P(X = k) = B(k; n; p) = \binom{n}{k} p^k (1 - p)^{n-k}$.

n	k	0,05	0,10	0,15	0,20	0,25	0,30	0,35	0,40	0,45	0,50
9	0	0,6302	0,3874	0,2316	0,1342	0,0751	0,0404	0,0207	0,0101	0,0046	0,0020
	1	0,2985	0,3874	0,3679	0,3020	0,2253	0,1556	0,1004	0,0605	0,0339	0,0176
	2	0,0629	0,1722	0,2597	0,3020	0,3003	0,2668	0,2162	0,1612	0,1110	0,0703
	3	0,0077	0,0446	0,1069	0,1762	0,2336	0,2668	0,2716	0,2508	0,2119	0,1641
	4	0,0006	0,0074	0,0283	0,0661	0,1168	0,1715	0,2194	0,2508	0,2600	0,2461
	5	0,0000	0,0008	0,0050	0,0165	0,0389	0,0735	0,1181	0,1672	0,2128	0,2461
	6	0,0000	0,0001	0,0006	0,0028	0,0087	0,0210	0,0424	0,0743	0,1160	0,1641
	7	0,0000	0,0000	0,0000	0,0003	0,0012	0,0039	0,0098	0,0212	0,0407	0,0703
	8	0,0000	0,0000	0,0000	0,0000	0,0001	0,0004	0,0013	0,0035	0,0083	0,0176
	9	0,0000	0,0000	0,0000	0,0000	0,0000	0,0000	0,0001	0,0003	0,0008	0,0020
10	0	0,5987	0,3487	0,1969	0,1074	0,0563	0,0282	0,0135	0,0060	0,0025	0,0010
	1	0,3151	0,3874	0,3474	0,2684	0,1877	0,1211	0,0725	0,0403	0,0207	0,0098
	2	0,0746	0,1937	0,2759	0,3020	0,2816	0,2335	0,1757	0,1209	0,0763	0,0439
	3	0,0105	0,0574	0,1298	0,2013	0,2503	0,2668	0,2522	0,2150	0,1665	0,1172
	4	0,0010	0,0112	0,0401	0,0881	0,1460	0,2001	0,2377	0,2508	0,2384	0,2051
	5	0,0001	0,0015	0,0085	0,0264	0,0584	0,1029	0,1536	0,2007	0,2340	0,2461
	6	0,0000	0,0001	0,0012	0,0055	0,0162	0,0368	0,0689	0,1115	0,1596	0,2051
	7	0,0000	0,0000	0,0001	0,0008	0,0031	0,0090	0,0212	0,0425	0,0746	0,1172
	8	0,0000	0,0000	0,0000	0,0001	0,0004	0,0014	0,0043	0,0106	0,0229	0,0439
	9	0,0000	0,0000	0,0000	0,0000	0,0000	0,0001	0,0005	0,0016	0,0042	0,0098
	10	0,0000	0,0000	0,0000	0,0000	0,0000	0,0000	0,0000	0,0001	0,0003	0,0010
11	0	0,5688	0,3138	0,1673	0,0859	0,0422	0,0198	0,0088	0,0036	0,0014	0,0005
	1	0,3293	0,3835	0,3248	0,2362	0,1549	0,0932	0,0518	0,0266	0,0125	0,0054
	2	0,0867	0,2131	0,2866	0,2953	0,2581	0,1998	0,1395	0,0887	0,0513	0,0269
	3	0,0137	0,0710	0,1517	0,2215	0,2581	0,2568	0,2254	0,1774	0,1259	0,0806
	4	0,0014	0,0158	0,0536	0,1107	0,1721	0,2201	0,2428	0,2365	0,2060	0,1611
	5	0,0001	0,0025	0,0132	0,0388	0,0803	0,1321	0,1830	0,2207	0,2360	0,2256
	6	0,0000	0,0003	0,0023	0,0097	0,0268	0,0566	0,0985	0,1471	0,1931	0,2256
	7	0,0000	0,0000	0,0003	0,0017	0,0064	0,0173	0,0379	0,0701	0,1128	0,1611
	8	0,0000	0,0000	0,0000	0,0002	0,0011	0,0037	0,0102	0,0234	0,0462	0,0806
	9	0,0000	0,0000	0,0000	0,0000	0,0001	0,0005	0,0018	0,0052	0,0126	0,0269
	10	0,0000	0,0000	0,0000	0,0000	0,0000	0,0000	0,0002	0,0007	0,0021	0,0054
	11	0,0000	0,0000	0,0000	0,0000	0,0000	0,0000	0,0000	0,0000	0,0002	0,0005
12	0	0,5404	0,2824	0,1422	0,0687	0,0317	0,0138	0,0057	0,0022	0,0008	0,0002
	1	0,3413	0,3766	0,3012	0,2062	0,1267	0,0712	0,0368	0,0174	0,0075	0,0029
	2	0,0988	0,2301	0,2924	0,2835	0,2323	0,1678	0,1088	0,0639	0,0339	0,0161
	3	0,0173	0,0852	0,1720	0,2362	0,2581	0,2397	0,1954	0,1419	0,0923	0,0537
	4	0,0021	0,0213	0,0683	0,1329	0,1936	0,2311	0,2367	0,2128	0,1700	0,1208
	5	0,0002	0,0038	0,0193	0,0532	0,1032	0,1585	0,2039	0,2270	0,2225	0,1934
	6	0,0000	0,0005	0,0040	0,0155	0,0401	0,0792	0,1281	0,1766	0,2124	0,2256
	7	0,0000	0,0000	0,0006	0,0033	0,0115	0,0291	0,0591	0,1009	0,1489	0,1934
	8	0,0000	0,0000	0,0001	0,0005	0,0024	0,0078	0,0199	0,0420	0,0762	0,1208
	9	0,0000	0,0000	0,0000	0,0001	0,0004	0,0015	0,0048	0,0125	0,0277	0,0537
	10	0,0000	0,0000	0,0000	0,0000	0,0000	0,0002	0,0008	0,0025	0,0068	0,0161
	11	0,0000	0,0000	0,0000	0,0000	0,0000	0,0000	0,0001	0,0003	0,0010	0,0029
	12	0,0000	0,0000	0,0000	0,0000	0,0000	0,0000	0,0000	0,0000	0,0001	0,0002

Annexe 1 Table de la loi binomiale (*suite*)

Les valeurs de la table correspondent à $P(X = k) = B(k; n; p) = \binom{n}{k} p^k (1 - p)^{n-k}$.

n	k	p 0,05	0,10	0,15	0,20	0,25	0,30	0,35	0,40	0,45	0,50
13	0	0,5133	0,2542	0,1209	0,0550	0,0238	0,0097	0,0037	0,0013	0,0004	0,0001
	1	0,3512	0,3672	0,2774	0,1787	0,1029	0,0540	0,0259	0,0113	0,0045	0,0016
	2	0,1109	0,2448	0,2937	0,2680	0,2059	0,1388	0,0836	0,0453	0,0220	0,0095
	3	0,0214	0,0997	0,1900	0,2457	0,2517	0,2181	0,1651	0,1107	0,0660	0,0349
	4	0,0028	0,0277	0,0838	0,1535	0,2097	0,2337	0,2222	0,1845	0,1350	0,0873
	5	0,0003	0,0055	0,0266	0,0691	0,1258	0,1803	0,2154	0,2214	0,1989	0,1571
	6	0,0000	0,0008	0,0063	0,0230	0,0559	0,1030	0,1546	0,1968	0,2169	0,2095
	7	0,0000	0,0001	0,0011	0,0058	0,0186	0,0442	0,0833	0,1312	0,1775	0,2095
	8	0,0000	0,0000	0,0001	0,0011	0,0047	0,0142	0,0336	0,0656	0,1089	0,1571
	9	0,0000	0,0000	0,0000	0,0001	0,0009	0,0034	0,0101	0,0243	0,0495	0,0873
	10	0,0000	0,0000	0,0000	0,0000	0,0001	0,0006	0,0022	0,0065	0,0162	0,0349
	11	0,0000	0,0000	0,0000	0,0000	0,0000	0,0001	0,0003	0,0012	0,0036	0,0095
	12	0,0000	0,0000	0,0000	0,0000	0,0000	0,0000	0,0000	0,0001	0,0005	0,0016
	13	0,0000	0,0000	0,0000	0,0000	0,0000	0,0000	0,0000	0,0000	0,0000	0,0001
14	0	0,4877	0,2288	0,1028	0,0440	0,0178	0,0068	0,0024	0,0008	0,0002	0,0001
	1	0,3593	0,3559	0,2539	0,1539	0,0832	0,0407	0,0181	0,0073	0,0027	0,0009
	2	0,1229	0,2570	0,2912	0,2501	0,1802	0,1134	0,0634	0,0317	0,0141	0,0056
	3	0,0259	0,1142	0,2056	0,2501	0,2402	0,1943	0,1366	0,0845	0,0462	0,0222
	4	0,0037	0,0349	0,0998	0,1720	0,2202	0,2290	0,2022	0,1549	0,1040	0,0611
	5	0,0004	0,0078	0,0352	0,0860	0,1468	0,1963	0,2178	0,2066	0,1701	0,1222
	6	0,0000	0,0013	0,0093	0,0322	0,0734	0,1262	0,1759	0,2066	0,2088	0,1833
	7	0,0000	0,0002	0,0019	0,0092	0,0280	0,0618	0,1082	0,1574	0,1952	0,2095
	8	0,0000	0,0000	0,0003	0,0020	0,0082	0,0232	0,0510	0,0918	0,1398	0,1833
	9	0,0000	0,0000	0,0000	0,0003	0,0018	0,0066	0,0183	0,0408	0,0762	0,1222
	10	0,0000	0,0000	0,0000	0,0000	0,0003	0,0014	0,0049	0,0136	0,0312	0,0611
	11	0,0000	0,0000	0,0000	0,0000	0,0000	0,0002	0,0010	0,0033	0,0093	0,0222
	12	0,0000	0,0000	0,0000	0,0000	0,0000	0,0000	0,0001	0,0005	0,0019	0,0056
	13	0,0000	0,0000	0,0000	0,0000	0,0000	0,0000	0,0000	0,0001	0,0002	0,0009
	14	0,0000	0,0000	0,0000	0,0000	0,0000	0,0000	0,0000	0,0000	0,0000	0,0001
15	0	0,4633	0,2059	0,0874	0,0352	0,0134	0,0047	0,0016	0,0005	0,0001	0,0000
	1	0,3658	0,3432	0,2312	0,1319	0,0668	0,0305	0,0126	0,0047	0,0016	0,0005
	2	0,1348	0,2669	0,2856	0,2309	0,1559	0,0916	0,0476	0,0219	0,0090	0,0032
	3	0,0307	0,1285	0,2184	0,2501	0,2252	0,1700	0,1110	0,0634	0,0318	0,0139
	4	0,0049	0,0428	0,1156	0,1876	0,2252	0,2186	0,1792	0,1268	0,0780	0,0417
	5	0,0006	0,0105	0,0449	0,1032	0,1651	0,2061	0,2123	0,1859	0,1404	0,0916
	6	0,0000	0,0019	0,0132	0,0430	0,0917	0,1472	0,1906	0,2066	0,1914	0,1527
	7	0,0000	0,0003	0,0030	0,0138	0,0393	0,0811	0,1319	0,1771	0,2013	0,1964
	8	0,0000	0,0000	0,0005	0,0035	0,0131	0,0348	0,0710	0,1181	0,1647	0,1964
	9	0,0000	0,0000	0,0001	0,0007	0,0034	0,0116	0,0298	0,0612	0,1048	0,1527
	10	0,0000	0,0000	0,0000	0,0001	0,0007	0,0030	0,0096	0,0245	0,0515	0,0916
	11	0,0000	0,0000	0,0000	0,0000	0,0001	0,0006	0,0024	0,0074	0,0191	0,0417
	12	0,0000	0,0000	0,0000	0,0000	0,0000	0,0001	0,0004	0,0016	0,0052	0,0139
	13	0,0000	0,0000	0,0000	0,0000	0,0000	0,0000	0,0001	0,0003	0,0010	0,0032
	14	0,0000	0,0000	0,0000	0,0000	0,0000	0,0000	0,0000	0,0000	0,0001	0,0005
	15	0,0000	0,0000	0,0000	0,0000	0,0000	0,0000	0,0000	0,0000	0,0000	0,0000

Annexe 1 — Table de la loi binomiale (*suite*)

Les valeurs de la table correspondent à $P(X = k) = \mathrm{B}(k; n; p) = \binom{n}{k} p^k (1 - p)^{n-k}$.

n	k	0,05	0,10	0,15	0,20	0,25	0,30	0,35	0,40	0,45	0,50
16	0	0,4401	0,1853	0,0743	0,0281	0,0100	0,0033	0,0010	0,0003	0,0001	0,0000
	1	0,3706	0,3294	0,2097	0,1126	0,0535	0,0228	0,0087	0,0030	0,0009	0,0002
	2	0,1463	0,2745	0,2775	0,2111	0,1336	0,0732	0,0353	0,0150	0,0056	0,0018
	3	0,0359	0,1423	0,2285	0,2463	0,2079	0,1465	0,0888	0,0468	0,0215	0,0085
	4	0,0061	0,0514	0,1311	0,2001	0,2252	0,2040	0,1553	0,1014	0,0572	0,0278
	5	0,0008	0,0137	0,0555	0,1201	0,1802	0,2099	0,2008	0,1623	0,1123	0,0667
	6	0,0001	0,0028	0,0180	0,0550	0,1101	0,1649	0,1982	0,1983	0,1684	0,1222
	7	0,0000	0,0004	0,0045	0,0197	0,0524	0,1010	0,1524	0,1889	0,1969	0,1746
	8	0,0000	0,0001	0,0009	0,0055	0,0197	0,0487	0,0923	0,1417	0,1812	0,1964
	9	0,0000	0,0000	0,0001	0,0012	0,0058	0,0185	0,0442	0,0840	0,1318	0,1746
	10	0,0000	0,0000	0,0000	0,0002	0,0014	0,0056	0,0167	0,0392	0,0755	0,1222
	11	0,0000	0,0000	0,0000	0,0000	0,0002	0,0013	0,0049	0,0142	0,0337	0,0667
	12	0,0000	0,0000	0,0000	0,0000	0,0000	0,0002	0,0011	0,0040	0,0115	0,0278
	13	0,0000	0,0000	0,0000	0,0000	0,0000	0,0000	0,0002	0,0008	0,0029	0,0085
	14	0,0000	0,0000	0,0000	0,0000	0,0000	0,0000	0,0000	0,0001	0,0005	0,0018
	15	0,0000	0,0000	0,0000	0,0000	0,0000	0,0000	0,0000	0,0000	0,0001	0,0002
	16	0,0000	0,0000	0,0000	0,0000	0,0000	0,0000	0,0000	0,0000	0,0000	0,0000
17	0	0,4181	0,1668	0,0631	0,0225	0,0075	0,0023	0,0007	0,0002	0,0000	0,0000
	1	0,3741	0,3150	0,1893	0,0957	0,0426	0,0169	0,0060	0,0019	0,0005	0,0001
	2	0,1575	0,2800	0,2673	0,1914	0,1136	0,0581	0,0260	0,0102	0,0035	0,0010
	3	0,0415	0,1556	0,2359	0,2393	0,1893	0,1245	0,0701	0,0341	0,0144	0,0052
	4	0,0076	0,0605	0,1457	0,2093	0,2209	0,1868	0,1320	0,0796	0,0411	0,0182
	5	0,0010	0,0175	0,0668	0,1361	0,1914	0,2081	0,1849	0,1379	0,0875	0,0472
	6	0,0001	0,0039	0,0236	0,0680	0,1276	0,1784	0,1991	0,1839	0,1432	0,0944
	7	0,0000	0,0007	0,0065	0,0267	0,0668	0,1201	0,1685	0,1927	0,1841	0,1484
	8	0,0000	0,0001	0,0014	0,0084	0,0279	0,0644	0,1134	0,1606	0,1883	0,1855
	9	0,0000	0,0000	0,0003	0,0021	0,0093	0,0276	0,0611	0,1070	0,1540	0,1855
	10	0,0000	0,0000	0,0000	0,0004	0,0025	0,0095	0,0263	0,0571	0,1008	0,1484
	11	0,0000	0,0000	0,0000	0,0001	0,0005	0,0026	0,0090	0,0242	0,0525	0,0944
	12	0,0000	0,0000	0,0000	0,0000	0,0001	0,0006	0,0024	0,0081	0,0215	0,0472
	13	0,0000	0,0000	0,0000	0,0000	0,0000	0,0001	0,0005	0,0021	0,0068	0,0182
	14	0,0000	0,0000	0,0000	0,0000	0,0000	0,0000	0,0001	0,0004	0,0016	0,0052
	15	0,0000	0,0000	0,0000	0,0000	0,0000	0,0000	0,0000	0,0001	0,0003	0,0010
	16	0,0000	0,0000	0,0000	0,0000	0,0000	0,0000	0,0000	0,0000	0,0000	0,0001
	17	0,0000	0,0000	0,0000	0,0000	0,0000	0,0000	0,0000	0,0000	0,0000	0,0000
18	0	0,3972	0,1501	0,0536	0,0180	0,0056	0,0016	0,0004	0,0001	0,0000	0,0000
	1	0,3763	0,3002	0,1704	0,0811	0,0338	0,0126	0,0042	0,0012	0,0003	0,0001
	2	0,1683	0,2835	0,2556	0,1723	0,0958	0,0458	0,0190	0,0069	0,0022	0,0006
	3	0,0473	0,1680	0,2406	0,2297	0,1704	0,1046	0,0547	0,0246	0,0095	0,0031
	4	0,0093	0,0700	0,1592	0,2153	0,2130	0,1681	0,1104	0,0614	0,0291	0,0117
	5	0,0014	0,0218	0,0787	0,1507	0,1988	0,2017	0,1664	0,1146	0,0666	0,0327
	6	0,0002	0,0052	0,0301	0,0816	0,1436	0,1873	0,1941	0,1655	0,1181	0,0708
	7	0,0000	0,0010	0,0091	0,0350	0,0820	0,1376	0,1792	0,1892	0,1657	0,1214
	8	0,0000	0,0002	0,0022	0,0120	0,0376	0,0811	0,1327	0,1734	0,1864	0,1669
	9	0,0000	0,0000	0,0004	0,0033	0,0139	0,0386	0,0794	0,1284	0,1694	0,1855
	10	0,0000	0,0000	0,0001	0,0008	0,0042	0,0149	0,0385	0,0771	0,1248	0,1669
	11	0,0000	0,0000	0,0000	0,0001	0,0010	0,0046	0,0151	0,0374	0,0742	0,1214
	12	0,0000	0,0000	0,0000	0,0000	0,0002	0,0012	0,0047	0,0145	0,0354	0,0708
	13	0,0000	0,0000	0,0000	0,0000	0,0000	0,0002	0,0012	0,0045	0,0134	0,0327
	14	0,0000	0,0000	0,0000	0,0000	0,0000	0,0000	0,0002	0,0011	0,0039	0,0117
	15	0,0000	0,0000	0,0000	0,0000	0,0000	0,0000	0,0000	0,0002	0,0009	0,0031
	16	0,0000	0,0000	0,0000	0,0000	0,0000	0,0000	0,0000	0,0000	0,0001	0,0006
	17	0,0000	0,0000	0,0000	0,0000	0,0000	0,0000	0,0000	0,0000	0,0000	0,0001
	18	0,0000	0,0000	0,0000	0,0000	0,0000	0,0000	0,0000	0,0000	0,0000	0,0000

Annexe 1 Table de la loi binomiale (*suite*)

Les valeurs de la table correspondent à $P(X = k) = \mathrm{B}(k\,;n\,;p) = \binom{n}{k} p^k (1-p)^{n-k}$.

n	k	p 0,05	0,10	0,15	0,20	0,25	0,30	0,35	0,40	0,45	0,50
19	0	0,3774	0,1351	0,0456	0,0144	0,0042	0,0011	0,0003	0,0001	0,0000	0,0000
	1	0,3774	0,2852	0,1529	0,0685	0,0268	0,0093	0,0029	0,0008	0,0002	0,0000
	2	0,1787	0,2852	0,2428	0,1540	0,0803	0,0358	0,0138	0,0046	0,0013	0,0003
	3	0,0533	0,1796	0,2428	0,2182	0,1517	0,0869	0,0422	0,0175	0,0062	0,0018
	4	0,0112	0,0798	0,1714	0,2182	0,2023	0,1491	0,0909	0,0467	0,0203	0,0074
	5	0,0018	0,0266	0,0907	0,1636	0,2023	0,1916	0,1468	0,0933	0,0497	0,0222
	6	0,0002	0,0069	0,0374	0,0955	0,1574	0,1916	0,1844	0,1451	0,0949	0,0518
	7	0,0000	0,0014	0,0122	0,0443	0,0974	0,1525	0,1844	0,1797	0,1443	0,0961
	8	0,0000	0,0002	0,0032	0,0166	0,0487	0,0981	0,1489	0,1797	0,1771	0,1442
	9	0,0000	0,0000	0,0007	0,0051	0,0198	0,0514	0,0980	0,1464	0,1771	0,1762
	10	0,0000	0,0000	0,0001	0,0013	0,0066	0,0220	0,0528	0,0976	0,1449	0,1762
	11	0,0000	0,0000	0,0000	0,0003	0,0018	0,0077	0,0233	0,0532	0,0970	0,1442
	12	0,0000	0,0000	0,0000	0,0000	0,0004	0,0022	0,0083	0,0237	0,0529	0,0961
	13	0,0000	0,0000	0,0000	0,0000	0,0001	0,0005	0,0024	0,0085	0,0233	0,0518
	14	0,0000	0,0000	0,0000	0,0000	0,0000	0,0001	0,0006	0,0024	0,0082	0,0222
	15	0,0000	0,0000	0,0000	0,0000	0,0000	0,0000	0,0001	0,0005	0,0022	0,0074
	16	0,0000	0,0000	0,0000	0,0000	0,0000	0,0000	0,0000	0,0001	0,0005	0,0018
	17	0,0000	0,0000	0,0000	0,0000	0,0000	0,0000	0,0000	0,0000	0,0001	0,0003
	18	0,0000	0,0000	0,0000	0,0000	0,0000	0,0000	0,0000	0,0000	0,0000	0,0000
	19	0,0000	0,0000	0,0000	0,0000	0,0000	0,0000	0,0000	0,0000	0,0000	0,0000
20	0	0,3585	0,1216	0,0388	0,0115	0,0032	0,0008	0,0002	0,0000	0,0000	0,0000
	1	0,3774	0,2702	0,1368	0,0576	0,0211	0,0068	0,0020	0,0005	0,0001	0,0000
	2	0,1887	0,2852	0,2293	0,1369	0,0669	0,0278	0,0100	0,0031	0,0008	0,0002
	3	0,0596	0,1901	0,2428	0,2054	0,1339	0,0716	0,0323	0,0123	0,0040	0,0011
	4	0,0133	0,0898	0,1821	0,2182	0,1897	0,1304	0,0738	0,0350	0,0139	0,0046
	5	0,0022	0,0319	0,1028	0,1746	0,2023	0,1789	0,1272	0,0746	0,0365	0,0148
	6	0,0003	0,0089	0,0454	0,1091	0,1686	0,1916	0,1712	0,1244	0,0746	0,0370
	7	0,0000	0,0020	0,0160	0,0545	0,1124	0,1643	0,1844	0,1659	0,1221	0,0739
	8	0,0000	0,0004	0,0046	0,0222	0,0609	0,1144	0,1614	0,1797	0,1623	0,1201
	9	0,0000	0,0001	0,0011	0,0074	0,0271	0,0654	0,1158	0,1597	0,1771	0,1602
	10	0,0000	0,0000	0,0002	0,0020	0,0099	0,0308	0,0686	0,1171	0,1593	0,1762
	11	0,0000	0,0000	0,0000	0,0005	0,0030	0,0120	0,0336	0,0710	0,1185	0,1602
	12	0,0000	0,0000	0,0000	0,0001	0,0008	0,0039	0,0136	0,0355	0,0727	0,1201
	13	0,0000	0,0000	0,0000	0,0000	0,0002	0,0010	0,0045	0,0146	0,0366	0,0739
	14	0,0000	0,0000	0,0000	0,0000	0,0000	0,0002	0,0012	0,0049	0,0150	0,0370
	15	0,0000	0,0000	0,0000	0,0000	0,0000	0,0000	0,0003	0,0013	0,0049	0,0148
	16	0,0000	0,0000	0,0000	0,0000	0,0000	0,0000	0,0000	0,0003	0,0013	0,0046
	17	0,0000	0,0000	0,0000	0,0000	0,0000	0,0000	0,0000	0,0000	0,0002	0,0011
	18	0,0000	0,0000	0,0000	0,0000	0,0000	0,0000	0,0000	0,0000	0,0000	0,0002
	19	0,0000	0,0000	0,0000	0,0000	0,0000	0,0000	0,0000	0,0000	0,0000	0,0000
	20	0,0000	0,0000	0,0000	0,0000	0,0000	0,0000	0,0000	0,0000	0,0000	0,0000

Annexe 2 Table de la loi de Poisson

Les valeurs de la table correspondent à $P(X = k) = \text{Po}(k; \lambda) = \dfrac{e^{-\lambda}\lambda^k}{k!}$.

k	0,1	0,2	0,3	0,4	0,5	0,6	0,7	0,8	0,9	1,0
0	0,9048	0,8187	0,7408	0,6703	0,6065	0,5488	0,4966	0,4493	0,4066	0,3679
1	0,0905	0,1637	0,2222	0,2681	0,3033	0,3293	0,3476	0,3595	0,3659	0,3679
2	0,0045	0,0164	0,0333	0,0536	0,0758	0,0988	0,1217	0,1438	0,1647	0,1839
3	0,0002	0,0011	0,0033	0,0072	0,0126	0,0198	0,0284	0,0383	0,0494	0,0613
4	0,0000	0,0001	0,0003	0,0007	0,0016	0,0030	0,0050	0,0077	0,0111	0,0153
5	0,0000	0,0000	0,0000	0,0001	0,0002	0,0004	0,0007	0,0012	0,0020	0,0031
6	0,0000	0,0000	0,0000	0,0000	0,0000	0,0000	0,0001	0,0002	0,0003	0,0005
7	0,0000	0,0000	0,0000	0,0000	0,0000	0,0000	0,0000	0,0000	0,0000	0,0001

k	1,1	1,2	1,3	1,4	1,5	1,6	1,7	1,8	1,9	2,0
0	0,3329	0,3012	0,2725	0,2466	0,2231	0,2019	0,1827	0,1653	0,1496	0,1353
1	0,3662	0,3614	0,3543	0,3452	0,3347	0,3230	0,3106	0,2975	0,2842	0,2707
2	0,2014	0,2169	0,2303	0,2417	0,2510	0,2584	0,2640	0,2678	0,2700	0,2707
3	0,0738	0,0867	0,0998	0,1128	0,1255	0,1378	0,1496	0,1607	0,1710	0,1804
4	0,0203	0,0260	0,0324	0,0395	0,0471	0,0551	0,0636	0,0723	0,0812	0,0902
5	0,0045	0,0062	0,0084	0,0111	0,0141	0,0176	0,0216	0,0260	0,0309	0,0361
6	0,0008	0,0012	0,0018	0,0026	0,0035	0,0047	0,0061	0,0078	0,0098	0,0120
7	0,0001	0,0002	0,0003	0,0005	0,0008	0,0011	0,0015	0,0020	0,0027	0,0034
8	0,0000	0,0000	0,0001	0,0001	0,0001	0,0002	0,0003	0,0005	0,0006	0,0009
9	0,0000	0,0000	0,0000	0,0000	0,0000	0,0000	0,0001	0,0001	0,0001	0,0002

k	2,1	2,2	2,3	2,4	2,5	2,6	2,7	2,8	2,9	3,0
0	0,1225	0,1108	0,1003	0,0907	0,0821	0,0743	0,0672	0,0608	0,0550	0,0498
1	0,2572	0,2438	0,2306	0,2177	0,2052	0,1931	0,1815	0,1703	0,1596	0,1494
2	0,2700	0,2681	0,2652	0,2613	0,2565	0,2510	0,2450	0,2384	0,2314	0,2240
3	0,1890	0,1966	0,2033	0,2090	0,2138	0,2176	0,2205	0,2225	0,2237	0,2240
4	0,0992	0,1082	0,1169	0,1254	0,1336	0,1414	0,1488	0,1557	0,1622	0,1680
5	0,0417	0,0476	0,0538	0,0602	0,0668	0,0735	0,0804	0,0872	0,0940	0,1008
6	0,0146	0,0174	0,0206	0,0241	0,0278	0,0319	0,0362	0,0407	0,0455	0,0504
7	0,0044	0,0055	0,0068	0,0083	0,0099	0,0118	0,0139	0,0163	0,0188	0,0216
8	0,0011	0,0015	0,0019	0,0025	0,0031	0,0038	0,0047	0,0057	0,0068	0,0081
9	0,0003	0,0004	0,0005	0,0007	0,0009	0,0011	0,0014	0,0018	0,0022	0,0027
10	0,0001	0,0001	0,0001	0,0002	0,0002	0,0003	0,0004	0,0005	0,0006	0,0008
11	0,0000	0,0000	0,0000	0,0000	0,0000	0,0001	0,0001	0,0001	0,0002	0,0002
12	0,0000	0,0000	0,0000	0,0000	0,0000	0,0000	0,0000	0,0000	0,0000	0,0001

k	3,1	3,2	3,3	3,4	3,5	3,6	3,7	3,8	3,9	4,0
0	0,0450	0,0408	0,0369	0,0334	0,0302	0,0273	0,0247	0,0224	0,0202	0,0183
1	0,1397	0,1304	0,1217	0,1135	0,1057	0,0984	0,0915	0,0850	0,0789	0,0733
2	0,2165	0,2087	0,2008	0,1929	0,1850	0,1771	0,1692	0,1615	0,1539	0,1465
3	0,2237	0,2226	0,2209	0,2186	0,2158	0,2125	0,2087	0,2046	0,2001	0,1954
4	0,1733	0,1781	0,1823	0,1858	0,1888	0,1912	0,1931	0,1944	0,1951	0,1954
5	0,1075	0,1140	0,1203	0,1264	0,1322	0,1377	0,1429	0,1477	0,1522	0,1563
6	0,0555	0,0608	0,0662	0,0716	0,0771	0,0826	0,0881	0,0936	0,0989	0,1042
7	0,0246	0,0278	0,0312	0,0348	0,0385	0,0425	0,0466	0,0508	0,0551	0,0595
8	0,0095	0,0111	0,0129	0,0148	0,0169	0,0191	0,0215	0,0241	0,0269	0,0298
9	0,0033	0,0040	0,0047	0,0056	0,0066	0,0076	0,0089	0,0102	0,0116	0,0132
10	0,0010	0,0013	0,0016	0,0019	0,0023	0,0028	0,0033	0,0039	0,0045	0,0053
11	0,0003	0,0004	0,0005	0,0006	0,0007	0,0009	0,0011	0,0013	0,0016	0,0019
12	0,0001	0,0001	0,0001	0,0002	0,0002	0,0003	0,0003	0,0004	0,0005	0,0006
13	0,0000	0,0000	0,0000	0,0000	0,0001	0,0001	0,0001	0,0001	0,0002	0,0002
14	0,0000	0,0000	0,0000	0,0000	0,0000	0,0000	0,0000	0,0000	0,0000	0,0001

Annexe 2 Table de la loi de Poisson (*suite*)

Les valeurs de la table correspondent à $P(X = k) = \text{Po}(k; \lambda) = \dfrac{e^{-\lambda}\lambda^k}{k!}$.

k	λ									
	4,1	**4,2**	**4,3**	**4,4**	**4,5**	**4,6**	**4,7**	**4,8**	**4,9**	**5,0**
0	0,0166	0,0150	0,0136	0,0123	0,0111	0,0101	0,0091	0,0082	0,0074	0,0067
1	0,0679	0,0630	0,0583	0,0540	0,0500	0,0462	0,0427	0,0395	0,0365	0,0337
2	0,1393	0,1323	0,1254	0,1188	0,1125	0,1063	0,1005	0,0948	0,0894	0,0842
3	0,1904	0,1852	0,1798	0,1743	0,1687	0,1631	0,1574	0,1517	0,1460	0,1404
4	0,1951	0,1944	0,1933	0,1917	0,1898	0,1875	0,1849	0,1820	0,1789	0,1755
5	0,1600	0,1633	0,1662	0,1687	0,1708	0,1725	0,1738	0,1747	0,1753	0,1755
6	0,1093	0,1143	0,1191	0,1237	0,1281	0,1323	0,1362	0,1398	0,1432	0,1462
7	0,0640	0,0686	0,0732	0,0778	0,0824	0,0869	0,0914	0,0959	0,1002	0,1044
8	0,0328	0,0360	0,0393	0,0428	0,0463	0,0500	0,0537	0,0575	0,0614	0,0653
9	0,0150	0,0168	0,0188	0,0209	0,0232	0,0255	0,0281	0,0307	0,0334	0,0363
10	0,0061	0,0071	0,0081	0,0092	0,0104	0,0118	0,0132	0,0147	0,0164	0,0181
11	0,0023	0,0027	0,0032	0,0037	0,0043	0,0049	0,0056	0,0064	0,0073	0,0082
12	0,0008	0,0009	0,0011	0,0013	0,0016	0,0019	0,0022	0,0026	0,0030	0,0034
13	0,0002	0,0003	0,0004	0,0005	0,0006	0,0007	0,0008	0,0009	0,0011	0,0013
14	0,0001	0,0001	0,0001	0,0001	0,0002	0,0002	0,0003	0,0003	0,0004	0,0005
15	0,0000	0,0000	0,0000	0,0000	0,0001	0,0001	0,0001	0,0001	0,0001	0,0002

k	λ									
	5,1	**5,2**	**5,3**	**5,4**	**5,5**	**5,6**	**5,7**	**5,8**	**5,9**	**6,0**
0	0,0061	0,0055	0,0050	0,0045	0,0041	0,0037	0,0033	0,0030	0,0027	0,0025
1	0,0311	0,0287	0,0265	0,0244	0,0225	0,0207	0,0191	0,0176	0,0162	0,0149
2	0,0793	0,0746	0,0701	0,0659	0,0618	0,0580	0,0544	0,0509	0,0477	0,0446
3	0,1348	0,1293	0,1239	0,1185	0,1133	0,1082	0,1033	0,0985	0,0938	0,0892
4	0,1719	0,1681	0,1641	0,1600	0,1558	0,1515	0,1472	0,1428	0,1383	0,1339
5	0,1753	0,1748	0,1740	0,1728	0,1714	0,1697	0,1678	0,1656	0,1632	0,1606
6	0,1490	0,1515	0,1537	0,1555	0,1571	0,1584	0,1594	0,1601	0,1605	0,1606
7	0,1086	0,1125	0,1163	0,1200	0,1234	0,1267	0,1298	0,1326	0,1353	0,1377
8	0,0692	0,0731	0,0771	0,0810	0,0849	0,0887	0,0925	0,0962	0,0998	0,1033
9	0,0392	0,0423	0,0454	0,0486	0,0519	0,0552	0,0586	0,0620	0,0654	0,0688
10	0,0200	0,0220	0,0241	0,0262	0,0285	0,0309	0,0334	0,0359	0,0386	0,0413
11	0,0093	0,0104	0,0116	0,0129	0,0143	0,0157	0,0173	0,0190	0,0207	0,0225
12	0,0039	0,0045	0,0051	0,0058	0,0065	0,0073	0,0082	0,0092	0,0102	0,0113
13	0,0015	0,0018	0,0021	0,0024	0,0028	0,0032	0,0036	0,0041	0,0046	0,0052
14	0,0006	0,0007	0,0008	0,0009	0,0011	0,0013	0,0015	0,0017	0,0019	0,0022
15	0,0002	0,0002	0,0003	0,0003	0,0004	0,0005	0,0006	0,0007	0,0008	0,0009
16	0,0001	0,0001	0,0001	0,0001	0,0001	0,0002	0,0002	0,0002	0,0003	0,0003
17	0,0000	0,0000	0,0000	0,0000	0,0000	0,0001	0,0001	0,0001	0,0001	0,0001

k	λ									
	6,1	**6,2**	**6,3**	**6,4**	**6,5**	**6,6**	**6,7**	**6,8**	**6,9**	**7,0**
0	0,0022	0,0020	0,0018	0,0017	0,0015	0,0014	0,0012	0,0011	0,0010	0,0009
1	0,0137	0,0126	0,0116	0,0106	0,0098	0,0090	0,0082	0,0076	0,0070	0,0064
2	0,0417	0,0390	0,0364	0,0340	0,0318	0,0296	0,0276	0,0258	0,0240	0,0223
3	0,0848	0,0806	0,0765	0,0726	0,0688	0,0652	0,0617	0,0584	0,0552	0,0521
4	0,1294	0,1249	0,1205	0,1162	0,1118	0,1076	0,1034	0,0992	0,0952	0,0912
5	0,1579	0,1549	0,1519	0,1487	0,1454	0,1420	0,1385	0,1349	0,1314	0,1277
6	0,1605	0,1601	0,1595	0,1586	0,1575	0,1562	0,1546	0,1529	0,1511	0,1490
7	0,1399	0,1418	0,1435	0,1450	0,1462	0,1472	0,1480	0,1486	0,1489	0,1490
8	0,1066	0,1099	0,1130	0,1160	0,1188	0,1215	0,1240	0,1263	0,1284	0,1304
9	0,0723	0,0757	0,0791	0,0825	0,0858	0,0891	0,0923	0,0954	0,0985	0,1014
10	0,0441	0,0469	0,0498	0,0528	0,0558	0,0588	0,0618	0,0649	0,0679	0,0710
11	0,0244	0,0265	0,0285	0,0307	0,0330	0,0353	0,0377	0,0401	0,0426	0,0452
12	0,0124	0,0137	0,0150	0,0164	0,0179	0,0194	0,0210	0,0227	0,0245	0,0263
13	0,0058	0,0065	0,0073	0,0081	0,0089	0,0099	0,0108	0,0119	0,0130	0,0142
14	0,0025	0,0029	0,0033	0,0037	0,0041	0,0046	0,0052	0,0058	0,0064	0,0071
15	0,0010	0,0012	0,0014	0,0016	0,0018	0,0020	0,0023	0,0026	0,0029	0,0033
16	0,0004	0,0005	0,0005	0,0006	0,0007	0,0008	0,0010	0,0011	0,0013	0,0014
17	0,0001	0,0002	0,0002	0,0002	0,0003	0,0003	0,0004	0,0004	0,0005	0,0006
18	0,0000	0,0001	0,0001	0,0001	0,0001	0,0001	0,0001	0,0002	0,0002	0,0002
19	0,0000	0,0000	0,0000	0,0000	0,0000	0,0000	0,0001	0,0001	0,0001	0,0001

Annexe 2 Table de la loi de Poisson (*suite*)

Les valeurs de la table correspondent à $P(X = k) = \text{Po}(k; \lambda) = \dfrac{e^{-\lambda}\lambda^k}{k!}$.

k	7,1	7,2	7,3	7,4	7,5	7,6	7,7	7,8	7,9	8,0
0	0,0008	0,0007	0,0007	0,0006	0,0006	0,0005	0,0005	0,0004	0,0004	0,0003
1	0,0059	0,0054	0,0049	0,0045	0,0041	0,0038	0,0035	0,0032	0,0029	0,0027
2	0,0208	0,0194	0,0180	0,0167	0,0156	0,0145	0,0134	0,0125	0,0116	0,0107
3	0,0492	0,0464	0,0438	0,0413	0,0389	0,0366	0,0345	0,0324	0,0305	0,0286
4	0,0874	0,0836	0,0799	0,0764	0,0729	0,0696	0,0663	0,0632	0,0602	0,0573
5	0,1241	0,1204	0,1167	0,1130	0,1094	0,1057	0,1021	0,0986	0,0951	0,0916
6	0,1468	0,1445	0,1420	0,1394	0,1367	0,1339	0,1311	0,1282	0,1252	0,1221
7	0,1489	0,1486	0,1481	0,1474	0,1465	0,1454	0,1442	0,1428	0,1413	0,1396
8	0,1321	0,1337	0,1351	0,1363	0,1373	0,1381	0,1388	0,1392	0,1395	0,1396
9	0,1042	0,1070	0,1096	0,1121	0,1144	0,1167	0,1187	0,1207	0,1224	0,1241
10	0,0740	0,0770	0,0800	0,0829	0,0858	0,0887	0,0914	0,0941	0,0967	0,0993
11	0,0478	0,0504	0,0531	0,0558	0,0585	0,0613	0,0640	0,0667	0,0695	0,0722
12	0,0283	0,0303	0,0323	0,0344	0,0366	0,0388	0,0411	0,0434	0,0457	0,0481
13	0,0154	0,0168	0,0181	0,0196	0,0211	0,0227	0,0243	0,0260	0,0278	0,0296
14	0,0078	0,0086	0,0095	0,0104	0,0113	0,0123	0,0134	0,0145	0,0157	0,0169
15	0,0037	0,0041	0,0046	0,0051	0,0057	0,0062	0,0069	0,0075	0,0083	0,0090
16	0,0016	0,0019	0,0021	0,0024	0,0026	0,0030	0,0033	0,0037	0,0041	0,0045
17	0,0007	0,0008	0,0009	0,0010	0,0012	0,0013	0,0015	0,0017	0,0019	0,0021
18	0,0003	0,0003	0,0004	0,0004	0,0005	0,0006	0,0006	0,0007	0,0008	0,0009
19	0,0001	0,0001	0,0001	0,0002	0,0002	0,0002	0,0003	0,0003	0,0003	0,0004
20	0,0000	0,0000	0,0001	0,0001	0,0001	0,0001	0,0001	0,0001	0,0001	0,0002
21	0,0000	0,0000	0,0000	0,0000	0,0000	0,0000	0,0000	0,0000	0,0001	0,0001

k	8,1	8,2	8,3	8,4	8,5	8,6	8,7	8,8	8,9	9,0
0	0,0003	0,0003	0,0002	0,0002	0,0002	0,0002	0,0002	0,0002	0,0001	0,0001
1	0,0025	0,0023	0,0021	0,0019	0,0017	0,0016	0,0014	0,0013	0,0012	0,0011
2	0,0100	0,0092	0,0086	0,0079	0,0074	0,0068	0,0063	0,0058	0,0054	0,0050
3	0,0269	0,0252	0,0237	0,0222	0,0208	0,0195	0,0183	0,0171	0,0160	0,0150
4	0,0544	0,0517	0,0491	0,0466	0,0443	0,0420	0,0398	0,0377	0,0357	0,0337
5	0,0882	0,0849	0,0816	0,0784	0,0752	0,0722	0,0692	0,0663	0,0635	0,0607
6	0,1191	0,1160	0,1128	0,1097	0,1066	0,1034	0,1003	0,0972	0,0941	0,0911
7	0,1378	0,1358	0,1338	0,1317	0,1294	0,1271	0,1247	0,1222	0,1197	0,1171
8	0,1395	0,1392	0,1388	0,1382	0,1375	0,1366	0,1356	0,1344	0,1332	0,1318
9	0,1256	0,1269	0,1280	0,1290	0,1299	0,1306	0,1311	0,1315	0,1317	0,1318
10	0,1017	0,1040	0,1063	0,1084	0,1104	0,1123	0,1140	0,1157	0,1172	0,1186
11	0,0749	0,0776	0,0802	0,0828	0,0853	0,0878	0,0902	0,0925	0,0948	0,0970
12	0,0505	0,0530	0,0555	0,0579	0,0604	0,0629	0,0654	0,0679	0,0703	0,0728
13	0,0315	0,0334	0,0354	0,0374	0,0395	0,0416	0,0438	0,0459	0,0481	0,0504
14	0,0182	0,0196	0,0210	0,0225	0,0240	0,0256	0,0272	0,0289	0,0306	0,0324
15	0,0098	0,0107	0,0116	0,0126	0,0136	0,0147	0,0158	0,0169	0,0182	0,0194
16	0,0050	0,0055	0,0060	0,0066	0,0072	0,0079	0,0086	0,0093	0,0101	0,0109
17	0,0024	0,0026	0,0029	0,0033	0,0036	0,0040	0,0044	0,0048	0,0053	0,0058
18	0,0011	0,0012	0,0014	0,0015	0,0017	0,0019	0,0021	0,0024	0,0026	0,0029
19	0,0005	0,0005	0,0006	0,0007	0,0008	0,0009	0,0010	0,0011	0,0012	0,0014
20	0,0002	0,0002	0,0002	0,0003	0,0003	0,0004	0,0004	0,0005	0,0005	0,0006
21	0,0001	0,0001	0,0001	0,0001	0,0001	0,0002	0,0002	0,0002	0,0002	0,0003
22	0,0000	0,0000	0,0000	0,0000	0,0001	0,0001	0,0001	0,0001	0,0001	0,0001

Annexe 2 Table de la loi de Poisson (*suite*)

Les valeurs de la table correspondent à $P(X = k) = \text{Po}(k\,;\lambda) = \dfrac{e^{-\lambda}\lambda^k}{k!}$.

k	9,1	9,2	9,3	9,4	9,5	9,6	9,7	9,8	9,9	10,0
0	0,0001	0,0001	0,0001	0,0001	0,0001	0,0001	0,0001	0,0001	0,0001	0,0000
1	0,0010	0,0009	0,0009	0,0008	0,0007	0,0007	0,0006	0,0005	0,0005	0,0005
2	0,0046	0,0043	0,0040	0,0037	0,0034	0,0031	0,0029	0,0027	0,0025	0,0023
3	0,0140	0,0131	0,0123	0,0115	0,0107	0,0100	0,0093	0,0087	0,0081	0,0076
4	0,0319	0,0302	0,0285	0,0269	0,0254	0,0240	0,0226	0,0213	0,0201	0,0189
5	0,0581	0,0555	0,0530	0,0506	0,0483	0,0460	0,0439	0,0418	0,0398	0,0378
6	0,0881	0,0851	0,0822	0,0793	0,0764	0,0736	0,0709	0,0682	0,0656	0,0631
7	0,1145	0,1118	0,1091	0,1064	0,1037	0,1010	0,0982	0,0955	0,0928	0,0901
8	0,1302	0,1286	0,1269	0,1251	0,1232	0,1212	0,1191	0,1170	0,1148	0,1126
9	0,1317	0,1315	0,1311	0,1306	0,1300	0,1293	0,1284	0,1274	0,1263	0,1251
10	0,1198	0,1210	0,1219	0,1228	0,1235	0,1241	0,1245	0,1249	0,1250	0,1251
11	0,0991	0,1012	0,1031	0,1049	0,1067	0,1083	0,1098	0,1112	0,1125	0,1137
12	0,0752	0,0776	0,0799	0,0822	0,0844	0,0866	0,0888	0,0908	0,0928	0,0948
13	0,0526	0,0549	0,0572	0,0594	0,0617	0,0640	0,0662	0,0685	0,0707	0,0729
14	0,0342	0,0361	0,0380	0,0399	0,0419	0,0439	0,0459	0,0479	0,0500	0,0521
15	0,0208	0,0221	0,0235	0,0250	0,0265	0,0281	0,0297	0,0313	0,0330	0,0347
16	0,0118	0,0127	0,0137	0,0147	0,0157	0,0168	0,0180	0,0192	0,0204	0,0217
17	0,0063	0,0069	0,0075	0,0081	0,0088	0,0095	0,0103	0,0111	0,0119	0,0128
18	0,0032	0,0035	0,0039	0,0042	0,0046	0,0051	0,0055	0,0060	0,0065	0,0071
19	0,0015	0,0017	0,0019	0,0021	0,0023	0,0026	0,0028	0,0031	0,0034	0,0037
20	0,0007	0,0008	0,0009	0,0010	0,0011	0,0012	0,0014	0,0015	0,0017	0,0019
21	0,0003	0,0003	0,0004	0,0004	0,0005	0,0006	0,0006	0,0007	0,0008	0,0009
22	0,0001	0,0001	0,0002	0,0002	0,0002	0,0002	0,0003	0,0003	0,0004	0,0004
23	0,0000	0,0001	0,0001	0,0001	0,0001	0,0001	0,0001	0,0001	0,0002	0,0002
24	0,0000	0,0000	0,0000	0,0000	0,0000	0,0000	0,0000	0,0001	0,0001	0,0001

k	11	12	13	14	15	16	17	18	19	20
0	0,0000	0,0000	0,0000	0,0000	0,0000	0,0000	0,0000	0,0000	0,0000	0,0000
1	0,0002	0,0001	0,0000	0,0000	0,0000	0,0000	0,0000	0,0000	0,0000	0,0000
2	0,0010	0,0004	0,0002	0,0001	0,0000	0,0000	0,0000	0,0000	0,0000	0,0000
3	0,0037	0,0018	0,0008	0,0004	0,0002	0,0001	0,0000	0,0000	0,0000	0,0000
4	0,0102	0,0053	0,0027	0,0013	0,0006	0,0003	0,0001	0,0001	0,0000	0,0000
5	0,0224	0,0127	0,0070	0,0037	0,0019	0,0010	0,0005	0,0002	0,0001	0,0001
6	0,0411	0,0255	0,0152	0,0087	0,0048	0,0026	0,0014	0,0007	0,0004	0,0002
7	0,0646	0,0437	0,0281	0,0174	0,0104	0,0060	0,0034	0,0019	0,0010	0,0005
8	0,0888	0,0655	0,0457	0,0304	0,0194	0,0120	0,0072	0,0042	0,0024	0,0013
9	0,1085	0,0874	0,0661	0,0473	0,0324	0,0213	0,0135	0,0083	0,0050	0,0029
10	0,1194	0,1048	0,0859	0,0663	0,0486	0,0341	0,0230	0,0150	0,0095	0,0058
11	0,1194	0,1144	0,1015	0,0844	0,0663	0,0496	0,0355	0,0245	0,0164	0,0106
12	0,1094	0,1144	0,1099	0,0984	0,0829	0,0661	0,0504	0,0368	0,0259	0,0176
13	0,0926	0,1056	0,1099	0,1060	0,0956	0,0814	0,0658	0,0509	0,0378	0,0271
14	0,0728	0,0905	0,1021	0,1060	0,1024	0,0930	0,0800	0,0655	0,0514	0,0387
15	0,0534	0,0724	0,0885	0,0989	0,1024	0,0992	0,0906	0,0786	0,0650	0,0516
16	0,0367	0,0543	0,0719	0,0866	0,0960	0,0992	0,0963	0,0884	0,0772	0,0646
17	0,0237	0,0383	0,0550	0,0713	0,0847	0,0934	0,0963	0,0936	0,0863	0,0760
18	0,0145	0,0255	0,0397	0,0554	0,0706	0,0830	0,0909	0,0936	0,0911	0,0844
19	0,0084	0,0161	0,0272	0,0409	0,0557	0,0699	0,0814	0,0887	0,0911	0,0888
20	0,0046	0,0097	0,0177	0,0286	0,0418	0,0559	0,0692	0,0798	0,0866	0,0888
21	0,0024	0,0055	0,0109	0,0191	0,0299	0,0426	0,0560	0,0684	0,0783	0,0846
22	0,0012	0,0030	0,0065	0,0121	0,0204	0,0310	0,0433	0,0560	0,0676	0,0769
23	0,0006	0,0016	0,0037	0,0074	0,0133	0,0216	0,0320	0,0438	0,0559	0,0669
24	0,0003	0,0008	0,0020	0,0043	0,0083	0,0144	0,0226	0,0328	0,0442	0,0557
25	0,0001	0,0004	0,0010	0,0024	0,0050	0,0092	0,0154	0,0237	0,0336	0,0446
26	0,0000	0,0002	0,0005	0,0013	0,0029	0,0057	0,0101	0,0164	0,0246	0,0343

Annexe 2 Table de la loi de Poisson (*suite*)

Les valeurs de la table correspondent à $P(X = k) = \text{Po}(k;\lambda) = \dfrac{e^{-\lambda}\lambda^k}{k!}$.

k	11	12	13	14	15	16	17	18	19	20
27	0,0000	0,0001	0,0002	0,0007	0,0016	0,0034	0,0063	0,0109	0,0173	0,0254
28	0,0000	0,0000	0,0001	0,0003	0,0009	0,0019	0,0038	0,0070	0,0117	0,0181
29	0,0000	0,0000	0,0001	0,0002	0,0004	0,0011	0,0023	0,0044	0,0077	0,0125
30	0,0000	0,0000	0,0000	0,0001	0,0002	0,0006	0,0013	0,0026	0,0049	0,0083
31	0,0000	0,0000	0,0000	0,0000	0,0001	0,0003	0,0007	0,0015	0,0030	0,0054
32	0,0000	0,0000	0,0000	0,0000	0,0001	0,0001	0,0004	0,0009	0,0018	0,0034
33	0,0000	0,0000	0,0000	0,0000	0,0000	0,0001	0,0002	0,0005	0,0010	0,0020
34	0,0000	0,0000	0,0000	0,0000	0,0000	0,0000	0,0001	0,0002	0,0006	0,0012
35	0,0000	0,0000	0,0000	0,0000	0,0000	0,0000	0,0000	0,0001	0,0003	0,0007
36	0,0000	0,0000	0,0000	0,0000	0,0000	0,0000	0,0000	0,0001	0,0002	0,0004
37	0,0000	0,0000	0,0000	0,0000	0,0000	0,0000	0,0000	0,0000	0,0001	0,0002
38	0,0000	0,0000	0,0000	0,0000	0,0000	0,0000	0,0000	0,0000	0,0000	0,0001
39	0,0000	0,0000	0,0000	0,0000	0,0000	0,0000	0,0000	0,0000	0,0000	0,0001

Annexe 3 Table de la loi normale centrée réduite

Les valeurs de la table correspondent à $P(0 \leq Z \leq z)$.

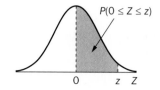

z	0,00	0,01	0,02	0,03	0,04	0,05	0,06	0,07	0,08	0,09
0,00	0,0000	0,0040	0,0080	0,0120	0,0160	0,0199	0,0239	0,0279	0,0319	0,0359
0,10	0,0398	0,0438	0,0478	0,0517	0,0557	0,0596	0,0636	0,0675	0,0714	0,0753
0,20	0,0793	0,0832	0,0871	0,0910	0,0948	0,0987	0,1026	0,1064	0,1103	0,1141
0,30	0,1179	0,1217	0,1255	0,1293	0,1331	0,1368	0,1406	0,1443	0,1480	0,1517
0,40	0,1554	0,1591	0,1628	0,1664	0,1700	0,1736	0,1772	0,1808	0,1844	0,1879
0,50	0,1915	0,1950	0,1985	0,2019	0,2054	0,2088	0,2123	0,2157	0,2190	0,2224
0,60	0,2257	0,2291	0,2324	0,2357	0,2389	0,2422	0,2454	0,2486	0,2517	0,2549
0,70	0,2580	0,2611	0,2642	0,2673	0,2704	0,2734	0,2764	0,2794	0,2823	0,2852
0,80	0,2881	0,2910	0,2939	0,2967	0,2995	0,3023	0,3051	0,3078	0,3106	0,3133
0,90	0,3159	0,3186	0,3212	0,3238	0,3264	0,3289	0,3315	0,3340	0,3365	0,3389
1,00	0,3413	0,3438	0,3461	0,3485	0,3508	0,3531	0,3554	0,3577	0,3599	0,3621
1,10	0,3643	0,3665	0,3686	0,3708	0,3729	0,3749	0,3770	0,3790	0,3810	0,3830
1,20	0,3849	0,3869	0,3888	0,3907	0,3925	0,3944	0,3962	0,3980	0,3997	0,4015
1,30	0,4032	0,4049	0,4066	0,4082	0,4099	0,4115	0,4131	0,4147	0,4162	0,4177
1,40	0,4192	0,4207	0,4222	0,4236	0,4251	0,4265	0,4279	0,4292	0,4306	0,4319
1,50	0,4332	0,4345	0,4357	0,4370	0,4382	0,4394	0,4406	0,4418	0,4429	0,4441
1,60	0,4452	0,4463	0,4474	0,4484	0,4495	0,4505	0,4515	0,4525	0,4535	0,4545
1,70	0,4554	0,4564	0,4573	0,4582	0,4591	0,4599	0,4608	0,4616	0,4625	0,4633
1,80	0,4641	0,4649	0,4656	0,4664	0,4671	0,4678	0,4686	0,4693	0,4699	0,4706
1,90	0,4713	0,4719	0,4726	0,4732	0,4738	0,4744	0,4750	0,4756	0,4761	0,4767
2,00	0,4772	0,4778	0,4783	0,4788	0,4793	0,4798	0,4803	0,4808	0,4812	0,4817
2,10	0,4821	0,4826	0,4830	0,4834	0,4838	0,4842	0,4846	0,4850	0,4854	0,4857
2,20	0,4861	0,4864	0,4868	0,4871	0,4875	0,4878	0,4881	0,4884	0,4887	0,4890
2,30	0,4893	0,4896	0,4898	0,4901	0,4904	0,4906	0,4909	0,4911	0,4913	0,4916
2,40	0,4918	0,4920	0,4922	0,4925	0,4927	0,4929	0,4931	0,4932	0,4934	0,4936
2,50	0,4938	0,4940	0,4941	0,4943	0,4945	0,4946	0,4948	0,4949	0,4951	0,4952
2,60	0,4953	0,4955	0,4956	0,4957	0,4959	0,4960	0,4961	0,4962	0,4963	0,4964
2,70	0,4965	0,4966	0,4967	0,4968	0,4969	0,4970	0,4971	0,4972	0,4973	0,4974
2,80	0,4974	0,4975	0,4976	0,4977	0,4977	0,4978	0,4979	0,4979	0,4980	0,4981
2,90	0,4981	0,4982	0,4982	0,4983	0,4984	0,4984	0,4985	0,4985	0,4986	0,4986
3,00	0,4987	0,4987	0,4987	0,4988	0,4988	0,4989	0,4989	0,4989	0,4990	0,4990
3,10	0,4990	0,4991	0,4991	0,4991	0,4992	0,4992	0,4992	0,4992	0,4993	0,4993
3,20	0,4993	0,4993	0,4994	0,4994	0,4994	0,4994	0,4994	0,4995	0,4995	0,4995
3,30	0,4995	0,4995	0,4995	0,4996	0,4996	0,4996	0,4996	0,4996	0,4996	0,4997
3,40	0,4997	0,4997	0,4997	0,4997	0,4997	0,4997	0,4997	0,4997	0,4997	0,4998
3,50	0,4998	0,4998	0,4998	0,4998	0,4998	0,4998	0,4998	0,4998	0,4998	0,4998
3,60	0,4998	0,4998	0,4999	0,4999	0,4999	0,4999	0,4999	0,4999	0,4999	0,4999
3,70	0,4999	0,4999	0,4999	0,4999	0,4999	0,4999	0,4999	0,4999	0,4999	0,4999
3,80	0,4999	0,4999	0,4999	0,4999	0,4999	0,4999	0,4999	0,4999	0,4999	0,4999
3,90	0,5000	0,5000	0,5000	0,5000	0,5000	0,5000	0,5000	0,5000	0,5000	0,5000

Annexe 4 Table de la loi de Student

Les valeurs de la table donnent $t_{\alpha;v}$, qui délimite une région dont l'aire représente la probabilité $\alpha = P\left(T > t_{\alpha;v}\right)$ lorsque le nombre de degrés de liberté est v.

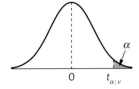

v	$t_{0,1;v}$	$t_{0,05;v}$	$t_{0,025;v}$	$t_{0,02;v}$	$t_{0,01;v}$	$t_{0,005;v}$
1	3,078	6,314	12,706	15,894	31,821	63,657
2	1,886	2,920	4,303	4,849	6,965	9,925
3	1,638	2,353	3,182	3,482	4,541	5,841
4	1,533	2,132	2,776	2,999	3,747	4,604
5	1,476	2,015	2,571	2,757	3,365	4,032
6	1,440	1,943	2,447	2,612	3,143	3,707
7	1,415	1,895	2,365	2,517	2,998	3,499
8	1,397	1,860	2,306	2,449	2,896	3,355
9	1,383	1,833	2,262	2,398	2,821	3,250
10	1,372	1,812	2,228	2,359	2,764	3,169
11	1,363	1,796	2,201	2,328	2,718	3,106
12	1,356	1,782	2,179	2,303	2,681	3,055
13	1,350	1,771	2,160	2,282	2,650	3,012
14	1,345	1,761	2,145	2,264	2,624	2,977
15	1,341	1,753	2,131	2,249	2,602	2,947
16	1,337	1,746	2,120	2,235	2,583	2,921
17	1,333	1,740	2,110	2,224	2,567	2,898
18	1,330	1,734	2,101	2,214	2,552	2,878
19	1,328	1,729	2,093	2,205	2,539	2,861
20	1,325	1,725	2,086	2,197	2,528	2,845
21	1,323	1,721	2,080	2,189	2,518	2,831
22	1,321	1,717	2,074	2,183	2,508	2,819
23	1,319	1,714	2,069	2,177	2,500	2,807
24	1,318	1,711	2,064	2,172	2,492	2,797
25	1,316	1,708	2,060	2,167	2,485	2,787
26	1,315	1,706	2,056	2,162	2,479	2,779
27	1,314	1,703	2,052	2,158	2,473	2,771
28	1,313	1,701	2,048	2,154	2,467	2,763
29	1,311	1,699	2,045	2,150	2,462	2,756
30	1,310	1,697	2,042	2,147	2,457	2,750
35	1,306	1,690	2,030	2,133	2,438	2,724
40	1,303	1,684	2,021	2,123	2,423	2,704
50	1,299	1,676	2,009	2,109	2,403	2,678
60	1,296	1,671	2,000	2,099	2,390	2,660
100	1,290	1,660	1,984	2,081	2,364	2,626
120	1,289	1,658	1,980	2,076	2,358	2,617
∞	1,282	1,645	1,960	2,054	2,326	2,576

Annexe 5 Table de la loi du khi carré

Les valeurs de la table donnent $\chi^2_{\alpha;v}$, qui délimite une région dont l'aire représente la probabilité $\alpha = P\left(\chi^2 > \chi^2_{\alpha;v}\right)$ lorsque le nombre de degrés de liberté est v.

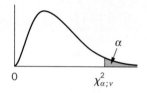

v	$\chi^2_{0,05;v}$	$\chi^2_{0,02;v}$	$\chi^2_{0,01;v}$
1	3,84	5,41	6,63
2	5,99	7,82	9,21
3	7,81	9,84	11,34
4	9,49	11,67	13,28
5	11,07	13,39	15,09
6	12,59	15,03	16,81
7	14,07	16,62	18,48
8	15,51	18,17	20,09
9	16,92	19,68	21,67
10	18,31	21,16	23,21
11	19,68	22,62	24,72
12	21,03	24,05	26,22
13	22,36	25,47	27,69
14	23,68	26,87	29,14
15	25,00	28,26	30,58
16	26,30	29,63	32,00
17	27,59	31,00	33,41
18	28,87	32,35	34,81
19	30,14	33,69	36,19
20	31,41	35,02	37,57
21	32,67	36,34	38,93
22	33,92	37,66	40,29
23	35,17	38,87	41,64
24	36,41	40,27	42,98
25	37,65	41,57	44,31

CHAPITRE 1

1. a) $A \cap B \cap C = \{3\}, (A \cup B)' = \{0, 6, 8\}, A' \cup C = \{0, 2, 3, 4, 6, 8, 9\}$ et
$C \backslash B = \{9\}$.

b) $n(A \cap B \cap C) = 1, n\big[(A \cup B)'\big] = 3, n(A' \cup C) = 7$ et $n(C \backslash B) = 1$.

c)

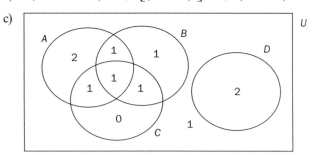

d) Les ensembles A et D sont disjoints.

2. a) C représente l'ensemble universel.

b) $F \cap M = \{$Cégépiens de sexe masculin qui sont fumeurs$\}$
$F' = \{$Cégépiens non fumeurs$\}$
$M \cup T = \{$Cégépiens de sexe masculin ou inscrits dans un programme technique$\}$
$T \backslash F = \{$Cégépiens inscrits dans un programme technique qui sont non fumeurs$\}$

3. a)

d) $D \backslash (P \cup J)$ représente l'ensemble des répondants qui ont déclaré n'avoir lu que
Le Devoir.

b) 395.

c) $n(P') = 395 - 200 = 195, n(D \cup P) = 235$ et $n(D \backslash J) = 80$.

d) $D \backslash (P \cup J)$ représente l'ensemble des répondants qui ont déclaré n'avoir lu que
Le Devoir.

4. a) $DDD, DDG, DGD, GDD, DGG, GDG, GGD$ et GGG.

b) DGG, GGD et GGG.

c) DDD, DDG, DGD et DGG.

d) DGD, DGG, GGD et GGG.

e) $P(A) = \frac{3}{8}$.

f) $P(B) = \frac{1}{2}$.

g) $P(C) = \frac{1}{2}$.

5. a) Il y a 75 cas possibles et 15 cas favorables ($B1$ à $B15$), de sorte que la probabilité cherchée vaut $^{15}/_{75} = ^1/_5$.

b) Il y a 15 boules dont le numéro est un multiple de cinq ($B5$, $B10$, $B15$, $I20$, $I25$, $I30$, $N35$, $N40$, $N45$, $G50$, $G55$, $G60$, $O65$, $O70$ et $O75$), de sorte que la probabilité cherchée est $^{15}/_{75} = ^1/_5$.

c) Il y a trois cas favorables ($B5$, $B10$ et $B15$), de sorte que la probabilité cherchée vaut $^3/_{75} = ^1/_{25}$.

d) En vertu du principe d'addition, le nombre de cas favorables est de $15 + 15 - 3 = 27$, de sorte que la probabilité cherchée vaut $^{27}/_{75} = ^9/_{25}$.

e) Il y a 45 boules désignées par une consonne ($B1$ à $B15$, $N31$ à $N45$ et $G46$ à $G60$), de sorte que la probabilité cherchée vaut $^{45}/_{75} = ^3/_5$.

6. a) $S = \{(p, p, p), (p, p, f), (p, f, p), (f, p, p), (p, f, f), (f, p, f), (f, f, p), (f, f, f)\}$.

b) $n(S) = 8$.

c) Les trois pièces sont tombées du même côté.

d) $A = \{(p, f, f), (f, p, f), (f, f, p)\}$.

e) $P(A) = ^3/_8$.

7. a) Les paires d'événements suivants sont incompatibles: A et C, A et E, B et C, B et E, D et C, D et E, ainsi que C et E.

b) $P(A) = ^1/_4$.

c) $P(A \cap B \cap D) = ^1/_{20}$.

d) $P(B') = ^{63}/_{80}$.

e) $P(A \backslash B) = ^3/_{20}$.

f) $P(A' \cap B' \cap D') = P\big[(A \cup B \cup D)'\big] = 1 - P(A \cup B \cup D) = 1 - ^{41}/_{80} = ^{39}/_{80}$.

8. Notons les événements comme suit:

D: « Harry rencontre le professeur Dumbledore »,

M: « Harry rencontre la professeure McGonagall ».

On a $P(D) = 0,8$, $P(M) = 0,4$ et $P(D \cap M) = 0,3$.

a) La probabilité que Harry Potter ne rencontre pas Dumbledore est donnée par $P(D') = 1 - P(D) = 1 - 0,8 = 0,2$.

b) La probabilité que Harry Potter rencontre un des deux professeurs (Dumbledore ou McGonagall) est donnée par:

$$P(D \cup M) = P(D) + P(M) - P(D \cap M)$$
$$= 0,8 + 0,4 - 0,3$$
$$= 0,9$$

9. a) Chaque suite constitue un arrangement, puisqu'il s'agit d'une sélection ordonnée de trois nombres différents choisis parmi les 60 nombres possibles. Par conséquent, le nombre de suites est:

$$A_3^{60} = \frac{60!}{(60 - 3)!}$$
$$= 205\ 320$$

b) Il y a un cas favorable (soit tomber sur la bonne suite) et $3!$ cas possibles (le nombre de façons de permuter les trois nombres). Par conséquent, la probabilité de réussir à ouvrir le cadenas au premier essai est de $\frac{1}{3!} = \frac{1}{6}$.

10. En vertu du principe de multiplication, il y a $5 \times 2 \times 4 = 40$ choix offerts au consommateur.

11. 15.

12. 24.

13. $\dfrac{1}{5!} = \dfrac{1}{120}$.

14. $4 \times 4 \times 4 = 4^3 = 64$.

15. 90.

16. a)

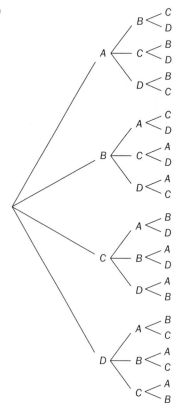

   b) $n(S) = 24$.

   c) $^6\!/_{24} = ^1\!/_4 = 0,25$.

   d) $^1\!/_{24} = 0,041\overline{6}$.

17. En vertu du principe de multiplication, il est possible de former $26 \times 26 \times 26 \times 26 = 26^4$ codes d'utilisateur de quatre lettres (différentes ou non). Par un raisonnement similaire, il y a 26^5 codes de cinq lettres, 26^6 codes de six lettres et 26^7 codes de sept lettres. Puisque les événements sont incompatibles, en vertu du principe d'addition, il y a donc $26^4 + 26^5 + 26^6 + 26^7 = 8\,353\,064\,304$ codes d'utilisateur différents.

18. À raison de 2 combinaisons par semaine, 52 semaines par année pendant 134 615 ans, on aurait 13 999 960 combinaisons (soit $2 \times 52 \times 134\,615$). Le nombre de combinaisons possibles à la Lotto 6/49 est donné par $\dbinom{49}{6} = 13\,983\,816$. Le nombre d'années nécessaires pour épuiser toutes les combinaisons possibles est donc d'un peu moins de 134 460 ans, soit $\dbinom{49}{6} \Big/ (2 \times 52)$.

19. a) $\underbrace{5 \times 5 \times \cdots \times 5}_{14 \text{ facteurs}} = 5^{14}$.

   b) Si le livre de Queneau compte n pages imprimées, il est possible de créer n^{14} poèmes différents. Le livre de Queneau compte donc 10 pages. Voici ce que Queneau écrivait :

   Les choses étant ainsi données, chaque vers étant placé sur un volet, il est facile de voir que le lecteur peut composer 10^{14} sonnets différents, soit cent mille milliards. (Pour être plus explicite pour les personnes sceptiques : à chaque premier vers – au nombre de dix – on peut faire correspondre dix seconds vers différents ; il y a donc cent combinaisons différentes des deux premiers vers ; en y joignant le troisième il y en aura mille et, pour les dix sonnets, complets, de quatorze vers, on a donc bien le résultat énoncé plus haut.)

c) On peut construire 5^{14} sonnets différents avec les pages paires, et 5^{14} sonnets différents avec les pages impaires. En vertu du principe d'addition, on peut donc construire 2×5^{14} sonnets différents.

20. a) $9 \times 8 \times 7 \times 6 = 3\,024$.

b) $4 \times 8 \times 7 \times 6 = 1\,344$.

c) $8 \times 7 \times 6 \times 5 = 1\,680$.

21. a) $A_4^6 = \dfrac{6!}{2!} = 360$.

b) $5 \times 4 \times 3 \times 1 = 60$.

c) $2 \times 5 \times 4 \times 3 = 120$.

d) $5 \times 4 \times 3 \times 1 = 60$.

22. a) Il y a 10 possibilités pour chaque chiffre. Par conséquent, il existe $10^3 = 1\,000$ codes différents.

b) $5 \times 10 \times 3 = 150$.

c) $\dfrac{5 \times 10 \times 3}{10^3} = \dfrac{3}{20} = 0,15$.

23. a) Il faut dénombrer les permutations des 12 plages. Il y a $12!$ possibilités.

b) $^{11}\!/_{12} = 0,91\overline{6}$.

24. a) « Cloche-Cœur-Cadeau » ou « Trèfle-Cloche-Étoile ». En fait, toutes les configurations où l'on trouve une « Cloche » en première ou en deuxième position ou une « Étoile » en troisième position.

b) $^3\!/_{20} = 0,15$.

c) $\dfrac{6 \times 2 \times 4}{20^3} = \dfrac{3}{500} = 0,006$.

d) $\dfrac{8 \times 4 \times 4}{20^3} = \dfrac{2}{125} = 0,016$.

e) Sur la première bande, le résultat le plus fréquent est « Ballons » ; sur la deuxième bande, c'est « Cadeau » ; sur la troisième bande, c'est également « Cadeau ». Le résultat le plus probable est donc « Ballons-Cadeau-Cadeau ».

25. $\dfrac{11!}{3!2!} = 3\,326\,400$.

26. a) Permutation.

b) Arrangement ; A_r^n.

27. a) $8! = 8 \times 7 \times 6 \times 5 \times 4 \times 3 \times 2 \times 1 = 40\,320$.

b) $\dfrac{4!}{10!} = \dfrac{4 \times 3 \times 2 \times 1}{10 \times 9 \times 8 \times 7 \times 6 \times 5 \times 4 \times 3 \times 2 \times 1}$

$= \dfrac{1}{10 \times 9 \times 8 \times 7 \times 6 \times 5}$

$= 0,000\,006\,613$

c) $\dbinom{9}{4} = \dfrac{9!}{4!(9-4)!} = \dfrac{9!}{4!5!} = 126$.

d) $A_2^7 = \dfrac{7!}{(7-2)!} = \dfrac{7!}{5!} = \dfrac{7 \times 6 \times 5 \times 4 \times 3 \times 2 \times 1}{5 \times 4 \times 3 \times 2 \times 1} = 42$.

28. Il y a $\binom{7}{4}$ façons de choisir les quatre romans parmi les sept romans proposés (l'ordre n'est pas important) et $\binom{5}{2}$ façons de choisir les deux biographies parmi les cinq biographies proposées. En vertu du principe de multiplication, il y a donc $\binom{7}{4}\binom{5}{2} = 35 \times 10 = 350$ façons de choisir les quatre romans et les deux biographies.

29. Il y a $3!$ façons de permuter les manuels de psychologie entre eux, $5!$ façons de permuter les manuels de sociologie entre eux, $4!$ façons de permuter les manuels d'histoire entre eux et $2!$ façons de permuter les manuels d'économie entre eux. En vertu du principe de multiplication, il y aura $3!5!4!2! = 34\,560$ façons différentes de disposer ces volumes de telle sorte que ceux portant sur une matière soient regroupés dans l'ordre alphabétique des matières.

30. a) L'ordre dans lequel l'étudiant choisit les questions n'a pas d'importance. Il faut donc compter le nombre de façons de choisir 10 questions parmi 15, peu importe l'ordre (il s'agit d'une combinaison). Il y a donc $\binom{15}{10} = \dfrac{15!}{10!5!} = 3\,003$ façons différentes de répondre aux questions de l'examen.

b) L'étudiant doit choisir 7 questions parmi les 12 qui restent. Il y a donc $\binom{12}{7} = \dfrac{12!}{7!5!} = 792$ façons différentes de répondre aux questions de l'examen en répondant aux trois premières questions.

c) $\binom{10}{6}\binom{5}{4} + \binom{10}{7}\binom{5}{3} + \binom{10}{8}\binom{5}{2} + \binom{10}{9}\binom{5}{1} + \binom{10}{10}\binom{5}{0} = 2\,751.$

31. a) $\dfrac{1}{11\,880} = 0,000\,084.$

b) $\dfrac{1}{12^4} = 0,000\,048.$

32. a) $\binom{9+7}{5} = \dfrac{16!}{5!11!} = 4\,368.$

b) $\binom{9}{3}\binom{7}{2} = 1\,764.$

c) $\dfrac{\binom{9}{3}\binom{7}{2}}{\binom{16}{5}} = \dfrac{1\,764}{4\,368} = \dfrac{21}{52} = 0,404.$

d) $\binom{9}{3}\binom{7}{2} + \binom{9}{4}\binom{7}{1} + \binom{9}{5}\binom{7}{0} = 2\,772.$

e) $\dfrac{2\,772}{4\,368} = \dfrac{33}{52} = 0,635.$

33. a) $120^5.$

b) $A_5^{120} = \dfrac{120!}{115!} = 120 \times 119 \times 118 \times 117 \times 116.$

c) $\binom{120}{5} = \dfrac{120!}{5!115!}.$

34. a) $\binom{10}{4} = \dfrac{10!}{4!6!} = 210.$

b) $\binom{9}{3} = \dfrac{9!}{3!6!} = 84.$

c) $\frac{2}{5}$.

d) $\binom{8}{2} = \frac{8!}{2!6!} = 28$.

e) $\frac{2}{15}$.

f) $\binom{8}{4} = \frac{8!}{4!4!} = 70$.

g) $\frac{1}{3}$.

35. $\dfrac{\binom{13}{1}\binom{48}{1}}{\binom{52}{5}} = 0,000\ 24 = 0,024\%$.

36. a) $\binom{52}{13}$.

b) $\binom{52-16}{13} = \binom{36}{13}$.

c) $0,003\ 639$.

37. a) $\binom{20}{3} = \frac{20!}{3!17!} = 1\ 140$.

b) $\binom{12}{1}\binom{8}{2} + \binom{12}{2}\binom{8}{1} + \binom{12}{3}\binom{8}{0} = 1\ 084$.

c) $\binom{8}{1}\binom{12}{2} + \binom{8}{2}\binom{12}{1} = 864$.

38. $\binom{20}{17} + \binom{20}{18} + \binom{20}{19} + \binom{20}{20} = 1\ 351$.

39. a) $P(A \cup B) = P(A) + P(B) - P(A \cap B) = 0,6 + 0,7 - 0,5 = 0,8$.

b) $P(A') = 1 - P(A) = 1 - 0,6 = 0,4$.

c) $P(A|B) = \dfrac{P(A \cap B)}{P(B)} = \dfrac{0,5}{0,7} = 0,714$.

d) $P(B|A) = \dfrac{P(B \cap A)}{P(A)} = \dfrac{P(A \cap B)}{P(A)} = \dfrac{0,5}{0,6} = 0,8\overline{3}$.

40. a) Les événements A et B ne sont pas indépendants, parce que:

$$P(A) = 0,6 \neq 0,5 = P(A|B)$$

b) $P(A|B) = \dfrac{P(A \cap B)}{P(B)}$, de sorte que $P(B) = \dfrac{P(A \cap B)}{P(A|B)} = \dfrac{0,3}{0,5} = 0,6$.

c) $0,5$.

41. Notons les événements et les probabilités qu'on trouve dans l'énoncé de la question.

E: «Le conducteur était en état d'ébriété»,

C: «Le conducteur détenait un permis de conduire»,

$P(E \cap C') = 0,05$,

$P(E \cup C') = 0,7$,

$P(E') = 0,5 \quad \Rightarrow \quad P(E) = 1 - P(E') = 1 - 0,5 = 0,5$.

On veut déterminer $P(C)$. Or,

$$P(E \cup C') = P(E) + P(C') - P(E \cap C')$$

de sorte que:

$$P(C') = P(E \cup C') - P(E) + P(E \cap C')$$
$$= 0,7 - 0,5 + 0,05$$
$$= 0,25$$

Par conséquent,

$$P(C) = 1 - P(C')$$
$$= 1 - 0,25$$
$$= 0,75$$

42. a) TABLEAU | **1.10**

**RÉPARTITION DES SALARIÉS D'UNE USINE,
SELON LA CATÉGORIE PROFESSIONNELLE ET LE NIVEAU DE STRESS**

Niveau de stress	Catégorie professionnelle			Total
	Cadres	Employés de bureau	Ouvriers	
Élevé	20	75	500	595
Moyen	10	100	200	310
Faible	20	25	50	95
Total	**50**	**200**	**750**	**1 000**

b) $P(C) = {}^{50}\!/_{1\,000} = {}^{1}\!/_{20} = 0,05$.

c) $P(B \cap M) = {}^{100}\!/_{1\,000} = {}^{1}\!/_{10} = 0,1$.

d) $P(E|O) = {}^{500}\!/_{750} = {}^{2}\!/_{3} = 0,\overline{6}$.

e) $P(F \cup M) = {}^{81}\!/_{200} = 0,405$.

f) $P(C \cup E) = {}^{5}\!/_{8} = 0,625$.

g) $P(E|C) = {}^{20}\!/_{50} = 0,4$, $P(E|B) = {}^{75}\!/_{200} = 0,375$ et $P(E|O) = {}^{500}\!/_{750} = 0,\overline{6}$, de sorte que ce sont les ouvriers qui ont la plus grande probabilité de présenter un niveau de stress élevé.

43. a) TABLEAU | **ER 1.1**

**RÉPARTITION DE 1 085 TRAVAILLEUSES MARIÉES OU VIVANT EN UNION DE FAIT,
AVEC AU MOINS UN ENFANT À LA MAISON, SELON LE RÉGIME DE TRAVAIL
ET L'ÂGE DU PLUS JEUNE ENFANT**

Âge de l'enfant (années)	Régime de travail		Total
	Temps partiel	Temps plein	
Moins de 6	152	339	491
De 6 à 15	140	359	499
16 et plus	13	82	95
Total	**305**	**780**	**1 085**

b) $P(A \cap E) = {}^{339}\!/_{1\,085} = 0,312$.

c) $P(A) = {}^{491}\!/_{1\,085}$ et $P(E) = {}^{780}\!/_{1\,085}$, de sorte que :

$$P(A) \times P(E) = 0,325 \neq 0,312 = P(A \cap E)$$

Par conséquent, les événements A et E ne sont pas indépendants.

d) $P(C|D) = {}^{13}\!/_{305} = 0,043$.

e) $P(C) = {}^{95}\!/_{1\,085} = 0,088$.

f) Puisque $P(C) = 0,088 \neq 0,043 = P(C|D)$, les événements C et D ne sont pas indépendants.

44. a)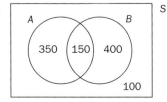

b) $P(B')$ représente la probabilité que le consommateur sélectionné n'aime pas la marque Bêta, de sorte que $P(B') = 0,45$.

c) $P(A \cup B)$ représente la probabilité que le consommateur sélectionné aime la marque Alpha ou la marque Bêta, de sorte que $P(A \cup B) = 0,9$.

d) $P(A \backslash B)$ ou $P(A \cap B')$.

e) $P(A \backslash B) = {}^{7}/_{20} = 0,35$.

f) $P(A' \cap B')$ ou $P\left[(A \cup B)'\right]$.

g) $P(A' \cap B') = {}^{1}/_{10} = 0,1$.

h) $P(A|B)$.

i) $P(A|B) = 0,\overline{27}$.

45. a) R_1' : « Échouer à l'examen à la première tentative ».

b) $P\left(R_1'\right) = 1 - P(R_1) = 1 - 0,6 = 0,4$.

c) $P\left(R_2 \middle| R_1'\right) = 0,8$.

d) $P\left(R_1' \cap R_2\right) = P\left(R_2 \middle| R_1'\right) P\left(R_1'\right) = (0,8)(0,4) = 0,32$.

e) $P\left(R_1' \cap R_2'\right) = P\left(R_2' \middle| R_1'\right) P\left(R_1'\right) = (1 - 0,8)(0,4) = (0,2)(0,4) = 0,08$.

46. a) $P(D') = 0,1$ représente la probabilité que le départ n'ait pas lieu à l'heure prévue.

b) $P(D \cap A) = 0,88$.

c) $P(D \cup A) = 0,94$ représente la probabilité que le départ ou l'arrivée aient lieu à l'heure prévue.

d) $P(D \cap A')$.

e) $$P(D) = P\left[D \cap (A \cup A')\right]$$
$$= P\left[(D \cap A) \cup (D \cap A')\right]$$
$$= P(D \cap A) + P(D \cap A') \qquad \begin{bmatrix} \text{Les événements } (D \cap A) \text{ et} \\ (D \cap A') \text{ sont incompatibles.} \end{bmatrix}$$

de sorte que :
$$P(D \cap A') = P(D) - P(D \cap A)$$
$$= 0,9 - 0,88$$
$$= 0,02$$

f) 6%.

g) $P(A|D)$.

h) $0,9\overline{7}$.

i) Puisque $P(A|D) = 0,9\overline{7} \neq 0,92 = P(A)$, les événements A et D ne sont pas indépendants.

47. a) $S = \{r\heartsuit, d\heartsuit, v\heartsuit, r\blacklozenge, d\blacklozenge, v\blacklozenge, r\spadesuit, d\spadesuit, v\spadesuit, r\clubsuit, d\clubsuit, v\clubsuit\}$.

b) $n(S) = 12$.

c) $A = \{r\heartsuit, d\heartsuit, v\heartsuit\}$.

d) $P(A) = {}^{3}/_{12} = {}^{1}/_{4} = 0,25$.

e) B : « Tirer un roi noir ».

f) $P(B) = {}^{2}/_{12} = {}^{1}/_{6} = 0,1\overline{6}$.

g) C : « Tirer une dame ».

h) $P(C) = {}^{4}/_{12} = {}^{1}/_{3} = 0,\overline{3}$.

i) D : « Tirer une carte (figure) rouge ».

j) $P(D) = {}^{6}/_{12} = {}^{1}/_{2} = 0,5$.

k) 1.

l) Les événements A et D ne sont pas indépendants, puisque :
$$P(D|A) = 1 \neq {}^{1}/_{2} = P(D)$$

m) ½.

n) Les événements C et D sont indépendants, puisque $P(D|C) = ½ = P(D)$.

o)

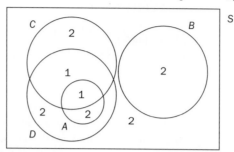

48. a) $P(T) = {}^{13}\!/_{52} = ¼ = 0,25$.

b) $P(N|T) = {}^{25}\!/_{51}$.

c) ${}^{25}\!/_{204} = 0,123$.

49. ${}^{30}\!/_{107} = 0,28$.

50. a) 0,4.

b) 0,152.

51. Notons A l'événement «Obtenir une note supérieure à 90 au premier examen» et B l'événement «Obtenir une note supérieure à 90 au deuxième examen». Alors, $P(A) = 0,1$ et $P(B) = 0,15$. Or, $P(A \cap B) = P(A) \times P(B)$ si et seulement si A et B sont des événements indépendants. On peut toutefois penser qu'il y a un lien entre les notes des étudiants au premier et au deuxième examen : un élève qui a eu une note supérieure à 90 au premier examen a, selon toute vraisemblance, une probabilité plus forte d'obtenir une note supérieure à 90 au deuxième examen qu'un élève qui a seulement obtenu une note de 60 au premier examen. Puisque les événements A et B ne semblent pas indépendants, on ne peut pas évaluer la probabilité de l'intersection en effectuant le produit des probabilités.

52. a) 0,12.

b) 0,621.

c) Puisque $P(F3|M2) = 0,621 \neq 0,516 = P(F3)$, les deux événements ne sont pas indépendants.

d) Pour obtenir cette probabilité, il faut additionner les pourcentages situés sous la diagonale principale du tableau. La probabilité cherchée vaut donc :

$$0,184 + 0,184 + 0,236 = 0,604$$

53. a) 0,000 001 %.

b) 99,999 999 %.

c) 99,99 %.

54. a) 12.

b) $\frac{1}{12} = 0,08\overline{3}$.

c) Il a supposé que la position de la valve d'un pneu après un déplacement était indépendante de la position de la valve de l'autre pneu.

d) Non. Puisque les pneus d'une voiture sont de même dimension, chaque fois que le pneu avant effectue une rotation, le pneu arrière en fait autant. Les deux événements sont donc liés. On peut même affirmer que si la valve du pneu avant revient à sa position d'origine après un déplacement, la valve du pneu arrière en fera autant, du moins en théorie. Toutefois, si la chaussée est glacée, il est possible qu'une roue glisse, et notre énoncé théorique ne tient plus. Il en est de même si la pression n'est pas la même dans les deux pneus.

e) Le juge a accepté l'opinion de l'expert selon laquelle la position de chaque valve est indépendante de celle des autres. En vertu de cette opinion, la probabilité que deux valves reviennent à leur position d'origine après un déplacement est de $\frac{1}{12^2} = \frac{1}{144} = 0,0069$. Celle que les quatre valves reviennent à leur position d'origine est plus faible : $\frac{1}{12^4} = 0,000\,05$. Le juge a considéré qu'une probabilité de $\frac{1}{144}$ n'était pas assez faible pour qu'on remette en question la déclaration du propriétaire du véhicule ; il ne rejette pas l'idée que les valves des deux pneus soient revenues par hasard à leur position d'origine. Il a donc choisi de ne pas condamner le propriétaire du véhicule, parce qu'il subsistait un doute raisonnable dans son esprit. Par contre, une probabilité de $\frac{1}{12^4}$ lui semblait trop faible pour qu'on puisse attribuer au hasard le fait que les quatre valves reviennent à leur position d'origine après un déplacement. Devant un événement aussi invraisemblable, bien que pas tout à fait impossible, il aurait condamné le propriétaire, parce qu'il n'aurait plus existé de doute raisonnable dans son esprit.

55. a) FIGURE | **1.22**

ARBRE DE PROBABILITÉ

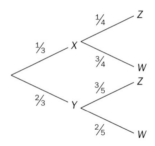

b) $P(X \cap Y) = 0$.

c) $P(Z|Y) = \frac{3}{5}$.

d) $P(X \cap W) = P(W|X) \times P(X) = \frac{3}{4} \times \frac{1}{3} = \frac{1}{4}$.

e) $P(Z) = \frac{1}{4} \times \frac{1}{3} + \frac{3}{5} \times \frac{2}{3} = \frac{29}{60} = 0,48\overline{3}$.

56. a) FIGURE | **1.23**

ARBRE DE PROBABILITÉ D'UNE FAMILLE DE TROIS ENFANTS

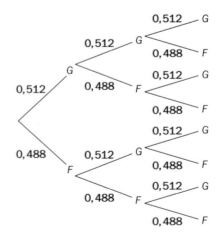

b) 0,512.

c) 0,122.

d) 0,866.

e) 0,482.

57. a) FIGURE | **1.24**

ARBRE DE PROBABILITÉ

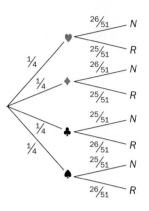

b) $\frac{1}{4} \times \frac{26}{51} = \frac{13}{102} = 0,127.$

c) $\frac{1}{4} \times \frac{25}{51} + \frac{1}{4} \times \frac{25}{51} = \frac{25}{102} = 0,245.$

d) $\frac{1}{4} \times \frac{26}{51} + \frac{1}{4} \times \frac{26}{51} = \frac{13}{51} = 0,255.$

58. a) Oui, car chaque personne appartient à un et un seul des quatre groupes sanguins. Les groupes sanguins sont donc exhaustifs et mutuellement exclusifs.

b) 100 % ou 1.

c) Oui, parce que les groupes sanguins forment une partition de la population. La probabilité qu'un Canadien appartienne à un des quatre groupes sanguins est donc de 100 %.

d) La probabilité que deux conjoints soient du groupe O correspond à la probabilité d'une intersection (celle qu'une personne et son conjoint soient du groupe O). Comme ces événements sont indépendants, la probabilité cherchée correspond au produit des probabilités : $(0,46)(0,46) = 0,2116.$

e) $(0,42)(0,42) = 0,1764.$

f) $(0,09)(0,09) = 0,0081.$

g) $(0,03)(0,03) = 0,0009.$

h) La somme ne donne pas 1, parce qu'on n'a pas tenu compte des conjoints qui n'appartiennent pas au même groupe sanguin.

i) FIGURE | **1.25**

ARBRE DE PROBABILITÉ DES GROUPES SANGUINS

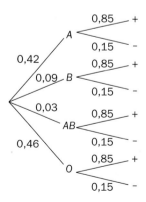

j) $P(A^+) = 0,85 \times 0,42 = 0,357.$

k) $P\left[(O^-)'\right] = 1 - P(O^-) = 1 - 0,15 \times 0,46 = 0,931.$

l) 0,039.

59. On sait que :

$$P(B) = 0,9 \quad \Rightarrow \quad P(B') = 0,1$$

$$P(E|B) = 0,8 \quad \Rightarrow \quad P(E'|B) = 0,2$$

$$P(E'|B') = 0,4$$

En vertu de la formule de Bayes :

$$P(B|E') = \frac{P(B \cap E')}{P(E')}$$

$$= \frac{P(E'|B) \times P(B)}{P(E'|B) \times P(B) + P(E'|B') \times P(B')}$$

$$= \frac{0,2(0,9)}{0,2(0,9) + 0,4(0,1)}$$

$$= 0,82$$

60. a) 0,703.

b) 0,005.

61. a) 0,068.

b) La probabilité de mauvaise créance chez les clients en retard au moins trois fois n'est que de 7 % environ. En refusant de faire crédit à toutes les personnes qui ont été en retard trois fois ou plus, la société de crédit perdrait donc 93 % des clients qui, malgré leurs retards, remboursent finalement leur dette. En adoptant la nouvelle politique, la société de crédit réduirait le nombre de clients délinquants, mais au prix d'une baisse encore plus importante du nombre de bons clients. Il n'est probablement pas avantageux d'appliquer cette politique.

62. a) 0,0535.

b) 0,374.

CHAPITRE 2

1. a) TABLEAU | **2.5**

DISTRIBUTION DE PROBABILITÉ DE LA VARIABLE ALÉATOIRE X

X	P(X = k)
1	1/10
2	2/10
3	3/10
4	4/10
Total	**1**

b) 3.

c) 1.

2. a) L'espace échantillonnal du lancer de deux dés tétraédriques est :

$$S = \begin{Bmatrix} (1,1), (1,2), (1,3), (1,4), \\ (2,1), (2,2), (2,3), (2,4), \\ (3,1), (3,2), (3,3), (3,4), \\ (4,1), (4,2), (4,3), (4,4) \end{Bmatrix}$$

b) $n(S) = 16$.

c) $n(A) = 2$.

d) $P(A) = P(X = 3) = \frac{2}{16} = \frac{1}{8}$.

e) La variable X peut prendre les valeurs 2, 3, 4, 5, 6, 7 ou 8.

f) TABLEAU | **ER 2.1**

DISTRIBUTION DE PROBABILITÉ DE LA SOMME (X) DES NOMBRES SUR LES FACES CACHÉES DES DEUX DÉS TÉTRAÉDRIQUES

Somme des nombres (X)	$P(X = k)$
2	1/16
3	2/16
4	3/16
5	4/16
6	3/16
7	2/16
8	1/16
Total	1

g) 5.

h) $\frac{5}{2}$.

3. a) TABLEAU | **ER 2.2**

DISTRIBUTION DE PROBABILITÉ DE LA DIFFÉRENCE (X) ENTRE LE NOMBRE DE POINTS SUR LA FACE DU DÉ VERT ET CELUI SUR LA FACE DU DÉ ROUGE

Différence (X)	$P(X = k)$
−5	1/36
−4	2/36
−3	3/36
−2	4/36
−1	5/36
0	6/36
1	5/36
2	4/36
3	3/36
4	2/36
5	1/36
Total	1

b) 0.

c) $\frac{35}{6}$.

4. a) TABLEAU | **ER 2.3**

DISTRIBUTION DE PROBABILITÉ DU NOMBRE DE CARTES DE CŒUR (X) LORS D'UN TIRAGE SANS REMISE DE DEUX CARTES

Nombre de cartes de cœur (X)	$P(X = k)$
0	$\dfrac{\binom{13}{0}\binom{39}{2}}{\binom{52}{2}} = \dfrac{19}{34}$
1	$\dfrac{\binom{13}{1}\binom{39}{1}}{\binom{52}{2}} = \dfrac{13}{34}$
2	$\dfrac{\binom{13}{2}\binom{39}{0}}{\binom{52}{2}} = \dfrac{1}{17}$
Total	1

b) $E(X) = \frac{1}{2}$ et $Var(X) = \frac{25}{68}$.

c) TABLEAU | **ER 2.4**

DISTRIBUTION DE PROBABILITÉ DU NOMBRE DE CARTES DE CŒUR (X)
LORS D'UN TIRAGE AVEC REMISE DE DEUX CARTES

Nombre de cartes de cœur (X)	$P(X = k)$
0	$\dfrac{39^2}{52^2} = \dfrac{9}{16}$
1	$\dfrac{13 \times 39}{52^2} \times 2 = \dfrac{3}{8}$
2	$\dfrac{13^2}{52^2} = \dfrac{1}{16}$
Total	1

d) $E(X) = \frac{1}{2}$ et $Var(X) = \frac{3}{8}$.

5. a) TABLEAU | **ER 2.5**

DISTRIBUTION DE PROBABILITÉ DU NOMBRE DE PRIX INTÉRESSANTS (X)
GAGNÉS PAR LE PARTICIPANT QUI CHOISIT DEUX ENVELOPPES

Nombre de prix intéressants (X)	$P(X = k)$
0	$\dfrac{\binom{2}{0}\binom{4}{2}}{\binom{6}{2}} = \dfrac{2}{5}$
1	$\dfrac{\binom{2}{1}\binom{4}{1}}{\binom{6}{2}} = \dfrac{8}{15}$
2	$\dfrac{\binom{2}{2}\binom{4}{0}}{\binom{6}{2}} = \dfrac{1}{15}$
Total	1

b) TABLEAU | **ER 2.6**

DISTRIBUTION DE PROBABILITÉ DU NOMBRE DE PRIX INTÉRESSANTS (X)
GAGNÉS PAR LE PARTICIPANT QUI CHOISIT TROIS ENVELOPPES

Nombre de prix intéressants (X)	$P(X = k)$
0	$\dfrac{\binom{2}{0}\binom{4}{3}}{\binom{6}{3}} = \dfrac{1}{5}$
1	$\dfrac{\binom{2}{1}\binom{4}{2}}{\binom{6}{3}} = \dfrac{3}{5}$
2	$\dfrac{\binom{2}{2}\binom{4}{1}}{\binom{6}{3}} = \dfrac{1}{5}$
Total	1

6. $-1,60$ \$.

7. L'espérance de gain est de $\frac{1}{4} > 0$, de sorte que vous avez tout intérêt à participer à ce jeu.

8. Une variable aléatoire X obéit à la loi binomiale de paramètres n et p, ce que nous notons $X \sim B(n; p)$, lorsque les conditions suivantes sont remplies:

- On répète, de façon indépendante, la même expérience (ou épreuve) n fois.

- À chaque reprise de l'expérience, il y a deux résultats possibles qu'on qualifie arbitrairement de succès et d'échec.

- La probabilité de succès est la même à chaque reprise de l'expérience. Elle est notée p.

- La variable aléatoire X donne le nombre de succès obtenus lors des n reprises de l'expérience.

9. a) Si X représente le nombre de garçons sélectionnés dans les 14 semaines où il y a des interrogations, alors $X \sim B(14; \frac{1}{3})$.

b) On ne tire pas le même nombre de cartes à chaque reprise de l'expérience. Il ne s'agit pas d'une expérience binomiale.

c) Si X représente le nombre de bonnes réponses aux 10 dernières questions, alors $X \sim B(10; \frac{1}{4})$.

10. a) 0,3087.

b) 0,0512.

c) 0,0995.

d) 0,9890.

11. 0,2503.

12. 0,3151.

13. a) Il s'agit du prélèvement avec remise d'un échantillon aléatoire de 15 étudiants inscrits à temps plein à l'enseignement ordinaire en formation préuniversitaire.

b) La variable X représente le nombre d'étudiants, parmi les 15 sélectionnés, qui n'obtiendront pas leur diplôme en six trimestres ou moins.

c) $X \sim B(15; 0,3)$.

d) 4.

e) 0,2186.

f) 0,5154.

14. a) 0,2912.   b) 0,8535.   c) 2.

15. a) 0,0596.   b) 0,9975.   c) 0,0000.

16. a) 0,3487.   b) 0,6497.   c) 0,9298.   d) 0,0702.

17. 0,0548.

18. a) 0,0879.   b) 0,7627.   c) 0,9844.   d) 0,2373.

19. a) 0,0956.   b) 0,1969.

20. a) 0,2373.

b) 0,9844.

c) $P(X = 5) = 0,0010$. Par conséquent, on s'attend à ce que 1 sujet sur 1 000 réussisse à faire 5 prédictions correctes en répondant au hasard. Il n'y a donc pas lieu de penser que le sujet est doué de perception extra-sensorielle. Par contre, si nous refaisions le test avec ce seul sujet, et qu'il faisait à nouveau cinq prédictions correctes, nous serions plus enclins à admettre qu'il a un tel don.

21. a) 0,2517.   b) 0,0410.   c) 0,0010.

22. a) 0,1318.   b) 0,5340.   c) 0,4614.

CHAPITRE 2

23. a) 0,0012. b) 0,1873. c) 0,9998. d) 0,1646.

24. a) 0,3281.

b) 0,5905.

c) 0,0469.

d) 0,0039.

e) Le résultat le plus probable est que le vendeur effectue trois ventes auprès de ces quatre clients.

f) 0,1402.

25. 0,000 298.

26. a) 0,5120. b) 0,9920. c) 0,1875.

27. a) 0,0577. b) 16.

28. a) 0,1250.

b) On ne peut pas considérer que cet événement est rare, puisque sa probabilité est de 0,1094.

c) Si l'on effectue 10 lancers, alors $X \sim B(10; 0,5)$. Nous cherchons à évaluer le nombre k tel que $P(X \leq k) < 0,05 = \frac{1}{20}$. Or, $P(X \leq 2) = 0,0547$ et $P(X \leq 1) = 0,0108$. Par conséquent, si l'on observe un « pile » ou moins, soit neuf « face » ou plus, on peut penser que l'adversaire triche.

29. Notons X le nombre d'étudiants qui emploient la stratégie apprise en premier pour résoudre un problème. Si l'on suppose qu'ils choisissent indifféremment l'une ou l'autre des stratégies, alors $X \sim B(20; 0,5)$, de sorte que :

$$P(X \geq 16) = P(X = 16) + P(X = 17) + \cdots + P(X = 20)$$
$$= 0,0046 + 0,0011 + 0,0002 + 0,0000 + 0,0000$$
$$= 0,0059$$

Cet événement est donc tellement rare selon l'hypothèse d'indifférence de la stratégie employée qu'on est porté à penser que celle-ci est fausse plutôt que d'attribuer la réalisation de cet événement au hasard. On considère donc que les étudiants favorisent la stratégie qu'ils ont apprise en premier.

30. Si l'entreprise ne pratique pas de discrimination, la probabilité qu'une femme soit choisie pour chacun des postes devrait valoir $p = 0,4$, puisque les femmes représentent 40 % des candidats possédant les compétences requises. Cette probabilité est constante pour tous les postes, et on a pourvu aux 20 postes. On peut donc considérer que la loi binomiale s'applique. Si X représente le nombre de femmes choisies pour 20 postes pourvus, alors $X \sim B(20; 0,4)$. Dans ces circonstances, $P(X \leq 2) = 0,0036$, soit une probabilité nettement inférieure à 1 %. Il est donc très invraisemblable que la probabilité pour une femme d'être choisie corresponde à la proportion de candidates possédant les compétences requises. On aurait dû observer beaucoup plus de postes occupés par des femmes. Par conséquent, on peut penser que cette firme a des pratiques d'embauche discriminatoires.

31. a) 0,1929. b) 0,9666. c) 0,4390.

32. a) 0,0829. b) 0,8749.

33. a) 0,1033. b) 0,1512. c) 0,0624.

34. a) 0,0002. b) 0,0498.

35. a) 0,0164. b) 0,6065. c) 0,3233.

36. Environ 0,0317.

37. a) Environ 1. b) Environ 0,0018.

38. Notons X le nombre de naissances multiples lors de 150 accouchements. Les conditions d'application de la loi binomiale étant remplies, $X \sim B(150 ; 0,03)$, de sorte que :

$$P(X = 0) = \binom{150}{0}(0,03)^0 (1 - 0,03)^{150-0}$$

$$= \binom{150}{0}(0,03)^0 (0,97)^{150}$$

$$= 0,0104$$

Puisque $n = 150 \geq 50$ et $np = 150(0,03) = 4,5 \leq 5$, on peut employer la loi de Poisson d'espérance $4,5$ [soit $\lambda = np = 150(0,03) = 4,5$], c'est-à-dire $Y \sim Po(4,5)$, pour approximer cette probabilité :

$$P(X = 0) \approx P(Y = 0)$$

$$\approx \frac{e^{-4,5}(4,5)^0}{0!}$$

$$\approx 0,0111$$

Les deux probabilités obtenues sont très voisines.

39. a) 4.   b) Environ 0,5665.

40. a) 4.

b) Environ 0,6289.

c) Si l'on se fie à la table de la loi de Poisson, le nombre le plus probable de pneus retournés est trois ou quatre.

41. Si X représente le nombre de fautes commises dans un texte de 10 pages, alors $X \sim Po(1)$. La probabilité que cette candidate fasse au moins 6 fautes en 10 pages est donnée par :

$$P(X \geq 6) = 0,0005 + 0,0001$$

$$= 0,0006$$

Il est donc très peu probable qu'une secrétaire qui ne fait, en moyenne, qu'une faute toutes les 10 pages produise un texte qui en compte 6 ou plus. Par conséquent, nous pouvons raisonnablement douter de l'affirmation de la candidate qui a obtenu au moins 6 fautes lors de l'entrevue de sélection.

42. a) Si X représente le nombre de fractures traitées en une journée, alors, puisqu'on traite en moyenne deux fractures par jour, on a que $E(X) = \lambda = 2$.

b) 0,0902.

c) On cherche la valeur k telle que $P(X \leq k) \geq 0,98$. Or, $P(X \leq 5) = 0,9834$ et $P(X \leq 4) = 0,9473$. Par conséquent, cet hôpital doit posséder cinq trousses.

d) 0,9512.

e) Cet événement est pratiquement impossible.

43. a) Les conditions d'application de la loi binomiale sont remplies :

- On répète, de façon indépendante, la même expérience (ou épreuve) n fois : le chirurgien pratique 20 opérations ($n = 20$).

- À chaque reprise de l'expérience, il y a deux résultats possibles qu'on qualifie arbitrairement de succès (le patient survit) et d'échec (le patient ne survit pas).

- La probabilité de succès est la même à chaque reprise de l'expérience : la probabilité qu'un patient survive à l'opération vaut $p = 0,95$.

- La variable aléatoire X donne le nombre de succès obtenus lors des n reprises de l'expérience, soit le nombre de patients parmi les 20 qui survivront à l'opération.

Donc $X \sim B(20 ; 0,95)$.

b) 19.

c) 0,7359.

d) Environ 0,3528.

e) La probabilité qu'au moins 5 patients décèdent des suites de l'opération n'est que de 0,0025, ce qui est hautement invraisemblable. Par conséquent, il y a tout lieu de remettre en question l'affirmation selon laquelle le taux de survie à l'opération est de 95 %.

CHAPITRE 3

1. a)

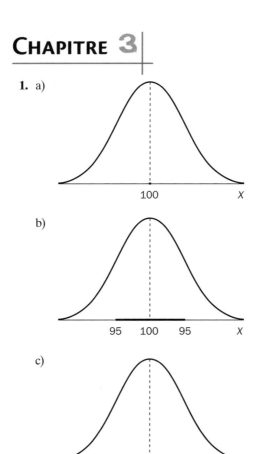

b)

c)

d)

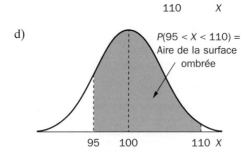

$P(95 < X < 110) =$ Aire de la surface ombrée

2. Comme $60 > 50 = \mu$, on a $P(X < 60) > 0,5$. Par conséquent, la seule réponse plausible est *c*.

3. a) 0,4793. c) 0,0336. e) 0,8836.

b) 0,9929. d) 0,1379. f) 0,3245.

4. a) 1,41. c) $-0,60$. e) $-0,74$. g) 0,49.

b) $-0,51$. d) -1. f) $-1,00$.

5. a) 0,04. b) 0,98. c) 0,10.

6. a) 0,5.   **d)** 0,8533.   **g)** 0,7995.   **j)** 0,0749.

    b) 0,4934.   **e)** 0,0972.   **h)** 0,9854.

    c) 0,1406.   **f)** 0,2573.   **i)** 0,0838.

7. a) 0,6826.   **b)** 0,95.   **c)** 0,9898.

8. Si l'on note X le temps nécessaire pour se rendre au travail en empruntant le trajet A, alors $X \sim N(30; 10^2)$. Si l'on note Y le temps nécessaire pour se rendre au travail en empruntant le trajet B, alors $Y \sim N(35; 4^2)$.

    a) La probabilité d'être à l'heure en empruntant le trajet A est donnée par :

$$P(X < 40) = P\left(\frac{X - 30}{10} < \frac{40 - 30}{10}\right)$$
$$= P(Z < 1)$$
$$= 0,5 + P(0 < Z < 1)$$
$$= 0,5 + 0,3413$$
$$= 0,8413$$

    La probabilité d'être à l'heure en empruntant le trajet B est donnée par :

$$P(Y < 40) = P\left(\frac{Y - 35}{4} < \frac{40 - 35}{4}\right)$$
$$= P(Z < 1,25)$$
$$= 0,5 + P(0 < Z < 1,25)$$
$$= 0,5 + 0,3944$$
$$= 0,8944$$

    La probabilité d'être à l'heure à votre réunion est donc plus forte si vous empruntez le trajet B.

    b) $P(X < 30) = 0,5$ et $P(Y < 30) = 0,1056$. La probabilité d'être à l'heure à votre réunion est donc plus forte si vous empruntez le trajet A.

    c) $P(Y > 60) = 0$. Théoriquement, vous ne serez donc jamais en retard à une réunion qui commence à 9 heures si vous quittez votre domicile à 8 heures et que vous empruntez le trajet B.

9. Si l'on note X le diamètre du crâne d'un homme, alors $X \sim N(133; 5^2)$, de sorte que $P(X \leq 119) = 0,0026$. Puisque cette probabilité est très faible, il s'agit d'un événement très rare. Il est donc très peu vraisemblable que le crâne trouvé soit celui d'un homme ayant vécu dans cette région 3 000 ans avant Jésus-Christ.

10. Si l'on note X la variable aléatoire donnant la longueur (en mètres) des tiges produites, alors $X \sim N(2; 0,02^2)$. On cherche à évaluer $P(X < 1,98$ ou $X > 2,05)$. Or,

$$P(X < 1,98 \text{ ou } X > 2,05) = 1 - P(1,98 \leq X \leq 2,05)$$
$$= 1 - P\left(\frac{1,98 - 2}{0,02} \leq \frac{X - 2}{0,02} \leq \frac{2,05 - 2}{0,02}\right)$$
$$= 1 - P(-1 \leq Z \leq 2,5)$$
$$= 1 - [P(-1 \leq Z < 0) + P(0 \leq Z \leq 2,5)]$$
$$= 1 - [P(0 < Z \leq 1) + P(0 \leq Z \leq 2,5)]$$
$$= 1 - (0,3413 + 0,4938)$$
$$= 0,1649$$

11. Si l'on note X l'épaisseur des feuilles produites par ce fabricant, alors $X \sim N(20; 0,4^2)$.

    a) $P(X < 21) = 0,9938$.

    b) $P(X > 20,8) = 0,0228$.

    c) $P(X \geq 19,5) = 0,8944$.

12. Si l'on note X la masse (en grammes) des enfants à la naissance, alors $X \sim N(3\,500\,; 400^2)$.

   a) $P(3\,000 < X < 4\,000) = 0,7888$.

   b) $P(X < 2\,500) = 0,0062$.

13. Si l'on note X le QI d'un individu, alors $X \sim N(100\,; 256)$. La probabilité qu'un sujet présente une déficience intellectuelle correspond à $P(X < 70) = 0,0301$, celle que l'intelligence d'une personne soit inférieure correspond à $P(70 \leq X < 90) = 0,2375$, celle que l'intelligence d'une personne soit moyenne correspond à $P(90 \leq X < 110) = 0,4648$, celle que l'intelligence d'une personne soit supérieure correspond à $P(110 \leq X < 130) = 0,2375$ et celle que l'intelligence d'une personne soit très supérieure correspond à $P(X \geq 130) = 0,0301$.

14. a) 0,0228.   b) 0,3085.   c) 0,8413.   d) 0,7745.

15. a) $X \sim N(1\,400\,; 100^2)$.

   b) 0,4599.   d) 0,1056.   f) 0,1841.   h) 0,3462.

   c) 0,0886.   e) 0,9997.   g) 0,8944.

16. a) $X \sim N(0,8\,; 0,15^2)$.

   b) 0,9082.   d) 0,7258.   f) 0,1596.

   c) 0,2514.   e) 0,1596.

17. a) $X \sim N(120\,; 20^2)$.

   b) 0,0401.   c) 0,7734.   d) 0,8543.   e) 0,2417.

18. 15.

19. a) Comme 15,87 % des candidates et des candidats ont une note supérieure à 600, la note de Zoé est insuffisante pour qu'elle soit acceptée.

   b) 628.

20. Si l'on note X le temps (en minutes) exigé pour effectuer le test, alors $X \sim N(2\,; 0,5^2)$.

   a) 99,74 % $\big($soit $2 \times 0,4987\big)$ des données devraient se trouver à au plus 3 écarts types de la moyenne, c'est-à-dire entre 0,5 $\big($soit $2 - 3 \times 0,5\big)$ et 3,5 min $\big($soit $2 + 3 \times 0,5\big)$.

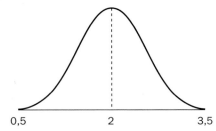

   b) 0,7881.

   c) 0,8413.

   d) Les sujets les plus lents mettent plus de 2,64 minutes pour effectuer le test.

21. Le professeur attribuera la cote A aux étudiants dont la note est supérieure ou égale à 84,45, la cote B à ceux dont la note se situe dans l'intervalle $[74,7\,; 84,45[$, la cote C à ceux dont la note se situe dans l'intervalle $[61,3\,; 74,7[$, la cote D à ceux dont la note se situe dans l'intervalle $[51,55\,; 61,3[$ et la cote E à ceux dont la note est inférieure à 51,55.

22. a) 30,85 % des candidats.

   b) Les responsables du programme ne recevront en entrevue que les candidats dont les résultats au test sont supérieurs à 60,4.

23. Les personnes dont les résultats au test sont inférieurs à 57,31 seront classées parmi les introvertis.

24. a) 10,56 %.

b) Le professeur devrait accorder au moins 106,4 minutes aux étudiants pour passer l'examen.

25. a) 5,48 %.   b) 2,28 %.   c) 311,65 mL.

26. a) 0,8543.

b) 6,68 % des acheteurs auront droit au rabais de 2 000 $.

c) Le constructeur devrait garantir que la construction de la maison se fera en moins de 55,3 jours.

27. a) 78,23 %.

b) Une gestation de plus de 295 jours est exceptionnelle, puisque la probabilité d'une telle durée est de 0,0073, soit moins de 1 %.

c) 5,94 %.

d) La durée de gestation servant de critère pour déterminer la prématurité devrait être de 257,25 jours.

e) 90 % des naissances au Québec surviennent en deçà de 284,52 jours de gestation.

28. a) 0,0918.

b)
$$P(X < 13) = P\left(\frac{X - 10}{1,5} < \frac{13 - 10}{1,5} \right)$$
$$= P(Z < 2)$$
$$= 0,5 + P(0 < Z < 2)$$
$$= 0,5 + 0,4772$$
$$= 0,9772$$

de sorte que l'affirmation du répartiteur est plausible.

c) 8,355 min.

29. a) 0,7389.

b) L'affirmation est plausible, puisque seulement 1,92 % des lecteurs MP3 ont une durée de vie supérieure à 10 ans.

c) 8,84.

30. Environ 3,29 %.

31. Environ 87,86 %.

32. Environ 19,49 %.

33. Il est plus probable (15,62 %) d'obtenir moins de 4 950 « pile » en 10 000 lancers que d'obtenir entre 4 995 et 5 005 « pile » (7,18 %).

34. Environ 90,99 %.

35. La probabilité (0,0023) d'obtenir 70 ampoules défectueuses ou plus dans un échantillon de 1 000 ampoules si le taux de défectuosité n'est que de 5 % est très faible, de sorte qu'on peut remettre en question l'affirmation de cette compagnie.

36. a) Environ 22,36 %.

b) Environ 97,83 %.

c) Environ 18,44 %.

37. a) Si l'on note X le nombre de personnes dans un groupe de 20 personnes, qui devront encore porter des lunettes après l'opération, alors $X \sim B(20 \,; 0,05)$, puisque les conditions d'application de la loi binomiale sont remplies.

b) 1.

c) 0,2638.

d) Environ 0,0011.

e) Environ 0,9625.

CHAPITRE 3

38. 120.

39. a) 44,5.   b) 59,2.   c) 73,3.

CHAPITRE 4

1. a) $n = 1\,050$.

   b) La proportion (π) des Québécois âgés de 18 ans ou plus qui considèrent que l'euthanasie devrait être tolérée.

   c) π.

   d) p.

   e) 60 %.

   f) La proportion des Québécois âgés de 18 ans ou plus qui considèrent que l'euthanasie devrait être tolérée se situe entre 57 et 63 %.

   g) 95 %, soit 19 fois sur 20.

2. a) Prélever un échantillon aléatoire, avec remise, de 100 personnes parmi tous les Québécois.

   b) La variable aléatoire $\bar{X}$ correspond à l'âge moyen des personnes qui composent l'échantillon.

   c) Cette expression représente la probabilité que l'âge moyen des personnes sélectionnées dans l'échantillon soit compris entre 40 et 45 ans.

   d) Comme on a prélevé un échantillon aléatoire avec remise de taille supérieure ou égale à 30, le théorème central limite s'applique. Par conséquent, $\bar{X} \sim N\left(\mu; \dfrac{\sigma^2}{n}\right)$, soit $\bar{X} \sim N\left(41; \dfrac{15^2}{100}\right)$, et

$$
\begin{aligned}
P\left(40 < \bar{X} < 45\right) &= P\left(\frac{40 - \mu}{\sigma/\sqrt{n}} < \frac{\bar{X} - \mu}{\sigma/\sqrt{n}} < \frac{45 - \mu}{\sigma/\sqrt{n}}\right) \\
&= P\left(\frac{40 - 41}{15/\sqrt{100}} < Z < \frac{45 - 41}{15/\sqrt{100}}\right) \\
&= P(-0,67 < Z < 2,67) \\
&= P(-0,67 < Z < 0) + P(0 \le Z < 2,67) \\
&= P(0 < Z < 0,67) + P(0 \le Z < 2,67) \\
&= 0,2486 + 0,4962 \\
&= 0,7448
\end{aligned}
$$

   e) 2,4675.

3. Vrai. La marge d'erreur est donnée par $ME = z_{\alpha/2}\,\dfrac{s}{\sqrt{n}}$. La taille de la population (N) n'intervient pas dans cette expression.

4. La marge d'erreur est donnée par $z_{\alpha/2}\,\dfrac{s}{\sqrt{n}}$. Si on quadruple la taille de l'échantillon (on remplace n par $4n$), la marge d'erreur sera diminuée de moitié. En effet, la nouvelle marge d'erreur sera donnée par $z_{\alpha/2}\,\dfrac{s}{\sqrt{4n}} = z_{\alpha/2}\,\dfrac{s}{2\sqrt{n}} = \frac{1}{2}\left(z_{\alpha/2}\,\dfrac{s}{\sqrt{n}}\right)$.

5. a) $\mu \in \left[\bar{x} - z_{0,025}\,\dfrac{s}{\sqrt{n}}\,;\, \bar{x} + z_{0,025}\,\dfrac{s}{\sqrt{n}}\right]$

$\mu \in \left[4,8 - 1,96\,\dfrac{1,2}{\sqrt{144}}\,;\, 4,8 + 1,96\,\dfrac{1,2}{\sqrt{144}}\right]$

$\mu \in \left[4,6\,;\, 5,0\right]$

b) La marge d'erreur est donnée par: $ME = z_{0,025} \dfrac{s}{\sqrt{n}} = 1,96 \dfrac{1,2}{\sqrt{144}} = 0,2$ session.

c) $n = \left(\dfrac{z_{0,01}s}{ME}\right)^2 = \left(\dfrac{2,33 \times 1,2}{0,1}\right)^2 = 782$.

6. $\mu \in [18,9\,; 25,1]$.

7. a) $\mu \in [10,7\,; 12,9]$.

    b) Non. L'inférence statistique n'est valable que pour la population d'où l'échantillon a été tiré. On ne saurait dire si l'échantillon sélectionné est représentatif de l'ensemble des élèves de sixième année du Québec.

8. a) $\bar{x} \approx 236,5$ et $s \approx 50,8$.

    b) $\mu \in [227,8\,; 245,2]$.

    c) D'un point de vue statistique, un échantillon de 130 candidats nous donne une estimation du résultat moyen $(236,5)$ de l'ensemble des candidats à ce test qui est précise à 8,7 unités près, 19 fois sur 20. On pourrait également dire qu'on a confiance à 95 % que le résultat moyen de l'ensemble des candidats qui se sont soumis au test en 2011 se situe entre 227,8 et 245,2.

9. a) $\mu \in [4,76\,; 4,84]$.

    b) Oui. Nous avons confiance à 98 % que le nombre moyen de consultations pour les 65 ans et plus se situe entre 4,76 et 4,84. Il est donc hautement improbable que le nombre moyen de consultations soit inférieur à 4,76.

10. a) $\bar{x} = 225,9$ s.

    b) $s = 65,9$ s.

    c) $\mu \in [199,1\,; 252,7]$.

    d) Non. Nous avons confiance à 99 % que le temps moyen mis par l'ensemble des adultes pour résoudre ce problème se situe entre 199,1 et 252,7 s.

11. La marge d'erreur pour un échantillon sans remise de taille n tiré d'une population de taille N peut être approximée par:

$$ME = z_{\alpha/2} \frac{s}{\sqrt{n}} \sqrt{\frac{N-n}{N-1}}$$

$$\approx z_{\alpha/2} \frac{s}{\sqrt{n}} \sqrt{\frac{N-n}{N}}$$

$$\approx z_{\alpha/2} \frac{s}{\sqrt{n}} \sqrt{1 - \frac{n}{N}}$$

Si le taux de sondage $\left(\dfrac{n}{N}\right)$ est faible, alors $\sqrt{1 - \dfrac{n}{N}} \approx 1$ et

$$ME \approx z_{\alpha/2} \frac{s}{\sqrt{n}} \sqrt{1 - \frac{n}{N}}$$

$$\approx z_{\alpha/2} \frac{s}{\sqrt{n}} \times 1$$

$$\approx z_{\alpha/2} \frac{s}{\sqrt{n}}$$

Par conséquent, si le taux de sondage est faible, on obtient que $ME \approx z_{\alpha/2} \dfrac{s}{\sqrt{n}}$. Cette expression ne dépend pas de la taille de la population. L'énoncé est donc vrai.

12. a) $\mu \in [87,0\,; 91,0]$.

    b) 162.

13. a) $\mu \in \left[229,1 ; 250,9\right]$.

  b) $\mu \in \left[230,3 ; 249,7\right]$.

  c) Si le tirage s'effectue avec remise, la taille de l'échantillon nécessaire pour que la marge d'erreur soit inférieure à 8 min est donnée par:

$$n = \left(\frac{z_{0,005}s}{ME}\right)^2 = \left(\frac{2,575 \times 30}{8}\right)^2 = 94$$

  Si le tirage s'effectue sans remise, la taille de l'échantillon nécessaire pour que la marge d'erreur soit inférieure à 8 min est donnée par:

$$n = \frac{Nz_{0,005}^2 s^2}{(N-1)(ME)^2 + z_{0,005}^2 s^2} = \frac{(235)(2,575)^2 (30)^2}{(235-1)(8)^2 + (2,575)^2 (30)^2} = 67$$

14. a) Comme le taux de sondage est supérieur à 5 % $\left(\frac{n}{N} = \frac{423}{1\,532} = 27,6\,\%\right)$ et que le tirage s'effectue sans remise, on doit tenir compte du facteur de correction de population finie.

  b) $\mu \in \left[\bar{x} - z_{0,01}\frac{s}{\sqrt{n}}\sqrt{\frac{N-n}{N-1}} ; \bar{x} + z_{0,01}\frac{s}{\sqrt{n}}\sqrt{\frac{N-n}{N-1}}\right]$

$$\mu \in \left[946 - 2,33\frac{122}{\sqrt{423}}\sqrt{\frac{1\,532 - 423}{1\,532 - 1}} ; 946 + 2,33\frac{122}{\sqrt{423}}\sqrt{\frac{1\,532 - 423}{1\,532 - 1}}\right]$$

$$\mu \in \left[934,24 ; 957,76\right]$$

  c) $n = \dfrac{Nz_{0,025}^2 s^2}{(N-1)(ME)^2 + z_{0,025}^2 s^2} = \dfrac{(1\,532)(1,96)^2 (122)^2}{(1\,532 - 1)(10)^2 + (1,96)^2 (122)^2} = 417$.

15. a) $t_{0,005;\,28} = 2,763$.

  b) $t_{0,05;\,14} = 1,761$.

  c) $t_{0,01;\,20} = 2,528$.

16. a) Comme l'échantillon est de petite taille ($n = 20 < 30$) et qu'on ne connaît pas la valeur de σ, il faut recourir à la loi de Student pour estimer la moyenne. Par conséquent, on doit supposer que la variable donnant la quantité de sucre dans une portion s'ajuste assez bien au modèle de la loi normale.

  b) $\mu \in \left[\bar{x} - t_{0,01;\,19}\frac{s}{\sqrt{n}} ; \bar{x} + t_{0,01;\,19}\frac{s}{\sqrt{n}}\right]$

$$\mu \in \left[16 - 2,539\frac{2}{\sqrt{20}} ; 16 + 2,539\frac{2}{\sqrt{20}}\right]$$

$$\mu \in \left[14,9 ; 17,1\right]$$

  c) Comme $15 \in \left[14,9 ; 17,1\right]$, on ne peut pas raisonnablement douter de l'affirmation du fabricant.

17. a) $\bar{x} = 42,88$ s.

  b) $s = 3,93$ s.

  c) Comme l'échantillon est de petite taille ($n = 25 < 30$) et qu'on ne connaît pas la valeur de σ, il faut recourir à la loi de Student pour estimer la moyenne. Par conséquent, on doit supposer que la variable donnant le temps nécessaire pour accomplir la tâche s'ajuste assez bien au modèle de la loi normale.

  d) $\mu \in \left[40,68 ; 45,08\right]$.

18. a) $\mu \in \left[36,7 ; 41,3\right]$.

  b) $ME = t_{\alpha/2;\,n-1}\dfrac{s}{\sqrt{n}} = t_{0,025;\,19}\dfrac{s}{\sqrt{n}} = 2,093\dfrac{5}{\sqrt{20}} = 2,3$ ans.

19. a) Il faut supposer que la distribution du nombre de mots retenus est normale ou presque.

   b) $\mu \in [15,53\,;\,19,97]$.

20. a) $\bar{x} = 144,99$ milliers de \$.

   b) $s = 6,69$ milliers de \$.

   c) Comme l'échantillon est de petite taille ($n = 16 < 30$) et qu'on ne connaît pas la valeur de σ, il faut recourir à la loi de Student pour estimer le revenu moyen (en milliers de \$). Par conséquent, on doit supposer que les revenus des clients s'ajustent assez bien au modèle de la loi normale.

$$\mu \in \left[\bar{x} - t_{0,01\,;\,15} \frac{s}{\sqrt{n}}\,;\, \bar{x} + t_{0,01\,;\,15} \frac{s}{\sqrt{n}} \right]$$

$$\mu \in \left[144,99 - 2,602 \frac{6,69}{\sqrt{16}}\,;\, 144,99 + 2,602 \frac{6,69}{\sqrt{16}} \right]$$

$$\mu \in \left[140,64\,;\,149,34 \right]$$

   d) Il y a une probabilité de 98 % que le véritable revenu moyen des clients de ce décorateur se situe entre 140 640 et 149 340 \$. Sur la base de l'échantillon, il n'y a donc pas lieu de penser que l'affirmation du décorateur est plausible. Selon toute vraisemblance, le revenu moyen de ses clients n'est pas supérieur à 150 000 \$.

21. $n = \left[\dfrac{z_{\alpha/2}}{2(ME)} \right]^2 = \left[\dfrac{z_{0,025}}{2(ME)} \right]^2 = \left(\dfrac{1,96}{2 \times 0,035} \right)^2 = 784.$

22. On a $p = \dfrac{995}{1\,125} = 0,884$, $n = 1\,125$ et $\alpha = 0,01$. L'intervalle de confiance est donné par :

$$\pi \in \left[p - z_{0,005} \sqrt{\frac{p(1 - p)}{n}}\,;\, p + z_{0,005} \sqrt{\frac{p(1 - p)}{n}} \right]$$

$$\pi \in \left[0,884 - 2,575 \sqrt{\frac{0,884(1 - 0,884)}{1\,125}}\,;\, 0,884 + 2,575 \sqrt{\frac{0,884(1 - 0,884)}{1\,125}} \right]$$

$$\pi \in \left[0,859\,;\,0,909 \right]$$

23. a) $p = \dfrac{106}{106 + 100} = \dfrac{106}{206} = 0,515 = 51,5\ \%.$

   b) $\dfrac{106}{206} \times 2\,472 = 1\,272$ naissances de garçons.

   c) $\pi \in [0,498\,;\,0,532]$.

   d) $ME = z_{0,05} \sqrt{\dfrac{p(1 - p)}{n}} = 1,645 \sqrt{\dfrac{0,515(1 - 0,515)}{2\,472}} = 0,017.$

   e) $n = \dfrac{z_{0,025}^2 p(1 - p)}{(ME)^2} = \dfrac{1,96^2 (0,515)(1 - 0,515)}{0,01^2} = 9\,596.$

24. a) $p = \dfrac{2\,300}{10\,263} = 0,224 = 22,4\ \%.$

   b) $\pi \in [0,216\,;\,0,232]$.

   c) Il suffit de multiplier les bornes de l'intervalle de confiance obtenu en *b* par le nombre de Québécois de ce groupe d'âge (1 225 000). Il y avait donc entre 264 600 et 284 200 Québécois de 65 ans et plus souffrant d'une forme de démence.

25. a) 2,4 points.

   b) $\pi \in [0,786\,;\,0,834]$.

   c) 8 356.

26. a) $p = \dfrac{320}{3\,225} = 0,099 = 9,9\ \%$.

    b) $\pi \in \left[0,090\,;\,0,108\right]$.

    c) 4 843.

27. a) L'ensemble des Québécois de 25 ans ou plus.

    b) La proportion π des diplômés universitaires parmi les Québécois de 25 ans ou plus.

    c) $p = \dfrac{312}{1\,444} = 0,216 = 21,6\ \%$.

    d) $\pi \in \left[0,188\,;\,0,244\right]$.

    e) D'un point de vue statistique, un échantillon de taille 1 444 nous donne une estimation de la véritable proportion de diplômés universitaires chez l'ensemble des Québécois de 25 ans ou plus qui est précise à 2,8 points, 99 fois sur 100. On a donc confiance à 99 % que la proportion de diplômés universitaires chez l'ensemble des Québécois de 25 ans ou plus se situe entre 18,8 % et 24,4 %.

    f) 11 229.

28. a) Comme vous disposez de 5 000 $ et que la préparation du questionnaire coûte 1 000 $, il reste 4 000 $ pour effectuer les entrevues. Chaque entrevue coûte 4 $, puisque les personnes embauchées peuvent effectuer quatre entrevues par heure et que chaque heure de travail coûte 16 $. Vous pouvez donc effectuer 1 000 entrevues.

    b) Comme on ne dispose pas d'une estimation de p, on emploie $p = 0,5$, de sorte que $ME = z_{0,025}\sqrt{\dfrac{p(1-p)}{n}} = 1,96\sqrt{\dfrac{0,5(1-0,5)}{1\,000}} = 0,031$.

    c) Il faut d'abord déterminer la taille de l'échantillon nécessaire pour obtenir une estimation précise à 2 points près : $n = \left[\dfrac{z_{0,005}}{2(ME)}\right]^2 = \left(\dfrac{2,575}{2 \times 0,02}\right)^2 = 4\,145$. Il faudra donc disposer d'un budget de :

$$1\,000\ \$ + \left(4\,145 \text{ entrevues} \times 4\ \$/\text{entrevue}\right) = 17\,580\ \$$$

29. a) Le taux de sondage est de 20 %, de sorte que la taille N de la population s'obtient comme suit :

$$\frac{n}{N} = 0,20 \quad \Rightarrow \quad N = \frac{n}{0,20} = 5n = 5(400) = 2\,000$$

Comme le taux de sondage est supérieur à 5 %, il faut tenir compte du facteur de correction de population finie. De plus, $p = \dfrac{120}{400} = 0,3$.

On a donc :

$$\pi \in \left[p - z_{0,05}\sqrt{\frac{p(1-p)}{n}\left(\frac{N-n}{N-1}\right)}\,;\,p + z_{0,05}\sqrt{\frac{p(1-p)}{n}\left(\frac{N-n}{N-1}\right)}\right]$$

$$\pi \in \left[0,3 - 1,645\sqrt{\frac{0,3(1-0,3)}{400}\left(\frac{2\,000-400}{2\,000-1}\right)}\,;\,0,3 + 1,645\sqrt{\frac{0,3(1-0,3)}{400}\left(\frac{2\,000-400}{2\,000-1}\right)}\right]$$

$$\pi \in \left[0,266\,;\,0,334\right]$$

    b) $n = \dfrac{z_{0,025}^2 Np(1-p)}{(N-1)(ME)^2 + z_{0,025}^2 p(1-p)}$

$$= \frac{1,96^2(2\,000)(0,3)(1-0,3)}{(2\,000-1)(0,02^2) + 1,96^2(0,3)(1-0,3)}$$

$$= 1\,005$$

c) Non, l'inférence statistique ne permet de généraliser des résultats qu'à la population d'où l'échantillon a été prélevé, soit les étudiants de ce cégep.

30. a) $p = \dfrac{400 + 160}{850} = 0,659 = 65,9\,\%$.

b) Comme le taux de sondage vaut $\dfrac{n}{N} = \dfrac{850}{2\,500} = 34\,\% > 5\,\%$, on doit tenir compte du facteur de correction de population finie. L'intervalle de confiance est $\pi \in [0,625\,;\,0,693]$. Comme la limite inférieure de cet intervalle est plus grande que $60\,\%$, on est enclin à penser que l'affirmation de la présidente est fondée.

31. a) $\mu \in [17,73\,;\,18,27]$.

b) 131.

c) $\pi \in [0,690\,;\,0,810]$.

d) 349.

CHAPITRE 5

1. a) Soit μ le temps moyen qu'ont mis l'ensemble des diplômés de doctorat de 2011 pour obtenir leur diplôme. Alors, $H_0 : \mu = 15$ trimestres et $H_1 : \mu \neq 15$ trimestres.

b) Soit π la proportion de l'ensemble des Québécois de 25 ans ou plus qui sont titulaires d'un diplôme universitaire. Alors, $H_0 : \pi = 0,20$ et $H_1 : \pi > 0,20$.

c) Soit μ le temps moyen mis par l'ensemble des adultes pour résoudre le problème du tangram du chat. Alors, $H_0 : \mu = 7$ min et $H_1 : \mu < 7$ min.

d) Soit π la proportion des fumeurs chez l'ensemble des Québécois de 15 ans ou plus. Alors, $H_0 : \pi = 0,18$ et $H_1 : \pi \neq 0,18$.

e) Soit π le taux d'échec de l'ensemble des étudiants dans le cours de méthodes quantitatives. Alors, $H_0 : \pi = 0,15$ et $H_1 : \pi < 0,15$.

f) Soit μ le revenu moyen de l'ensemble des nouveaux diplômés en sciences de l'éducation. Alors, $H_0 : \mu = 35\,000\,\$$ et $H_1 : \mu > 35\,000\,\$$.

g) Soit π la proportion des gens qui peuvent être persuadés d'avoir vécu dans leur enfance un événement précis qui n'a jamais eu lieu. Alors, $H_0 : \pi = 0,25$ et $H_1 : \pi > 0,25$.

2. Le seuil de signification correspond au risque de commettre une erreur de première espèce, soit à la probabilité de rejeter l'hypothèse nulle alors qu'elle est vraie. Si l'on a obtenu un résultat significatif au seuil de 1 %, on a rejeté l'hypothèse nulle. La probabilité de commettre une erreur en prenant cette décision est inférieure ou égale à 1 %. Elle est donc aussi inférieure ou égale à 5 %. Par conséquent, le résultat est également significatif au seuil de 5 %.

3. Le seuil de signification correspond au risque de commettre une erreur de première espèce, soit à la probabilité de rejeter l'hypothèse nulle alors qu'elle est vraie. Si l'on a obtenu un résultat significatif au seuil de 5 %, on a rejeté l'hypothèse nulle. La probabilité de commettre une erreur en prenant cette décision est inférieure ou égale à 5 %. Elle n'est cependant pas nécessairement inférieure ou égale à 1 %. Par conséquent, le résultat n'est pas nécessairement significatif au seuil de 1 %.

4. Il faut effectuer un test d'hypothèse unilatéral à droite sur une moyenne. Soit μ la valeur mensuelle moyenne de tous les achats portés à la carte de crédit du fournisseur.

1. La formulation des hypothèses

$$H_0 : \mu = 150\,\$$$
$$H_1 : \mu > 150\,\$$$

2. Le choix d'un seuil de signification (α)

$$\alpha = 5\,\%$$

3. La vérification des conditions d'application

Nous disposons d'un échantillon aléatoire de grande taille ($n = 400 \geq 30$), de sorte que $Z = \dfrac{\overline{X} - \mu_0}{s/\sqrt{n}} \sim \text{N}(0\,;1)$.

4. La détermination des valeurs critiques

On peut exprimer la valeur critique en fonction de Z ou de $\overline{X}$. En se référant à la table de la loi normale centrée réduite, on obtient les valeurs critiques :

$$z_\alpha = z_{0,05} = 1,645$$

ou

$$\mu_0 + z_\alpha\,\frac{s}{\sqrt{n}} = 150 + 1,645\,\frac{10}{\sqrt{400}} = 150,82$$

5. La formulation de la règle de décision

La règle de décision est exprimée à la figure ER 5.1.

FIGURE | **ER 5.1**

ZONES DE REJET ET DE NON-REJET DE L'HYPOTHÈSE NULLE

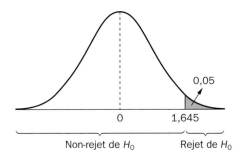

On rejette l'hypothèse nulle lorsque $z > z_\alpha = 1,645$ ou, de manière équivalente, lorsque $\overline{x} > \mu_0 + z_\alpha\,\dfrac{s}{\sqrt{n}} = 150,82$.

6. Le calcul de la statistique appropriée au test

$$z = \frac{\overline{x} - \mu_0}{s/\sqrt{n}}$$
$$= \frac{175 - 150}{10/\sqrt{400}}$$
$$= 50$$

7. La décision

Comme $z = 50 > 1,645 = z_\alpha$, alors, sur la base de l'échantillon, au seuil de 5 % et en vertu de la règle de décision, on rejette l'hypothèse nulle. Il y a tout lieu de penser que la valeur mensuelle moyenne des achats portés à la carte de crédit de ce fournisseur a augmenté et qu'elle est supérieure à 150 $. Pour ne pas rejeter l'hypothèse nulle, il aurait fallu que la valeur moyenne observée dans l'échantillon soit inférieure ou égale à 150,82 $.

5. Il faut effectuer un test d'hypothèse unilatéral à gauche sur une moyenne. Comme $z = -3,75 < -2,33 = -z_\alpha$, alors, sur la base de l'échantillon, au seuil de 1 % et en vertu de la règle de décision, on rejette l'hypothèse nulle. Il y a tout lieu de penser qu'il faut moins de temps que ce que le professeur avance pour effectuer ce genre de recherche documentaire, c'est-à-dire que le temps moyen requis est inférieur à 30 min. Pour ne pas rejeter l'hypothèse nulle, il aurait fallu que le temps moyen observé dans l'échantillon soit supérieur ou égal à 26,9 min.

6. Il faut effectuer un test d'hypothèse bilatéral sur une moyenne. Soit μ le temps moyen pendant lequel l'ensemble des enfants de 3 à 6 ans s'amusent avec le jouet avant de manifester des signes d'ennui.

   Comme $z = -1 \in [-1,96 ; 1,96] = [-z_{\alpha/2} ; z_{\alpha/2}]$, alors, sur la base de l'échantillon, au seuil de 5 % et en vertu de la règle de décision, on ne rejette pas l'hypothèse nulle. Il n'y a pas lieu de penser que le temps moyen pendant lequel des enfants de 3 à 6 ans s'amusent avec ce jouet avant de manifester des signes d'ennui diffère notablement de 25 min. Il aurait fallu que le temps moyen observé dans l'échantillon soit inférieur à 23,04 min ou supérieur à 26,96 min pour rejeter l'hypothèse nulle.

7. Il faut effectuer un test d'hypothèse unilatéral à gauche sur l'achalandage moyen et un autre sur la recette moyenne.

   Test sur l'achalandage moyen

   Comme $z = -8,75 < -2,05 = -z_{\alpha}$, alors, sur la base de l'échantillon, au seuil de 2 % et en vertu de la règle de décision, on rejette l'hypothèse nulle. Il y a tout lieu de penser que l'achalandage moyen est inférieur à 60 clients. Pour ne pas rejeter l'hypothèse nulle, il aurait fallu que l'achalandage moyen observé dans l'échantillon soit supérieur ou égal à 58,8 clients.

   Test sur la recette moyenne

   Comme $z = -1,87 > -2,05 = -z_{\alpha}$, alors, sur la base de l'échantillon, au seuil de 2 % et en vertu de la règle de décision, on ne rejette pas l'hypothèse nulle. Il n'y a pas lieu de penser que la recette moyenne est inférieure à 2 000 $. Il aurait fallu que la recette moyenne observée dans l'échantillon soit inférieure à 1 978,04 $ pour rejeter l'hypothèse nulle.

   Par conséquent, il y a tout lieu de penser que le propriétaire a exagéré le nombre moyen de clients, mais pas la recette moyenne.

8. Il faut effectuer un test d'hypothèse unilatéral à gauche sur une moyenne. Comme $z = -3,57 < -2,33 = -z_{\alpha}$, alors, sur la base de l'échantillon, au seuil de 1 % et en vertu de la règle de décision, on rejette l'hypothèse nulle. Il y a tout lieu de penser que les souris parcourent le labyrinthe plus rapidement en présence d'un bruit intense. Pour ne pas rejeter l'hypothèse nulle, il aurait fallu que le temps moyen de parcours du labyrinthe observé dans l'échantillon soit supérieur ou égal à 23,4 s.

9. Il faut effectuer un test d'hypothèse bilatéral sur une moyenne. Comme $z = -5,66 \notin [-1,96 ; 1,96] = [-z_{\alpha/2} ; z_{\alpha/2}]$, alors, sur la base de l'échantillon, au seuil de 1 % et en vertu de la règle de décision, on rejette l'hypothèse nulle. Il y a tout lieu de penser que le rapport longueur : diamètre moyen de l'humérus pour l'espèce A est différent de 8,5. Pour ne pas rejeter l'hypothèse nulle, il aurait fallu que le rapport moyen observé dans l'échantillon soit compris entre 8,36 et 8,64 po.

10. Il faut effectuer un test d'hypothèse unilatéral à gauche sur une moyenne. Comme $z = -4,74 < -2,33 = -z_{\alpha}$, alors, sur la base de l'échantillon, au seuil de 1 % et en vertu de la règle de décision, on rejette l'hypothèse nulle. Il y a tout lieu de penser que la privation de sommeil affecte la créativité. Pour ne pas rejeter l'hypothèse nulle, il aurait fallu que la note moyenne observée dans l'échantillon soit supérieure ou égale à 97,1.

11. Il faut effectuer un test d'hypothèse bilatéral sur une moyenne. Comme $z = 1,8 \in [-2,575 ; 2,575] = [-z_{\alpha/2} ; z_{\alpha/2}]$, alors, sur la base de l'échantillon, au seuil de 1 % et en vertu de la règle de décision, on ne rejette pas l'hypothèse nulle. Il n'y a pas lieu de penser que la quantité moyenne de lait dans les contenants diffère de 1 L. Il aurait fallu que la quantité moyenne observée dans l'échantillon soit inférieure à 0,986 L ou supérieure à 1,014 L pour rejeter l'hypothèse nulle.

12. Il faut effectuer un test d'hypothèse unilatéral à gauche sur une moyenne. Soit μ le temps moyen d'attente au comptoir de la banque pour l'ensemble des clients.

CHAPITRE **5**

1. La formulation des hypothèses

$$H_0 : \mu = 5 \text{ min}$$
$$H_1 : \mu < 5 \text{ min}$$

2. Le choix d'un seuil de signification (α)

$$\alpha = 1\,\%$$

3. La vérification des conditions d'application

On suppose que le temps d'attente se distribue selon le modèle de la loi normale, et on dispose d'un échantillon aléatoire de petite taille ($n = 16 < 30$), de sorte que $T = \dfrac{\bar{X} - \mu_0}{s/\sqrt{n}} \sim \mathrm{T}_{n-1}$.

4. La détermination des valeurs critiques

On peut exprimer la valeur critique en fonction de T ou de $\bar{X}$. En consultant la table de la loi de Student, on obtient les valeurs critiques :

$$-t_{\alpha;\,n-1} = -t_{0,01;\,15} = -2,602$$

ou

$$\mu_0 - t_{\alpha;\,n-1}\frac{s}{\sqrt{n}} = 5 - 2,602\frac{1}{\sqrt{16}}$$
$$= 4,35$$

5. La formulation de la règle de décision

La règle de décision est exprimée à la figure ER 5.10.

FIGURE | **ER 5.10**

ZONES DE REJET ET DE NON-REJET DE L'HYPOTHÈSE NULLE

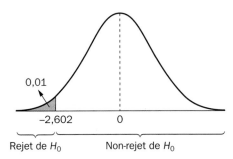

On rejette l'hypothèse nulle lorsque $t < -t_{\alpha;\,n-1} = -2,602$ ou, de manière équivalente, lorsque $\bar{x} < \mu_0 - t_{\alpha;\,n-1}\dfrac{s}{\sqrt{n}} = 4,35$.

6. Le calcul de la statistique appropriée au test

$$t = \frac{\bar{x} - \mu_0}{s/\sqrt{n}}$$
$$= \frac{4 - 5}{1/\sqrt{16}}$$
$$= -4$$

7. La décision

Comme $t = -4 < -2,602 = -t_{\alpha;\,n-1}$, alors, sur la base de l'échantillon, au seuil de 1 % et en vertu de la règle de décision, on rejette l'hypothèse nulle. Il y a tout lieu de penser que le temps moyen d'attente au comptoir de cette banque est inférieur à 5 min. Pour ne pas rejeter l'hypothèse nulle, il aurait fallu que le temps moyen d'attente observé dans l'échantillon soit supérieur ou égal à 4,35 min.

13. Il faut effectuer un test d'hypothèse unilatéral à droite sur une moyenne. Comme $t = 1,91 < 2,224 = t_{\alpha;\, n-1}$, alors, sur la base de l'échantillon, au seuil de 2 % et en vertu de la règle de décision, on ne rejette pas l'hypothèse nulle. Il n'y a pas lieu de penser que le programme d'apprentissage permet d'améliorer la capacité de résoudre des problèmes chez les enfants de 8 ans. Pour rejeter l'hypothèse nulle, il aurait fallu que le résultat moyen des enfants soumis au test soit supérieur à 102,1.

14. a) $\bar{x} = 9,5$ g.

b) $s = 1,3$ g.

c) Il faut effectuer un test d'hypothèse bilatéral sur une moyenne. Comme $t = -1,54 \in \left[-2,947 ; 2,947 \right] = \left[-t_{\alpha/2;\, n-1} ; t_{\alpha/2;\, n-1} \right]$, alors, sur la base de l'échantillon, au seuil de 1 % et en vertu de la règle de décision, on ne rejette pas l'hypothèse nulle. Il n'y a pas lieu de penser que la quantité moyenne de nourriture consommée par les souris est différente de 10 g. Pour rejeter l'hypothèse nulle, il aurait fallu que la quantité moyenne de nourriture observée dans l'échantillon soit inférieure à 9,04 g ou supérieure à 10,96 g.

15. Il faut effectuer un test d'hypothèse bilatéral sur une moyenne. Comme $t = 10 \notin \left[-2,064 ; 2,064 \right] = \left[-t_{\alpha/2;\, n-1} ; t_{\alpha/2;\, n-1} \right]$, alors, sur la base de l'échantillon, au seuil de 5 % et en vertu de la règle de décision, on rejette l'hypothèse nulle. Il y a tout lieu de penser que la quantité moyenne dans les boîtes de céréales est différente de 800 g. Pour ne pas rejeter l'hypothèse nulle, il aurait fallu que la quantité moyenne observée dans l'échantillon soit comprise entre 797,9 g et 802,1 g. Il faudrait donc procéder à un réglage de la machine.

16. Il faut effectuer un test d'hypothèse unilatéral à droite sur la différence de deux moyennes. Comme les données sont appariées, il faut calculer la différence d entre le temps de sommeil avec le somnifère et celui sans le somnifère (tableau ER 5.1).

TABLEAU | **ER 5.1**

DURÉE DU SOMMEIL (h) DES HUIT SUJETS ET DIFFÉRENCE DES TEMPS DE SOMMEIL

A	7,2	6,5	8,1	7,9	6,7	7,1	6,4	7,7
B	6,8	6,3	7,6	7,9	6,4	6,9	6,3	7,5
d	0,4	0,2	0,5	0,0	0,3	0,2	0,1	0,2

On a $\bar{d} = 0,24$ h et $s_d = 0,16$ h. Effectuons maintenant le test d'hypothèse avec un seuil de signification de 2 %. Soit μ_1 le temps moyen de sommeil avec le somnifère et μ_2, celui sans le somnifère.

1. La formulation des hypothèses

$$H_0 : \mu_1 - \mu_2 = 0$$
$$H_1 : \mu_1 - \mu_2 > 0$$

2. Le choix d'un seuil de signification (α)

$$\alpha = 2 \%$$

3. La vérification des conditions d'application

Les échantillons sont aléatoires et appariés. De plus, on a supposé que la différence des durées de sommeil se distribue selon le modèle de la loi normale. Les conditions énoncées dans la troisième situation du tableau 5.4 (p. 176) sont remplies. Dans ce contexte, il faut donc recourir à la loi de Student. Le nombre de degrés de liberté (v) est :

$$n - 1 = 8 - 1$$
$$= 7$$

4. La détermination de la valeur critique

En consultant la table de la loi de Student, on obtient la valeur critique :

$$t_{\alpha;\, n-1} = t_{0,02;\, 7} = 2,517$$

5. La formulation de la règle de décision

La règle de décision est exprimée à la figure ER 5.14.

FIGURE | **ER 5.14**

ZONES DE REJET ET DE NON-REJET DE L'HYPOTHÈSE NULLE

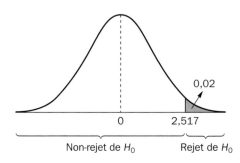

On rejette l'hypothèse nulle lorsque $t > t_{\alpha;\,n-1} = 2,517$.

6. Le calcul de la statistique appropriée au test

$$t = \frac{\bar{d}}{s_d/\sqrt{n}}$$

$$= \frac{0,24}{0,16/\sqrt{8}}$$

$$= 4,24$$

7. La décision

Comme $t = 4,24 > 2,517 = t_{\alpha;\,n-1}$, alors, sur la base des échantillons, au seuil de 2 % et en vertu de la règle de décision, on rejette l'hypothèse nulle. Il y a tout lieu de penser que la durée moyenne de sommeil lorsqu'on prend un somnifère est plus longue que lorsqu'on n'en prend pas.

17. Il faut effectuer un test d'hypothèse bilatéral sur la différence de deux moyennes. Soit μ_1 le temps moyen que l'ensemble des filles mettent pour accomplir l'exercice de dextérité et μ_2, celui que mettent l'ensemble des garçons.

1. La formulation des hypothèses

$$H_0 : \mu_1 - \mu_2 = 0$$
$$H_1 : \mu_1 - \mu_2 \neq 0$$

2. Le choix d'un seuil de signification (α)

$$\alpha = 5\,\%$$

3. La vérification des conditions d'application

On dispose de deux échantillons aléatoires indépendants de petite taille $\left(n_1 = 10 < 30 \text{ et } n_2 = 12 < 30\right)$. On suppose également que les autres conditions énoncées dans la deuxième situation du tableau 5.4 (p. 176) sont remplies. Dans ce contexte, il faut donc employer la loi de Student. Le nombre de degrés de liberté (ν) est :

$$n_1 + n_2 - 2 = 10 + 12 - 2$$
$$= 20$$

4. La détermination des valeurs critiques

En consultant la table de la loi de Student, on obtient les valeurs critiques :

$$-t_{\alpha/2;\,n_1+n_2-2} = -t_{0,025;\,20} = -2,086 \text{ et } t_{\alpha/2;\,n_1+n_2-2} = t_{0,025;\,20} = 2,086$$

5. La formulation de la règle de décision

La règle de décision est exprimée à la figure ER 5.15.

FIGURE | **ER 5.15**

ZONES DE REJET ET DE NON-REJET DE L'HYPOTHÈSE NULLE

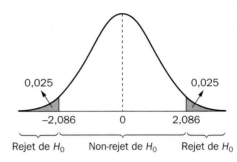

On rejette l'hypothèse nulle lorsque :

$$t \notin \left[-t_{\alpha/2; \, n_1 + n_2 - 2}; \, t_{\alpha/2; \, n_1 + n_2 - 2} \right] = \left[-2{,}086; 2{,}086 \right]$$

6. Le calcul de la statistique appropriée au test

$$t = \dfrac{\overline{x}_1 - \overline{x}_2}{\sqrt{\dfrac{(n_1 - 1)s_1^2 + (n_2 - 1)s_2^2}{n_1 + n_2 - 2}} \sqrt{\dfrac{1}{n_1} + \dfrac{1}{n_2}}}$$

$$= \dfrac{6{,}4 - 6{,}8}{\sqrt{\dfrac{(10 - 1)1{,}1^2 + (12 - 1)2{,}0^2}{10 + 12 - 2}} \sqrt{\dfrac{1}{10} + \dfrac{1}{12}}}$$

$$= -0{,}56$$

7. La décision

Comme $t = -0{,}56 \in \left[-2{,}086; 2{,}086 \right] = \left[-t_{\alpha/2; \, n_1 + n_2 - 2}; \, t_{\alpha/2; \, n_1 + n_2 - 2} \right]$, alors, sur la base des échantillons, au seuil de 5 % et en vertu de la règle de décision, on ne rejette pas l'hypothèse nulle. Il n'y a pas lieu de penser qu'il y a une différence entre les garçons et les filles en ce qui a trait au temps moyen nécessaire à l'accomplissement de cet exercice de dextérité.

18. Il faut effectuer un test d'hypothèse unilatéral à gauche sur la différence de deux moyennes. Soit μ_1 le nombre moyen de mots/min que l'ensemble des étudiants peuvent effectuer avec le clavier classique et μ_2, celui de l'ensemble des étudiants avec le nouveau clavier.

1. La formulation des hypothèses

$$H_0 : \mu_1 - \mu_2 = 0$$
$$H_1 : \mu_1 - \mu_2 < 0$$

2. Le choix d'un seuil de signification (α)

$$\alpha = 1 \%$$

3. La vérification des conditions d'application

Nous disposons de deux échantillons aléatoires indépendants de grande taille ($n_1 = 50 \geq 30$ et $n_2 = 72 \geq 30$). Les conditions énoncées dans la première situation du tableau 5.4 (p. 176) sont remplies. Dans ce contexte, il faut donc recourir à la loi normale centrée réduite.

4. La détermination de la valeur critique

En consultant la table de la loi normale centrée réduite, on obtient la valeur critique :

$$-z_\alpha = -z_{0{,}01} = -2{,}33$$

5. La formulation de la règle de décision

La règle de décision est exprimée à la figure ER 5.16.

FIGURE | **ER 5.16**

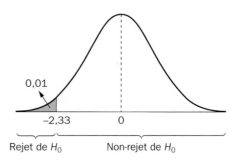

ZONES DE REJET ET DE NON-REJET DE L'HYPOTHÈSE NULLE

0,01

−2,33   0

Rejet de H_0 Non-rejet de H_0

On rejette l'hypothèse nulle lorsque $z < -z_\alpha = -2,33$.

6. Le calcul de la statistique appropriée au test

$$z = \frac{\bar{x}_1 - \bar{x}_2}{\sqrt{\dfrac{s_1^2}{n_1} + \dfrac{s_2^2}{n_2}}}$$

$$= \frac{58 - 60}{\sqrt{\dfrac{5^2}{50} + \dfrac{7^2}{72}}}$$

$$= -1,84$$

7. La décision

Comme $z = -1,84 > -2,33 = -z_\alpha$, alors, sur la base des échantillons, au seuil de 1 % et en vertu de la règle de décision, on ne rejette pas l'hypothèse nulle. Il n'y a pas lieu de penser que le nouveau clavier permet de saisir des textes plus rapidement que l'ancien.

19. Il faut effectuer un test d'hypothèse unilatéral à droite sur la différence de deux moyennes. Comme $t = 3,23 > 1,796 = t_{\alpha;\, n-1}$, alors, sur la base de l'échantillon, au seuil de 5 % et en vertu de la règle de décision, on rejette l'hypothèse nulle. Il y a tout lieu de penser que la formation permet d'améliorer la mémoire.

20. Il faut effectuer un test d'hypothèse unilatéral à gauche sur la différence de deux moyennes. Comme $t = -3,20 < -2,235 = -t_{\alpha;\, n_1 + n_2 - 2}$, alors, sur la base des échantillons, au seuil de 2 % et en vertu de la règle de décision, on rejette l'hypothèse nulle. Il y a tout lieu de penser qu'on se souvient plus facilement des images que des mots.

21. Il faut effectuer un test d'hypothèse unilatéral à droite sur la différence de deux moyennes. Comme $z = 4,44 > 1,645 = z_\alpha$, alors, sur la base des échantillons, au seuil de 5 % et en vertu de la règle de décision, on rejette l'hypothèse nulle. Il y a tout lieu de penser que « L'occasion fait le larron », c'est-à-dire que, laissés sans surveillance, les étudiants auront de « meilleures notes ».

22. Il faut effectuer un test d'hypothèse bilatéral sur la différence de deux moyennes. Comme $t = 4,03 \notin [-2,262\,;\, 2,262] = [-t_{\alpha/2;\, n-1}\,;\, t_{\alpha/2;\, n-1}]$, alors, sur la base de l'échantillon, au seuil de 5 % et en vertu de la règle de décision, on rejette l'hypothèse nulle. Il y a tout lieu de penser qu'il y a une différence entre les temps de réaction des droitiers selon qu'ils utilisent la main droite ou la main gauche.

23. Il faut effectuer un test d'hypothèse unilatéral à droite sur la proportion π de l'ensemble des nourrissons qui préfèrent le hochet bleu au hochet rose.

1. La formulation des hypothèses

$$H_0: \pi = 0,5$$
$$H_1: \pi > 0,5$$

CHAPITRE 5

2. **Le choix d'un seuil de signification (α)**

$$\alpha = 1\,\%$$

3. **La vérification des conditions d'application**

Nous disposons d'un échantillon aléatoire de grande taille ($n = 75 \geq 30$). De plus, les autres conditions exigées pour effectuer un test sur une proportion sont remplies. En effet,

$$n\pi_0 = 75(0,5) = 37,5 \geq 5 \ \text{ et } \ n(1 - \pi_0) = 75(1 - 0,5) = 37,5 \geq 5$$

Par conséquent, $Z = \dfrac{P - \pi_0}{\sqrt{\dfrac{\pi_0(1 - \pi_0)}{n}}} \sim \mathrm{N}(0\,;1)$.

4. **La détermination des valeurs critiques**

On peut exprimer la valeur critique en fonction de Z ou de P. En se référant à la table de la loi normale centrée réduite, on obtient les valeurs critiques :

$$z_\alpha = z_{0,01} = 2,33$$

ou

$$\pi_0 + z_\alpha \sqrt{\dfrac{\pi_0(1 - \pi_0)}{n}} = 0,5 + 2,33\sqrt{\dfrac{0,5(1 - 0,5)}{75}} = 0,635$$

5. **La formulation de la règle de décision**

La règle de décision est exprimée à la figure ER 5.21.

FIGURE | **ER 5.21**

ZONES DE REJET ET DE NON-REJET DE L'HYPOTHÈSE NULLE

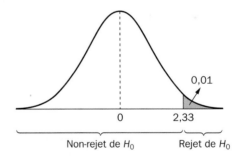

On rejette l'hypothèse nulle lorsque $z > z_\alpha = 2,33$ ou, de manière équivalente, lorsque $p > \pi_0 + z_\alpha \sqrt{\dfrac{\pi_0(1 - \pi_0)}{n}} = 0,635$.

6. **Le calcul de la statistique appropriée au test**

La proportion des nourrissons de l'échantillon qui préfèrent le hochet bleu est :

$$p = \frac{\text{Nombre de nourrissons qui préfèrent le hochet bleu}}{\text{Nombre de nourrissons dans l'échantillon}}$$

$$= \frac{50}{75}$$

$$= 0,667$$

de sorte que :

$$z = \frac{p - \pi_0}{\sqrt{\dfrac{\pi_0(1 - \pi_0)}{n}}}$$

$$= \frac{0,667 - 0,5}{\sqrt{\dfrac{0,5(1 - 0,5)}{75}}}$$

$$= 2,89$$

CHAPITRE 5

7. La décision

Comme $z = 2{,}89 > 2{,}33 = z_\alpha$, alors, sur la base de l'échantillon, au seuil de 1 % et en vertu de la règle de décision, on rejette l'hypothèse nulle. Il y a tout lieu de penser que la proportion des nourrissons qui préfèrent le hochet bleu au hochet rose est supérieure à 50 %. Pour ne pas rejeter l'hypothèse nulle, il aurait fallu que la proportion observée dans l'échantillon soit inférieure ou égale à 63,5 %.

24. Il faut effectuer un test d'hypothèse bilatéral sur la proportion π de l'ensemble des ménages qui ont l'intention d'acheter une nouvelle voiture au cours de la prochaine année. Comme $z = 1{,}59 \in \left[-2{,}33; 2{,}33\right] = \left[-z_{\alpha/2}; z_{\alpha/2}\right]$, alors, sur la base de l'échantillon, au seuil de 2 % et en vertu de la règle de décision, on ne rejette pas l'hypothèse nulle. Il n'y a pas lieu de penser que la proportion des ménages québécois qui ont l'intention d'acheter une voiture neuve au cours de la prochaine année est différente de 5 %. Il aurait fallu que la proportion observée dans l'échantillon soit inférieure à 3,5 % ou supérieure à 6,5 % pour rejeter l'hypothèse nulle.

25. Il faut effectuer un test d'hypothèse unilatéral à gauche sur la proportion π de l'ensemble des personnes qui peuvent se laisser influencer dans leurs souvenirs. Comme $z = -2{,}31 < -1{,}645 = -z_\alpha$, alors, sur la base de l'échantillon, au seuil de 5 % et en vertu de la règle de décision, on rejette l'hypothèse nulle. Il y a tout lieu de penser que la proportion des personnes qui peuvent se laisser influencer est plus faible que 25 %. Pour ne pas rejeter l'hypothèse nulle, il aurait fallu que la proportion observée dans l'échantillon soit supérieure ou égale à 17,9 %.

26. Il faut effectuer un test d'hypothèse bilatéral sur la proportion π de l'ensemble des personnes qui préfèrent la boisson de la marque A à celle de la marque B. Comme $z = -0{,}40 \in \left[-1{,}96; 1{,}96\right] = \left[-z_{\alpha/2}; z_{\alpha/2}\right]$, alors, sur la base de l'échantillon, au seuil de 5 % et en vertu de la règle de décision, on ne rejette pas l'hypothèse nulle. Il n'y a pas lieu de penser que la proportion des consommateurs qui préfèrent la boisson de la marque A à celle de la marque B est différente de 50 %. Il aurait fallu que la proportion observée dans l'échantillon soit inférieure à 46,1 % ou supérieure à 53,9 % pour rejeter l'hypothèse nulle.

27. Il faut effectuer un test d'hypothèse unilatéral à droite sur la proportion π des naissances de garçons dans l'ensemble des naissances. Comme $z = 2{,}80 > 2{,}05 = z_\alpha$, alors, sur la base de l'échantillon, au seuil de 2 % et en vertu de la règle de décision, on rejette l'hypothèse nulle. Il y a tout lieu de penser que la proportion des naissances de garçons est supérieure à 50 %. Pour ne pas rejeter l'hypothèse nulle, il aurait fallu que la proportion observée dans l'échantillon soit inférieure ou égale à 51,0 %.

28. Il faut effectuer un test d'hypothèse unilatéral à droite sur la proportion π de l'ensemble des cégépiens qui viennent en classe avec un cellulaire. Comme $z = 1{,}15 < 1{,}645 = z_\alpha$, alors, sur la base de l'échantillon, au seuil de 5 % et en vertu de la règle de décision, on ne rejette pas l'hypothèse nulle. Il n'y a pas lieu de penser que la proportion des cégépiens qui viennent en classe avec un cellulaire est supérieure à 75 %. Il aurait fallu que la proportion observée dans l'échantillon soit supérieure à 78,6 % pour rejeter l'hypothèse nulle.

29. a) Il faut effectuer un test d'hypothèse bilatéral sur la proportion π des travailleurs sociaux qui accepteraient une réduction du temps de travail et de leur salaire pour pouvoir consacrer plus de temps à leur vie personnelle. Comme $z = -2{,}07 \notin \left[-1{,}96; 1{,}96\right] = \left[-z_{\alpha/2}; z_{\alpha/2}\right]$, alors, sur la base de l'échantillon, au seuil de 5 % et en vertu de la règle de décision, on rejette l'hypothèse nulle. Il y a tout lieu de penser que la proportion des travailleurs sociaux qui accepteraient de réduire leur temps de travail et leur salaire pour pouvoir consacrer plus de temps à leur vie personnelle est différente de 20 %. Pour ne pas rejeter l'hypothèse nulle, il aurait fallu que la proportion observée dans l'échantillon soit comprise entre 15,6 % et 24,4 %.

b) Avec un seuil de 1 %, les valeurs critiques auraient été $-z_{\alpha/2} = -z_{0,005} = -2,575$ et $z_{\alpha/2} = z_{0,005} = 2,575$. On aurait alors eu:

$$z = -2,07 \in \left[-2,575; 2,575\right] = \left[-z_{\alpha/2}; z_{\alpha/2}\right]$$

de sorte qu'on n'aurait pas rejeté l'hypothèse nulle.

30. Si l'on considère les États-Uniennes de 25 à 54 ans comme le premier groupe et les Québécoises du même groupe d'âge comme le deuxième groupe, on a:

- $n_1 = 1\ 350$;
- $n_2 = 1\ 230$;
- $p_1 = 0,78$;
- $p_2 = 0,80$;
- $x_1 = n_1 p_1 = (1\ 350)(0,78) = 1\ 053$;
- $x_2 = n_2 p_2 = (1\ 230)(0,80) = 984$;
- $\bar{p} = \dfrac{x_1 + x_2}{n_1 + n_2} = \dfrac{1\ 053 + 984}{1\ 350 + 1\ 230} = \dfrac{2\ 037}{2\ 580} = 0,790.$

Effectuons le test d'hypothèse bilatéral sur la différence de deux proportions. Notons π_1 le taux de participation au marché du travail de l'ensemble des États-Uniennes de 25 à 54 ans et π_2, le taux correspondant chez les Québécoises du même groupe d'âge.

1. La formulation des hypothèses

$$H_0 : \pi_1 - \pi_2 = 0$$
$$H_1 : \pi_1 - \pi_2 \neq 0$$

2. Le choix d'un seuil de signification (α)

$$\alpha = 1\ \%$$

3. La vérification des conditions d'application

Nous disposons de deux échantillons aléatoires indépendants de grande taille $\left(n_1 = 1\ 350 \geq 30 \text{ et } n_2 = 1\ 230 \geq 30\right)$. De plus, les autres conditions exigées pour effectuer un test sur la différence de deux proportions sont remplies. En effet,

- $n_1 p_1 = 1\ 350(0,78) = 1\ 053 \geq 5$;
- $n_1(1 - p_1) = 1\ 350(1 - 0,78) = 297 \geq 5$;
- $n_2 p_2 = 1\ 230(0,80) = 984 \geq 5$;
- $n_2(1 - p_2) = 1\ 230(1 - 0,80) = 246 \geq 5.$

4. La détermination des valeurs critiques

En consultant la table de la loi normale centrée réduite, on obtient les valeurs critiques:

$$-z_{\alpha/2} = -z_{0,005} = -2,575 \quad \text{et} \quad z_{\alpha/2} = z_{0,005} = 2,575$$

5. La formulation de la règle de décision

La règle de décision est exprimée à la figure ER 5.28.

FIGURE | **ER 5.28**

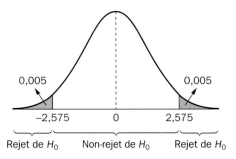

ZONES DE REJET ET DE NON-REJET DE L'HYPOTHÈSE NULLE

0,005   0,005

−2,575   0   2,575

Rejet de H_0 Non-rejet de H_0 Rejet de H_0

On rejette l'hypothèse nulle lorsque $z \notin \left[-z_{\alpha/2}; z_{\alpha/2}\right] = \left[-2,575; 2,575\right]$.

CHAPITRE 5

6. Le calcul de la statistique appropriée au test

$$z = \frac{p_1 - p_2}{\sqrt{\bar{p}(1 - \bar{p})\left(\dfrac{1}{n_1} + \dfrac{1}{n_2}\right)}}$$

$$= \frac{0,78 - 0,80}{\sqrt{(0,790)(1 - 0,790)\left(\dfrac{1}{1\,350} + \dfrac{1}{1\,230}\right)}}$$

$$= -1,25$$

7. La décision

Comme $z = -1,25 \in [-2,575; 2,575] = [-z_{\alpha/2}; z_{\alpha/2}]$, alors, sur la base des échantillons, au seuil de 1 % et en vertu de la règle de décision, on ne rejette pas l'hypothèse nulle. Il n'y a pas lieu de penser que le taux de participation au marché du travail de l'ensemble des États-Uniennes de 25 à 54 ans est différent de celui des Québécoises du même groupe d'âge.

31. Effectuons le test d'hypothèse unilatéral à droite sur la différence de deux proportions. Comme $z = 1,83 > 1,645 = z_{\alpha}$, alors, sur la base des échantillons, au seuil de 5 % et en vertu de la règle de décision, on rejette l'hypothèse nulle. Il y a tout lieu de penser que, chez les détenteurs d'un permis de conduire, la proportion de ceux qui, en 2000, avaient conduit après avoir consommé de l'alcool au-delà de la limite permise est supérieure à la proportion correspondante chez les détenteurs d'un permis de conduire en 2011.

32. Effectuons le test d'hypothèse unilatéral à gauche sur la différence de deux proportions. Comme $z = -0,30 > -2,05 = -z_{\alpha}$, alors, sur la base des échantillons, au seuil de 2 % et en vertu de la règle de décision, on ne rejette pas l'hypothèse nulle. Il n'y a pas lieu de penser que, chez les personnes habilitées à voter, la proportion de l'ensemble des personnes âgées de 18 à 25 ans qui ont l'intention de voter aux prochaines élections provinciales est inférieure à la proportion correspondante chez les personnes âgées de 45 à 65 ans.

33. Il faut effectuer un test d'ajustement du khi carré avec un seuil de signification de 5 %.

1. La formulation des hypothèses

H_0 : Les chats sont indifférents aux couleurs : la couleur de la porte n'a pas d'effet sur leur choix.

H_1 : Les chats ne sont pas indifférents aux couleurs : la couleur de la porte a un effet sur leur choix.

2. Le choix d'un seuil de signification (α)

$$\alpha = 5\,\%$$

3. La vérification des conditions d'application

Il faut présenter les fréquences observées et les fréquences théoriques dans un tableau montrant qu'aucune des fréquences théoriques n'est inférieure à 5. Le tableau ER 5.4 compare les fréquences théoriques et observées. Selon l'hypothèse nulle, toutes les couleurs auraient la même fréquence, de sorte que $f_t = \dfrac{140}{4} = 35$ pour chacune des couleurs.

TABLEAU | **ER 5.4**

COMPARAISON DES FRÉQUENCES THÉORIQUES ET OBSERVÉES

Couleur de la porte	f_t	f_o
Rouge	35	60
Jaune	35	30
Verte	35	20
Bleue	35	30
Total	**140**	**140**

Aucune des fréquences théoriques n'est inférieure à 5 et l'échantillon est aléatoire, de sorte qu'on peut poursuivre le test.

4. **La détermination de la valeur critique**

Dans cet exercice, on compte quatre catégories (couleurs), et on n'a pas estimé de paramètre. Par conséquent, le nombre de degrés de liberté vaut :

$$v = k - r - 1$$
$$= 4 - 0 - 1$$
$$= 3$$

Pour $v = 3$ et $\alpha = 5\,\%$, on lit dans la table de la loi du khi carré que $\chi^2_{\alpha;\,v} = \chi^2_{0,05;\,3} = 7,81$.

5. **La formulation de la règle de décision**

Comme l'indique la figure ER 5.31, on rejette l'hypothèse nulle (H_0) lorsque $\chi^2 > \chi^2_{\alpha;\,v} = 7,81$.

FIGURE | **ER 5.31**

ZONES DE REJET ET DE NON-REJET DE L'HYPOTHÈSE NULLE

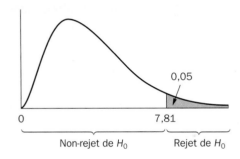

6. **Le calcul de la statistique appropriée au test**

$$\chi^2 = \sum \frac{(f_o - f_t)^2}{f_t}$$
$$= \frac{(60 - 35)^2}{35} + \frac{(30 - 35)^2}{35} + \frac{(20 - 35)^2}{35} + \frac{(30 - 35)^2}{35}$$
$$= 17,86 + 0,71 + 6,43 + 0,71$$
$$= 25,71$$

7. **La décision**

Comme $\chi^2 = 25,71 > 7,81 = \chi^2_{\alpha;\,v}$, alors, sur la base de l'échantillon, au seuil de 5 % et en vertu de la règle de décision, on rejette l'hypothèse nulle. Il y a donc tout lieu de penser que les chats ne sont pas indifférents aux couleurs et que la couleur de la porte a un effet sur leur choix.

34. Il faut effectuer un test d'ajustement du khi carré avec un seuil de signification de 1 %. Comme $\chi^2 = 2,90 < 15,09 = \chi^2_{\alpha;\,v}$, alors, sur la base de l'échantillon, au seuil de 1 % et en vertu de la règle de décision, on ne rejette pas l'hypothèse nulle. Il n'y a pas lieu de penser que le dé est pipé.

35. Il faut effectuer un test d'ajustement du khi carré avec un seuil de signification de 2 %. Comme $\chi^2 = 1,66 < 11,67 = \chi^2_{\alpha;\,v}$, alors, sur la base de l'échantillon, au seuil de 2 % et en vertu de la règle de décision, on ne rejette pas l'hypothèse nulle. Il n'y a pas lieu de penser que les accidents de travail ne se produisent pas de manière aléatoire dans la semaine.

CHAPITRE 5

36. a) On a :

TABLEAU | **5.35**

COMPARAISON DES FRÉQUENCES THÉORIQUES ET OBSERVÉES

	Nouvelle lune	Premier quartier	Pleine lune	Dernier quartier	Total
f_o	95	103	105	97	400
f_t	100	100	100	100	400

b) Il faut effectuer un test d'ajustement du khi carré avec un seuil de signification de 5 %. Comme $\chi^2 = 0,68 < 7,81 = \chi^2_{\alpha;\,v}$, alors, sur la base de l'échantillon, au seuil de 5 % et en vertu de la règle de décision, on ne rejette pas l'hypothèse nulle. Il n'y a pas lieu de penser que les naissances ne se répartissent pas uniformément entre les phases de la lune.

37. Il faut effectuer un test d'ajustement du khi carré avec un seuil de signification de 2 %. Comme $\chi^2 = 12,26 > 11,67 = \chi^2_{\alpha;\,v}$, alors, sur la base de l'échantillon, au seuil de 2 % et en vertu de la règle de décision, on rejette l'hypothèse nulle. Il y a tout lieu de penser que les achats ne se répartissent pas également entre les différentes marques de pâtes, et donc que ces dernières ne sont pas également populaires.

38. Il faut effectuer un test d'ajustement du khi carré avec un seuil de signification de 1 %.

1. La formulation des hypothèses

H_0 : Le nombre de consultations quotidiennes qu'effectue un professeur de cégep auprès de ses étudiants se distribue selon le modèle de la loi de Poisson de moyenne 2 $[X \sim \text{Po}(2)]$.

H_1 : Le nombre de consultations quotidiennes qu'effectue un professeur de cégep auprès de ses étudiants ne se distribue pas selon le modèle de la loi de Poisson de moyenne 2 $[X \sim \text{Po}(2)]$.

2. Le choix d'un seuil de signification (α)

$$\alpha = 1\,\%$$

3. La vérification des conditions d'application

Il faut présenter les fréquences observées et les fréquences théoriques dans un tableau montrant qu'aucune des fréquences théoriques n'est inférieure à 5. Selon l'hypothèse nulle, le nombre de consultations se distribue selon la loi de Poisson de moyenne 2 $[X \sim \text{Po}(2)]$, de sorte que la fréquence théorique associée à 0 est donnée par :

$$f_t = 80 \times P(X = 0)$$
$$= 80 \times \text{Po}(0;2)$$
$$= 80 \times \frac{e^{-2}\,2^0}{0!}$$
$$= 80 \times 0,1353$$
$$= 10,8$$

De même, la fréquence théorique associée à 1 est donnée par :

$$f_t = 80 \times P(X = 1)$$
$$= 80 \times \text{Po}(1;2)$$
$$= 80 \times \frac{e^{-2}\,2^1}{1!}$$
$$= 80 \times 0,2707$$
$$= 21,7$$

On calcule les autres fréquences théoriques de manière similaire.

Le tableau ER 5.8 compare les fréquences théoriques et observées.

TABLEAU | **ER 5.8**

COMPARAISON DES FRÉQUENCES THÉORIQUES ET OBSERVÉES

Nombre de consultations	f_t	f_o
0	10,8	13
1	21,7	19
2	21,7	23
3	14,4	12
4 et plus	11,4	13
Total	80	80

Aucune des fréquences théoriques n'est inférieure à 5 et l'échantillon est aléatoire, de sorte qu'on peut poursuivre le test.

4. La détermination de la valeur critique

Dans cet exercice, on compte cinq catégories (nombre de consultations), et on n'a pas estimé de paramètre. Par conséquent, le nombre de degrés de liberté vaut:

$$v = k - r - 1$$
$$= 5 - 0 - 1$$
$$= 4$$

Pour $v = 4$ et $\alpha = 1\,\%$, on lit dans la table de la loi du khi carré que $\chi^2_{\alpha;\,v} = \chi^2_{0,01;\,4} = 13,28$.

5. La formulation de la règle de décision

Comme l'indique la figure ER 5.36, on rejette l'hypothèse nulle (H_0) lorsque $\chi^2 > \chi^2_{\alpha;\,v} = 13,28$.

FIGURE | **ER 5.36**

ZONES DE REJET ET DE NON-REJET DE L'HYPOTHÈSE NULLE

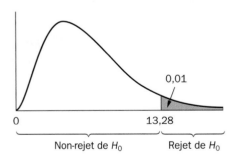

0,01

0   13,28

Non-rejet de H_0 Rejet de H_0

6. Le calcul de la statistique appropriée au test

$$\chi^2 = \sum \frac{(f_o - f_t)^2}{f_t}$$
$$= \frac{(13 - 10,8)^2}{10,8} + \frac{(19 - 21,7)^2}{21,7} + \frac{(23 - 21,7)^2}{21,7} + \frac{(12 - 14,4)^2}{14,4} + \frac{(13 - 11,4)^2}{11,4}$$
$$= 0,45 + 0,34 + 0,08 + 0,40 + 0,22$$
$$= 1,49$$

7. La décision

Comme $\chi^2 = 1,49 < 13,28 = \chi^2_{\alpha;\,v}$, alors, sur la base de l'échantillon, au seuil de 1 % et en vertu de la règle de décision, on ne rejette pas l'hypothèse nulle. Il n'y a pas lieu de penser que le nombre de consultations quotidiennes qu'effectue un professeur de cégep auprès de ses étudiants ne se distribue pas selon la loi de Poisson de moyenne 2 $[X \sim \text{Po}(2)]$.

CHAPITRE **5**

39. Il faut effectuer un test d'ajustement du khi carré. Notons X la variable qui représente le résultat obtenu par un sujet au test de QI et testons l'hypothèse que $X \sim \mathrm{N}\left(100 ; 15^2\right)$ au seuil de 5 %.

1. La formulation des hypothèses

H_0 : Les résultats au test de QI se distribuent selon la loi normale de moyenne 100 et d'écart type 15.

H_1 : Les résultats au test de QI ne se distribuent pas selon la loi normale de moyenne 100 et d'écart type 15.

2. Le choix d'un seuil de signification (α)

$$\alpha = 5\,\%$$

3. La vérification des conditions d'application

Il faut présenter les fréquences observées et les fréquences théoriques dans un tableau montrant qu'aucune des fréquences théoriques n'est inférieure à 5.

Pour trouver les fréquences théoriques, il faut d'abord évaluer les probabilités associées à chacun des intervalles selon l'hypothèse que les résultats au test de QI se distribuent selon la loi normale de moyenne 100 et d'écart type 15.

Ainsi,

$$
\begin{aligned}
P\left(X < 70\right) &= P\left(\frac{X - 100}{15} < \frac{70 - 100}{15}\right) \\
&= P\left(Z < -2\right) \\
&= P\left(Z > 2\right) \\
&= 0,5 - P\left(0 < Z \le 2\right) \\
&= 0,5 - 0,4772 \\
&= 0,0228
\end{aligned}
$$

de sorte que la fréquence théorique associée à cet intervalle est 22,8 $\left(\text{soit } 1\,000 \times 0,0228\right)$.

On calcule les autres fréquences théoriques de manière similaire.

Le tableau ER 5.9 compare les fréquences théoriques et observées.

TABLEAU | **ER 5.9**

COMPARAISON DES FRÉQUENCES THÉORIQUES ET OBSERVÉES

Résultat	f_t	f_o
Moins de 70	22,8	20
70-85	135,9	150
85-100	341,3	340
100-115	341,3	330
115-130	135,9	140
130 et plus	22,8	20
Total	1 000	1 000

Aucune des fréquences théoriques n'est inférieure à 5 et l'échantillon est aléatoire, de sorte qu'on peut poursuivre le test.

4. La détermination de la valeur critique

Dans cet exercice, on compte six catégories (résultats), et on n'a pas estimé de paramètre. Par conséquent, le nombre de degrés de liberté vaut :

$$
\begin{aligned}
\nu &= k - r - 1 \\
&= 6 - 0 - 1 \\
&= 5
\end{aligned}
$$

Pour $\nu = 5$ et $\alpha = 5\,\%$, on lit dans la table de la loi du khi carré que $\chi^2_{\alpha;\,\nu} = \chi^2_{0,05;\,5} = 11,07$.

5. La formulation de la règle de décision

Comme l'indique la figure ER 5.37, on rejette l'hypothèse nulle (H_0) lorsque $\chi^2 > \chi^2_{\alpha;\nu} = 11,07$.

FIGURE | **ER 5.37**

ZONES DE REJET ET DE NON-REJET DE L'HYPOTHÈSE NULLE

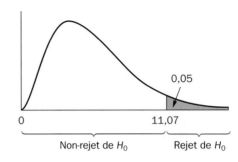

6. Le calcul de la statistique appropriée au test

$$\chi^2 = \sum \frac{(f_o - f_t)^2}{f_t}$$

$$= \frac{(20 - 22,8)^2}{22,8} + \frac{(150 - 135,9)^2}{135,9} + \frac{(340 - 341,3)^2}{341,3} + \frac{(330 - 341,3)^2}{341,3}$$

$$+ \frac{(140 - 135,9)^2}{135,9} + \frac{(20 - 22,8)^2}{22,8}$$

$$= 0,34 + 1,46 + 0,00 + 0,37 + 0,12 + 0,34$$

$$= 2,63$$

7. La décision

Comme $\chi^2 = 2,63 < 11,07 = \chi^2_{\alpha;\nu}$, alors, sur la base de l'échantillon, au seuil de 5 % et en vertu de la règle de décision, on ne rejette pas l'hypothèse nulle. Il n'y a pas lieu de penser que les résultats à ce test de QI ne se distribuent pas selon la loi normale de moyenne 100 et d'écart type 15.

40. Il faut effectuer un test d'ajustement du khi carré. Notons X la variable qui représente le temps mis pour reproduire le chat et testons l'hypothèse que $X \sim \mathrm{N}\left(275;50^2\right)$ au seuil de 1 %. Comme $\chi^2 = 12,63 > 11,34 = \chi^2_{\alpha;\nu}$, alors, sur la base de l'échantillon, au seuil de 1 % et en vertu de la règle de décision, on rejette l'hypothèse nulle. Il y a tout lieu de penser que le temps mis pour reproduire le chat ne se distribue pas selon la loi normale de moyenne 275 s et d'écart type 50 s.

41. Il faut effectuer un test d'ajustement du khi carré. Notons X la variable qui représente le résultat d'un étudiant au test de sélection. On veut vérifier si $X \sim \mathrm{N}\left(70;14^2\right)$. Comme $\chi^2 = 3,71 < 7,81 = \chi^2_{\alpha;\nu}$, alors, sur la base de l'échantillon, au seuil de 5 % et en vertu de la règle de décision, on ne rejette pas l'hypothèse nulle. Il n'y a pas lieu de penser que les résultats au test de sélection ne se répartissent pas selon la loi normale de moyenne 70 et d'écart type 14.

42. Il faut effectuer un test d'ajustement du khi carré. Notons X la variable qui représente le temps que les cégépiens consacrent par semaine au travail rémunéré. On veut vérifier si $X \sim \mathrm{N}\left(12;5^2\right)$. Comme $\chi^2 = 2,78 < 9,84 = \chi^2_{\alpha;\nu}$, alors, sur la base de l'échantillon, au seuil de 2 % et en vertu de la règle de décision, on ne rejette pas l'hypothèse nulle. Il n'y a pas lieu de penser que le temps que les cégépiens consacrent par semaine au travail rémunéré ne se répartit pas selon la loi normale de moyenne 12 h et d'écart type 5 h.

CHAPITRE **5**

Glossaire

Analyse combinatoire (p. 23)

Branche des mathématiques qui s'intéresse aux problèmes de dénombrement et d'énumération de situations.

Arbre de probabilité (p. 39)

Diagramme en arbre qui permet d'illustrer l'évaluation d'une probabilité. On associe à chaque branche de l'arbre la probabilité conditionnelle qu'un événement se produise, sachant que les événements associés aux branches inférieures se sont produits. La probabilité de l'intersection d'événements successifs obtenus lorsqu'on parcourt un trajet sur les branches de l'arbre correspond au produit des probabilités associées aux branches situées sur ce trajet.

Arrangement (p. 29)

Un arrangement est une sélection ***ordonnée*** de r éléments différents choisis parmi n éléments différents. Le nombre d'arrangements, noté A_r^n, est égal à $\dfrac{n!}{(n-r)!}$.

Cardinal (p. 7)

Nombre d'éléments dans un ensemble A, noté $n(A)$.

Combinaison (p. 30)

Une combinaison est une sélection ***non ordonnée*** de r éléments différents, pris r à la fois, parmi n éléments différents. Le nombre de combinaisons, noté $\dbinom{n}{r}$, est égal à $\dfrac{n!}{r!(n-r)!}$.

Complément d'un ensemble (p. 7)

Si U est l'ensemble universel, le complément de l'ensemble A, noté A', correspond à $U \backslash A$. Le complément de A est l'ensemble de tous les éléments qui n'appartiennent pas à A.

Correction de continuité (p. 114)

Correction qu'on doit apporter lorsqu'on approxime une variable aléatoire discrète par une variable aléatoire continue. On applique cette correction dans l'approximation de la loi binomiale par la loi normale.

Diagramme de Venn (p. 9)

Diagramme servant à la représentation d'ensembles, des relations entre ces ensembles et des opérations sur des ensembles.

Diagramme en arbre (p. 13)

Schéma constitué de chemins et de bifurcations servant à dénombrer une suite d'événements présentés selon leur ordre d'apparition.

Distribution de probabilité (p. 70)

Tableau ou fonction qui exprime les différentes probabilités associées à toutes les valeurs d'une variable aléatoire discrète. On l'appelle également *loi de probabilité* ou *fonction de probabilité*.

Élément (p. 7)

Un élément d'un ensemble A est une des composantes de cet ensemble. Pour indiquer qu'un élément x appartient à un ensemble A, on écrit $x \in A$, et pour indiquer qu'il n'appartient pas à A, $x \notin A$.

Ensemble (p. 7)

Un ensemble est une collection d'éléments qui possèdent généralement une caractéristique commune. Il est habituellement noté par une lettre majuscule.

Ensemble universel (p. 7)

Ensemble, généralement noté U (ou S en théorie des probabilités), duquel on peut prélever les éléments pour former un ensemble particulier. Intuitivement, on dira que l'ensemble universel contient tous les éléments pertinents à un contexte.

Ensemble vide (p. 7)

Ensemble, noté $\varnothing$ ou $\{\ \}$, qui ne compte aucun élément.

Ensembles disjoints (p. 7)

Deux ensembles A et B sont disjoints si leur intersection donne l'ensemble vide, c'est-à-dire si $A \cap B = \varnothing$. Les ensembles A et B sont disjoints s'ils n'ont pas d'éléments communs.

Ensembles mutuellement exclusifs (p. 43)

Ensembles tels que deux d'entre eux qui sont différents, peu importe lesquels, sont disjoints. En langage symbolique, les ensembles A_1, A_2, ... et A_n sont mutuellement exclusifs si et seulement si $A_i \cap A_j = \varnothing$ pour tout $i \neq j$.

Erreur de deuxième espèce (p. 166)

Erreur consistant à ne pas rejeter l'hypothèse nulle alors qu'elle est fausse. Le risque de commettre cette erreur est désigné par la lettre grecque β.

Erreur de première espèce (p. 166)

Erreur commise lorsqu'on rejette l'hypothèse nulle alors qu'elle est vraie. Le risque de commettre cette erreur est désigné par la lettre grecque α.

Espace échantillonnal (p. 12)

Ensemble de tous les résultats possibles d'une expérience aléatoire, généralement noté S.

Espérance (p. 71)

Paramètre de la distribution de probabilité d'une variable aléatoire. Elle est le pendant probabiliste de la moyenne utilisée en statistique descriptive. L'espérance de la variable aléatoire X est notée $E(X)$ ou μ. L'espérance d'une variable aléatoire discrète X qui peut prendre les valeurs $x_1, x_2, ..., x_n$ est donnée par l'expression

$$E(X) = \mu = \sum_{i=1}^{n} x_i P(X = x_i).$$

Estimation par intervalle de confiance (p. 129)

Estimation de la valeur d'un paramètre d'une population au moyen d'un intervalle construit autour de la statistique correspondante de l'échantillon. Le niveau de confiance représente la probabilité que l'intervalle englobe la valeur réelle du paramètre.

Estimation ponctuelle (p. 129)

Estimation de la valeur d'un paramètre d'une population faite à partir de la statistique correspondante d'un échantillon.

Événement (p. 12)

Sous-ensemble de l'espace échantillonnal. On le dit simple s'il ne comporte qu'un seul élément de l'espace échantillonnal, et composé s'il en comporte plus d'un. On emploie généralement une lettre majuscule, de préférence signifiante, pour désigner un événement.

Événement certain (p. 15)

Événement dont la probabilité correspond à 1. Si A est un événement certain, alors $P(A) = 1$.

Événement contraire (p. 15)

L'événement contraire d'un événement A, noté A', représente le fait que l'événement A ne se produit pas.

Événement impossible (p. 15)

Événement de probabilité nulle. Si A est un événement impossible, alors $P(A) = 0$. L'événement A est alors associé à l'ensemble vide, soit $\varnothing$.

Événements incompatibles (p. 15)

Événements qui ne peuvent pas se produire simultanément. L'intersection des ensembles qui représentent ces événements donne l'ensemble vide. Deux événements sont incompatibles lorsque $A \cap B = \varnothing$.

Événements indépendants (p. 36)

Événements tels que l'occurrence de l'un n'a pas d'effet sur l'occurrence de l'autre. Deux événements A et B sont indépendants si et seulement si $P(A \cap B) = P(A) \times P(B)$. On peut également dire que deux événements dont les probabilités sont différentes de zéro sont indépendants si et seulement si $P(A|B) = P(A)$ ou $P(B|A) = P(B)$.

Événements mutuellement exclusifs (p. 43)

Ensemble d'événements tels que deux d'entre eux qui sont différents, peu importe lesquels, sont incompatibles.

Expérience aléatoire (p. 11)

Action qu'on peut répéter à volonté et dont on connaît tous les résultats possibles, sans pour autant être capable de prévoir avec certitude lequel se produira lors de l'expérience.

Facteur de correction de population finie (p. 138)

Facteur par lequel il faut multiplier la marge d'erreur lorsqu'un échantillon de taille n a été prélevé sans remise d'une population finie de taille N. Ce facteur vaut $\sqrt{\dfrac{N-n}{N-1}}$. On peut le négliger lorsque le taux de sondage $\left(\dfrac{n}{N}\right)$ est inférieur ou égal à 5 %.

Factorielle (p. 27)

La factorielle de n, notée $n!$, où n est un entier positif, représente le produit de tous les entiers positifs inférieurs ou égaux à n. De plus, $0! = 1$.

Fonction de densité (p. 97)

Terme désignant la fonction de probabilité d'une variable aléatoire continue. La fonction de densité de la loi normale $X \sim N(\mu; \sigma^2)$ est donnée par l'expression

$$f(x) = \frac{1}{\sigma\sqrt{2\pi}} e^{-\frac{(x-\mu)^2}{2\sigma^2}}.$$

Formule de Bayes (p. 44)

Formule des probabilités *a posteriori*. Elle est donnée par l'expression $P(A_i|B) = \dfrac{P(B|A_i) \times P(A_i)}{\sum_{j=1}^{n} P(B|A_j) \times P(A_j)}$, où $\{A_1, A_2, ..., A_n\}$ forme une partition de l'espace échantillonnal.

Formule des probabilités totales (p. 44)

Si $\{A_1, A_2, ..., A_n\}$ forme une partition de l'ensemble S et si B est un sous-ensemble de S, alors

$$P(B) = \sum_{j=1}^{n} P(B|A_j) \times P(A_j).$$

Hypothèse alternative (p. 163)

Dans un test d'hypothèse, c'est l'hypothèse qu'on retient lorsqu'on rejette l'hypothèse nulle. Le chercheur la propose pour remplacer la norme établie dans l'hypothèse nulle ; c'est pourquoi on l'appelle aussi *contre-hypothèse* ou *hypothèse du chercheur*. Elle est notée H_1.

Hypothèse nulle (p. 163)

Selon le contexte, l'hypothèse nulle est la norme acceptée, un critère de référence ou le *statu quo* par rapport au passé. Dans un test d'hypothèse, on suppose que l'hypothèse nulle est vraie jusqu'à preuve du contraire. C'est l'hypothèse que le chercheur remet en question en tentant de montrer qu'elle est statistiquement incompatible avec les résultats obtenus dans l'échantillon ou les échantillons. Elle est notée H_0.

Inférence statistique (p. 129)

Branche de la statistique qui a pour objet de généraliser les résultats obtenus à partir d'un échantillon à l'ensemble de la population d'où il a été tiré. L'estimation de paramètres et le test d'hypothèse sont les deux volets de l'inférence statistique.

Loi binomiale (p. 73)

Loi de probabilité employée lorsque l'on étudie une variable aléatoire X qui donne le nombre de succès lors d'une expérience aléatoire consistant à répéter la même épreuve à n reprises. Dans ce contexte, il n'y a que deux résultats possibles (succès ou échec), et la probabilité (p) de succès à chaque épreuve est constante. On écrit $X \sim B(n; p)$ pour indiquer que la variable aléatoire X obéit à la loi binomiale dont les paramètres sont n et p. Si $X \sim B(n; p)$, alors

$$P(X = k) = B(k; n; p)$$
$$= \binom{n}{k} p^k (1-p)^{n-k}$$
$$\text{pour } k = 0, 1, 2, ..., n$$

donne la probabilité d'obtenir k succès en n reprises de l'épreuve, la probabilité de succès à chaque reprise valant p.

Loi de Poisson (p. 80)

Loi de probabilité qui régit habituellement des phénomènes rares. Lorsqu'une variable aléatoire X, dont l'espérance est $E(X) = \lambda$, obéit à une loi de Poisson, on

écrit $X \sim Po(\lambda)$, et alors $P(X = k) = Po(k; \lambda) = \dfrac{e^{-\lambda} \lambda^k}{k!}$ pour $k = 0, 1, 2, 3, ...$ La loi de Poisson est aussi employée pour approximer la loi binomiale dans certaines conditions.

Loi de Student (p. 140)

Loi de probabilité établie par William Sealy Gosset. Elle est employée en inférence statistique lorsqu'on recourt à un petit échantillon ($n < 30$) où la distribution de la variable étudiée se conforme au modèle de la loi normale (ou s'approche de ce modèle) et qu'on ne connaît pas la valeur de l'écart type (σ).

Loi normale (p. 97)

Expression mathématique d'une courbe normale (ou *courbe de Laplace-Gauss*) dont la forme ressemble à une cloche. La moyenne, le mode et la médiane d'une variable soumise à la loi normale coïncident. La loi normale permet de décrire de nombreux phénomènes naturels ou résultant de l'activité humaine. Elle est d'usage courant en inférence statistique. Toute loi normale est déterminée par sa moyenne et son écart type. On écrit $X \sim N(\mu; \sigma^2)$ pour indiquer que la variable X obéit à la loi normale de moyenne (d'espérance) μ et d'écart type σ.

Loi normale centrée réduite (p. 101)

Loi normale de moyenne 0 et de variance 1. On écrit $Z \sim N(0; 1)$ pour indiquer que la variable Z obéit à la loi normale centrée réduite.

Marge d'erreur (p. 129)

Dans une estimation par intervalle de confiance d'une moyenne ou d'une proportion, la marge d'erreur correspond à la moitié de la largeur de l'intervalle.

Niveau de confiance (p. 129)

Probabilité qu'un intervalle de confiance contienne la valeur réelle d'un paramètre d'une population. Les niveaux de confiance généralement employés sont 90 %, 95 % (ou «19 fois sur 20»), 98 % et 99 %. On emploie souvent l'expression $1 - \alpha$ ou $(1 - \alpha) \times 100$ % pour désigner de manière générale le niveau de confiance associé à un intervalle.

Nombre de degrés de liberté (p. 140)

Valeur, généralement notée v, nécessaire à l'évaluation d'un seuil de probabilité dans certaines lois de probabilité, dont la loi de Student.

Normalisation (p. 115)

Procédé par lequel on transforme une variable aléatoire quelconque en une variable aléatoire normale.

Paramètre (p. 129)

Mesure – par exemple une moyenne ou une proportion – tirée d'une population. Dans un sondage, on estime généralement un paramètre par la mesure correspondante (la statistique) effectuée sur l'échantillon.

Partition (p. 43)

Partage d'un ensemble S en sous-ensembles non nuls mutuellement exclusifs. En langage symbolique, $\{A_1, A_2, ..., A_n\}$ forme une partition de l'ensemble S lorsque $A_i \neq \varnothing$ pour toute valeur entière de i comprise entre 1 et n, que $A_i \cap A_j = \varnothing$ pour tout $i \neq j$ et que l'union de tous les A_i donne l'ensemble S, soit que $\bigcup\limits_{i=1}^{n} A_i = S$.

Permutation (p. 27)

Une permutation est une disposition **ordonnée** de n éléments différents. Le nombre de permutations de n éléments différents, noté P_n, est égal à $n!$.

Permutation avec répétition (p. 28)

Permutation de n éléments qui ne sont pas tous différents. Le nombre de permutations de n éléments parmi lesquels on trouve k groupes comportant respectivement $n_1, n_2, ..., n_k$ éléments identiques est donné par l'expression $\dfrac{n!}{n_1! n_2! \cdots n_k!}$.

Principe d'addition (p. 15)

Principe de dénombrement appliqué lors d'une expérience aléatoire en vertu duquel, s'il existe $n(A)$ façons d'obtenir un événement A et $n(B)$ façons d'obtenir un événement B, alors il existe $n(A) + n(B) - n(A \cap B)$ façons d'obtenir l'événement A ou l'événement B, c'est-à-dire que $n(A \cup B) = n(A) + n(B) - n(A \cap B)$. Aussi appelé *principe d'inclusion-exclusion*.

Principe de multiplication (p. 23)

Principe de dénombrement appliqué lors d'une expérience aléatoire en vertu duquel, s'il existe m façons d'obtenir un événement A et, par la suite, n façons d'obtenir un événement B, alors il existe $m \times n$ façons d'obtenir les événements A et B l'un après l'autre. On peut évidemment généraliser ce principe lorsqu'il y a plus de deux événements.

Probabilité (p. 5)

Mesure de la fréquence relative ou de la vraisemblance de l'occurrence d'un événement dont la réalisation dépend du hasard. Lorsque tous les cas sont équiprobables, la probabilité d'un événement A, notée $P(A)$, est donnée par l'expression :

$$P(A) = \frac{\text{Nombre de cas favorables à } A}{\text{Nombre de cas possibles}}$$

Probabilité conditionnelle (p. 34)

Une probabilité conditionnelle représente la probabilité qu'un événement se produise sachant qu'un autre événement s'est déjà produit. Lorsque $P(B) \neq 0$, la probabilité de A sachant B est donnée par l'expression :

$$P(A|B) = \frac{P(A \cap B)}{P(B)}$$

Résultat significatif (p. 171)

Résultat qui entraîne le rejet de l'hypothèse nulle dans un test d'hypothèse.

Seuil de signification (p. 166)

Probabilité de rejeter l'hypothèse nulle alors qu'elle est vraie. Le seuil de signification est désigné par α. Les seuils les plus courants sont 5 %, 2 % et 1 %.

Statistique (p. 129)

Mesure tirée d'un échantillon. Une statistique sert notamment à estimer la valeur d'un paramètre d'une population.

Taux de sondage (p. 138)

Proportion de la population prélevée dans l'échantillon. Il correspond au quotient de la taille de l'échantillon par la taille de la population : $\dfrac{n}{N}$. On l'exprime généralement en pourcentage.

Test bilatéral (p. 168)

Test d'hypothèse comportant deux zones de rejet de l'hypothèse nulle, situées l'une à gauche et l'autre à droite sur le graphique de la loi de probabilité appropriée. La probabilité associée aux zones de rejet de l'hypothèse nulle (H_0) correspond au seuil de signification du test.

Test d'hypothèse (p. 163)

Procédé employé en inférence statistique pour opérer un choix entre deux hypothèses, appelées hypothèse nulle et hypothèse alternative, sur la base d'un ou de plusieurs échantillons aléatoires.

Test unilatéral à droite (p. 168)

Test d'hypothèse comportant une seule zone de rejet de l'hypothèse nulle, située à droite sur le graphique de la loi de probabilité appropriée. La probabilité associée à la zone de rejet de l'hypothèse nulle (H_0) correspond au seuil de signification du test.

Test unilatéral à gauche (p. 168)

Test d'hypothèse comportant une seule zone de rejet de l'hypothèse nulle, située à gauche sur le graphique de la loi de probabilité appropriée. La probabilité associée à la zone de rejet de l'hypothèse nulle (H_0) correspond au seuil de signification du test.

Variable aléatoire (p. 69)

Une variable aléatoire est une fonction qui associe une valeur numérique à chacun des résultats différents d'une expérience aléatoire.

Variable aléatoire continue (p. 69)

Une variable aléatoire est dite continue lorsqu'elle peut théoriquement couvrir toutes les valeurs d'un ou de plusieurs intervalles.

Variable aléatoire discrète (p. 69)

Une variable aléatoire est dite discrète lorsqu'elle peut seulement prendre des valeurs isolées, c'est-à-dire une quantité finie ou dénombrable de valeurs.

Variance (p. 71)

Paramètre de la distribution de probabilité d'une variable aléatoire. Elle est le pendant probabiliste de la variance utilisée en statistique descriptive. La variance d'une variable aléatoire X est notée $Var(X)$ ou σ^2. La variance d'une variable aléatoire discrète X qui peut prendre les valeurs $x_1, x_2, ..., x_n$ est donnée par l'expression :

$$Var(X) = \sigma^2$$
$$= \sum_{i=1}^{n}(x_i - \mu)^2 \, P(X = x_i)$$

Bibliographie

ABERCROMBIE, Nicholas, *et al. Dictionary of Sociology*, Londres, Penguin Books, 1988, 320 p.

AMYOTTE, Luc. *Méthodes quantitatives. Applications à la recherche en sciences humaines*, 3e éd., Saint-Laurent, ERPI, 2011, 500 p.

ANASTASI, A. *Introduction à la psychométrie*, Montréal, Guérin, 1994, 274 p.

BÉNICHOUX, Roger, Jean MICHEL et Daniel PAJAUD. *Guide pratique de la communication scientifique*, Paris, Gaston Lachurié, éditeur, 1985, 266 p.

BULMER, M. G. *Principles of Statistics*, New York, Dover, 1979, 252 p.

CHAPLIN, J. P. *Dictionary of Psychology*, 2e éd., New York, Dell Publishing, 1985, 499 p.

GAUTHIER, Benoît, *et al. Recherche sociale, de la problématique à la collecte de données*, 5e édition, Québec, Presses de l'Université du Québec, 2009, 753 p.

GIROUX, Sylvain, et Ginette TREMBLAY. *Méthodologie des sciences humaines. La recherche en action*, 3e éd., Saint-Laurent, ERPI, 2009, 324 p.

GRAWITZ, Madeleine. *Méthodes des sciences sociales,* 11e éd., Paris, Dalloz, 2001, 1019 p.

LESSARD, Sabin, et Ernest MONGA. *Statistique : concepts et méthodes*, Montréal, Les Presses de l'Université de Montréal, 1993, 421 p.

MOORE, David S., et George P. MCCABE. *Introduction to the Practice of Statistics,* 3e éd., New York, W. H. Freeman, 1999, 825 p.

PORKESS, Roger. *Dictionary of Statistics*, Londres, Collins, 1988, 267 p.

SATIN, Alvin, et Wilma SHASTRY. *L'échantillonnage, un guide non mathématique*, Ottawa, Statistique Canada, 1983, 70 p.

SIMARD, Christiane. *Notions de statistique*, 2e éd., Montréal, Modulo, 2010, 360 p.

SINCICH, Terry. *Statistics by Example*, 5e éd., New York, Dellen Macmillan, 1993, 1006 p.

STIGLER, Stephen M. *The History of Statistics. The Measurement of Uncertainty Before 1900*, Cambridge, Belknap Press of Harvard University Press, 1986, 410 p.

THÉRIAULT, Yves. *Vocabulaire de la statistique et des enquêtes*, Ministère des Approvisionnements et Services, Canada, 1992, 555 p.

TREMBLAY, Diane-Gabrielle. *Travail et société. Évolution et enjeux*, Québec, Télé-université, 2004, 640 p.

TRIOLA, Mario F., William M. GOODMAN et Richard LAW. *Elementary Statistics*, 1re édition canadienne, Don Mills, Addison-Wesley, 1999, 852 p.

WEISS, Neil A. *Introductory Statistics*, 8e éd., Boston, Addison-Wesley, 2008, 848 p.

Sources des photographies

Page couverture : plainpicture/Dorothee Van Bömmel.

Chapitre 1
Ouverture de chapitre et page 2 : V.P./Shutterstock. *Page 3* : Georgios Kollidas/Shutterstock. *Page 4* : Antonio Abrignani/Shutterstock. *Page 6* : komkrich ratchusiri/Shutterstock. *Page 10* : lightpoet/Shutterstock. *Page 12* : Alyssum/iStockphoto. *Page 18* : Emanuel/Shutterstock. *Page 23* : Kayros Studio "Be Happy!"/Shutterstock. *Page 24* : Jsmith/iStockphoto. *Page 29* : Sylvie Bouchard/Shutterstock. *Page 31* : LeggNet/iStockphoto. *Page 32* : Rafal Olkis/Shutterstock. *Page 33* : Fribus Ekaterina/Shutterstock. *Page 38* : Sjlocke/iStockphoto. *Page 39* : Tatiana Popova/Shutterstock. *Page 45* : Ivanova Inga/Shutterstock. *Page 50* : Valua Vitaly/Shutterstock. *Page 51* : *(en haut)* Nolie/Shutterstock ; *(en bas)* Nikolai Pozdeev/Shutterstock. *Page 52* : Matthew Benoit/Shutterstock. *Page 55* : *(en haut)* JPSchrageiStockphoto ; *(en bas)* Lucian Coman/Shutterstock. *Page 56* : Dmitriy Shironosov/Shutterstock. *Page 57* : Evgeny Murtola/Shutterstock. *Page 59* : MarchCattle/Shutterstock. *Page 61* : Leonid V. Kruzhkov/Shutterstock. *Page 62* : Michal Kowalski/Shutterstock. *Page 65* : *(en haut)* Andresr/iStockphoto ; *(en bas)* Nobeastsofierce/Shutterstock.

Chapitre 2
Ouverture de chapitre et page 68 : cg-art/Shutterstock. *Page 69* : Fotoluminate/Shutterstock. *Page 73* : rj lerich/Shutterstock. *Page 79* : Simone van den Berg/Shutterstock. *Page 80* : *(en haut)* Rikard Stadler/Shutterstock ; *(au centre)* Bettmann/Corbis. *Page 81* : Urbancow/iStockphoto. *Page 86* : Joyce Mar/Shutterstock. *Page 88* : kozmoat98/iStockphoto. *Page 89* : Alyn Stafford/iStockphoto. *Page 90* : *(en haut)* imageegami/Shutterstock ; *(au centre)* Arvind Balaraman/Shutterstock ; *(en bas)* Joe Gough/Shutterstock. *Page 91* : SteveChristensen/iStockphoto. *Page 92* : *(en haut)* Roman Sigaev/Shutterstock ; *(au centre, à gauche)* PHB.cz/Shutterstock ; *(au centre, à droite)* Feng Yu/Shutterstock ; *(en bas)* pagadesign/iStockphoto. *Page 93* : Marina_Ph/iStockphoto. *Page 94* : Airportrait/iStockphoto.

Chapitre 3
Ouverture de chapitre et page 96 : Racheal Grazias/Shutterstock. *Page 97* : Deutsche Bundesbank. *Page 112* : Monkey Business Images/Shutterstock. *Page 120* : *(au centre)* Deklofenak/Shutterstock ; *(en bas, à gauche)* Topal/Shutterstock ; *(en bas, à droite)* bochimsang12/Shutterstock. *Page 121* : *(en haut)* Beneda Miroslav/Shutterstock ; *(en bas)* Lepsus/Shutterstock. *Page 122* : StockLite/Shutterstock. *Page 123* : *(en haut)* lightpoet/Shutterstock ; *(au centre)* Diego Cervo/Shutterstock ; *(en bas)* kaczor58/Shutterstock. *Page 124* : *(en haut)* andreea-cristina/Shutterstock ; *(au centre, à droite)* Gordon Warlow/iStockphoto ; *(au centre, à gauche)* Yuriyza/iStockphoto ; *(en bas)* Antonio V. Oquias/Shutterstock. *Page 125* : Monkey Business Images/Shutterstock.

Chapitre 4
Ouverture de chapitre et page 128 : Ghyslain Bergeron/CP Images. *Page 136* : Gene Krebs/iSotckphoto. *Page 142* : Dieter Spears/iStockphoto. *Page 146* : Michellegibson/iStockphoto. *Page 147* : Keith Binns/iStockphoto. *Page 153* : Maria Zoroyan/iStockphoto. *Page 155* : *(en bas, à gauche)* Sportstock/iStockphoto ; *(en bas, à droite)* Yuri_Arcurs/iStockphoto. *Page 156* : kristian sekulic/iStockphoto. *Page 158* : *(en haut)* Devonyu/iStockphoto ; *(en bas)* Graham Hughes/CP Images.

Chapitre 5
Ouverture de chapitre et page 161 : Antares614/Dreamstime. *Page 167* : Ermejoncqc/Shutterstock. *Page 171* : kristian sekulic/iStockphoto. *Page 174* : SharpShooter/Shutterstock. *Page 176* : Ashiga/Suttterstock. *Page 180* : AISPIX by Image Source/Suttterstock. *Page 181* : Juanmonino/iStockphoto. *Page 184* : Valua Vitaly/Shutterstock. *Page 205* : *(au centre, à gauche)* CreativeNature.nl/Shutterstock ; *(au centre, à droite)* iDesign/Shutterstock ; *(en bas)* CEFutcher/iStockphoto. *Page 206* : *(en haut)* Fer Gregory/Shutterstock ; *(en bas)* wavebreakmedia ltd/Shutterstock *Page 207* : Monkey Business Images/Shutterstock *Page 210* : *(en haut)* Goodluz/Shutterstock ; *(en bas)* Sjlocke/iStockphoto. *Page 211* : Nitr/Shutterstock. *Page 212* : Zinaida/Shutterstock. *Page 215* : Tyler Olson/Shutterstock.

Index